Eike Wenzel

DAS NEUE
GRÜNE ZEITALTER

Eike Wenzel

DAS NEUE
GRÜNE ZEITALTER

Wie der Green New Deal unsere Art
zu leben radikal verändern wird

REDLINE | VERLAG

Bibliografische Information der Deutschen Nationalbibliothek:
Die Deutsche Nationalbibliothek verzeichnet diese Publikation in der Deutschen Nationalbibliografie;
detaillierte bibliografische Daten sind im Internet über http://d-nb.de abrufbar.

Für Fragen und Anregungen:
info@redline-verlag.de

1. Auflage 2021

© 2021 by Redline Verlag, ein Imprint der Münchner Verlagsgruppe GmbH,
Türkenstraße 89
D-80799 München
Tel.: 089 651285-0
Fax: 089 652096

Redaktion: Christiane Otto
Umschlaggestaltung: Karina Braun
Umschlagabbildung: PopTika/Planet-Erde mit Sonne
Satz: Daniel Förster, Belgern
Druck: GGP Media GmbH, Pößneck
Printed in Germany

ISBN Print 978-3-86881-851-2
ISBN E-Book (PDF) 978-3-96267-341-3
ISBN E-Book (EPUB, Mobi) 978-3-96267-342-0

— *Weitere Informationen zum Verlag finden Sie unter* —

www.redline-verlag.de

Beachten Sie auch unsere weiteren Verlage unter www.m-vg.de

Für Emily und Jakob

Inhalt

Unser Aufbruch in das neue grüne Zeitalter

2021 ist für Deutschland ein Superwahljahr, das direkt auf den pandemischen Super-GAU folgt. In den vergangenen Monaten, genauer gesagt seit dem Regierungsantritt Joe Bidens in den USA, ist der Green New Deal, bis vor Kurzem nur ein blumiges Versprechen, ins Epizentrum globaler Politikgestaltung gerückt. Die Bundestagswahl am 26. September wird zur »Klimawahl«. Zukunft wird – nach Jahren Trumpscher Dystopie – plötzlich wieder vorstellbar und planbar. Anfang Mai kippte in Deutschland das Bundesverfassungsgericht ein erst anderthalb Jahre altes Klimagesetz, weil es den Anforderungen des Pariser Klimaabkommens nicht in ausreichendem Maße Rechnung trägt. Die Politik ist angehalten, dafür zu sorgen, dass 2030 bereits 65 Prozent und nicht 55 Prozent des Wegs zur Klimaneutralität geschafft sind. Drei Tage später, so war der *Süddeutschen Zeitung* zu entnehmen, wurde der überarbeitete Gesetzesentwurf vom Umweltministerium auf den Weg gebracht.[1]

Das Klima genießt oberste Priorität. Wir haben die planetaren Grenzen längst überschritten und können nicht mehr weitermachen wie bisher. Es ist Zeit zu handeln. Nur noch 4 Prozent aller auf der Erde lebenden Säugetiere gehören nicht zu den Menschen oder werden für die Ernährung des Menschen produziert. 70 Prozent aller lebenden Vögel sind Geflügel, vor allem Hühner, die für uns zum Essen produziert werden. Willkommen im Anthropozän, der maßgeblich durch menschliches Handeln geprägten Welt des frühen 21. Jahrhunderts![2] Wir brauchen einen neuen Deal mit der Natur, mit unseren Freiheitsansprüchen und Konsumwünschen. Einen globalen Pakt, der Wirtschaft und Gesellschaft durch eine sozial-ökologische Transformation in ein neues Zeitalter führt.

Die Zukunft beginnt jetzt:
ein doppelter Green New Deal

Zu einem ähnlichen Schluss kam Thomas L. Friedman, als er sich 2008 mit den Folgen der globalen Weltwirtschafts- und Finanzkrise für die Märkte und gleichzeitig mit den Auswirkungen des exzessiven Lebensstils der US-amerikanischen Gesellschaft auf die Umwelt beschäftigte. Der Kolumnist der *New York Times* berief sich auf den durch Kurt Andersen geprägten Begriff der »Grasshopper Generation« (zu Deutsch: »Heuschrecken-Generation«), die sich auf der Suche nach immer mehr Errungenschaften und einem immer höheren Lebensstandard rücksichtslos durch ihre Umwelt bewegt und den Bezug zum Ökosystem, den planetaren Grenzen und unseren Ressourcen verloren hat. Letztlich war es Friedman, der – zumindest für die nationale Debatte in den USA – den Begriff des »Green New Deal« prägte, als er im Jahr 2007 in seiner *The New York Times*- Kolumne »A Warning from the Garden« für eine »grüne« Erweiterung des New Deals von Franklin D. Roosevelt aus den 1930er-Jahren und für mehr staatliche Eingriffe angesichts der Klimaerwärmung und ihrer bereits national erlebbaren, drastischen Auswirkungen auf Klima und Umwelt plädierte.[3]

Friedman lag bereits 2007 richtig: Der Klimawandel ist ein menschengemachter Klimawandel, für den es einen neuen Deal in Wirtschaft und Gesellschaft braucht. Wir brauchen einen Fahrplan, um eine lebenswerte Zukunft für das prekäre Zeitalter des Anthropozäns zu entwickeln. Geschichte wiederholt sich nicht. Doch aus mutigen Maßnahmen in der Vergangenheit lässt sich sehr wohl für die Zukunft lernen. Wir werden in diesem Buch dafür plädieren, dass der Green New Deal, wie er sich seit der Biden-Wahl als transatlantischer, respektive als »doppelter Green New Deal«[4] darstellt, die historische Chance bietet, einen gesellschaftlichen Neuanfang zu wagen, der die planetaren Grenzen respektiert und dabei die Möglichkeiten zu einem besseren Leben und humaneren Arbeitsverhältnissen auf der Grundlage einer CO_2-neutralen Wirtschaft eröffnet. Damit möchten wir einen Diskurs in Gang bringen, der konkret die Lebens- und Arbeitsbedingungen im Anthropozän auslotet.

Wovon sich dieser Diskurs bewusst abgrenzt, ist eine Sichtweise, die wir als »das Theorem der Individualisierung der Schuld« bezeichnen. Dahinter verbirgt sich ein Lösungsansatz für unsere ökologische Krisensituation, der davon ausgeht, dass jeder Einzelne durch die Optimierung seines CO_2-Fußabdrucks die Welt retten kann. In letzter Konsequenz läuft das darauf hinaus, die Verantwortung für die Bewältigung der Klimakrise dem Verbraucher aufzubürden, was eine absurde Überforderung darstellt und komplett die Existenz von sozioökonomischen Megatrends wie Energiewende, Digitalisierung und soziale Ungleichheit ausblendet.[5]

In den Positionen von Wachstumskritikern wie Niko Paech und Harald Welzer wird immer wieder ein solcher Rückzug auf die persönliche Klimabilanz gefordert und als einzig taugliche Maßnahme gegen die Erderwärmung präferiert.[6] Doch dieses merkwürdig puritanische »Fange bei dir selbst an« schließt sozioökonomische und politische Maßnahmen von vornherein aus; dem Blick auf technologische Entwicklungen verweigert es sich komplett.[7] Wir werden in der vorliegenden Untersuchung zeigen, dass die wirksamsten Hebel bei der Klimabekämpfung aufseiten der Politik und der Wirtschaft liegen. Es ist für jeden Menschen empfehlenswert, einen nachhaltigen Lebensstil zu entwickeln. Wir würden indes einen schweren Fehler machen, eine solche kulturelle Entscheidung, die in beschränktem Maße einen Beitrag zur CO_2-Reduzierung leistet, als Lösungsansatz für das Menschheitsproblem des Klimawandels in Stellung zu bringen.

Der Green New Deal hat in den vergangenen Monaten eine beachtliche politische Karriere gemacht. Mit ihm verbinden viele Menschen die konkrete Hoffnung, dass es auf globaler Ebene einen konzertierten Ansatz gibt, die Folgen des Klimawandels einzugrenzen und für eine lebenswerte Zukunft zu sorgen. Viele Klimawissenschaftler, NGOs und Politiker sehen in einem Green New Deal (in der EU wird in der Regel von einem »Green Deal« gesprochen) mithin die letzte Chance, wirkungsvolle Schritte gegen einen Klimawandel einzuleiten, der – wird das 1,5- beziehungsweise 2-Grad-Ziel nicht erreicht – zu unkontrollierten und katastrophalen Kettenreaktionen in unseren Ökosystemen führen könnte.

Die globale Vollbremsung durch die Pandemie hat bei vielen Menschen die Frage aufkommen lassen, wie wir nach der Pandemie leben wollen. Schon in den ersten Tagen des Lockdowns wurde debattiert, wie schnell wir wieder in die alte Normalität zurückfinden werden. Leergefegte Straßen, zugsperrte Flughäfen, digitale Konferenzen im Homeoffice machten schnell klar, dass das Virus uns in eine existenzielle Grenzsituation gebracht hatte. Das erzeugt Angst, schafft aber auch Raum für grundsätzliche Fragen. Eine davon lautete: Wollen wir wirklich in die alte Normalität zurück? Können wir noch einmal in die gewohnte Normalität zurück? Was bindet uns an den Status quo ante? Der forcierte Klimawandel duldet keinen Aufschub, Corona hin oder her. Seit dem Jahr 2008 äußern nicht nur Linksradikale, sondern auch der Chef des World Economic Forum WEF, Klaus Schwab (und mit ihm Spitzenpolitiker, Wirtschaftsführer bis hin zu Oberbürgermeistern der größten

Städte der Welt) das Gefühl, dass wir am Ende einer Ära angekommen sind und den Wandel, der durch den Klimawandel mit massiver Wucht herandrängt, endlich gestalten müssen.[8]

Wieso sollten wir also die historische Zäsur der Pandemie nicht dafür nutzen, einen Neuanfang zu wagen? Konzepte eines Green New Deals hatten sich ohnehin bereits in viele Debatten über die Zukunft des Planeten eingeschlichen. Begreifen wir das, was seit gut fünf Jahren von engagierten Frauen und Männern als Green New Deal zwischen Vancouver und Sydney diskutiert wird, als eine große Chance zur Besinnung und Neuorientierung. Der Green New Deal – ein Tipping Point auf dem Weg in ein neues Zeitalter. Der Green New Deal lädt uns ein, als Weltgesellschaft eine Vision zu entwickeln, die uns einen Weg durch Veränderungsturbulenzen hindurchweist. Dafür benötigen wir nicht nur Geld und Technologien. Wir müssen uns über Werte verständigen, Gewohnheiten, Bequemlichkeiten und Vorurteile ablegen, Alltagskultur und Medien, Konsum und Sehnsüchte hinterfragen. Um den Green New Deal aufs Gleis setzen zu können, müssen wir mit einem Wort eine Grundsatzdebatte darüber führen, wie wir in Zukunft leben wollen.

Wir leben in politisch aufregenden Zeiten. Das sollten wir nutzen, um die Weichen für unsere Zukunft zu stellen. Bei der Bundestagswahl im Herbst 2021 stimmen wir über unsere Zukunft ab. Wir stimmen darüber ab, ob wir mit einem Green New Deal unsere Zukunft in die Hand nehmen und konstruktiv gestalten können oder ob wir zu desillusionierten Zuschauern einer ökologischen Katastrophe werden. Wie wir in ein neues Zeitalter der sozial-ökologischen Transformation gelangen, hängt weniger von der Tagesbilanz unseres CO_2-Fußabdrucks, sondern vielmehr von wichtigen politischen Entscheidungen ab, die nur wir als Gesellschaft treffen können.

Dafür brauchen wir ein robustes Wertesystem (Was ist wichtig, was ist gut und was ist moralisch verwerflich?). Es geht um Werteentscheidungen (Ist es moralisch vertretbar, den Klimawandel zu leugnen?), ohne die aus der grün-digitalen Verheißung kein realitätstauglicher Deal wird. Die entscheidenden Weichenstellungen für das 21. Jahrhundert und die Zukunft der Menschheit brauchen eine weltgesellschaftliche Vision. Nur von dort aus können wir Investitionen und Technologien so steuern, dass nicht der Klimawandel und die polarisierenden Internetplattformen uns vor sich hertreiben, sondern wir künstliche Intelligenz, Social Media et cetera für unsere Vision einer guten Zukunft für alle einsetzen können.

Der Green New Deal hat sich in den vergangenen fünf Jahren von einer radikalen Forderung aus Gruppen von Klimaaktivisten vornehmlich in den USA und

Europa zu einem zentralen Begriff des politischen Alltags entwickelt und dominiert seitdem viele Agenden. Den Weg in die transatlantische Politik hat der Green New Deal nicht zuletzt durch die Gesetzesinitiative der demokratischen Kongressabgeordneten Alexandra Ocasio Cortez gefunden. Auf dürren zwölf Seiten fordert die junge Kongressabgeordnete einen grundlegenden Wandel, bleibt dabei aber sehr unkonkret.[9] Auch der rasante Aufstieg des Green New Deals in den Strategienetzwerken der Europäischen Union verlangt, in den kommenden Monaten genau zwischen Verlautbarungsrhetorik und tatsächlich eingeleiteten Maßnahmen zu unterscheiden. Skepsis ist allemal angebracht.

EU-Kommissionspräsidentin Ursula von der Leyen hat am 14. Januar 2020 erste konkrete Vorschläge zur Finanzierung des Green Deal präsentiert. Mit dem »Investitionsplan für ein zukunftsfähiges Europa« (»Sustainable Europe Investment Plan«, kurz SEIP) möchte die EU-Kommission zwischen 2021 und 2030 öffentliche und private Investitionen in Klimaprojekte von »mindestens 1 Billion Euro« mobilisieren – in Summe etwa 100 Milliarden Euro pro Jahr. Etwa die Hälfte der Billion Euro soll im Rahmen des Klimaausgabenziels des EU-Budgets finanziert werden. Die andere Hälfte setzt sich aus vier Quellen zusammen: 279 Milliarden Euro werden durch das Investitionsförderungsprogramm #InvestEU (öffentliche und private Investments) generiert. Die Idee hinter #InvestEU besteht darin, durch Anreize private und öffentliche Geldgeber zu Investitionen zu bewegen, während staatliche Garantien mögliche Risiken abfedern. 114 Milliarden Euro fließen laut Plan der EU-Kommission durch die nationale Kofinanzierung einzelner Projekte in den EU-Mitgliedstaaten. 100 Milliarden Euro soll der sogenannte »Mechanismus für einen gerechten Übergang« (»Just Transition«) aufbringen. 25 Milliarden Euro fließen aus dem Innovation and Modernisation Fund des EU-Emissionshandelssystems (»Emissions Trading System«, kurz ETS).[10]

Unmittelbar nach der Wahl Joe Bidens zum Präsidenten der Vereinigten Staaten von Amerika am 20. Januar 2021 legte die US-Regierung einen eigenen Finanzierungsplan für einen Green New Deal vor. Bidens Stimulus-Paket wird bereits jetzt als so etwas wie ein Epochengesetz bezeichnet: 700 Milliarden US-Dollar in Bidens Infrastrukturplan sind allein für erneuerbare Energien vorgesehen, weitere 500 Milliarden US-Dollar für die Investition in Schulgebäude, die Wasserinfrastruktur und die Versorgung mit Elektrizität und Internet für sozial Schwache. Wenig später kündigte Biden an, die Besteuerung für Industrieunternehmen künftig mit einem Mindeststeuersatz von 28 Prozent (Ära Trump: 21 Prozent) anzusetzen.[11] Durch den Infrastrukturplan sollen USA-weit 10 Millionen neue Jobs entstehen. Die »lahme

Ente« Biden hat augenscheinlich die Zeichen der Zeit erkannt und legt in Windeseile den Grundstein für die größte sozial-ökologische Transformation in der Geschichte der USA.

Bidens Anknüpfung an die Person Roosevelt und den New Deal ist mehr als offensichtlich und mitnichten zufällig. Franklin Delano Roosevelt, den in den USA alle nur FDR nennen, hat mit seinem New Deal in den 1930er-Jahren dafür gesorgt, dass ein vernünftiges Sozialversicherungssystem und Mindestlöhne eingeführt wurden. Er hat Bankentrusts und Energiekonzerne zerschlagen und zugleich Sozialwohnungen in den Städten gebaut, die ländlichen Gebiete der USA elektrifiziert und 2 Milliarden Bäume pflanzen lassen. Es waren harte Zeiten. Roosevelt wollte Amerika aus dem tiefen Loch, das der Börsencrash 1929 und die Weltwirtschaftskrise gegraben hatten, herausholen. Das Land, erklärte FDR 1932, noch bevor ihm

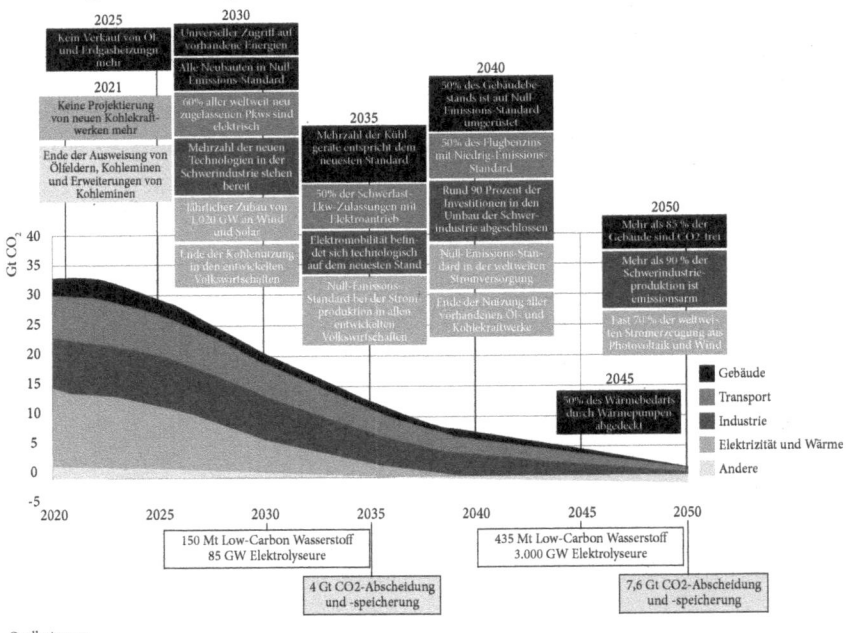

Ausgewählte globale Meilensteine für Richtlinien, Infrastruktur und Technologiebereitstellung in der dekarbonisierten Welt

Quelle: iea.org

Meilensteine für Politik, Infrastrukturen und Technologie auf dem Weg in die postfossile Ökonomie

die Präsidentschaftskandidatur sicher war, brauche und verlange »bold, persistent experimentation. It is common sense to take a method and try it: If it fails, admit it frankly and try another. But above all, try something.«[12]

Geschichte wiederholt sich nicht. Aber die Biden-Administration scheint entschlossen, mit dem Green New Deal ein epochales Reformprojekt anzuschieben zu wollen, das dem Wagnis FDRs in nichts nachsteht.[13]

Der richtige CO$_2$-Fußabdruck allein rettet uns nicht die Welt

Wie konnte es überhaupt so weit kommen? Was ist in unseren Wohlstandsgesellschaften der zweiten Wirtschaftswunderwelle ab den 1970er-Jahren schiefgelaufen? Was hat uns getrieben?[14] Aus heutiger Sicht haben wir einen Pakt mit dem Teufel geschlossen, dem Neoliberalismus. Marktgläubigkeit, Deregulierung, Beseitigung von Handelshemmnissen, Schutz privater Kapitalrechte, schlanker Staat, Steuersenkungen wurden selbst von sozialdemokratischen Regierungen (speziell Tony Blair in Großbritannien und Gerhard Schröder in Deutschland) zu ökonomischen Selbstverständlichkeiten für die Aufrechterhaltung des globalen Wohlstandsniveaus erklärt.

Gerade nach dem Fall der Mauer 1989 schien sich der Kapitalismus in ein goldenes Zeitalter aufzumachen, dessen Signatur ungebremstes Wachstum war – man müsse die Märkte nur ihrem eigenen Spiel der Kräfte überlassen. Neoliberale Theoretiker wie Friedrich A. von Hayek und Ludwig von Mises hatten seit den späten 1920er-Jahren die theoretischen Grundlagen für eine ökonomische Weltordnung gelegt, der ab den 1980er-Jahren mehr Macht und Einfluss eingeräumt wurde als jedem Nationalstaat. Im Zentrum dieses Wachstumswahns stand die Idee eines Marktradikalismus, der Gesetze, Institutionen und Politik dafür benutzte, den Märkten immer mehr Freiräume für ihre schwer vorhersehbaren, aber Wohlstand und Überfluss bringenden Entwicklungen zu schaffen. Dass sich Märkte angeblich nicht prognostizieren oder gar steuern lassen, hat die neoliberalen Theoretiker nicht gestört, das war, ganz im Gegenteil, ein entscheidender Baustein ihrer Philosophie. Aber woher rührte dieser eiserne Kampf um die unberührbaren Märkte? Gelingt es, die Märkte dem freien Spiel der Kräfte zu überlassen, können sie nicht von sozialistischen oder sozialdemokratischen Interessen angeeignet werden. Demokratisierung, Teilhabe, Gewerkschaften, die Ansprüche eines Wohlfahrtsstaates, Umverteilung nach unten – dagegen machte der Neoliberalismus mobil, das weist ihn allerdings auch als reaktionären Gesellschaftsentwurf aus.[15]

Und dieser Entwurf verwandelte sich im Lauf der 1980er-Jahre insbesondere in den Administrationen von Margret Thatcher in Großbritannien und Ronald Reagan in den USA tatsächlich in gesellschaftliche Praxis. Im Vereinigten Königreich begann die neoliberale Ära der Deregulierung und des schrumpfenden Staates mit der Privatisierung der Busse und Bahnen. Und die neoliberale Ideologie avancierte in den 1970er- und 1980er-Jahren über die GATT-Verhandlungen (»General Agreement on Tariffs and Trade«) und die Gründung der Welthandelsorganisation (WTO) 1994 zur hegemonialen Weltwirtschaftsordnung. Es entstand »eine Welt, in der die Wirtschaft vor den Forderungen nach Umverteilung, Gleichheit und sozialer Gerechtigkeit geschützt war«.[16] Die schöne neue Weltwirtschaftsordnung der befreiten und unantastbaren Märkte brummte, weil sie beim Verbraucher als »ein unerschöpfliches Füllhorn erschwinglicher Konsumgüter«[17] ankam, das von einem Strom billiger Kredite stimuliert wurde – bis 2008 alles zusammenbrach.

Der Konsumrausch fand in der Weltwirtschaftskrise der Jahre 2007 und 2008 ein jähes und schmerzhaftes Ende. Das System des von fossilen Brennstoffen und überhitzten Kreditmärkten angetriebenen Hyperkapitalismus fuhr frontal gegen die Wand. Die entfesselte Marktlogik, die auf der exzessiven Nutzung von Kohlenwasserstoffen (Öl, Gas, Benzin, Kohle), aus dem Gleichgewicht geratener Globalisierung, ungerichtetem Wachstum und der Ökonomisierung von schlechterdings allem basierte, hat Gesellschaften polarisiert und die Natur zerstört. Wir brauchen einen neuen Entwurf für Wirtschaft und Gesellschaft. Und dabei dürfen wir nicht mehr den Fehler machen, die Ökonomie von der Gesellschaft zu entkoppeln. Eines der durchtriebensten Glanzstücke der neoliberalen Weltbemächtigung war nicht die Abschaffung, sondern die strategisch geplante Indienstnahme des Staates zum Schutz der Märkte.

Von hier aus wird deutlich, worum es beim Green New Deal tatsächlich geht. Es geht um das System, das große Ganze. Ja, wir brauchen ein neues System. Ein System, das neue dekarbonisierte Technologien entwickelt und einen gesellschaftlichen Konsens darüber entwickelt, wie wir in Zukunft leben wollen. Mit »dem System« meinen wir nicht den Kapitalismus im engeren Sinne (Märkte spielen für diese Transformation, wie wir noch sehen werden, eine wichtige Rolle). Wir müssen das alte System, das auf der Nutzung fossiler Brennstoffe und der Illusion ewigen Wachstums basierte, durch ein neues ersetzen. Das macht einen Transformationsprozess unausweichlich, der die gesamte Industrie und unsere Wertschöpfungsmodelle auf den Kopf stellt. Und mehr noch: Um den ökologischen Kollaps zu verhindern, muss der Green New Deal einen bislang ungekannten gesellschaftlichen und ökonomischen Wandel in Gang setzen.

Was können wir als Bürger dafür tun? Wie bereits oben angedeutet, können wir gerade dadurch etwas gegen das Fortschreiten des Klimawandels tun, indem wir anfangen, politisch zu denken und uns aktiv für eine Klimapolitik einzusetzen, die ihren Namen auch verdient. Der amerikanische Geophysiker und Klimaexperte Michael E. Mann liegt richtig, wenn er betont: »Wir Individuen spielen dann eine relevante Rolle, wenn wir gemeinsam handeln, wählen gehen und politisches Handeln fordern.«[18]

Auf den eigenen CO_2-Fußabdruck zu achten, ist eine gute Sache, weil sie uns in die Entwicklung nachhaltiger Lebensstile einübt. Was uns aber nicht passieren darf, ist, durch eine solche Individualisierung des Problems den wirklich wichtigen Hebel für die Begrenzung der Erderwärmung aus der Hand zu geben. Und der besteht darin, dass rund 200 Jahre alte System der Nutzung fossiler Brennstoffe durch Maßnahmen im politischen Feld zu deinstallieren. 70 Prozent der menschengemachten Kohlendioxidemissionen werden von rund 100 Kohle-, Öl- und Gaskonzernen erzeugt. Dieser Fußabdruck ist zukunftsentscheidend! Michael E. Mann weist in seinem Buch *The New Climate War*[19] nach, dass das Konzept des persönlichen CO_2-Fußabdrucks »in den 2000er-Jahren in den USA vor allem vom Energiekonzern BP populär gemacht«[20] wurde. Mann weiter: »Wir dürfen nicht zulassen, dass uns (der persönliche CO_2-Fußabdruck, E.W.) als Lösung für die Klimakrise verkauft wird. Denn weder Sie noch ich können einen Preis für Kohlendioxid festlegen. [...] Das sind Dinge, die nur Politikerinnen und Politiker tun können.«[21] Verhaltensänderungen sind wichtig. Sie sollten jedoch über Anreize schmackhaft gemacht werden, zum Beispiel durch das Überflüssigmachen von Kurzflügen durch ein europäisches Bahnnetz.[22]

In dem vorliegenden Buch beschreiben wir zehn Handlungspfade, Zukunftsmärkte und -politiken, die, davon sind wir überzeugt, die Lebensstile und Wertschöpfungsmodelle in der Ära des Green New Deal maßgeblich prägen werden. Wir werden diese Zukunftspfade nur dann beschreiten können, wenn wir als lebendige Gemeinschaft mit vereinten Kräften und auf Basis neuer Kooperationsmodelle zwischen Zivilgesellschaft, Staat und Unternehmen losgehen. Von Joe Biden wusste man lange vor der Wahl, dass er Roosevelts New Deal im Kopf hatte. Biden wird nicht müde zu betonen, dass das gespaltene Land nur durch eine große

Transformation wieder zusammenfinden kann. Der Green New Deal wird nur dann gelingen, wenn gleichzeitig der Megatrend Ungleichheit und der Megatrend Klimawandel adressiert werden kann. Und das bedeutet: »Jobs, Jobs, Jobs«[23], aber in zukunftsfähigen, CO_2-neutralen Industrien.

Man kann sich natürlich auch dem egozentrischen (wissenschaftliche Expertisen souverän ignorierenden) Geschreibe von Autoren wie Jonathan Franzen anschließen und den Klimawandel geschehen lassen.[24] Doch das wäre ein moralisches Versagen gegenüber der Gegenwart und unserer Zukunft. Franzens fatalistisches und uninspiriertes Requiem für das Klima zeugt für einen weltbekannten Schriftsteller von erschreckender Fantasielosigkeit. Vom Standpunkt der wissenschaftlichen Klimaforschung aus betrachtet, ist Franzens Text sachlich völlig unhaltbar und in seiner Wirkung noch gefährlicher als die platteste Klimaleugnung. Dabei erleben wir mit der Neuauflage des transatlantischen Klimabündnisses gerade so etwas wie einen Aufbruch, einen positiven »Kipppunkt des Klimaschutzes«[25].

Zehn Wege in eine gute Zukunft   *Quelle: ITZ 2021*

Der Green New Deal schickt sich an, zum größten Reform- und Transformationsprojekt der modernen Menschheit zu werden. Kleiner geht es leider nicht, dafür tickt die Uhr unbarmherzig, denn wir haben nur noch rund zehn Jahre Zeit, um das Schlimmste zu verhindern und Systeme und Technologien für eine postfossile Industriegesellschaft auf den Weg zu bringen. Technologien alleine werden uns allerdings nicht ans Ziel bringen. Dafür müssen wir gesellschaftliche Ziele definieren und eine Vision entwickeln, wie wir in Zukunft leben wollen. Das bedeutet, dass wir viele Grundlagen und Gewohnheiten unseres Lebens und Wirtschaftens in der modernen Gesellschaft prüfen und neu bewerten müssen. Wir stehen vor einem grundlegenden Wandel unserer Lebensgewohnheiten, der Arbeitswelt und der gesamten Weltordnung.

Zehn Wege in eine gute Zukunft

Mit den zehn Handlungspfaden dieses Buches möchten wir Lust auf diese große Transformation machen. Wir möchten ein Bewusstsein dafür schaffen, dass ab jetzt nicht Schluss mit lustig ist. Wir stehen nicht am Beginn einer Ökodiktatur, wie von konservativer Seite immer gerne ins Spiel gebracht wird. Mit dem Green New Deal, wie er seit Beginn des Jahres 2021 Konturen annimmt, treten die USA und Europa (wieder) als Schrittmacher für das Projekt einer 4. Industriellen Revolution auf. Selbstverständlich sollten wir unseren Fleischkonsum reduzieren, nachhaltiger einkaufen und wieder mehr selbst kochen – aber die kaputte Lebensmittelindustrie verändern wir nur, wenn wir auf politischem Wege eine Veränderung des Systems herbeiführen. Natürlich können wir versuchen, unsere Mobilität einzuschränken und in Zoom-Konferenzen in Kontakt zueinander treten. Als Gesellschaft und politische Menschen können wir in den nächsten Jahren darauf hinwirken, dass wir uns als Gesellschaft von einer überholten Fortbewegungsform wie der privaten Pkw-Mobilität verabschieden – wer würde heute eine klimaschädliche Mobilitätsoption wie den Pkw einführen, in dem deutschlandweit pro Jahr mehr als 1100 Menschen sterben?!26

Wir müssen in den kommenden Jahren eine kollektive Anstrengung unternehmen. Kriegsmetaphern sind eher unangebracht. Die Formulierung von Angélica Navarro Llanos, bolivianische Klimaunterhändlerin beim Pariser Klimaabkommen 2015, trifft es sehr gut: »(...) wir brauchen eine Massenmobilisierung in nie gekanntem Ausmaß. Wir brauchen einen Marshallplan für die Erde. (...) Er muss alle

Länder mit Technologien versorgen, um sicherzustellen, dass die Emissionen gesenkt werden und der Lebensstandard der Menschen gleichzeitig gehoben wird.«[27]

Im Grunde müssen wir eine neue Fortschrittsidee entwickeln, bei der entscheidende Größen wie Natur und Technologie, aber vor allem wir als Individuen einen neuen Ort, neue Verantwortlichkeiten zugewiesen bekommen. Für die Anforderungen des Green New Deals müssen wir bis auf die philosophischen Grundlagen unserer Gesellschaft zurückgehen. Wir müssen langfristige Megatrends, steil aufsteigende Technologietrends und fluktuierende kulturelle Praktiken überprüfen, die für das Leben in einer freiheitlichen Gesellschaft so eminent wichtig sind. Vor allem sollten wir im 21. Jahrhundert eine moralische Fortschrittsidee verfolgen. Ohne sie werden wir mit der Rettung der Welt keinen Schritt weiterkommen.

Der Bonner Philosoph Markus Gabriel erklärt vollkommen zurecht: »Gibt man die Idee auf, dass der demokratische Rechtsstaat daran beteiligt werden sollte, moralischen Fortschritt zu begünstigen (...)«, könne man die Moderne und den demokratischen Rechtsstaat gleich mit ad acta legen, »da dieser nicht darauf reduziert werden kann, bloß bestimmte Wahlvorgänge und -verfahren zu definieren.«[28]

Entsprechend bewegen sich die Kapitel der vorliegende Untersuchung entlang solch vielfältiger Themenstränge wie Kap. 1: Freiheit und Verantwortung; Kap. 2: Mensch und Natur; Kap. 3: Technologie und Gesellschaft; Kap. 4: Information und Desinformation; Kap. 5: Mobilität und Digitalisierung; Kap. 6: Urbanität und Teilhabe; Kap. 7: Demokratie und Datensouveränität; Kap. 8: Ernährung und Effizienz; Kap. 9: Landnutzung und Technologie; Kap. 10: Regionalität und Modernisierung. Stets geht es darum, soziale, ökonomische und ökologische Bedingungen für die Umsetzungen eines Green New Deal im Sinne einer großen Transformation für die Weltgesellschaft des 21. Jahrhunderts zu analysieren.

1. Freiheit zum Konsum oder Befreiung vom Konsum? In Kapitel 1 beleuchten wir, was Freiheit für uns bislang bedeutet hat und was Freiheit in der Welt von morgen bedeuten kann. Wichtig ist die Beobachtung, dass uns bislang vor allem Ideologien (Marktgläubigkeit, Deregulierung, Beseitigung von Handelshemmnissen, Schutz privater Kapitalrechte, schlanker Staat, Steuersenkungen) und die Angst, etwas Überlebenswichtiges zu verlieren, sodass einem den Boden unter den Füßen weggezogen wird, im Weg gestanden haben. Diese Ängste knüpfen sich zum einen an die monströsen Folgen, die mit dem Klimawandel einhergehen könnten. Viele Ängste, das versuchen wir an einem irritierenden Phänomen wie den sogenannten

»Querdenker«-Demonstrationen nachzuweisen, gehen zurück auf die Demoralisierungen durch die Weltwirtschaftskrise zwischen 2007 und 2008. Die vergangenen 40 Jahre waren geprägt von »expressivem Individualismus« und der »Priorisierung des inneren Selbst«. Aber was passiert in einer Gesellschaft, für die Freiheit »schlicht die Fähigkeit (ist), seinen eigenen Wünschen und Leidenschaften ungehindert durch äußere Zwänge nachzugehen«, wenn sie sich an planetaren Grenzen orientieren muss?

2. *Wie können wir ein neues Verhältnis zwischen Mensch und Natur entwickeln?* Nur wenn es uns gelingt, Auswege aus der Konsumgesellschaft zu definieren, kann ein Green New Deal erfolgreich sein. Dafür müssen wir das Jahrhunderte während Herrschaftsverhältnis gegenüber der Natur aufgeben. Das klingt komplizierter als es ist. Länder wie Dänemark und Costa Rica haben dabei bereits wichtige Schritt unternommen. Das zentrale Projekt, um in ein regeneratives Kooperationsverhältnis mit der Natur zu treten, ist der Umbau unseres Energiesystems. Zunächst müssen wir uns das Paradox vor Augen führen, dass wir insbesondere in der Massenkonsumgesellschaft des 20. Jahrhunderts so gelebt haben, als stünde Natur als unerschöpfliches Ressourcenreservoir zur Verfügung. Diese irregeleitete »Freiheit zum Konsum« hat jedoch offenbar dazu geführt, dass Natur kompromisslos zerstört wurde und als sterbende Natur jetzt unsere eigene Existenz bedroht. Ein versöhnendes Verhältnis zur Natur lässt sich wahrscheinlich nicht damit beginnen, dass wir der Natur eigene Rechte zugestehen; das ist eine sehr westliche Umgangsweise mit dem Problem. Eine neue Beziehung zur Natur werden wir nur dann aufbauen können, wenn wir begreifen, dass Natur (Kultur übrigens auch) uns selbst hervorbringt und wir eigentlich nur dann kreativ werden, wenn wir uns bewusst machen, dass Natur uns hervorbringt.

3. *Welche Aufgaben hat Technologie in Zeiten des Klimawandels?* Kapitel 3 beschäftigt sich konsequenterweise mit der Übertragung dieses neuen Naturverständnisses in die Sphäre der Zukunftstechnologien. Um den Green New Deal umsetzen zu können, müssen wir auf Technologien zurückgreifen, die die planetaren Grenzen akzeptieren und uns bis spätestens 2050 in die Lage versetzen, komplett CO_2-frei zu produzieren. Um diese anspruchsvolle Vision in die Tat umsetzen zu können, ist die Rolle des Staates und internationaler Regierungsinstitutionen von großer Bedeutung. Sie müssen künftig als Trendinkubatoren

und als Risikoabsorptionsagenturen auftreten. Also auch auf dem Gebiet der Technologien geht es um alternative Kooperationsverhältnisse: Der Staat lenkt die Entwicklung zukunftswichtiger Technologien – in enger Abstimmung mit Zivilgesellschaft, Forschung und Wirtschaft. Staaten und supranationale Organisationen treten dabei nicht als Konkurrenten der Unternehmen auf – sie erschließen ganz im Gegenteil neue Technologiefelder, gewährleisten die Grundlagenforschung (was sie schon immer getan haben) und schaffen damit idealerweise neue Wachstumsmärkte für Unternehmen. Im Vordergrund steht bei diesem technologischen Aufbruch nichts weniger als die Dekarbonisierung der Industrie und eine zweite Elektrifizierung unseres Lebens.

4. *Wie wir dem epistemischen Delirium der Desinformation entkommen?* Donald Trumps Versuch, die US-amerikanische Demokratie zu zerstören, fußte auf einem riesigen Lügengebäude. Noch viel schlimmer ist, dass Trump und seine *Spindoctors* versuchten, unser Realitätsmodell zu zerstören, das auf Fakten und das vernunftorientierte Abwägen von Tatsachen im wissenschaftlichen Diskurs beruht. Desinformation ... dafür muss der »mächtigste Mensch der Welt« einfach nur relevante Teile der Realität, wie beispielsweise den Klimawandel, systematisch ausblenden und leugnen. Trump war indes nicht der erste Klimaleugner. Er konnte sich am Vorbild der internationalen Erdöllobby orientieren; dort ist die Leugnung des Klimawandels seit Jahrzehnten Bestandteil der Desinformationspolitik. Alles das wäre ohne Twitter und Facebook nicht möglich gewesen. Deswegen untersuchen wir in Kapitel 4, wie es passieren konnte, dass der Aufbruch in die Informationsgesellschaft mit der bitteren Landung in der Aufmerksamkeitsökonomie zwischen Social Media, Hatespeech und *Fox News* enden konnte. Für den Green New Deal müssen wir einen alternativen Umgang mit Tatsachen und Informationen entwickeln. Eines wird schnell klar, die »Infodemie« speziell zum Thema Klimawandel lässt sich nicht einfach durch ein gut gemeintes Feuerwerk an Daten und Fakten beseitigen. Ein »mediales Ökosystem der Verantwortung« setzt alternative Geschäftsmodelle, smarte Regulierung und eine nicht naive Medienpädagogik voraus. Vor allem darf »Informieren über den Klimawandel« nicht heißen, dass wir nur Desaster-Kommunikation, »Doom and Gloom« betreiben. Klimawandel muss als reales Phänomen gezeigt werden, das Menschen bereits in vielen Regionen der Welt konkret betrifft. Und es sollte mit Empathie gezeigt werden, wie die Menschen nach Lösungen suchen.

5. *Wie sieht die Gesellschaft nach dem Ende des Autos aus?* Das Auto passt schon lange nicht mehr in die Welt des 21. Jahrhunderts. Es ist eine Erfindung des 20. Jahrhunderts und nicht einmal eine besonders gute. Die Möglichkeiten vernetzter Mobilität, bei denen auch das autonome Fahren eine wichtige Rolle spielt, eröffnen in den kommenden Jahren neue Freiheitsgrade in der Fortbewegung. CO_2-freie Mobilität von Tür zu Tür ist nicht nur vorstellbar, sie wird auch neue Möglichkeiten der mobilen Wertschöpfung schaffen. Natürlich müssen bis dahin noch einige Steine aus dem Weg geräumt werden, unter anderem das Skandalon, dass es bislang noch kein europäisches Schnellzugnetz gibt. Funktionierende Bahnnetze und klimafreundliche multimodale Mobilität werden nicht zuletzt auch dazu beitragen, dass abgehängte Regionen wirtschaftlich neue Chancen erhalten. Eine Welt ohne individuelle Pkw-Mobilität ist ab 2030 planbar und könnte sich in einigen Jahren als Konjunkturprogramm für Privathaushalte und Kommunen erweisen.

6. *Warum wird in Städten und urbanen Räume über unsere Zukunft entschieden?* Städte (und die Idee der Urbanisierung) sind wichtige soziale Gefäße auf dem Weg in die postfossile Gesellschaft. Kürzlich gelang es 226 Lokalregierungen in Südkorea, die bis September 2020 bereits den Klimanotstand ausgerufen hatten, die nationale Regierung bis spätestens 2050 zur Kohlenstoffneutralität zu verpflichten. Als Teil der »Korean Local Governments' Action Alliance for Carbon Neutrality«[29] (Aktionsbündnis der koreanischen Lokalregierungen für Kohlenstoffneutralität) demonstrierten die Städte und Kommunen ihre einzigartige Macht. Städten, das zeigen wir in Kapitel 6, kommt bei der Umsetzung des Green New Deals eine besondere Bedeutung zu. In ihnen ist der Klimawandel längst angekommen. Auch in den USA. Laut Oberbürgermeister Buddy Dyer aus Orlando (Florida, USA) bietet der Wandel zu einer CO_2-armen Wirtschaft sowohl für die Stadt Orlando selbst als auch für die gesamte Region enorme wirtschaftliche Entwicklungsmöglichkeiten. »Wir sehen, dass die urbane Energiewende unsere lokale Wirtschaft ankurbelt, die öffentliche Gesundheit verbessert, Umweltschäden reduziert und zudem noch sinnvolle, gut bezahle Arbeitsplätze für unsere Einwohner*innen schaffen.«[30] Städte sind entscheidende Akteure des Wandels. Zwischen Holzbauweise und Algorithmen, Cradle-to-Cradle-Architektur und Zweirad-Revolution, »20-Minutes-Neighbourhoods« und künstlicher Intelligenz avancieren sie zu Sinnbildern einer besseren Zukunft. Martina Otto, Head of Cities and

Lifestyles bei der UN sagt dazu: »Wenn nationale und regionale Regierungen auf der ganzen Welt mit Städten zusammenarbeiten und diese finanziell unterstützen – können beide davon profitieren und somit nationale Klimaziele schneller erreichen.«[31] Städte und urbane Räume sind aber vor allem auch deshalb Motoren des Wandels, weil ihnen als Anker für Demokratie und Teilhabe in Zukunft besondere Relevanz zukommt.

7. *Wie können wir Vertrauen in einer digitalen Öffentlichkeit (wieder-)herstellen?* Verlässliche Informationen und nutzbare Daten sind eine Schlüsselressource, die gerade für Städte bei der Bewältigung des Klimawandels außerordentlich wichtig sind. Doch der Umgang mit Daten wird in den kommenden Jahren praktisch auf allen gesellschaftlichen Ebenen für große Veränderungen sorgen. Gelernt haben wir auch, dass man mit Daten und Algorithmen ganze Gesellschaften spalten kann. In Kapitel 7 fragen wir deshalb, wie wir neues Vertrauen in den Umgang mit Daten gewinnen können, die ja in hohem Maße von uns Nutzern selbst erzeugt werden. Wie lässt sich mit Daten und Algorithmen neues Vertrauen in das digitale Miteinander und unsere Demokratie herstellen? Die Selbstkontrolle der Tech-Giganten ist naiv und könnte im Gegenteil zu eher mehr Zensur und Kontrolle im Netz führen. Die cyberlibertäre Hoffnung, dass sich das dezentrale Internet selbst zu einem Hafen der Demokratie und der Menschenrechte mendelt, war mindestens genauso naiv. Einzig die Datensouveränität der Nutzer bringt uns weiter. Ein öffentlichrechtliches Facebook ist keine so abseitige Idee, externe Rätesysteme oder neue Institutionen, die die Rechte von uns Datenproduzenten vertreten, könnten ebenfalls einen wichtigen Beitrag leisten. Auf jeden Fall müssen wir der rechtlichen und steuerlichen Sonderbehandlung von Big Tech ein Ende setzen. Ein Land wie Taiwan macht es vor, wie in der digitalen Welt aus Disruption Konsens werden kann. Die jungen Hacker dort arbeiten an der Demokratie wie an einer Open-Source-Software – Aktualisierungen sollten nie ausgeschlossen werden. Damit ist die Grundanatomie einer progressiven Öffentlichkeit skizziert, auf die wir nicht verzichten können, wenn wir den Green New Deal umsetzen wollen.

8. *Was können wir dem kaputten System der globalen Nahrungsmittelindustrie entgegensetzen?* Die Art und Weise, wie wir uns in Zukunft ernähren, entscheidet darüber, ob wir den Klimawandel in den Griff bekommen. Doch auch

hier sollten wir nicht nur auf unseren persönlichen CO_2-Fußabdruck achten. Auch hier müssen wir die Systemfrage stellen. Die fünf größten Milch- und Fleischverarbeiter der Welt stoßen zusammen mehr Kohlendioxid aus als ExxonMobil. Und die 20 größten emittieren mehr CO_2 als Deutschland. Tyson Foods, die zweitgrößte Fleischfabrik der Welt, verursacht doppelt so viel Kohlendioxid wie Irland.[32] Hochgradig beschleunigte Lieferketten trimmen den Umgang mit unseren Nahrungsmitteln seit Jahrzehnten auf betriebswirtschaftliche Effizienz – Corona hat gezeigt, dass diese Lieferketten so volatil sind, dass sie wie ein Soufflé im Ofen zusammensinken, wenn nur ein paar Schlachthäuser Corona-Fälle melden. Das globale System der Nahrungsmittelproduktion funktioniert auf Basis von menschenunwürdigen Arbeitsbedingungen, Tierquälerei und der Zerstörung von Natur. Nur so lassen sich für Großunternehmen interessante Gewinnmargen erzielen. Der Umbau des Systems muss damit beginnen, dass eine handlungsfähige Ernährungs- und Gesundheitspolitik Leitplanken für die gesündere Ernährung der Zukunft konzipiert. Erst dann können die mächtigen Nahrungsmittelunternehmen neue Produktwelten gestalten, die es den Verbrauchern ermöglichen, neue Ernährungs- und Lebensstile zu entwickeln. Diese neue Normalität des Genusses ist nachhaltig, regenerativ und resilient.

9. *Warum braucht die Landwende einen ökologischen und technologischen Aufbruch?* Mit Kapitel 9 gehen wir noch einen Schritt weiter und untersuchen die Grundlagen der Nahrungsmittelproduktion in der Landwirtschaft. Landnutzung durch den Einsatz von digitaler Technik zu ersetzen, bildet einen Schwerpunkt in diesem Kapitel. Lieferschwierigkeiten haben während der Pandemie in einem Stadtstaat wie Singapur die Befürchtungen wachsen lassen, dass die Bevölkerung nicht ausreichend ernährt werden kann. Der reiche Zwergstaat kann nur 1 Prozent seiner Fläche für Landwirtschaft nutzen. Ein Hightech-Konzept wie das Vertical Farming (Pflanzen- und Fischzucht in hochhausartigen Gewächshäusern durch die Nutzung von Wasser, Nährstoffen und jeder Menge LED-Licht) ist in Singapur mittlerweile eine hochrelevante Zukunftstechnologie. Sie soll entscheidend dazu beitragen, dass Singapur im Jahr 2030 mindestens 30 Prozent seiner Nahrungsmittel selbst erzeugt (aktuell sind es gerade einmal 10 Prozent).[33] Die Zukunft der nachhaltigen Landwirtschaft findet zwischen Ökologie und Hightech statt. Fest steht, dass die globale Landwirtschaft den Wandel von der

Volumenproduktion zu den Themen Nachhaltigkeit und Gesundheit vollziehen muss. Für die Agrarproduktion speziell in den Entwicklungsländern
heißt das auch, dass State-of-the-art-Technologien so schnell wie möglich
verfügbar sein müssen.

10. *Warum wir mit der Weltrettung vor Ort beginnen sollten? Das neue grüne Zeitalter* soll ein Buch der Ermutigung sein und eine Aufforderung zum sofor-
tigen Handeln. Es legt nahe, dass wir ohne die tätigen und mutigen Menschen, die häufig adressierte Zivilgesellschaft, nicht auskommen, aber ebenso
müssen wir uns auf vorausschauende Unternehmer verlassen können, die es
anpacken wollen, und auf ebensolche Politiker auf allen Ebenen: international, national, bis hin zu Bürger- und Gemeinderäten. Im Mai 2021 zog
Kapstadt gegen die nationale Regierung vor Gericht, um das Recht zu er-
streiten, die eigene Energie erzeugen zu können, ohne dafür bei den zustän-
digen Ministerien eine Genehmigung einholen zu müssen. »Places matter«:
Akteure vor Ort machen mobil gegen den Klimawandel. Wir haben gesagt,
der Green New Deal muss uns dabei behilflich sein, Systeme infrage zu stellen, sie zu überwinden, zu korrigieren und gegebenenfalls neue Systeme an
ihre Stelle zu setzen. Das bedeutet in der Regel auch, und der Vorstoß in
Kapstadt ist ein gutes Beispiel dafür, dass wir die Machtverhältnisse auf der
Welt verändern müssen, wenn wir in die Ära der Dekarbonisierung aufbre-
chen wollen. Der Green New Deal möchte die Machtverhältnisse auf dieser
Welt verändern. Das klingt dramatischer als es ist. Die Revolution vor Ort
beruht unter anderem auf der Schaffung von zukunftsfähigen »horizontalen
Netzwerken«, denen es vor allem um eines geht: Entwicklung im Sinne der
Gesellschaft vor Ort (statt dem Verbuchen schneller Gewinne). Wie wir in
Kapitel 10 am Beispiel einer Genossenschaft in Cleveland, dem geduldigen
Wandel der Stadt Kopenhagen, regionaler Produktion und der solidarischen
Landwirtschaft zeigen werden, braucht es unter anderem pragmatischen Ide-
alismus, lokale Datenkompetenz und »geduldiges Geld«, um die Welt nach-
haltig zu verändern.

Alles green and easy? Von hohen Erwartungen und Technologieblasen

Wie wir in der vorliegenden Studie zeigen werden, sind für den großen Wurf einer kohlendioxidfreien Weltwirtschaftsordnung eine moralische Fortschrittsidee und ein radikal klimafreundlicher Technologiewandel unausweichlich. Die Auswirkungen der »sozialdemokratischen Revolution« des New Deals sind in den Vereinigten Staaten bis heute spürbar. Durch die große Reform in den 1930ern angestoßen, arbeiten noch heute USA-weit 2,5 Millionen Menschen in der Forstwirtschaft. Die Forstwirtschaft erarbeitet 1,5 Prozent des US-amerikanischen Bruttoinlandsprodukts.[34] Aufforstung wird auch in den kommenden Jahren als regenerative Maßnahme – nicht nur in den USA – zum Einsatz kommen. Eine Studie hat errechnet, dass eine Million US-Dollar, die beispielsweise in das Pflanzen von Bäumen gesteckt wird, 39,7 neue Jobs in der Forstwirtschaft schaffen kann. Dahingegen schafft das gleiche Investment in der Ölindustrie gerade einmal 5,2 neue Jobs.[35]

Die große Transformation des Green New Deal schafft durch den radikalen Technologiewandel neue und bessere Jobs. Grüne Jobs lassen sich nicht einfach quantifizieren wie beispielsweise in der Stahlindustrie oder im Bergbau. Viele dieser Jobs wandern in klassische Branchen ein. Grüne Jobs finden sich auf unterschiedlichen Hierarchiestufen. Die meisten grünen Jobs in den USA sind wohl in der Energieeffizienztechnologie zu verorten; dort gehen die Marktexperten von E2.org mittlerweile von mehr als 2 Millionen Jobs aus.[36] Von insgesamt 24 Millionen neue Jobs durch die sozial-ökologische Transformation geht mittlerweile die International Labour Organization (ILO) aus.[37]

Wie es Michael E. Mann fast beschwörend ausdrückt: »Wir sind so nah dran.«[38] Vor allem die globale Energiewende hat das Potenzial, die Machtverhältnisse auf der Welt zu verändern und damit auch Ungleichheiten in Gesellschaften und zwischen Gesellschaften zu beseitigen. Arme Länder könnten dabei die größten Nutznießer sein. Sie hätten das größte Potenzial für Solar- und Windkraftanlagen und könnten davon wirtschaftlich enorm profitieren. »Der afrikanische Kontinent zum Beispiel ist eine Supermacht für erneuerbare Energien mit 39 Prozent des globalen Potenzials«, heißt es in einem Report der Carbon Tracker Initiative.[39] Dass der Weg aus der fossilen Energiewelt nicht einfach wird, ist jedermann klar: Nach wie vor stützen weltweit mehr als 100 Staaten den Preis fossiler Brennstoffe durch Subventionen. Ein Umdenken kann auch hier starke Hebelwirkungen im Kampf gegen die Erderwärmung entfalten. Laut einer IISD-Studie würde eine 30-prozentige

Reduktion der Subventionen unter den 20 größten Nutzern fossiler Brennstoffe dafür sorgen, dass zwischen 11 und 18 Prozent der CO_2-Emissionen eingespart werden könnten.[40]

Die meisten Technologien, die wir für den Green New Deal benötigen, sind bereits vorhanden. Die Fläche an Sonnenkollektoren, die wir benötigen, um die gesamte Menge an Energie für die Welt zu liefern, beträgt gerade einmal 450.000 Quadratkilometer, 0,3 Prozent der globalen Landfläche.[41] Schon in der Mitte der 2030er-Jahre könnten alle fossilen Brennstoffe aus der Stromerzeugung, bis 2050 aus der gesamten Energieversorgung verschwunden sein. Gleichzeitig werden dadurch die Energiepreise deutlich fallen, was gerade ärmeren Regionen einen erheblichen Modernisierungsschub verleihen sollte.

Bei der Wärmewende wird es dagegen noch einige Zeit dauern, bis alle infrage kommenden Technologien ausgelotet sind. Für die Heizung der Zukunft tun sich aktuell zwei Wege auf. Der eine sind Wärmepumpen, die der Umgebung mit – vergleichsweise wenig – Ökostrom Wärme entnehmen und damit Gebäude heizen. Der zweite Weg ist die Gasheizung, die in Zukunft nicht mit Erdgas, sondern mit klimaneutral erzeugtem Wasserstoff betrieben werden kann. Wir werden an beiden Alternativen forschen müssen. Deutschland wird, davon ist auszugehen, zunächst stärker auf Strom setzen. Es ist aber vorstellbar, dass es vor allem in dicht bebauten Regionen auch Wasserstoffnetze geben wird, denn dort sind bereits Gasnetze vorhanden, die auf Wasserstoffbetrieb umgestellt werden können.

Hierzulande (und nicht nur hier) ist seit zwei bis drei Jahren so etwas wie ein Wasserstoff-Hype ausgebrochen. Ein Grund dafür ist die Hoffnung einiger konservativer Politiker und Unternehmer, dass sich durch Wasserstoff im Überfluss mit alten Technologien wie beispielsweise den Verbrennungsmotoren einfach so weiter machen lässt wie bisher: Schütten wir jetzt halt synthetische Kraftstoffe in den Tank und bauen fröhlich weiter unsere Verbrennungsmotoren. Ein solches Szenario ist jedoch pures Wunschdenken und zeugt eher von Veränderungsangst. Es ist schlicht falsch, dass uns Unmengen an nachhaltigem Wasserstoff zur Verfügung stehen werden – wir werden im Gegenteil große Mengen aus Afrika oder Australien importieren müssen. Und da dieser grüne Wasserstoff (grauer, blauer oder brauner Wasserstoff aus fossilen Quellen scheidet von vornherein aus) teuer und aufwendig aus erneuerbarem Strom hergestellt werden muss, werden wir ihn definitiv nicht in der Pkw-Mobilität einsetzen. Grüner Wasserstoff wird als Kraftstoff für Lkws, Schiffe und Flugzeuge eine wichtige Rolle spielen und – in den 2040er-Jahren – insbesondere in der Stahlproduktion und in der Grundlagenchemie zum Einsatz kommen.[42]

Wie es die Umweltökonomin Claudia Kemfert formuliert: »(Wasserstoff, E. W.) ist quasi der Champagner unter den Energieformen.«[43] »Wasserstoff ist nicht das neue Öl«, fügt die Energieexpertin einschränkend hinzu.

Durch die Wasserstoffwirtschaft sollen in Europa bis ins Jahr 2030 rund eine Million neuer Jobs entstehen. Aufgabengebiete: Herstellung von Wasserstoffproduktions- und -verteilungsanlagen, Aufbau der Infrastruktur. Arbeitsplätze in diesen Bereichen erfordern meist hoch qualifizierte Mitarbeiter. Arbeitsplätze in den Produktionsanlagen von Elektrolyseuren, für mobile Brennstoffzellen und Druckgastanks sowie in der Mess- und Automatisierungs- und Leistungselektronik könnten beispielsweise in einer traditionellen Kohleregion wie Brandenburg bis 2030 für 7000 neue Arbeitsplätze sorgen.[44]

In den vergangenen Monaten ist deswegen das Thema der »Just Transition«, einer Transformation, die keine Regionen und keine Berufsgruppen zurücklässt (»leave no worker behind«), mit Vehemenz in das Zentrum vieler Diskussionen in Europa und Nordamerika gerückt. Vor allem für Joe Bidens mutigem Infrastrukturplan hängt das Gelingen unmittelbar von einem gerechten Übergang ab. Bislang ließen sich auch Regionen und Berufsgruppen, die unmittelbar von der alten fossilen Energiewelt abhängig sind, für den Green New Deal gewinnen. Doch es ist klar, dass Garantien und Perspektiven schnell und mit Überzeugungskraft präsentiert werden müssen. Die Biden-Administration setzt bislang unter anderem auch auf umstrittene Technologien wie Atomkraft und das Carbon Capturing.

Die Mehrzahl der Menschen am unteren Rand der Mittelschichten in Europa und Nordamerika haben heute nicht mehr Geld in der Tasche als zur Jahrtausendwende. Die meisten von ihnen können ihren Kindern nicht die Erfolgsgeschichte sozialer Aufwärtsmobilität erzählen, wie sie bis in die 1990er-Jahre hinein die Entwicklung in mehr oder weniger allen Schichten der westlichen Gesellschaften kennzeichnete: Wer sich in den Bildungsinstitutionen einigermaßen bewährt, das konnten Eltern ihren Kindern getrost versichern, dem wird es mindestens genauso gut gehen wie den Eltern selbst. Auf diese Weise konnten wir im Westen bis in die 1980er-Jahre hinein Ungleichheit verhindern und eine integrierte Wohlstandsgesellschaft schaffen.[45]

Der Green New Deal ist nicht einfach ein weiteres Öko-Projekt, er muss die Menschen mitnehmen und bietet die Chance, bessere Jobs aufgrund von besseren Ausbildungen auch vor allem für diejenigen zu schaffen, die in der Ära des Neoliberalismus nicht vorkamen oder an den Rand gedrängt wurden. Gerade für diese Menschen bietet der Green New Deal neue Chancen. Schon jetzt kommen die bestbezahlten Jobangebote auf dem US-Arbeitsmarkt aus der Solar- und Windenergie. Solarinstallateure (jährliches Durchschnittseinkommen: 42,680 US-Dollar) und Windturbinenmechaniker (54,370 US-Dollar) sind laut dem U.S. Bureau of Labor Statistics in den USA diejenigen Jobs, die zwischen 2018 und 2028 am stärksten nachgefragt werden.[46] In den kommenden Jahren werden darüber hinaus Berufsgruppen wie Umweltingenieure und -forscher stärker in den Vordergrund rücken. Außerdem werden sich neue Berufsbilder in Richtung Umweltberatung und -auditing sowie in Richtung Solarhandel und -handwerk ausbilden. Laut einer Untersuchung von »21 HR Jobs of the Future« wird demnächst der »Chief Climate Response Officer« (CCRO) vor allem in Großunternehmen selbstverständlich sein.[47]

Einer Studie der Europäischen Transportarbeiter-Föderation zufolge führen umfassende Maßnahmen zur Emissionsreduktion im Transportsektor zu Schadstoffvermeidung (nicht nur CO_2!) von 80 Prozent.[48] Dabei entstehen laut Studie 7 Millionen Arbeitsplätze. Mit 5 Millionen neuen Jobs auf dem Gebiet der erneuerbaren Energien, auch das geht aus der Studie hervor, würden die Emissionen bei der europäischen Stromerzeugung um 90 Prozent sinken. Eine Machbarkeitsstudie[49] für den US-Bundesstaat Colorado (Universität Massachusetts, Amherst) kam zu dem Schluss, dass durch den Green New Deal mehr Stellen geschaffen werden als verloren gehen. Die CO_2-Emissionen lassen sich dabei bis 2030 halbieren. Investitionen pro Jahr von 24,5 Milliarden US-Dollar bedeuten, dass 100.000 neue Arbeitsplätze entstehen werden (585 Nicht-Management-Stellen fallen weg).

Ein Unternehmen wie Goldwind Americas schult schon länger Arbeiter aus den untergehenden Gas- und Erdölgewerben um. Bereits 2016 haben Cleantech-Jobs die Nachfrage nach Jobs in der fossilen Energiebranche überholt.[50] Mark Jacobson, Professor für Bau- und Umweltwesen an der Stanford University, gehört zu den unerschütterlichen Optimisten für einen gesunden Planeten und eine bessere Welt. Mit seiner Forschergruppe in Stanford hat er einen Fahrplan vorgelegt, mit dem es für 143 Staaten dieser Welt möglich wird, bis ins Jahr 2050 mit 100 Prozent erneuerbaren Energien zu leben. Nur das beharrliche Arbeiten von häufig belachten Weltverbesserern an den erneuerbaren Energien (eine wechselvolle Geschichte, die in den 1980er-Jahren in Deutschland und den USA begann) versetzt uns in die Lage, 57 Prozent weniger Energie zu benötigen als im alten System der fossilen Ära (Öl, Gas, Kohle, Atom, Verbrennungsmotoren).[51] Laut den Stanford-Forschern lassen sich damit in den 143 Ländern 28,6 Millionen neue Jobs schaffen. Und die Energiewende ist nicht nur ein neues »Betriebssystem für die Welt«, es würde uns auch dabei helfen, zusätzliche Kosten für Energie, Gesundheit und Klimafolgen um

91 Prozent zu reduzieren. Denn mit der Energiewende und dem Abschied aus dem fossilen Regime wachsen uns neue Möglichkeiten der Gestaltung von Lebenswelten und Wertschöpfung zu.

Eine Princeton-Studie geht davon aus, dass bis 2050 die Arbeitsplätze im Energiesektor in fast allen Landesteilen der USA durch eine Menge neuer Jobs bei den erneuerbaren Energien auf dem Niveau von heute bleiben werden. In New Mexico und West Virgina, klassischen Kohlestandorten, wird sogar ein Anstieg der Arbeitsplätze erwartet.[52] Geht der Wind- und Solarausbau so weiter, wie die Princeton-Studie prognostiziert, wird sich die Zahl der Arbeitsplätze auf beiden Gebieten bis 2030 verzehnfachen. Zur grünen Joboffensive in Europa und Nordamerika zählen darüber hinaus: nachhaltiges Bauen; Wärmewende; Installation von Solarsystemen und Windturbinen; Abbau von für die erneuerbaren Energien wichtigen Rohstoffen wie Kobalt und seltenen Erden; Erneuerung des Stromnetzes; E-Auto-Ladeinfrastruktur; Batterietechnologie; Erneuerung der Wasserinfrastruktur; E-Lkw-Fahrer; Fachkräfte für intelligente Fenster und so weiter.

Wir erhalten durch diesen rasanten Technologiewandel zugleich die Gelegenheit, unsere Arbeitswelten neu zu gestalten. Wir dürfen nicht aus den Augen verlieren, dass wir zugleich einen sozialen, ökonomischen und einen ökologischen Wandel bewältigen müssen. Und wenn der Green New Deal zu einer epochemachenden Transformation werden soll, dann könnte er uns auch dazu anregen, unsere Arbeitswelt komplett neu zu denken.

Beispielsweise eine »progressive Eigentumssteuer«, wie sie der Starökonom Thomas Piketty fordert, könnte dafür sorgen, dass wirtschaftliche Sondereffekte wie technologische Revolutionen, Privatisierungen, explodierende Renditen oder Winner-takes-all-Ökonomien nicht nur den Innovationspionieren, sondern der gesamten Gesellschaft zugutekommen. Aktuell besitzen die unteren 50 Prozent der Gesellschaft lediglich 5 bis 10 Prozent des weltweiten Durchschnittsvermögens.[53] Entscheidend ist, dass eine »Vermögensverjüngung« stattfindet. Kapital aus Gewinnen käme so schneller wieder in Umlauf und könnte zum Wohle der Gesellschaft eingesetzt werden. Piketty ist hier ebenso hemdsärmelig wie radikal: Wenn es stimmt, dass das weltweite Durchschnittseinkommen rund 200.000 Euro beträgt, dann ließen sich zumindest 120.000 Euro für eine »Kapitalausstattung« der jungen Erwachsenen im Alter von etwa 25 Jahren einsetzen.

Und steht mit dem Geoengineering die nächste Technologiewelle bereits vor der Tür? Hier sind erhebliche Zweifel angeraten. Carbon Capturing, das technische Entziehen von Kohlendioxid aus der Atmosphäre wird von einigen Regierungen ernsthaft erwogen und spielt in der Just-Transition-Debatte in den USA eine nicht unwesentliche Rolle. Geoengineering gilt als *ultima ratio* für klimatische Notfälle, weil unkalkulierbare Nebeneffekte und Auswirkungen auf Ökosysteme und Mensch- und Tiergesundheit nach wie vor nicht abschätzbar sind. Beim Geoengineering handelt es sich im vorsätzliche und großskalige Eingriffe in das Klimasystem. Neben dem Eingriff durch Carbon Capturing gibt es noch eine zweite Variante des Geoengineerings, die Beeinflussung der Sonneneinstrahlung. Durch das Ausbringen von Nanopartikeln beispielsweise aus Aluminiumoxid in die Stratosphäre soll gewissermaßen der Wirkungsgrad der Sonne gesenkt und die Erderwärmung abgeschwächt werden.

Ein solches »Strahlungsmanagement« ist in kurzer Zeit wirksam, während das Carbon Capturing viele Jahrzehnte braucht, bis sich erste Effekte zeigen. Als Drittes wird immer wieder auch die vermehrte Produktion von Biomasse (Wiedervernässung der Moore, regenerative Landwirtschaft) ins Spiel gebracht. Die Wirksamkeit gilt nach wie vor als hoch spekulativ. Auch durch die Verwitterung von Silikat- und Carbonat-Gesteinen oder durch die künstliche Kalkung der Meere kann Kohlendioxid gebunden werden.

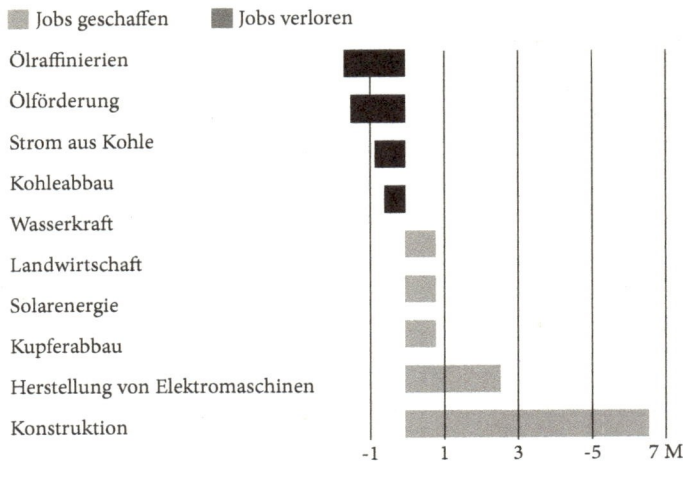

24 Millionen neue Jobs durch sozial-ökologische Transformation

Quelle: Businessweek

24 Millionen neue Jobs durch sozial-ökologische Transformation

Zu allen diesen Maßnahmen findet momentan eine umfangreiche und teilweise hoch finanzierte Grundlagenforschung statt. Die Resultate bleiben suboptimal, ökologische Nebeneffekte lassen sich nicht entkräften, was wiederum ethische Vorbehalte stärkt. Im Moment zeichnet sich ab, dass das Carbon Capturing mit dem größten Investitionsdruck weiterentwickelt wird. Ein wichtiges Motiv dafür findet sich in den Interessen der Kohle- und Erdöl-Lobby. Sollte sich nämlich zeigen, dass Carbon Capturing und die anschließende Speicherung zumindest technologisch funktioniert, ließe sich – so die vage Hoffnung einiger Traditionalisten – möglicherweise mit der fossilen Energieproduktion fortfahren. In der US-Debatte schüren unter anderem Arbeitervertreter die Hoffnung, durch die »Serienreife« von Carbon Capturing klassische Arbeitsplätze in den fossilen Industrien sichern zu können.

Die Megatrend-Methode und das Momentum des Neuanfangs

Zu dem anstehenden Wandel gehört unbedingt auch, dass wir resilient gegenüber unseren eigenen Erwartungen bleiben: Wir werden nicht alles vorausahnen und minutiös in die Zukunft hinein planen können, wenn es um den Green New Deal geht – und darum geht es tatsächlich. Zielbewusstsein ist gut, darf aber nicht das Denken in Alternativen einschränken. Der Utopie-Guru Erik Olin Wright beschreibt das so: »Das Beste, was wir tun können, ist, den Kampf um das Voranschreiten entlang der Pfade gesellschaftlicher Ermächtigung als einen experimentellen Prozess zu behandeln, innerhalb dessen wir die Grenzen des Möglichen fortlaufend ausloten und nochmals ausloten und dabei, so gut wir können, versuchen, neue Institutionen zu schaffen, die die Grenzen ihrerseits erweitern werden.«[54]

Das heißt, wir sollten bei aller leidensdruckgeprägten Zielfixierung »die Unbekanntheit der zukünftigen Grenzen des Möglichen« berücksichtigen. Wir müssen verändern und innovativ sein; wir können aber nicht davon ausgehen, dass wir bei jeder Aufgabe schon detailliert wissen, was am Ende herauskommt. Das beschreibt in wenigen Sätzen im Grunde ja sehr zutreffend die Probleme, die uns bei Megatrend-Veränderungen wie der Energie- und Mobilitätswende immer wieder begegnet sind und auch in Zukunft begegnen werden. Wir können nicht im Vorhinein mit 100-prozentiger Sicherheit wissen, wie sich wirklich substanzielle Innovationen auf lange Sicht auf allen relevanten Gebieten unserer Welt auswirken werden.

Weitere technologische Innovationssprünge sind vonnöten, ohne an die Technologie gleich die Erwartung sofortiger Er-Lösung von allen Nachhaltigkeitsprobleme zu knüpfen.

Megatrends zeigen uns die großen Veränderungsprozesse, die in den kommenden 30 bis 50 Jahren überall in Wirtschaft und Gesellschaft wichtig werden. Das Institut für Trend- und Zukunftsforschung (ITZ) betreibt die Analyse der Megatrends seit mehr als einem Jahrzehnt. Wir haben insgesamt 15 Megatrends identifiziert, die maßgeblich dafür verantwortlich sind, dass sich unsere Welt in den nächsten zehn Jahren signifikant verändern wird.

Die vorliegende Untersuchung stützt sich auf permanente Analysen der dynamischen Entwicklungsprozesse innerhalb der Megatrends. Was wir als Megatrends identifizieren, sind niemals nur isoliert ökonomische Veränderungen oder politische Entscheidungen, es sind immer sozio-ökonomische Prozesse, die die Relevanz von Megatrends ausmachen. Megatrends alleine geben noch keine hinreichende Antwort auf die Frage, wie wir bis 2030 nachhaltige Lebensstile und eine kohlenstofffreie Industrie entwickeln können. Dafür schauen wir zusätzlich auf Technologietrends (Halbwertzeit: 10 bis 20 Jahre, auf Gesellschaftstrends (10 bis 20 Jahre), sowie auf Konsum- und Lebensstiltrends (5 bis 10 Jahre).

Szenarioanalysen entlang unserer Trendmatrix gestatten es, die Betriebsblindheit von Fachabteilungen zu überwinden und im besten Sinne mit einem ganzheitlichen Ansatz Wege der Neugestaltung unserer Welt zu skizzieren.

Folglich werden wir in dieser Studie über gesellschaftliche, politische, ökonomische und ökologische Trendveränderungen sprechen. Anders lässt sich ein robustes Zukunftsbild nicht entwickeln. Wir kommen in unserer Post-2008-Welt nicht weiter, wenn wir das Ringen um die Zukunft an einzelne Fachbereiche von Wirtschaft, Technik, Politik und Gesellschaft delegieren. Es geht uns um eine ganzheitliche Sicht der Dinge, das berühmte Big Picture.

Wir müssen uns Klarheit verschaffen über die Grundlagen und Begrenzungen unserer Welt, wenn wir die kommenden schwierigen Jahre gestalten wollen. Geht ein Urvertrauen verloren, müssen wir alle Begriffe und Gewohnheiten, alle Voraussetzungen und Gewissheiten auf ihre Zukunftstauglichkeit überprüfen. Wir benötigen ökonomische und gesellschaftswissenschaftliche Expertise, technologischen und sozialpsychologischen Sachverstand. Trends, die uns den Weg in die kommenden Jahre weisen, sind niemals auf Märkte, Branchen und wissenschaftliche Disziplinlogik beschränkt (es sei denn, man lässt sich eindimensionale »Microtrends« andrehen, von denen es angeblich 300 oder mehr geben soll).

Die Untersuchung ist polyperspektivisch ausgerichtet. Sie soll im besten Sinne einen ganzheitlichen Blick entwickeln, weil die epochalen Herausforderungen, vor denen wir stehen, nur dann verstanden werden können, wenn Blickverengungen, Konventionen und Gewohnheiten aufgesprengt werden. Es darf kein Zukunftsdenken in Wirtschaft und Gesellschaft mehr geben, ohne dass ökologische und gesellschaftliche Faktoren dabei eine aktive Rolle spielen. Es darf keine Externalitäten in den Bilanzen und in unserem Denken mehr geben. Es darf kein ökologisches Zukunftsdenken geben, das ökonomisches Wissen ignoriert oder sich der Faktizität wirtschaftlicher Systemmacht entzieht. (Der Vorwurf der Naivität und der Weltfremdheit wäre dann zweifellos berechtigt.)

In letzter Zeit ist festzustellen, dass sich wissenschaftliche Disziplinen wie die Soziologie und die Philosophie – endlich – in Zukunftsfragen einmischen. Das ist mehr als zu begrüßen. Viele Analysen und Erörterungen aus diesen Fachgebieten verweigern sich jedoch zu sehr dem Blick auf die ökonomischen und ökologischen Realitäten. (Aus Angst vor einer Kompetenzübertretung, aus Berührungsängsten?) Einem einflussreichen Soziologen wie Andreas Reckwitz[55] beispielsweise gelingt in seinem soziologischen Bestseller *Das Ende der Illusionen* das Kunststück, den Klimawandel überhaupt nicht zu erwähnen. Es darf meines Erachtens aber kein soziologisches Zukunftsdenken mehr geben, das nicht auch ökologische und ökonomische Einflussfaktoren mit einbezieht.

Reckwitz sieht in der Wirtschaft seit dem Zweiten Weltkrieg zwei Mechanismen am Werk: Regulierung und Dynamisierung. Diese Blickverengung führt dazu, dass er für die Zukunft ebenfalls nur Regulierung und Dynamisierung denken kann.[56] Wir sind aber an einem Punkt, wo eine Ära (der Neoliberalismus) zu Ende gegangen ist und wir mit dem Green New Deal einen Neuanfang wagen müssen. Bapna und Messner sprechen zu Recht von einer Zeitenwende, bei der sich grundlegende »globale Wachstums-, Handels- und Investitionsmuster«[57] verändern.

Es geht um alles. Und alles hängt mit allem zusammen. Wir bauen unsere Gesellschaft zu einem Reallabor um, in dem wir gemeinsam etwas wagen. Last, but not least eröffnet uns der Green New Deal die Chance, Freiheit und Individualität am Ende des neoliberalen Zeitalters neu zu leben und neue Lebensstile zu entwickeln, die eine höhere Lebensqualität versprechen, als wir uns bislang vorstellen können.

KAPITEL 1

Individuelle Freiheit, Konsumgesellschaft und die Wut der globalen Mittelschicht

Der Green New Deal ist nicht nur ein ökologisches, sondern auch ein gesellschaftliches Reformprojekt. Ein wichtiges Ziel dabei: *Wir müssen Auswege aus der klimaschädigenden Konsumgesellschaft finden.* Der Neoliberalismus hat seit den 1990er-Jahren für seine Marktfantasien die globale Mittelschicht »erfunden«. Seitdem können sich Mittel- und Oberschichten Gesundheit in Form von Wellness und Yoga leisten, während für die Allgemeinheit die Gesundheitssysteme abgebaut wurden. Auf den Querdenker-Demos und bei dem Sturm auf das Washingtoner Kapitol demonstrieren orientierungslose Mittel- und Oberschichtler gegen das Ende einer Ära, in der fast alles möglich schien (»Anything Goes«) und praktisch keine Grenzen existierten.

Ein bewölkter Himmel über Washington D.C., Temperatur: sechs Grad Celsius, ruhiges Flugwetter, aber beste Aussichten für einen fabelhaften Tag in der Hauptstadt. Jenna Ryan, eine erfolgreiche Immobilienmaklerin aus dem texanischen Frisco, landete am Mittwoch, den 6. Januar 2021 vormittags in Washington D.C. Zusammen mit einigen Freundinnen und Freunden hatte sie die kleine Maschine gechartert, um bei dem Sturm auf das Capitol, dem Herzen der amerikanischen Demokratie, dabei zu sein.

Ryan, die im »Dallas Talk Radio« auch eine eigene Radioshow produziert, hält ihren Ausflug zur Erstürmung des Capitols in ungezählten Fotos fest. Wehende blonde Haare, ein selbstbewusstes Lächeln, Sonnenbrille, Handtasche. »We the people are pissed off …We flew by a private jet, God wanted us here today. Trump is my president.«[1] Den Fußmarsch zum Capitol Hill filmte Ryan in einem Livestream.

Es würde einer der besten Tage ihres Lebens werden, teilte sie aufgedreht über die sozialen Medien mit. »This is a prelude going to war« – das ist der Auftakt für einen Krieg. Als die Verwüstungen auf Capitol Hill begannen, posierte Ryan neben einer zerbrochenen Scheibe, während eine Frau erschossen wird und weitere vier Menschen ihr Leben lassen müssen. Auf ihrem zwischenzeitlich stillgelegten Twitter-Account teilte sie mit: »All these working class people taking the week off … We flew here for freedom. They want to steal the election, they want to steal everything.«[2]

Ohne eine freiheitliche Gesellschaft und autonom handelnde Individuen ist die Umsetzung des Green New Deal nicht vorstellbar. Freiheit ist ein großes Wort, es verleitet zum Träumen und verspricht, was sich viele wünschen: Unabhängigkeit von Zwängen, das tun können, was man möchte. In den Diskussionen der vergangenen Monate ist Freiheit zu einem Kampfbegriff aufgerüstet worden. Die Corona-Pandemie, so haben es sich sogenannte »Hygienedemonstranten« und Impfgegner zurechtgelegt (die schnell von Rechtsradikalen vereinnahmt und instrumentalisiert wurden), setzt unserem Konzept der freiheitlichen Orientierung und Selbstverwirklichung drakonische Grenzen.

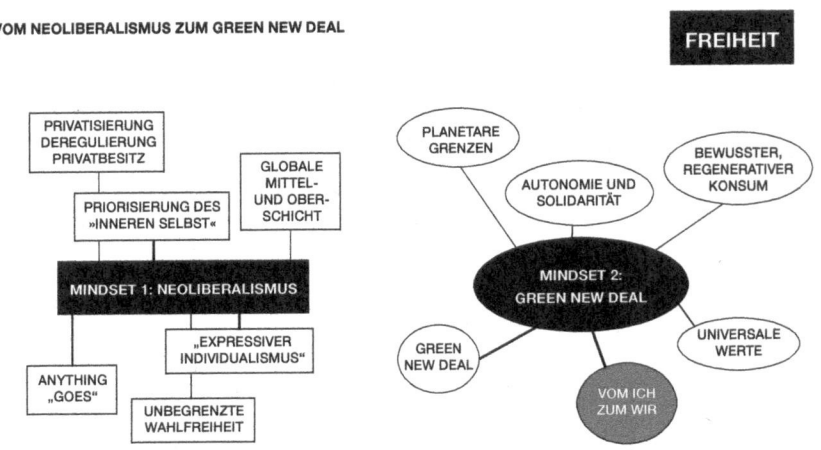

Vom Neoliberalismus zum Green New Deal   *Quelle: ITZ 2021*

Die Geburt der Konsumgesellschaft und der modernen Mittelschicht aus dem Geist des Marktliberalismus

Was der lässige Wochenendtrip Jenna Ryans zum Angriff auf die amerikanische Demokratie ebenso wie die hiesigen Pseudodemonstrationen gegen die Corona-Verordnungen offenbaren: Freiheit wird gerne dann aus der Stereotypenkiste der Empörung hervorgezaubert, wenn Einschränkungen persönlicher Freiheit in Kauf genommen werden müssen. Drohen in unserer Wohlstandsgesellschaft persönliche Einschränkungen, werden gelebte Verantwortungslosigkeit und Ignoranz gerne mit dem Kampf um die Freiheit bemäntelt. Dann radikalisiert sich die gehobene Mittelschicht und ruft zur Subversion von oben auf. Die individuelle Freiheit ist eine der beliebtesten Münzen in diesem Spiel.

Freiheit ist ein ganz besonderer Stoff. Das Beschwören individueller Freiheit ist vielleicht der wichtigste Kampfbegriff für Konservative in der ideologischen Auseinandersetzung mit dem politischen Gegner. Freiheit spielte hierzulande bereits in den politischen Debatten in den 1950er- bis 1980er-Jahren eine zentrale Rolle. Gleich im ersten bundesdeutschen Wahlkampf 1949 wurde Freiheit gegen das Gespenst des Sozialismus mobilisiert. Im Wahlkampf bekannte der Christdemokrat Konrad Adenauer, der als erster Bundeskanzler aus dem Wahlkampf hervorgehen sollte: »Wenn wir die Wahl haben zwischen Freiheit und Sozialismus, wissen wir, was wir wählen: Wir wählen die Freiheit.«[3] Bis in die 1970er- und 1980er-Jahre diente sie den Konservativen als symbolpolitisch hoch aufgeladener Begriff im polemischen Kampf gegen die vermeintliche sozialistische Bedrohung aus Osteuropa und die Gefahren linker Politik und Meinungsmache (»Rotfunk«-Kampagne der CDU gegen den öffentlich-rechtlichen Rundfunk[4]) im Inland. Der Wahlkampf 1976 stand vonseiten der CDU ganz im Bann der Erhaltung der Freiheit. Der Rechtskonservative Alfred Dregger stellte die Republik vor die Alternative »Freiheit statt Sozialismus«. Doch die Wähler vertrauten dem pragmatischen Sozialdemokraten Helmut Schmidt und sahen in der Ostpolitik Willy Brandts zu Beginn der 1970er-Jahre keine sozialistische Gefahr.

Doch Freiheit blieb bis in die Gegenwart ein zentraler Begriff im Stehsatz rechtskonservativer Wahlkämpfer. Noch im Jahr 2007 trug das Grundsatzprogramm der CDU den Titel »Freiheit und Sicherheit«[5], wobei der Slogan die Älteren unter uns irritieren dürfte, denn die Angst vor dem Freiheitsentzug durch Kollektivismus und sozialistische Bedrohung stand im 2007er-Programm der Christdemokraten längst nicht mehr im Vordergrund. Hier ging es vielmehr um die Herausforderungen der Globalisierung und des demografischen Wandels. Die Zukunft der Familie angesichts individueller »Lebensverläufe« prägt das christdemokratische Programm. Freiheit wird auffällig oft mit Verantwortung kurzgeschlossen. Politisch korrekt zeigen die Konservativen, das sie in der Gegenwart der »Erlebnisgesellschaft«[6] angekommen sind. Wer die 1960er- und 1970er-Jahre halbwegs bewusst miterlebt hat, der verbindet mit »Freiheit und Sicherheit« nicht in erster Linie die freie Entfaltung der Persönlichkeit und Ähnliches, sondern das bipolare Wettrüsten, den Kalten Krieg und den Nato-Doppelbeschluss.

Bis heute sind tendenziöse Schwingungen (eingebildete Feinde, irrationale Ängste) und demagogische Neigungen zu bemerken, wenn in rechtskonservativen und -liberalen Kreisen der Begriff Freiheit in weltanschaulichen Debatten zum Einsatz kommt. Freiheit ist für die dem nationalsozialistischem Terror entronnene Bundesrepublik und speziell in konservativen Kreisen ein besonderes Elixier. Die Instrumentalisierung des Freiheitsbegriffs durch Konservative reicht indes noch weiter. Bleiben wir noch kurz in den frühen 1950er-Jahren und bei der regierenden CDU. Im Bonner Wirtschaftsministerium, das von Ludwig Erhard, dem Vater der sozialen Marktwirtschaft geleitet wurde, war Freiheit eine nicht weniger wichtige Vokabel.

Denn im Windschatten des Siegeszugs der sozialen Marktwirtschaft wurden auch im Wirtschaftsministerium der frühen 1950er-Jahre die Grundlagen für eine neoliberale Wirtschaftsordnung gelegt. Ein Intellektueller wie Alexander Rüstow und der Volkswirtschaftler Wilhelm Röpke dockten mit ihren marktradikalen Ideen unter anderem über Alfred Müller-Armack, Nationalökonom und Leiter der Grundsatzabteilung des Wirtschaftsministeriums, in der deutschen Regierungspolitik an. Rüstow predigte schon in den 1930er-Jahren die »Selbstbegrenzung des Staates«[7], um sich den Versorgungsansprüchen von Bedürftigen zu entziehen und den Märkten das Management der Verbraucherwünsche zu überlassen.

Im Neoliberalismus spielt Freiheit, und zwar als individuelle Freiheit der Bürger und Handlungsfreiheit sich selbst regulierender Märkte, eine wichtige Rolle. Der Staat zieht sich zurück, er reguliert nicht und bevormundet den Einzelnen nicht. Auch wenn sich die soziale Marktwirtschaft bis in die 70er-Jahre hinein als Erfolgsmodell für die Wohlstandsgesellschaften der westlichen Welt erweisen sollte, der Neoliberalismus, Freiheit des Einzelnen und eine marktliberale Wirtschaftsordnung spielten (nicht nur) in der konservativen Welt von Unternehmen und Politik eine prägende Rolle. Die Befürchtungen gegenüber einem ausufernden Wohlstands- und Versorgungsstaat riefen immer auch das Gespenst einer sozialistischen Wirtschaft herbei, womit sich bis heute Unternehmerverbände gewinnen und Wahlkämpfe gegen Links bestritten werden konnten.

1947, zwei Jahre vor Gründung der Bundesrepublik, hatte sich in der atemberaubenden Berglandschaft um den Genfer See die wirtschaftsliberale Mont-Pèlerin-Gruppe um liberalkonservative Wirtschaftstheoretiker, Sozialphilosophen und Publizisten wie Friedrich August von Hayek, Ludwig von Mieses, Wilhelm Röpke, Walter Eucken, Walter Lippmann und Milton Friedman gegründet. Dieses Netzwerk erwies sich die gesamte Nachkriegszeit hindurch, in Nordamerika wie in Europa, als politisch höchst einflussreich. Doch erst Ende der 1970er- und Anfang der 1980er-Jahre, durch die Wahlsiege von Ronald Reagan in den USA und Margret Thatcher in Großbritannien, fand der endgültige Durchbruch des neoliberalen Wirtschaftsmodells statt. Margret Thatcher war eine wahre Meisterin der Entstaatlichungspolitik in kleinen Schritten, bei der jedoch nichts weniger geschah, als die Aufgaben von Staat und Markt neu zu definieren. Thatcher begann in Großbritannien Anfang der 1980er-Jahre mit der vorsichtigen Liberalisierung des Fernbusverkehrs, um wenig später die radikale Privatisierung der britischen Eisenbahn umzusetzen.

Der Clou dabei: Durch Entstaatlichung und Liberalisierung entsteht individuelle Freiheit als Freiheit zum Konsum. Dieser Taschenspielertrick der Wirtschaftsliberalen, um den es mir hier geht, funktioniert in zwei Schritten:

Erstens: Indem aus staatlicher Fürsorge (Krankengymnastik, erschwingliches Wohnen, niedrige Strompreise) durch Deregulierung ein Markt entsteht, werden Bürger zu Konsumenten, die für die »freie« Wahl von Dienstleistungen bezahlen. Zweitens: Indem Bürger zu Konsumenten werden, ist es jeder Einzelne von uns, der – indem er die Dienstleistungen als Ware kauft – die Transformation von der garantierten Versorgung zur Marktlösung unbewusst akzeptiert.

Man könnte das als elegante »Mikropolitik einer entstehenden Marktgesellschaft«[8] bezeichnen, die sich dadurch auszeichnet, dass ihre Bürger zu den konsumierend-genussorientierten Konjunkturmotoren einer »Vermarktlichung« werden, die uns zu scheinbar souveränen Konsumbürgern »ernennt« und zu Mikrorevolutionären, indem wir als zahlungskräftige Mittelschichtler immer mehr individuelle Kaufentscheidungen aneinanderreihen.

Mit dem Entstehen einer neuen globalen Mittelschicht, wie sie sich in der westlichen Welt seit dem Beginn der 1990er-Jahre vollzog, avancierte die Suggestion der individuellen (Konsum-)Freiheit zu einem höchst einflussreichen Trend. Der amerikanische Politologe Francis Fukuyama[9] zeigt sehr schön, dass die Idee der Freiheit, (scheinbar) nach seinen spontanen Wünschen und Bedürfnissen leben zu können, eine lange Tradition hat. Und zwar im angelsächsischen Liberalismus eines Thomas Hobbes (»Homo Homini Lupus«) und eines John Stuart Mill. Hobbes begreift das Individuum in seinem negativen Menschenbild des »Leviathans«[10] als mechanischen Bedürfnisautomaten, der seelenlos auf Befriedigung seiner individuellen Bedürfnisse programmiert ist. Aspekte dieser an den inneren Regungen des einzelnen orientierten Naturrechts sind in die amerikanische Verfassung mit dem berühmten »Life, Liberty and the pursuit of Happiness« eingeflossen. Freiheit hat für Hobbes und Mill nichts mit Metaphysik und freiem Willen zu tun: »(...) für sie ist Freiheit schlicht die Fähigkeit, seinen eigenen Wünschen und Leidenschaften ungehindert durch äußere Zwänge nachzugehen.«[11]

Wir sehen, die – befürchtete – Beschneidung von persönlicher Freiheit diente Konservativen schon oft, um Regelungen und staatliche Eingriffe zu unterminieren. Im Hintergrund steht bis heute noch die Angst vor Sozialismus und Kollektivierung, dem Wohlfahrtsstaat. Der Rechtspopulismus ist mit einigem Abstand betrachtet in erster Linie ein Empörungsaufstand gegen den befürchteten Freiheitsentzug durch den Staat, der als bedrängende Obrigkeit imaginiert wird: »Das wird man doch wohl noch sagen dürfen...«

Aber auf welche Freiheit berufen sich die Rechten, ebenso wie Teile der FDP, die neoliberalen Wirtschaftseliten und überraschenderweise auch die »Hygienedemonstranten«? Warum reden wir plötzlich in einer demokratischen Gesellschaft über den Verlust von Freiheitsrechten und über angeblich nicht mehr vorhandene Redefreiheit? Was ist da in den vergangenen Jahren schiefgegangen?

Wir fürchten uns vor staatlichen Übergriffen bei der Datennutzung, hängen aber jeden Tag ungezählte Stunden auf Facebook und Twitter ab und füttern die Plattformen mit Millionen Daten. Bei sogenannten Hygienedemonstrationen wird diffus-aggressiv vor Diktatur und Überwachungsstaat gewarnt, dabei geht es nur um den Schutz vieler Menschen vor gegenseitiger Ansteckung.

Im Rechtspopulismus ist die Angstmache vor dem Verlust der Freiheit einer der wichtigsten Kampfbegriffe, um Ängste und Unzufriedenheit zu schüren. In den rechtspopulistischen Diskursen (wozu Corona-Kritiker und Klimaleugner strukturell auch zu zählen sind) kann die Angst um die Freiheit deshalb verfangen, weil die Menschen gerade in den westlichen Industriestaaten seit der Weltwirtschaftskrise 2008 tatsächlich vieles verloren haben. Sie haben allerdings nicht ihre persönliche Freiheit verloren, sondern das Vertrauen in die herrschende neoliberale Wirtschaftsordnung.

Die wütend artikulierte Sehnsucht nach Freiheit, die bei den Demos im Sommer und Herbst 2020 so skurril zum Ausdruck kam, verlangt im Grunde nichts anderes als die weiter garantierte »Freiheit zum Konsum«. Darum ging es: Die Hygieneregeln in der Pandemie (in Deutschland alles andere als strikt formuliert) wurden kurzerhand als freiheitsberaubend gebrandmarkt, weil sie einen – in dieser Form zweifellos ungekannten – regulatorischen Eingriff des Staates in das Alltagsleben bedeuteten.

So gesehen reklamieren die verwirrten Pseudo-Demonstranten eigentlich nur ein Freiheitsideal, welches wir uns alle in den vergangenen rund 40 Jahren in der neoliberalen Ära angeeignet haben. Auf eine Kurzformel gebracht: »Für die Entfaltung meiner individuellen Bedürfnisse soll es möglichst keine Begrenzungen geben, wo kommen wir denn da hin?!« Die Bekenntnisse der Wirtschaftsliberalen (freie Märkte, grenzenloser Handel, Globalisierung, Deregulierung und Privatisierung als oberste Maxime unseres Handelns) lassen sich tatsächlich in dieser Weise zusammenfassen.

Wir möchten die »Freiheit zum Konsum« und unsere Konsumgesellschaft hier nicht plakativ denunzieren. Es geht uns vielmehr darum, ein System zu verstehen, welches Konsummärkte für wenige schafft, während die Versorgungsaufgaben des Staates unter der Hand eingestellt werden. Wir sind der Überzeugung, dass wir das neoliberale System, das uns lange Zeit – zumindest in der westlichen Welt – getragen hat, in seiner Statik begreifen müssen, um es dekonstruieren zu können. Verstehen müssen wir es deshalb, weil es uns nicht mehr weitertragen wird. Das System ist an seinen eigenen Voraussetzungen gescheitert (Wohlstand durch Konsum, Konsum für alle, Märkte als Demokratisierungstreiber). Wir müssen dieses Scheitern präzise analysieren, bevor wir ein neues System bauen können, das unsere Zukunft auf dem Planeten Erde sichert.

Von »Prothesengöttern« und dem Unbehagen in der Gesellschaft der Gegenwart

Deswegen müssen wir grundsätzliche Fragen stellen. Wie ist es beispielsweise wirklich um die individuelle Freiheit in demokratischen Gesellschaften wie der unseren bestellt? Moderne Gesellschaften, wie wir sie kennen, fußen, verkürzt gesagt, darauf, dass sie für den Einzelnen zwei Dinge regeln: den Schutz gegenüber der Natur und ein möglichst konfliktfreies Zusammenleben mit anderen Menschen. Sigmund Freud hat das in seinem berühmten Aufsatz »Das Unbehagen in der Kultur« im Jahr 1930 so formuliert: Menschliches Zusammenleben werde dann überhaupt erst möglich, »wenn sich eine Mehrheit zusammenfindet, die stärker ist als jeder Einzelne und gegen jeden Einzelnen zusammenhält«.[12] Freud spricht in dem Text von

Kultur und nicht von Gesellschaft (oder Gemeinschaft). Beide Begriffe sind aber be-
deutungsgleich zu verstehen. Kultur ist für Freud die Summe der »Leistungen und
Einrichtungen«, mit der sich eine Gesellschaft grundlegend organisiert. Wer genau
hinhört, der erkennt, dass Gesellschaften daraus durchaus auch selbstbewusst einen
Macht- und Rechtsanspruch ableiten können, der nötigenfalls auch gegen den Einzelnen mit Autorität durchgesetzt werden kann.

Freud macht noch eine weitere für unsere aktuelle Lage sehr interessante Bemerkung (und würde damit wohl nicht nur hierzulande viele Corona-Skeptiker gegen
sich aufbringen), wenn er feststellt, dass »individuelle Freiheit« in der Gesellschaft
genau genommen gar nicht vorkommt. Eine Gesellschaft besteht aus den von der
Mehrheit getragenen Maßnahmen, um Fehlverhalten oder, wie Freud es formuliert,
»die Aggressionstriebe des Menschen« einzuhegen. Und der Vater der Psychoanalyse
fügt noch eine Zuspitzung hinzu: »Die individuelle Freiheit ist kein Kulturgut. Sie
war am größten vor jeder Kultur, allerdings damals meist ohne Wert, weil das Individuum kaum imstande war, sie zu verteidigen.«[13]

Freud fordert also von jedem Einzelnen das Akzeptieren eines Realitätsprinzips,
das uns von der gesellschaftlichen Außenwelt als Bedingung für ein geregeltes Zusammenleben auferlegt wird. Mit dem Realitätsprinzip erkennen wir ethische Prinzipien
und Normen der menschlichen Gesellschaft an und richten uns als verantwortungsvolle Individuen nicht nur nach dem, »was angenehm, sondern was real (ist), auch
wenn es unangenehm ist«.[14] Als Menschen mit einer intakten Ich-Entwicklung leiten
wir Impulse aus dem narzisstischen Lustprinzip um und passen es der äußeren Realität an, wodurch bewusste Funktionen wie Aufmerksamkeit, Empathie, Gedächtnis
und Urteilsvermögen bei unseren Handlungen die Oberhand gewinnen. Im nächsten
Abschnitt werden wir sehen, wie der Hyperindividualismus unserer Konsumrealität
Verhaltensweisen (Hygienedemonstrationen, Klimaleugnung) ausprägt, die eine verantwortungsvolle Orientierung an der Realität mit kindlichem Trotz verwirft.

In einer Selbstverwirklichungskultur wie der unsrigen zu Beginn der 20er-Jahre
des 21. Jahrhunderts klingen solche Formulierungen lustfeindlich und autoritär.
Freud scheint nicht das volle Vertrauen in die Ich-Stärke und die Kraft zur Selbstbestimmung des modernen Menschen zu haben. Unterordnung und Einschränkung,
das kann doch nicht alles sein, was Psychologie und Psychoanalyse für den Einzelnen in einer Gesellschaft als individuellen Spielraum definieren?! Freud definiert
Unterordnung und Einschränkung als kulturstiftende Tugenden, ohne die menschliches Zusammenleben nicht möglich ist. Abgesehen davon sieht er die Individuen
seiner Zeit zugleich aber auch auf dem Sprung zu Höherem.

Freud und seine Zeitgenossen wurden in den 1920er- und 1930er-Jahren zu Zeitzeugen bahnbrechender ökonomisch-technologischer Durchbrüche. Mit der Weltwirtschaftskrise 1929 waren sie allerdings auch Zeugen dramatischer Systemzusammenbrüche, was unter anderem dazu führte, dass mühsam etablierte Demokratiemodelle (insbesondere die Weimarer Republik) ins Wanken gerieten. Die ökonomisch-technologischen Sprünge von der Automobilität bis zum Film bewertet Freud keineswegs kulturpessimistisch. Das Faktum des Klimawandels existierte noch nicht, und der Psychoanalytiker fand durchaus Gefallen daran, dass »die mineralischen Schätze der Tiefe emsig zu Tage gefördert und zu den verlangten Werkzeugen und Geräten verarbeitet«[15] werden.

Wissenschaftlicher und technologischer Fortschritt, so Freud weiter, trage dazu bei, dass der Mensch »beinahe selbst ein Gott geworden«[16] sei. (Nebenbei bemerkt erfahren wir hier, woher der Historiker Yuval Noah Harari die Schlüsselthese für seinen Bestseller *Homo Deus* genommen hat.) Technologischer Fortschritt hat nach Freud die menschliche Gesellschaft göttlichen Idealen nähergebracht, »freilich nur so, wie man nach allgemein menschlichem Urteil Ideale zu erreichen pflegt«[17]: »Nicht vollkommen, in einigen Stücken gar nicht, in anderen nur so halbwegs. Der Mensch ist sozusagen eine Art Prothesengott geworden, recht großartig, wenn er alle seine Hilfsorgane anlegt, aber sie sind nicht mit ihm verwachsen und machen ihm gelegentlich noch viel zu schaffen.«[18]

Doch selbst das, so beobachtet es Freud in der krisenhaften Gemengelage der 1920er-Jahre, macht den Menschen nicht unbedingt glücklicher. Die schlechtsitzenden »Hilfsorgane«, von denen er so drollig spricht, waren zu Beginn des 20. Jahrhunderts das Telefon (der »Fernsprecher«), der Film, Flugzeuge, Automobile, Eisenbahnen und das startende Fernsehen, aber auch Impfstoffe, neue Medikamente und eine verbesserte Gesundheitsversorgung, die nicht zuletzt die Säuglingssterblichkeit deutlich reduzierte und die allgemeine Lebenserwartung erhöhte.

Heute haben wir diese »Hilfsorgane« mit Smartphones, Internet, Augmented Reality und Billigflügen in jede Ecke der Welt weiter perfektioniert. Freiheitsgrade und Selbstverwirklichungschancen sind in unserer Gesellschaft gegenüber den 1930er-Jahren weiter exponentiell gewachsen. Doch nach wie vor sind wir auch nicht glücklicher als Freuds Zeitgenossen. Wir fürchten uns vor staatlicher Bevormundung und wittern in jeder Maßnahme einen Eingriff in unsere persönliche Freiheit. Wir sind noch immer »Prothesengötter«, ausgestattet mit einem prekären Selbstbewusstsein und hochsensibel, wenn es um die Einschränkung unserer individuellen Freiheiten geht.

Der Konsens in der Gesellschaft bröckelt
Fast ein Drittel der Deutschen neigt zu Verschwörungstheorien

Es gibt geheime Mächte, die die Welt steuern.

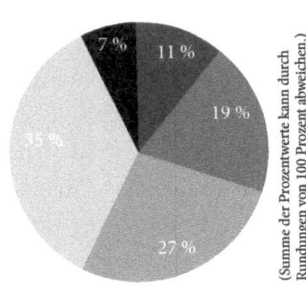

■ sicher richtig
■ wahrscheinlich richtig
■ wahrscheinlich falsch
■ sicher falsch
  weiß nicht/keine Angabe

Um welche »geheimen Mächte« soll es sich handeln?

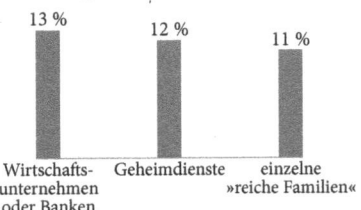

Wirtschafts-   Geheimdienste   einzelne
unternehmen   »reiche Familien«
oder Banken

Quelle: Konrad-Adenauer-Stiftung

Der Konsens in der Gesellschaft bröckelt

Leipzig im September 2020: Verantwortungslosigkeit erobert die Straße

Für die neoliberale Ideologie ist die Freiheit des Einzelnen ein Schlüsselkonstrukt, damit die entfesselten Märkte, Wachstum, Privatisierung und Deregulierung einen Adressaten finden. Wie wir jedoch gesehen haben, ist das Versprechen der größtmöglichen Freiheit des Einzelnen in den sozialtechnologischen Überlegungen der Neoliberalen vor allem eines: die Freiheit zum unbeschränkten Konsum (von Mobilität, von Landschaft, von Artikeln des alltäglichen Bedarfs). Wir, die prekären Halbgötter des 21. Jahrhunderts, haben in den vergangenen Jahrzehnten unter dem Einfluss der neoliberalen Wirtschaftsordnung einen ungekannten Wohlstands- und Selbstverwirklichungsschub erlebt. Doch die Corona-Pandemie, so scheint es, bringt das Kartenhaus unserer unbegrenzten Konsumentenfreiheit jäh zum Einsturz.

Machen wir hier einen Schnitt und blicken ins herbstliche Leipzig 2020. An einem sonnigen Samstagnachmittag bevölkern sogenannte »Hygienedemonstranten« und Corona-Skeptiker die Innenstadt um den Augustusplatz. Demonstrieren ist ein Grundrecht, auch in Zeiten der Corona-Pandemie. Die Corona-Regeln der Bundesregierung geben vor, dass in der Öffentlichkeit ein Mund-und-Nasenschutz zu tragen und zwischen den Menschen, wenn irgend möglich, ein Sicherheitsabstand von 1,50 Metern zur Verhinderung einer Virusansteckung einzuhalten ist. Die Mehrheit der rund 30.000 Demonstrierenden, die größtenteils vom Hauptbahnhof in die Innenstadt pilgern, schlagen die Anweisungen in den frühherbstlichen Wind. Mehr noch, viele nutzen die mediale Präsenz, um die Sicherheitsmaßnahmen, die Mitmenschen vor der Ansteckung mit dem gefährlichen Virus schützen sollen, lächerlich zu machen. Sie ironisieren die Maßnahmen, tragen zerschnittene Masken, durch die sich Zigaretten rauchen lassen, ziehen sich Unterhosen statt Masken über den Kopf oder schenken den Anweisungen schlicht keine Beachtung.

Demonstrationen sind in demokratischen Staaten eine wichtige Ausdrucksform, um gesellschaftliche Anliegen und Missstände vorzubringen. An diesem Samstag in Leipzig sind objektive Realität, Wissen, Fakten und gesellschaftliche Verantwortung in glücklicher Umnachtung suspendiert. Wieder, so ist es auf vielen Plakaten zu lesen, scheint unsere individuelle Freiheit gefährdet. Was haben Corona-Leugner mit individueller (Konsum-)Freiheit zu tun?

In den Zeitungen wird später davon zu lesen sein, dass »in Leipzig der Staat den Eindruck (erweckte), er gehe vor den Corona-Leugnern in die Knie. Die Polizei schien verängstigt, die Politik überfordert.«[19] Nach zweieinhalb Stunden wird die Kundgebung von der Polizei abgebrochen, was die Demonstranten wenig interessiert, sodass sie ihren Marsch durch die Stadt weiter fortsetzen. Zu den Teilnehmern gesellen sich im Lauf des Tages auch 200 gewaltbereite Hooligans, Chaoten mit Fußballhintergrund (keine Fans), manche wohl aus dem NPD-Milieu und Anhänger der identitären Bewegung. Sie setzen sich schließlich an die Spitze eines »Querdenker«-Zuges, der vom Augustusplatz in Richtung Hauptbahnhof marschiert. Immer wieder ist auf den Transparenten von »Corona-Diktatur« und »Masken-Totalitarismus« zu lesen. Die Regierung sei nichts anderes als ein Regime und Angela Merkel eine Diktatorin. Die Realität des Virus wird komplett angezweifelt (»eine Erfindung«), es diene lediglich dazu, Menschen einzusperren. Eine Frau trägt einen gelben Stern, darauf der Satz: »Ich bin ein Covidjud«.

In Sachsen hatten die Ereignisse zwischenzeitlich eine Regierungskrise ausgelöst. Der Staat ist auf die chaotischen Proteste der Corona-Skeptiker nicht vorbereitet.

Der Augustusplatz wurde für 30.000 Demonstranten zugelassen, obwohl nur maximal 16.000 auf den engen Platz passen. Eine Verlegung der Veranstaltung wurde kurz vor Beginn durch Gerichte gekippt. Und die Verantwortlichen in der Verwaltung stolperten über ihr Geschichtsbewusstsein: Leipzig ist die Stadt der friedfertigen Revolution von 1989, deswegen wollte man knüppelnde Polizisten in der Innenstadt um jeden Preis verhindern. Dagegen sind die »Hygienedemonstranten« mit ihrem ganz eigenen Geschichtsbild unterwegs. Sie versuchen sich seit Längerem schon in ihrer absurden Revolte mit der Geschichte der ostdeutschen Freiheitsbewegung von 1989 zu verbinden. Deswegen geht es ihnen an diesem Samstag in erster Linie um den historischen Bezug: »Seht her, in der ›Stadt der Freiheit‹ werden friedliche Demonstranten von der Staatsmacht niederkartätscht.«

Die Szenerien während der »Hygienedemonstrationen« in Berlin, Frankfurt, Stuttgart, München und vielen kleineren Städten Ostdeutschlands erinnerten auf den ersten Blick an Karneval und Kirmes. Bei genauerem Hinsehen jedoch an einen skurrilen »Karneval des Hasses und der Desorientierung«.[20] Die Akteure rekrutieren sich aus einem obskuren Milieu aus Esoterikern, Nazis, sogenannten »völkischen Siedlern«, Reichsbürgern, radikalen Impfgegnern, Alternativen mit »Querdenkerbommeln«[21], Jesus-Freaks und Holocaust-Leugnern.

Führen wir uns die Umstände der Corona-Demonstrationen des Jahres 2020 noch einmal vor Augen, ist neben dem Klamauk aber auch viel aggressive Anspannung spürbar. Eine mitunter wilde Zerstörungswut gegenüber den bürgerlichen Werten und Institutionen (auch hierzulande gab es einen Sturm auf den Reichstag!), gegenüber dem für alle mühsamen Masken-Konsens. Kindisches Aufbegehren gegen staatliche Ordnung, deren einschränkende Regeln in der Pandemie besonders zum Vorschein kommen. Wut und Bockigkeit gehen so weit, dass die Demonstranten, die kein sinnvolles Anliegen vertreten, sondern diffuse Aufsässigkeit und kindische Renitenz verkörpern, mit großer Zerstörungslust auch logisches Denken an sich zugunsten blanker Dummheit und offensichtlichen Unsinns ins Feld führen. Jenna Ryan, die rechtspopulistische Jetsetterin, die mit dem Privatflugzeug zum Sturm auf das Kapitol einfliegt, als Sinnbild für eine unreife Gesellschaft, der die Ich-Steuerung ihrer Bürger abhanden zu kommen droht und die nur noch den Egoismus des nächsten Konsumrauschs kennt.

Es wurde schnell klar, dass die Hygiene-Freakshows des Sommers keine gesellschaftlichen Proteste im herkömmlichen Sinne waren. An ihrer Unorganisiertheit, der offensichtlichen Zusammenhanglosigkeit der Akteure, dem Fehlen von greifbaren Konzepten, Themen und Aussagen gaben sie sich zu erkennen als ein hilfloser

Ausdruck von Wut, Angst und Ratlosigkeit. Dafür könnte man eventuell Sympathien hegen, wenn sie sich nicht gemein machen würden mit rechtsradikalen, rechtsesoterischen, ausländerfeindlichen und antisemitischen Parolen. In ihrer ungerichteten Wut und Verzweiflung signalisieren diese absurden Revolten natürlich auch eine Angst vor der Zukunft, eine Angst davor, was jetzt kommt.

Die Hygienedemonstrationen formulieren kein Anliegen. Hier findet eine Leugnung von Realität statt. Ein Realitätsprinzip, das verantwortungsvolles Handeln nach ethischen Normen vorsieht, scheint hier in Leipzig bei der Mehrzahl der Demonstranten zumindest vorübergehend außer Kraft gesetzt zu sein. Wir kennen ja das Phänomen aus der Klimaleugnerszene.[22] Hygienedemonstranten sind in ihrer militanten Verantwortungslosigkeit eine versprengte Gruppe von Realitätsflüchtlingen, die die tödliche Bedrohung der Pandemie und den Schrecken der Klimakrise nicht zur Kenntnis nehmen wollen. Sie versuchen, diesen Teil der Realität mit großem Energieaufwand (immerhin gefährden sie andere und nehmen Gefängnisstrafen in Kauf) abzuspalten. »Querdenker« und Klimaskeptiker stellen eine heterogene Ansammlung (keine soziale Bewegung) irritierter Ichlinge dar, denen Psychiater durchaus eine beschädigte Ich-Entwicklung attestieren würden. Ihr kindliches Aufbegehren gegenüber staatlichen Autoritäten steht für ihre Unreife und ihre Unfähigkeit, verantwortungsvoll im Sinne der Allgemeinheit zu handeln.

Insofern können wir die Pseudodemonstrationen als eine vorpolitische, aber für die aktuelle Befindlichkeit in unserer Gesellschaft durchaus signifikante und gesellschaftlich folgenreiche Bekundung eines diffusen Unbehagens in der krisengeschüttelten Gesellschaft des 21. Jahrhunderts interpretieren. Sie zeigen uns in greller Deutlichkeit, mit welchen realitätsbereinigten Freiheitsvorstellungen wir in den vergangenen Jahrzehnten in der westlichen Welt gelebt haben.

»Expressiver Individualismus« und das Schlüsseljahr 2008

Seit den 1980er-Jahren haben sich die westlichen Konsumgesellschaften prächtig entwickelt. Wir sind selbstbewusst und anspruchsvoll bis an die Grenze des Überdrusses. So ganz fremd ist uns allen das radikale Anspruchsdenken der Corona-Protestler nicht. Noch nie in der Geschichte der Menschheit konnten seit den 1980er-Jahren so viele Menschen in Sicherheit und Wohlstand leben (allerdings auf Kosten vieler Menschen, die unseren Wohlstand nicht teilen können). Flüge auf die Balearen für 19 Euro, gigantische TV-Heimkinos für 250 Euro ... wir haben die Masslowsche Bedürfnispyramide gerockt. Was Generationen von Menschen vor uns verwehrt blieb, reklamieren heute bereits Sechzehnjährige: nicht nur Sicherheit und materielle Bedürfnisse, sondern Selbstverwirklichung und maximale Erlebnisintensität.

Was ist eigentlich falsch daran, den einmal erreichten Standard von Lebens- und Konsumqualität »wild entschlossen« einzufordern? Was ist falsch an dynamischer Individualisierung und extensiver Selbstverwirklichung? Weswegen krittle ich an unseren hinzugewonnenen Freiheitswerten herum? Weil es Errungenschaften sind, die nicht die ganze Geschichte erzählen, lautet die Antwort. Es sind faule Dividenden, die aus unerträglichen Arbeitsbedingungen für die Monteure unserer Smartphones resultieren und sich den unwürdigen Arbeitsbedingungen in den Zinn- und Kobaltminen des Kongos verdanken, während wir im Yogastudio unsere innere Mitte suchen. Es sind Beutestücke, Gewinne aus spätkolonialistischen Raubzügen, die wir auf Kosten von Umwelt und Natur und auf Kosten anderer Menschen machen. Deswegen müssen wir angesichts der Bilanz der neoliberalistischen Weltordnung der vergangenen 40 Jahre von einer Freiheitsideologie sprechen, die gigantische Blöcke an Realität ausblenden muss, um mit Grandezza gelebt werden zu können. Der Klimawandel und die planetaren Grenzen machen uns ultimativ klar, dass wir so nicht weitermachen können. Eine Ära stößt an ihre Grenzen. Wir brauchen ein neues Betriebssystem für unsere Gesellschaft.

Möglicherweise ist auch diese bittere Bilanz für die Verwirrtheit und die aufgestaute Wut der Corona-Demonstranten verantwortlich: das diffuse Wissen um das Ende einer Ära, für viele das Ende eines geliebten Lebensentwurfs – und gleichzeitig die deprimierende Erkenntnis, auf dem Ticket steiler Freiheitsverheißungen böse betrogen worden zu sein (vulgo: »Ab sofort sollen deine eigenen Bedürfnisse die alleinige Maxime deines Handelns sein«). Sie hätten, im Pandemie-Sommer ohne Mund- und Nasenschutz die Siegessäule umwandernd, auch alle schreien können: »Wir sind bis auf die Knochen betrogen und belogen worden, unser hyperindividualistischer Lebensstil ist auf Lügen und falschen Versprechen aufgebaut.«

Francis Fukuyama, der mit seinem Weltbestseller *Das Ende der Geschichte*[23] selbst in die Freiheitsfalle des Neoliberalismus tappte, liefert Jahrzehnte später die entscheidenden Argumente, um die Freiheitsideologie der Neoliberalen zu durchschauen. Fukuyama identifiziert den »expressiven Individualismus« der westlichen Wohlstandsgesellschaften, der sich an keine Kontrolle mehr gebunden fühlt und mit

Vorliebe verantwortungslos handelt, als Hauptgrund für die Wut der Unterprivilegierten ebenso wie der abstiegsbedrohten Mittelschichten.

Der »expressive Individualismus« sucht in allen Lebenslagen nach maßgeschneiderten Selbstverwirklichungsdividenden. »Nur dein inneres Selbst macht die für dich verpflichtenden Gesetze, dein narzisstisches Ego sei die Maxime deines Handelns«, daraus zimmerte der Neoliberalismus eine knallharte Ideologie des konsumorientierten Selbstbezugs.

Fukuyama spricht hier auch von der »Priorisierung des inneren Selbst«[24], die in den westlichen Gesellschaften in den vergangenen Jahrzehnten dazu geführt hat, dass Würde und individuelle Freiheit so vehement eingeklagt werden. Es geht in letzter Konsequenz um Identitäten. Um Konstruktionen von Identität und individueller Freiheit, wie sie der Neoliberalismus in den vergangenen rund 40 Jahren entwickelt hat und die Fukuyama wie folgt charakterisiert: »Identität erwächst vor allem aus einer Unterscheidung zwischen dem wahren inneren Selbst und einer Außenwelt mit gesellschaftlichen Regeln und Normen, die den Wert oder die Würde des inneren Selbst nicht anerkennt.«[25]

Freud, der sich mit dem »inneren Selbst« bestens auskennt, hat recht damit, die Entstehung einer Gesellschaft als einen hoch fragilen, von Versagungen und Frustrationen begleiteten Prozess zu beschreiben. Und auch in der gerechtesten Gesellschaft besteht stets die Gefahr des Auseinanderbrechens aufgrund destruktiver Energien. Das erleben wir – verstärkt noch durch die Corona-Pandemie – aktuell an vielen Stellen in unserer Gesellschaft. Und wir erleben es, weil wir uns ganz offensichtlich in einer kritischen Übergangsphase befinden: aus der neoliberalen in eine nachhaltigere Wirtschaftsordnung, aus der fossilen in eine regenerative Energiewelt, aus einem extraktiven in ein partnerschaftliches Naturverhältnis.

Und was uns gerade auf irritierend vielen Ebenen (im Rechtspopulismus, beim Rettungsversuch des Neoliberalismus durch die FDP, in der Corona- und Klimaleugner-Szene, bei Rechtsradikalen, »Querdenkern«, Reichsbürgern und Esoterikfreaks) begegnet, ist der ebenso wütende wie hilflose Versuch, das Ende einer Ära, eines Gesellschaftsentwurfs, ja sogar einer Weltordnung zu verdrängen. Es geht um das Gefühl eines massiven Vertrauensverlustes, der Werte infrage stellt und in seinem Schmerz das Gegenteil dessen anstrebt, was Gesellschaft eigentlich ausmacht: Solidarität und Schutz. Nimmt man beispielsweise Aussagen der sogenannten »Querdenker« ernst, geht es ihnen tatsächlich darum, Bedingungen dafür zu schaffen, dass die hochgezüchteten Egos auf den Straßen und in den sozialen Medien sich nicht mehr fundamentalen Regeln des Zusammenlebens anpassen müssen, sondern die Gesellschaft sich ihren spontanen Bedürfnislagen anzupassen hat. Und am Ende des Tages heißt das: Jeder sollte das Recht haben, zu Discountpreisen nach Mallorca fliegen zu können, auch wenn gerade Pandemie ist.

Gibt es möglicherweise ein auslösendes Ereignis, das diesen Trend zum »expressivem Individualismus« besonders hervorgerufen hat? Es ist nicht in erster Linie die Corona-Pandemie. Die Spur führt in die Weltwirtschaftskrise 2008 und hat weniger mit Freiheit, sondern mit faktischen und eingebildeten Abstiegsängsten zu tun.

Für den Wirtschaftshistoriker Adam Tooze ist die Weltwirtschaftskrise eine historische Zäsur mit erheblichen Konsequenzen, die wir lange Zeit nicht wahrhaben wollten. Anti-Elitarismus, der Vorwurf der »Lügenpresse«, entliehen direkt aus der Giftküche der Nazi-Propaganda, und antiinstitutionelle Affekte, wie sie in den Corona-Demonstrationen zu beobachten sind, richteten sich laut Tooze vor allem gegen das Krisenmanagement der Weltwirtschaftskrise: »Diejenigen Politiker, die nun die Krise bekämpften, waren viel zu oft die gleichen Politiker, durch deren Untätigkeit vor 2008 es überhaupt erst zur Weltwirtschaftskrise kommen konnte. (...) Die Anti-Euro-Protestbewegung führte dann letztendlich zur Gründung der AfD. Die AfD verbindet Anti-Regierungs-Politik mit Nationalismus, richtet sich gegen die Eurozone und gegen die EU.«[26]

In der Weltwirtschaftskrise 2008 zeigte sich mit besonderer Heftigkeit der Vertrauensverlust in den Marktliberalismus. Historisch einmalige Rezession in den USA und Europa, die ganze westliche Welt kurz vor der Zahlungsunfähigkeit. Das Krisenjahr 2008 war der Auslöser für den Rechtspopulismus, zuerst formieren sich die Wutbürger der Tea Party, die schließlich dem Durchmarsch von Trump zum US-Präsidenten den Weg ebnen.

Der massive Sinnverlust, der durch 2008 entstanden ist, wirkt so quälend, dass IT-Unternehmer, Finanzexperten und Sportstars lieber mit Verschwörungstheoretikern marschieren als die Realität zur Kenntnis zu nehmen, die aus einer Pandemie, planetaren Grenzen und einer dysfunktionalen Weltwirtschaftsordnung besteht. Wer angesichts dessen fordert, dass sich gesellschaftliche Normen und Zwänge künftig den kontingenten Kicks der eigenen Bedürfniswelt zu unterwerfen hätten, der kommt schnell auch bei der Leugnung des Holocaust heraus und wundert sich nicht mehr, dass sich »Jana aus Kassel«[27] wie Sophie Scholl fühlt, weil sie sich wie jeder andere an simple Corona-Bestimmungen halten soll.

Erste empirische Untersuchungen zur Sozialstruktur der Corona-Skeptiker und »Querdenker« zeigen sich verwundert über die hohe Zahl der Selbstständigen. Ein

Viertel der Befragten gaben an, selbstständig zu sein. Das ist wenig verwunderlich, denn Unternehmer, Leistungsträger und Soloselbstständige, unmittelbar abhängig von Nachfrage und Konjunktur, waren am stärksten von dem Schock im Jahr 2008 betroffen.[28] Vor allem für sie brach damals eine Welt zusammen. Ihre Welt der grenzenlosen Wachstumserwartungen brach zusammen. Nicht erst seit Corona ist diese Welt kaputt und Wohlstand in akuter Gefahr.

Der Neoliberalismus war nicht in erster Linie eine ökonomische Theorie, sondern eine erstaunlich erfolgreiche Sozialtechnologie

Kehren wir noch einmal in die erste Hälfte des 20. Jahrhunderts zurück. Die ideellen Grundlagen für eine Weltwirtschaftsordnung, die auf globalisierten Handel, Deregulierung, Entstaatlichung und Privatbesitz baute, wurden bereits in den 1930er- und 1940er-Jahren durch die Theoretiker der Mont-Pèlerin-Gruppe gelegt. Wovor hatten die weißen Männer in ihren grauen Anzügen, die 1947 die Mont-Pèlerin-Gesellschaft gründeten, um an einer neoliberalen Weltordnung zu basteln, am meisten Angst? Vor wirtschaftlicher Selbstorganisation, vor einer Öffentlichkeit, die niemanden ausgrenzt, und einem funktionierenden Gemeinwesen, das das innere Wachstum der Menschen unterstützt.

Mitte der 1990er-Jahre, nach dem Fall der Mauer, war es soweit, dass die neoliberalen Ideologeme fest in den westlichen Industriegesellschaften, Businessplänen und internationalen Handelsabkommen verankert sind. Ende der 1990er-Jahre begrüßten auch die Sozialdemokratie und die Grünen, mittlerweile erstmals in einer rot-grünen Regierungskoalition vereint, die »überfällige« Verschlankung des Staates und das Abschneiden der alten Bärte des Versorgungsstaates.[29] Es begann die Ära der transnationalen Dienstleistungen und der Privatisierung. Die Freiheit zum Konsum findet dafür Märkte vor, auf denen beispielsweise hochwertige Gesundheit (Wellness-Kult) verkauft wird – für diejenigen, die es sich leisten können. Dadurch lässt sich dem sogenannten Wohlfahrtsstaat Einhalt gebieten, indem viele Versorgungsdienstleistungen des Staates einkassiert werden. Mitte und Ende der 1980er-Jahre erlebten wir die Entstehung einer neuen, postmateriell orientierten Mittelschicht.

Der Neoliberalismus war nicht in erster Linie eine ökonomische Theorie, sondern eine erstaunlich erfolgreiche Sozialtechnologie, die dafür sorgen sollte, dass

»Menschen gegen ihre eigenen Interessen handeln«[30], wie es Madsen Pirie ausdrückt. Wie kann so etwas funktionieren?

Damit eine Ideologie jedoch derart Besitz ergreifen kann von Menschen und ihren Gewohnheiten, von ganz Staaten und Wirtschaftsräumen, bis sie schließlich auch in den Köpfen und dem Alltagsdenken von Politikern, Institutionen und mächtigen Unternehmen wirkungsmächtig wird, braucht es Überzeugungen, Netzwerke (für die Jüngeren: So etwas gab es bereits auch vor dem Internet) und Institutionen. Der Trend wurde, wie oben beschrieben, in der angloamerikanischen Wirtschaft gesetzt. Das kybernetische Wunder einer sich selbst regulierenden Marktlogik vereinnahmte die Welt, was in vielen Ländern auf vielen Gebieten schließlich dazu führte, dass der Staat auch die Aufgaben der Daseinsfürsorge (Gesundheit, Wohnen, Müllentsorgung ...) an die privaten, gewinnorientierten Konzerne verkaufte.

Aus dieser neoliberalen Wirtschaftsordnung heraus, die, wie wir jetzt sehen können, Lebensentwürfe, Wünsche und Sehnsüchte prägte und ein verheißungsvolles Menschenbild entwarf (die Freiheit zum Konsum), haben wir in den westlichen Gesellschaften ziemlich präzise Vorstellungen von Freiheit und Individualität entwickelt, die bis heute unser Handeln prägen. Der Neoliberalismus hat die anspruchsvolle globale Mittelschicht zwischen Vancouver und Shenzen, Ulan Bator und Patagonien mit Zweitwagen, Unidiplom und Doppelhaushälfte überhaupt erst möglich gemacht. Um die neoliberale Ideologie hinter uns zu lassen, müssen wir den nächsten Schritt machen und die ökonomischen wie die gesellschaftlichen, die sozialen, psychischen und ökologischen Schäden und Verwerfungen dieser Epoche zur Kenntnis nehmen.

Sind die Corona-Skeptiker und »Querdenker« eine neue Protestbewegung? Der Aufstand der »radikalisierten Mitte«? Die wohlstandsverwahrloste Mittelschicht auf einem ganz speziellen Freiheitstripp? Worum es geht: um die verzweifelte Suche nach einer erträglichen Normalität. Aber wer sich an ein abstraktes Konzept wie Normalität klammert, wird vor allem von einem beherrscht: nicht verarbeiteten Ängsten.

Nicht an die alte Normalität klammern, sondern Zukunftsräume für alle aufstoßen: Wer sich an Normalitätsbegriffe klammert, ist tief greifend verunsichert. Ich bin sicher, dass wir Lebensstile entwickeln können, die mehr und neue Lebensqualitäten liefern als die »alte Normalität«. Wir brauchen einen Green New Deal, der die Klimakrise bekämpft und sinnvolle Jobs schafft. Wirkungsvoller als der klügste Diskurs und die vernünftigsten »Problemzusammenfassungskonferenzen« sind konkrete Maßnahmen: gute Jobs für Menschen, die in 30 Jahren Neoliberalismus schlechterdings nicht mehr vorgekommen sind. In den erneuerbaren Energien entstehen weltweit schon heute mehr Jobs als in den fossilen Energien.[31] Mehr Jobs, besser bezahlte Jobs und auch deutlich mehr Jobs für Frauen. Die Signale, die Proteste wie die »Hygienedemos« aussenden, müssen wir ernst nehmen, und wir müssen zeigen, dass wir Angst, Orientierungslosigkeit und Verwirrung verstehen können. Am Ende gibt es nichts Besseres gegen Rechtsesoteriker und Hassprediger als eine Zukunftsperspektive für alle – vor allem für die Verunsicherten und Nichtbeachteten.

Zweifellos lässt sich hierin auch so etwas wie »erschöpfte Selbstverwirklichung«[32] feststellen, wie sie von Andreas Reckwitz beschrieben wird. Aber die Erschöpfung betrifft nicht nur den Einzelnen im Hamsterrad zwischen Selbstoptimierung und Knochenjob. Sie beschreibt eine Weltordnung, die aus dem letzten Loch pfeift.

Key Learnings

- **Die »Freiheit-zum-Konsum« kann nicht alles sein:** Wie wir gesehen haben, hat die klandestine Identifikation von Freiheit und Konsum eine lange Geschichte. Die neoliberale Ideologie und die Enttäuschung und Verängstigung durch 2008 hat Bilder von individueller Freiheit und Selbstverwirklichung geschaffen, die fast komplett abgekoppelt erscheinen von Verantwortungsbewusstsein und erwachsenem Handeln, sodass Zuschreibungen wie Wohlstandsverwahrlosung tatsächlich einen Sinn ergeben. Auf den Hygienedemonstrationen rebelliert die »Priorisierung des inneren Selbst«, das Konsum-Ego gegen die Mindestanforderungen an Solidarität, Gemeinschaftsgefühl und zivilgesellschaftlicher Verantwortung. Nietzsches Zarathustra, der Säulenheilige der Neoliberalen, der keine moralischen Fesseln duldet, wird in den polarisierten USA in der Jetset-Rechtspopulistin Jenna Ryan wiedergeboren: Hyperindividualismus als Wutattacke gegen Demokratie. Als »Prothesengötter«, die wir sind, müssen wir lernen, dass individuelle Freiheit ohne Verantwortung (das Unbehagen in der Gesellschaft) nicht zu haben ist. Ohne geteilte Werte kein Zusammenleben. Menschliche Würde und Freiheit bestehen nicht in der Freiheit zu konsumieren, sondern beruhen – durchaus im Sinne Immanuel Kants – auf der Fähigkeit des Individuums, moralische Entscheidungen zu treffen. In den 20er-Jahren des 21. Jahrhunderts bedeutet das vor allem anderen: nachhaltig zu leben.

- **Vertrauen in Institutionen wiedergewinnen, neue Institutionen schaffen:** Matthias Pöhlmann, Weltanschauungsbeauftragter der Evangelisch-Lutherischen Kirche in Bayern, beobachtet bei den Corona-Demonstrationen und insbesondere auf Seiten der Esoteriker ein Unbehagen gegenüber jeglicher Form von gesellschaftlicher Organisation: »Man spricht auch von einem antiinstitutionellen Affekt. Der richtet sich nicht nur gegen die Medizin, die Religion, sondern jetzt zunehmend eben auch gegenüber der Politik und gegenüber den Medien.«[33] Expressiver Individualismus erklärt Institutionen schlicht für verzichtbar. Im Zuge des Green New Deal müssen wir neues Vertrauen für politische und staatliche Organisation erzeugen.

Das Vorgehen der EU gegen US-amerikanische Tech-Konzerne im »Digital Service Act« ist ein wichtiges Beispiel dafür, wie Glaubwürdigkeit durch selbstbewusstes Handeln wiederhergestellt werden kann.[34]

- **Vom »Anything Goes« zu einer globalen Verantwortungsethik:** Es ist wahr, nach 1989 dachten wir alle: »Anything Goes«. Der Mauerfall war ein Triumpf des Kapitalismus und der freien Welt. Das hat jedoch nicht zum Ende der Geschichte geführt, ganz im Gegenteil. Von »Anything Goes« und postmodernem Wertrelativismus sind eine globale Wirtschaftselite der 1 Prozent, schreiende Ungleichheit überall auf der Welt und Corona- und Klimaskeptiker geblieben, die in ihrem wertezerstörenden Relativierungstaumel schnell auch mal den Holocaust leugnen (»Jana aus Kassel«) und dabei nicht wissen, was sie tun. Jetzt sind wir mit den planetaren Grenzen unserer Welt konfrontiert. Um in dieser neuen Weltlage zurechtzukommen, brauchen wir Freiheit UND Verantwortung. Wir brauchen eine globale Ethik, die festlegt, was Gut und Böse ist. Willkommen zurück in der Geschichte: Die Bekämpfung des Klimawandels ist ethisch geboten und alternativlos. Das Unbehagen in einer Transformationsgesellschaft, die hierfür die Vorkehrungen trifft, müssen wir aushalten. Unreifes Ausweichen vor der Realität muss uncool werden. Wir können es uns schlicht und einfach nicht leisten.

- **Solidarität und Autonomie: neue Lebensstile nach der Ära der Marktgläubigkeit:** Wir erkennen, dass die alten Konzepte der Konsum- oder Erlebnisgesellschaften nicht mehr greifen. Der Green New Deal kann eine Perspektive entwickeln, wie eine Wirtschaft funktioniert, bei der Konsum und Märkte nicht mehr im Vordergrund stehen. Märkte sind hervorragende Vehikel für Innovationen und neue Ideen – sie dürfen jedoch nicht nur kurzfristigen Zwecken dienen. Von hier aus können wir neue Lebensstile entwickeln, die in sozialer, ökonomischer und ökologischer Hinsicht nachhaltiger sind. Wir sind überzeugt davon, dass das möglich ist und dass ein besseres Leben für alle möglich ist. Der Philosoph Markus Gabriel erklärt einen solchen neuen Gesellschaftsentwurf folgendermaßen: »Ziel einer aufgeklärten Gesellschaft ist (…) die Selbststeuerung ihrer Mitglieder durch moralische Einsicht. Angesichts der Bedingungen der modernen Arbeitsteilung und der Unübersichtlichkeit der komplexen globalen Produktionsketten brauchen wir (…) mehr (…) ›Solidarität‹.«[35]

- **So etwas wie eine postkonsumistische Identität braucht vor allem zivilgesellschaftliche Teilhabe:** So unterschiedlich individuelle Freiheit von Konservativen und Neoliberalen auch definiert sein mag, der Bezug auf individuelle Freiheit funktioniert in der Regel über die Projektion eines Feindbildes oder eines Untergangsszenarios: Sozialstaat, Wohlfahrtsstaat, Sozialismus. In den kommenden Jahren müssen wir an neuen und innovativen Formen der Vergesellschaftung arbeiten. Wir brauchen ein neues Wir, ein positiv besetztes Wir, Reallabore für Demokratie und Nachhaltigkeit, Bürgerräte und progressive Formen des zivilgesellschaftlichen Engagements. Das ist der Pfad zu einer postkonsumistischen Identität (nicht der selbstverliebte Blick auf das innere Selbst).

- **Wir müssen unsere Freiheits- und Glücksversprechen erneuern:** Freiheit bedeutet Selbstverantwortung, Freiheit wird dadurch zu einem wichtigen Bestandteil vernünftigen und verantwortungsbewussten Handelns. Die Freiheit des Einzelnen setzt eigentlich immer die Freiheit aller voraus. Freilich gehört das Streben nach Glück (hier ist Freud sehr skeptisch) auch im Green New Deal dazu. Aber das Streben nach Glück, wie es der kluge Thomas Jefferson, Universalgelehrter und dritter US-Präsident, gesehen hat, bedeutet nicht gleichzeitig, dass wir auch von dem Erlangen desselben ausgehen können. Und Glück darf im 21. Jahrhundert nicht mehr durch die Zurverfügungstellung von Konsumoptionen auf Kosten Unterprivilegierter (Stichwort: Privatisierung von Gesundheit) angestrebt werden.

Wie wir ein neues Verhältnis zur Natur aufbauen können – ein Zukunftsprojekt der Versöhnung

»Der einzige Weg, der Natur beizustehen, liegt darin, ihr scheinbares Gegenteil zu entfesseln, das unabhängige Denken.«[1]

Dem Green New Deal muss es gelingen, zur größten sozial-ökologischen Transformationsbewegung seit dem Ende des Zweiten Weltkriegs zu werden. Dabei müssen Maßnahmen entwickelt werden, die unser gestörtes Verhältnis zur Natur reparieren helfen. Die technologische Voraussetzung dafür ist unter anderem ein regeneratives Energiesystem, das die fossilen, auf Naturzerstörung basierenden Energieträger ablöst. Eine klimaneutrale Gesellschaft ist nur dann möglich, wenn die Menschen ihre über Jahrhunderte eingeübte Beherrschung der Natur aufgeben. Als Belohnung winkt mehr Lebensqualität, ein besseres Leben und ein Leben in respektvoller Kooperation mit der Natur.

Die Illusion des nie versiegenden Ressourcenreichtums und die wirtschaftsliberale Ideologie eines ungebremsten Wachstums haben ihre Rechnung ohne die »Dialektik der Aufklärung« gemacht: Dadurch, dass wir jahrhundertelang die duldsame Natur ausgebeutet haben, wurde sie zur bedrohten Größe. Jetzt, wo sie als instrumentalisierbare Ressource erschöpft scheint, dreht sie den Spieß um und bedroht uns in unserer Existenz und in unseren Freiheitsansprüchen.

Wie können wir unser gestörtes Verhältnis zur Natur korrigieren? Es bedeutet, dass wir Natur, Landwirtschaft und Ernährung komplett anders begreifen müssen. Keine Angst, wir müssen uns nicht kasteien oder selbst abschaffen (eine Denkhaltung, die sich ja manchen ökologischen Diskursen durchaus ablesen lässt). Der Fehler, der uns in die fatale Situation gebracht hat, entsteht im Kopf: in unserem aus der Aufklärung und der Industrialisierung gewonnenen Menschenbild, wonach wir als die »zweiten Schöpfer«[2] in der Welt Macht auf die Natur ausüben können.

Wo wir stehen: die Rache der Natur – Zoonosen und Fortschrittsdialektik

Wir brauchen nicht nur eine Vision für unser neues Leben in den urbanen Räumen. Wir müssen unseren Umgang mit der Natur neu bestimmen. Aus Naturbeherrschung muss Kooperation werden. Aus Verdinglichung und »Sachherrschaft«[3] heraus müssen wir ein neues Verhältnis zu unserer natürlichen Umwelt entwickeln. Natur darf nicht nur Ressource, gefügiges Material und Konsumgut sein. Dafür brauchen wir einen neuen Blick auf die Natur, der von ihrer blindwütigen Instrumentalisierung wegführt. Nur durch ein anderes Verhältnis zur Natur können wir Klimawandel und Artensterben noch aufhalten. Die »Ökos« und Weltverbesserer der 1970er- und 1980er-Jahre hatten recht (trotz ihrer manchmal rechthaberischen Penetranz). Nur in einem neu designten Kooperationsverhältnis mit der Natur können wir weiter gestalten und zugleich die Zukunft des Planeten sichern.

Natur verschwindet. Viele der von uns identifizierten sozioökonomischen Trends wie Neourbanisierung, das Anwachsen der Weltbevölkerung, Primärenergieverbrauch, Massentourismus, globale Mobilität, Dünger- und Wasserverbrauch stehen damit in unmittelbarem Zusammenhang. Bereits im Jahr 2009 wurden von einer 28-köpfigen Expertengruppe unter Johan Rockström und Will Steffen neun planetare Grenzen definiert[4]: stratosphärischer Ozonabbau, Verlust der Biodiversität und Artensterben, chemische Verschmutzungen und Freisetzung neuartiger Verbindungen, Klimawandel, Ozeanversauerung, Landnutzung, Süßwasserverbrauch, Stickstoff- und Phosphorbelastung für Biosphäre und Ozeane, atmosphärische Aerosolbelastung.

Unserem gestörten Verhältnis zu Natur und Umwelt liegt ein Dualismus zugrunde, in dem der Mensch als überlegener Herrscher auftritt und die Natur zu einer gefügigen Ressource erniedrigt wird. Dass wir mittlerweile an den planetaren

Grenzen angekommen sind, führt jedoch dazu, dass die bedrohte Natur selbst zum Bedrohungsszenario avanciert. Dialektik der Aufklärung: Als über Jahrhunderte unangefochtener Beherrscher der Natur schlägt die schlechte Herrschaft auf uns selbst zurück – die Natur stellt der menschlichen Zivilisation ein Ultimatum. Der Soziologe Hartmut Rosa macht hierzu – vor der Corona-Pandemie – eine wichtige Beobachtung, wenn er sagt, dass die spirituelle Unabhängigkeitserklärung der Natur gegenüber zu einem Naturverhältnis geführt hat, »das nicht durch Beherrschung, sondern durch wechselseitige Bedrohung gekennzeichnet ist: Die Natur erscheint als das Bedrohte und dadurch Bedrohliche zugleich.«[5]

Rosa deutet an, dass sich der Menschen im Lauf der Zeit von der Natur als einem lebendigen Gegenüber verabschiedet hat – mit dem Ergebnis, dass Natur stirbt und damit selbst zum Bedrohungsszenario für uns wird. Das ist die Dialektik unseres Lebens im Anthropozän: Durch scheinbar unaufhaltsamen Wohlstand zerstören wir unsere Lebensgrundlagen – der Schnellzug des globalen Wachstums rast mit Höchstgeschwindigkeit auf eine Mauer zu. Laut einem Bericht des Weltbiodiversitätsrates[6] könnten innerhalb der nächsten Jahrzehnte etwa eine Million Arten aussterben, wenn wir unser Handeln nicht ändern. Besonders deutlich wird dies in der Land- und Forstwirtschaft. Der Anbau von Soja und Palmöl schreitet in vielen besonders artenreichen Regionen der Welt immer weiter voran und führt zur Zerstörung von natürlichen Lebensräumen und einer Vielzahl von Arten. Die Geschwindigkeit, mit der Ökosysteme zerstört werden und Tierarten aussterben, macht es nach Ansicht der Experten fast unausweichlich, dass wir in Zukunft häufiger und in kürzeren Abständen Epidemien mit neuartigen Krankheiten erleben werden.

Und eine weitere Dialektik ist hier wirksam: Die Landwirtschaft, die sich direkt an natürlichen Ressourcen bedient, ist mittlerweile ein Hauptverursacher des Natursterbens. Land- und Forstwirtschaft produzieren zwischen 17 und 32 Prozent der weltweiten Treibhausgasemissionen und leisten nicht nur dadurch einen aktiven Beitrag bei der Zerstörung von Ökosystemen.[7] Nach wie vor werden durch den wenig nachhaltigen Nahrungsmittelanbau Wälder in großem Maßstab abgeholzt. Die industrialisierte Landwirtschaft erzwingt die Entwässerung von Feuchtgebieten, und toxische Pestizide und Herbizide töten Milliarden von Tieren und Pflanzen.

Die Corona-Pandemie, das gerät in der aktuellen Diskussion um die sozioökonomischen Konsequenzen der Pandemie manchmal aus dem Blick, war nicht die erste, aber seit langer Zeit die größte Katastrophe, die durch Veränderungen in den Ökosystemen hervorgerufen wurde. Bekanntlich ist die Ausbreitung des

Corona-Virus das Ergebnis einer Zoonose, einer Infektionsübertragung von Tieren auf den Menschen. Das Covid-19-Virus wurde aller Wahrscheinlichkeit nach von Wildtieren in Asien übertragen. Solche Zoonosen entstehen vor allem dann, wenn Tiere durch Umweltzerstörung aus ihren angestammten Habitaten vertrieben werden. Man könnte die Zoonosen auch als Globalisierungskrankheiten bezeichnen: Sie treten dadurch immer häufiger auf, dass Menschen durch Tourismus und wirtschaftliche Aktivitäten sprichwörtlich in jeden Winkel der Welt vordringen.

Von einem singulären und unvorhersehbaren Ereignis kann bei Covid-19 also nicht die Rede sein, denn das Virus ist bei Weitem nicht die erste und einzige Zoonose, mit der wir es zu tun haben. Jedes Jahr sterben weltweit 2,7 Millionen[8] Menschen an Zoonosen: Ebola, Aids, und die Vogelgrippe gehören ebenfalls dazu. Nicht weniger als 60 Prozent[9] aller menschlichen Infektionserreger kommen aus dem Tierreich, darunter das Humane Immundefizienz-Virus (HIV), Ebola, Influenza, Middle East Respiratory Syndrome Coronavirus (MERS) und Schweres Akutes Respiratorisches Syndrom (SARS). Intensive Landnutzung, die Verbreitung von Monokulturen oder Rodungen von Wäldern führen zu einem Verlust der Artenvielfalt und verändern die Zusammensetzung der Säugetierpopulationen. Daneben erhöhen Wildtiermärkte das Risiko die Übertragung neuartiger Infektionskrankheiten.

Unser Krieg gegen die Natur und der Corona-Schock

Corona hat unsere Industriegesellschaft hochgradig irritiert, denn sie hat als Pandemie auch die Häuser und Büros in den westlichen Wohlstandsgesellschaften erreicht. Durch die Lockdowns kam das öffentliche Leben teilweise komplett zum Erliegen. Gleichzeitig wurde Natur dadurch sichtbarer. Im ersten Lockdown galoppierten Hirsche durch die Londoner City und badeten im italienischen Meer (kein Internetfake, gefälscht waren die Aufnahmen von den Delphinen in Venedig![10]). Krähen eroberten die Sandkästen in Berlin-Mitte. Wilde Hunde jagten in den Fußgängerzonen Waschbären hinterher. Dabei ist es nicht so, dass Tiere nicht schon immer in der Stadt unterwegs wären. Doch während sich der Mensch in der Pandemie zurückziehen musste, um seine Gesundheit zu schützen, wurden Tiere plötzlich wieder sichtbarer. Durch Corona trauten sie sich auch am hellen Tag wieder hervor.

Weltweite Kohlendioxid-Emissionen nach Sektoren

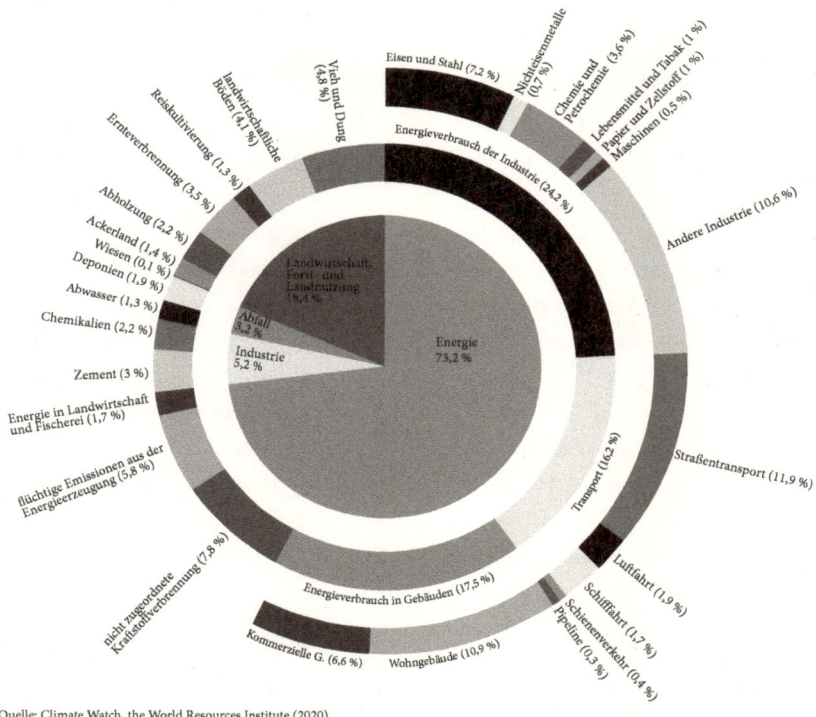

Quelle: Climate Watch, the World Resources Institute (2020)

Weltweite Kohlendioxidemissionen nach Sektoren

Viele Menschen hat das berührt. Tiere in der Innenstadt erinnern uns an Natur und die Verwundbarkeit von Natur. Das Virus selbst führt uns unsere eigene Verletzlichkeit vor Augen. Die fatalen Konsequenzen der Naturzerstörung für die menschliche Gesundheit werden – dank Corona – endlich auch stärker von der Regierungspolitik wahrgenommen. So wies die sozialdemokratische Umweltministerin Svenja Schulze während der ersten Corona-Welle darauf hin, dass Naturschutz in Zeiten des Klimawandels gleichzeitig auch Gesundheitsschutz sei.[11] Es lässt sich nicht länger leugnen: Zoonosen werden durch den Klimawandel und fortgesetzte Naturzerstörung zu einem Gesundheitsrisiko für Menschen.

Die Weltgesundheitsorganisation (WHO) versucht, komplexe »Globalisierungskrankheiten« wie Zoonosen, die längst auch die internationale Lebensmittelsicherheit gefährden, mit einem Ansatz zu bekämpfen, der seinerseits hochgradig auf Vernetzung setzt. Die »OneHealth«-Initiative der WHO[12] ist so aufgestellt, dass nicht allein der humane Gesundheitssektor, sondern auch die Tiergesundheit für die Bekämpfung der Zoonosen Berücksichtigung findet. In diesem Projekt, das seit einiger Zeit von den Akteuren in Politik und Wirtschaft vorangetrieben wird (und bereits vor dem Ausbruch der Corona-Pandemie startete), stehen Maßnahmen im Vordergrund, die auf ein alternatives und nachhaltiges Verhältnis zwischen Mensch und Natur abzielen.

Für die Forscher der WHO ist klar, dass der Erhalt intakter Ökosysteme und ihrer typischen Biodiversität das Auftreten infektiöser Krankheiten verhindern kann. Als Menschen sind wir von funktionierenden, vielfältigen Ökosystemen abhängig. Und mit der Zerstörung von Ökosystemen zerstören wir unsere Lebensgrundlage, wie es uns die Corona-Epidemie vor Augen führt. Die Natur, das sollte eine der wichtigsten Erkenntnisse aus der Corona-Pandemie sein, stellt unserem Herrschaftsanspruch gegenüber der Natur ein Ultimatum: keinen Schritt weiter. Und wir sollten uns gemeinsam für einen grundlegenden Wandel unseres Naturverhältnisses zum Schutz unserer Lebensgrundlagen einsetzen.

Wir haben der Natur den Krieg erklärt. Die Grenzen des ökologisch Zumutbaren werden seit Jahrzehnten übertreten. Die Ökonomisierung der Welt der natürlichen Ressourcen droht in eine Dauerkrise umzuschlagen, bei der mittlerweile unsere kollektive Existenz direkt infrage gestellt wird. Woher leitet sich dieses Herrschaftsverhältnis, der Sonderstatus des Menschen (der ja ebenfalls Teil der Natur ist) in der Natur ab? Eine Quelle dafür ist der französische Aufklärungsphilosoph, Mathematiker und Naturwissenschaftler René Descartes, der Anfang des 17. Jahrhunderts feststellte, dass Wissenschaft und Technik den Menschen zu »maitres et possesseurs de la nature«, zu Herren und Eigentümern der Natur gemacht haben. Der überlegene Geist hier, die gefügige Materie dort. Doch auch das Christentum trennt Mensch und Natur. Und schon bei Platon (Ich gegen Natur, Geist gegen Materie) können wir diesen folgenschweren Antagonismus ebenfalls beobachten.

Als sich die neuzeitlichen Naturwissenschaften herauszubilden begannen, wurde die Natur »als die Gesamtheit zweckfreier, ausgedehnter Körper angesehen, die den Naturgesetzen unterworfen sind«, wie es heute noch bei Wikipedia nachzulesen ist.[13] Die antike Auffassung, dass die Natur (wovon der Mensch nur ein Teil ist) das Wesen und die Entwicklung des Seienden bestimme, hielt sich lediglich hinsichtlich der »überlegenen Natur des Menschen«. Doch der Begriff Natur bezog sich auch in der antiken Welt zunehmend auf das, was dem Menschen äußerlich ist und vom menschlichen Bewusstsein erforscht, erkannt und beherrscht werden kann.

In der Antike wie auch im Christentum und der Aufklärung wird der Dualismus Mensch versus Natur vorausgesetzt. Und alle diese Weltanschauungen sind entscheidend an der Entstehung unserer modernen Gesellschaft beteiligt. Speziell die europäische Aufklärung ernennt den Menschen, das genialische Individuum, zum »zweiten Schöpfer«[14], der sich nicht mehr (wie noch ausgangs des Mittelalters beispielsweise bei Hildegard von Bingen) als Teil der Natur sieht. Hier liegt der Beginn des instrumentell-verwertenden Umgangs mit der Natur. Natur wird reduziert auf ein Reservoir, verkommt gleichzeitig zur *quantité néglégiable* und zur verfügbaren Ressource für eine auf Wachstum und Profite ausgerichtete frühkapitalistische Wirtschaft.[15]

Die Corona-Pandemie bedeutet für alle Nachkriegsgenerationen den bislang wohl größtmöglichen Kontrollverlust des menschlichen Herrschaftsverhältnisses gegenüber der Natur. Corona führt uns schmerzhaft vor Augen: Wir sind als Menschen nicht unverwundbar, wir sind Teil der Natur und dadurch verletzlich und sterblich.[16] Corona macht uns zu scheuen Füchsen in der Großstadt. Wenn dem Gegenüber die Mund-Nasen-Maske verrutscht, wittern wir gleich einen heimtückischen Corona-Skeptiker. Wir spüren: Das Virus hat uns von dem Podest gestoßen, auf dem wir uns selbst als unerreichbare, quasi-göttliche, transzendente geistige »Herrschersubstanz« inthronisiert und die Natur nach mathematischen Rationalitätskriterien kontrolliert haben. Corona hat uns dünnhäutig und verletzlich gemacht: Was würde eigentlich passieren, wenn sich neue, ungleich schlimmere Viren einschleichen würden, gegen die wir nicht sofort Medikamente aufbieten können? Wir erleben die Erschütterung unseres Selbstbildes als Krönung der Schöpfung und Herrscher über die Natur.

Können wir Naturbeherrschung auf dem Weg der Gesetzgebung aufheben?

Aber wenn die natürliche Umwelt in einem Zwangsverhältnis zwischen Mensch und Kultur festgehalten wird, lassen sich zumindest in demokratischen Gesellschaften dann nicht vielleicht juristische Maßnahmen ergreifen, die der Natur mehr Rechte einräumen? Das Staatsziel »Umweltschutz« wurde 1994 in das Grundgesetz aufgenommen und 2002 um den Tierschutz ergänzt. Für den Rechtswissenschaftler Jens Kersten ist das Staatsziel »Umweltschutz«, wie es im Artikel 20a des Grundgesetzes[17] verankert ist, jedoch in vielerlei Hinsicht nur ein Kompromiss.

Die Regelung schützt neben den Tieren alle sogenannten »Umweltmedien« (also Boden und Wasser, Landschaften und Ökosysteme, Luft und Klima). Für eine Industriegesellschaft bedeutete das allerdings lediglich, den Naturschutz in ihre sozialen, technischen und ökonomischen Infrastrukturen zu integrieren.

Kersten ist es zu wenig, die Regelung der natürlichen Lebensgrundlagen nur objektiv-rechtlich zu schützen. Denn weder Natur noch Menschen können aus Artikel 20a GG subjektive Rechte ableiten. Kersten zufolge ist es der Natur in diesem Rechtszustand nicht möglich, ihren Schutz von Gesetzgebern und Verwaltungen einzufordern oder vor den Gerichten einzuklagen.[18] Die vorhandenen Umweltgesetze, so das zentrale Argument der »Naturrechtler«, haben zu dem desaströsen Zustand der Natur in den vergangenen Jahren eher beigetragen als ihn substanziell zu verändern.

Ein Kersten zufolge weitaus effektiverer Weg für die Gestaltung eines neuen Verhältnisses zur Natur liegt in der Anerkennung der individuellen Rechte der Natur. Bislang sehen wir in der Natur nur ein Objekt des Umweltschutzes. Doch wir könnten, so Kersten, die Natur auch als ein Rechtssubjekt begreifen, das seine ökologischen Interessen selbst (und über Menschen und Institutionen) wahrnimmt und durchsetzt. Dies wäre, davon ist der Rechtsprofessor überzeugt, nicht nur eine rechtliche, sondern auch eine soziale, ökonomische und ökologische Revolution.[19]

Aber ist es wirklich möglich und ist es sinnvoll, die Natur als ein Rechtssubjekt zu begreifen, das seine Rechte selbstständig durchsetzt?

In den USA hat Wildreis (ja, Wildreis) vor Kurzem den Status eines Rechtssubjekts zugesprochen bekommen. Das indigene Volk der Anishinaabe, die in den USA und Kanada siedeln, leben – nach eigenen Angaben – seit Generationen mit dem Wildreis (»Manoomin«) zusammen. Mit Stöcken dreschen sie den Reis und verstreuen die Samen in der Luft. Der Reis wird so in der Umwelt verteilt und ist für jedermann nutzbar. Nur die Hälfte der Aussaat wird von den Anishinaabe selbst geerntet. Der Wildreis ist für sie Allgemeingut und Lebenspartner mit der gleichen Existenzberechtigung wie das Volk der Anishinaabe selbst. Aus diesem Grund wurden dem Wildreis, bestätigt von dem Community Environmental Legal Defense Fund (CELDF), als erster Pflanze der Welt eigene Rechte zugesprochen.

Argentinien, Kolumbien, auch die USA respektieren seit Längerem schon die Rechte von Tieren. Und in Ecuador, Bangladesch, Bolivien, Uganda, Indien, Kolumbien und Neuseeland werden die eigenen Rechte von Flüssen vor Gericht berücksichtigt. Ecuador hat die Natur an sich als Rechtssubjekt verfassungsrechtlich anerkannt: »Nature shall be the subject of those rights that the Constitution recognizes for it«, heißt es in Artikel 10 Absatz 2 der Ecuadorianischen Verfassung.[20] »Nature (…) has the right to integral respect for its existence and for the maintenance and regeneration of its life cycles, structure, functions and evolutionary processes.(…) The State shall give incentives to natural persons and legal entities and to communities to protect nature and to promote respect for all the elements comprising an ecosystem«, heißt es weiter in Artikel 71. [21]

Die Natur muss in ihrer Existenz und ihren Erneuerungszyklen respektiert werden. Personen und Gesellschaften werden in der ecuadorianischen Verfassung ausdrücklich aufgefordert, die Rechte der Natur einzuklagen. Der Staat verpflichtet sich dazu, aktiv für den Schutz von Natur und Ökosystemen einzutreten. In Ecuador hilft das Grundgesetz auf diese Weise dabei, Wälder zu schützen, die ansonsten für den Bau von Plantagen genutzt würden.

David Boyd betrachtet das Thema »Natur als Rechtssubjekt« einerseits aus einer akademischen Perspektive, denn er ist Professor an der University of British Columbia. Zugleich hat Boyd jedoch ein politisches Amt inne, denn er wurde vor Kurzem vom UN-Menschenrechtsrat zum Sonderberichterstatter für Menschenrechte berufen. Boyd ist die Abschaffung der Verdinglichung der Natur ein wichtiges Anliegen. »Die Vorstellung, dass die Natur lediglich eine Sammlung von Dingen ist, die dem Menschen zur Verfügung stehen, ist eine der universellsten und akzeptiertesten der menschlichen Gesellschaft«[22], schreibt er und stellt zugleich diesen Besitzanspruch von Menschen auf praktisch jeden Quadratmeter Erde in Frage: grenzenlose Hybris! Die Einteilung des lebendigen Lebens in zwei Kategorien – Menschen und Dinge – ist für Boyd der Hauptgrund für den katastrophalen Raubbau an der Natur. Boyd hält eine »juristische Revolution« für möglich und nötig, um das Leiden fühlender Tiere zu mindern, das vom Menschen verursachte Artensterben zu beenden und die lebenserhaltenden Systeme des Planeten zu schützen.

Die Debatte zur Rechtspersönlichkeit der Natur ist Anfang der 2010er-Jahre vor allem durch Christopher Stone und seinen Aufsatz »Sollen Bäume Rechte haben?« (im englischen Original: »Should trees have standing?«) entstanden. Sie hat 2017 starken Auftrieb dadurch erhalten, dass in Neuseeland der Whanganui-Fluss zur rechtlichen Person ernannt wurde. Die Natur als rechtliche Person, das klingt für den juristischen Laien als ein großer Befreiungsschlag. Immerhin lässt sich Natur auf diese Weise tatsächlich formal aus dem Herrschaftsdualismus Mensch-Natur befreien. Experten warnen jedoch davor, zu hohe Erwartungen aufzubauen.

In Neuseeland hat die rechtliche Subjektwerdung des Whanganui für die Bei-
legung eines Konfliktes zwischen dem Staat und den Maori um die Nutzung des
Flusses gesorgt. Wer jedoch glaubt, dass die Ernennung zur Rechtspersönlichkeit
weitreichende rechtliche Konsequenzen hätte, der Whanganui in seinen Rechten gar einem Menschen gleichgestellt sei, der irrt sich. Im Weltbild der Maori
ist der Fluss ein vertrauter Vorfahre und ein unteilbares Wesen, an dem eigentlich
gar kein Eigentum gehalten werden kann. In anderen Verfahren, in denen es um
das Rechtssubjekt Natur ging, wurde vonseiten der indigenen Bevölkerung häufig darauf hingewiesen, dass der Streit um Rechte eher der Vorstellungswelt des
westlichen Denkens entstamme. Von fachjuristischer Seite wird außerdem darauf
hingewiesen, dass »Rechtspersönlichkeit« nicht bedeutet, dass alle Rechtsperso-
nen die gleichen Rechte und Pflichten haben. Um den zerstörerischen Dualismus
zwischen menschlicher Kultur und Natur aufzulösen, ist der Rechtsweg offenbar
ausgeschlossen.

Zweifellos hat die Debatte in den vergangenen Jahren ein Bewusstsein dafür
geschaffen, dass die Natur im derzeitigen Rechtssystem als Besitz und Eigentums-
objekt behandelt wird. Die Verleihung der Rechtspersönlichkeit an Pflanzen,
Flüsse, Landschaften (oder auch Roboter) löst jedoch keine sozial-ökologischen
Probleme. Nach wie vor muss aus der Gesellschaft (und nicht aus formaljuristi-
scher Verfahrenslogik) der Impuls kommen, den Zerstörungskampf gegen die Natur zu beenden.

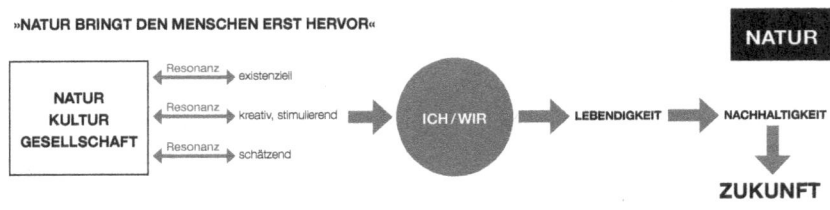

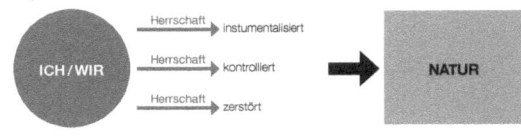

Natur bringt den Menschen erst hervor   *Quelle: ITZ 2021*

Das Ende der Herrschaft über die Natur beginnt mit Peak Oil – und menschlicher Selbsterkenntnis

Wenn rechtliche Winkelzüge auch nicht weiterhelfen, müssen wir nach den gesellschaftlichen und ökonomischen Ursachen für unsere blinde Naturzerstörung suchen. Das Auseinandertreten von Ich und Natur führt zu einem zweifachen Verlust: Der Mensch büßt einen Teil seiner Lebendigkeit (er wird zum rationalisierten Herrscher über die Natur), während die Natur zu einem willfährigen Objekt degeneriert, bereit, nach allen Regeln der instrumentellen Vernunft ausgebeutet zu werden. Bei Descartes lässt sich das an vielen Stellen nachlesen. Descartes, so formuliert es der kritische Theoretiker Max Horkheimer, sucht für das Ich einen Ort, der »der Natur nahe genug bleibt, um sie zu beeinflussen.«[23] Das rationalisierte Ich der Aufklärung und der Industriellen Revolution schwingt sich als uneingeschränkter, kalkulierender Herrscher auf, spaltet dabei die eigene Natürlichkeit (Spontaneität, Leidenschaften, Gefühlsregungen) ab, um sich auch der äußeren Natur als seelenloses Material bemächtigen zu können. Hier der unangefochtene Herrscher, dort das gefügige Material der natürlichen Ressourcen, hier der überlegene Geist, der die seelenlose Materie für seine Herrschaftszwecke gebraucht.

Die Ausbeutung von Natur, sagt Horkheimer, kann seit dem 18. Jahrhundert in dieser Form ohne »von der Vernunft gesetztes Ziel«[24] und ohne moralische Schranken vonstattengehen. Natürlich werden Anmaßung und Gewalt, die in diesem Verhältnis zum Ausdruck kommen, auch gegenüber Tieren ausagiert. Der beherrschende Umgang mit Tieren lässt sich bis auf die Genesis in der Bibel zurückverfolgen. Papst Pius IX. (1846–1878), der auf viele kalt, narzisstisch und mitunter irregeworden wirkte, soll in Rom verboten haben, eine »Gesellschaft zur Verhinderung von Grausamkeit an Tieren« zu gründen. Die dürre Erklärung dafür: Der Mensch herrscht und ist einem Tier gegenüber zu nichts verpflichtet.[25]

Das bedeutet allerdings nicht, dass die Menschen Natur nicht auch schön finden könnten. Wir können beides: Natur bewundern und sie ausbeuten. Wir feiern und zerstören sie. Wir bewundern sie wohl auch deshalb, weil wir unser schlechtes Gewissen beruhigen wollen. Corona ist auch hier der Realitätstest. Das Virus enthüllt, dass wir Teil eines zerstörerischen Systems sind. Klar ist auch, dass ähnliche Krisen unsere Zukunft bestimmen werden. Corona ist eine ultimative Warnung, dass das System schwächelt. Die Pandemie ist keine singuläre Naturkatastrophe, die wie ein Meteoriteneinschlag schicksalshaft über uns kam. Es war lange absehbar, dass wir mit Pandemien in dieser Form rechnen müssen.

Das System besteht vor allem darin, dass der Gebrauch von Natur im Lauf des 18. Jahrhunderts zum Schlüsselelement für ein rundes Businessmodell avancierte.[26] Mit der Instrumentalisierung von Natur setzte Ende des 18. Jahrhunderts ein Industrialisierungsprozess ein, der mit seinen disruptiven Energien und Wachstumssprüngen (Textil- und Stahlproduktion, Städte- und Eisenbahnbau) nicht ohne die gezielte Ausbeutung natürlicher Ressourcen vorstellbar war. Die Kohleverfeuerung war der Motor für die erste Phase der Industrialisierung in Europa. Zu Beginn des 19. Jahrhunderts wurden Kohle, Holz und die Zugkraft von Tieren lange zu gleichen Teilen als Primärenergien genutzt. Steinkohle war der Treibstoff für die Dampfmaschinen, die zunächst das Wasser aus Kohlegruben pumpten, dann Textilmaschinen antrieben und schließlich die Eisenbahnen bewegten.[27]

Tatsächlich war die Nutzung von fossiler Verbrennungsenergie zu Beginn der Industrialisierung nicht alternativlos. Doch schon der Start in die industrielle Produktion zu Beginn des 19. Jahrhunderts diente spezifischen Verwertungsinteressen bestimmter Märkte und Unternehmen. Die Philosophin Eva von Redeker geht der Frage nach, wie es dazu kommen konnte, dass mit Beginn des Industriezeitalters die Technologie der Holz- und Kohleverbrennung die Oberhand gewann, dabei wäre die Nutzung der Wasserkraft zum damaligen Zeitpunkt deutlich effektiver gewesen.[28] Gewässer ließen sich aber nicht so gut zu Eigentum erklären wie das Besitzrecht auf Kohle- und Erdölvorkommen.[29]

Mit der profitorientierten Extraktion[30] von Kohle, Erdgas und Öl formte sich das Energiesystem der Industriellen Revolution, das bis in unsere unmittelbare Gegenwart hinein regiert. Grundlage dafür ist nach wie vor die Trennung von Mensch und Natur, die Ausübung eines Herrschaftsverhältnisses des Menschen gegenüber der Natur. Die Öl- und Erdgasförderung, die im 19. und 20. Jahrhundert hinzukamen, besorgte die nächste Stufe der Auspowerung des Landes bis in die Gegenwart. 2012 wurden 10 Prozent der Fläche der USA von Öl- und Erdgasfirmen genutzt (mehr als für den Getreideanbau verwendet wird).[31] Die Förderung von Schieferöl und Schiefergas, Mitte der 2000er-Jahren vor allem in den USA eingeführt, um mit gigantischem technischem Aufwand und unter erheblichen ökologischen Risiken (Erosion, Grundwasservergiftung), noch die kleinsten Kohlenstoffreservoirs auszubeuten, zahlt sich bei den chronischen niedrigen Öl- und Gaspreisen nicht mehr aus.

Die fossile Energiewelt hat seit dem Ende des Zweiten Weltkriegs die Machtverhältnisse auf dem Globus organisiert, unfassbaren Reichtum und bittere Armut geschaffen und ist hauptursächlich für die Erderwärmung verantwortlich. Zwischen 1960 und 2018 hat sich der weltweite CO_2-Ausstoß fast vervierfacht und ist von 9344 Millionen Tonnen auf 36.573 Millionen Tonnen angestiegen. Mehr als die Hälfte der weltweiten Emissionen verursachten die vier Staaten Volksrepublik China, USA, Indien und Russland. Historisch betrachtet gehen die größten Mengen allerdings noch auf das Konto früherer Industriestaaten.[32] Die Hälfte des CO_2-Ausstoßes geht auf die reichsten 10 Prozent der Weltbevölkerung zurück.[33] Bei einer Betrachtung des CO_2-Ausstoßes pro Kopf liegen die entwickelten Länder weit vor Entwicklungs- und Schwellenländern wie China und Indien. In Europa sind Deutschland, Großbritannien, Frankreich und Italien die größten Emittenten.[34]

Die fossile Energiewelt hat darüber hinaus in den vergangenen Jahrzehnten soziale und ökologische Ungerechtigkeiten geschaffen: Nur 100 Unternehmen verursachen 71 Prozent der industriellen Treibhausgasemissionen. Die meisten Unternehmen sind bekannt, sie kommen fast ausnahmslos aus der alten fossilen Energiewelt: Chevron und Exxon Mobil aus den USA, Gazprom aus Russland, BP und Shell aus Europa liegen auf den vorderen Plätzen.[35]

Timothy Mitchell hat in seinem Buch *Carbon Democracy* (2011) gezeigt, wie die Erfolgsgeschichte des westlichen Wohlstandsmodells ohne eine billige und scheinbar im Überfluss vorhandene Ressource wie Erdöl überhaupt nicht vorstellbar ist. Nur durch die Förderung von billigem Öl wurde das Jahrhundertprojekt der Automobilität realisierbar. Ohne auf die – angeblich – nie versiegenden Quellen des »schwarzen Goldes« zurückgreifen zu können, wäre die Konsumgesellschaft des 20. Jahrhunderts, in der Energie (zumindest bis in die frühen 1970er-Jahre) kein Thema war, weil sie quasi nichts kostete, niemals Wirklichkeit geworden. Ein Massenwohlstand, der auf billigem Öl wie auf Droge lief, und durch das billige Öl den Mythos des grenzenlosen Wachstums begründete. Heute wissen wir, dass wir diesen Erzählungen nicht weiter folgen dürfen und vier Fünftel der vorhandenen und bereits eingepreisten Ölreserven im Boden bleiben müssen, um den ökologischen Super-GAU zu vermeiden.

Die Produktivitätsexplosion, wie wir sie schließlich in den vergangenen zwei Jahrzehnten erlebt haben, war ein Exzess des extraktiven Raubbaus an der Natur. Mit der Gründung der Welthandelsorganisation (WTO) 1994 trat die neoliberale Wirtschaftsordnung und mit ihr die Globalisierung, Privatisierung und Profitorientierung, koste es, was es wolle, ihren Siegeszug an. Mit China und etwas später Indien kamen fast drei Milliarden Menschen zur globalen Mittelschicht hinzu und verlangten nach den Statussymbolen des westlichen Wohlstands: Autos, Wohnraum und Fleisch. Am Ende dieser atemlosen Orgie ungekannter Exportbeschleunigung und Umweltbelastung stand 2008 jedoch der abrupte Absturz in die Weltwirtschaftskrise.

Wie kommen wir raus aus der Falle?

Das Exit-Szenario besteht darin, dass wir das alte, auf Kohle, Erdgas und Öl fu-
ßende Energiesystem möglichst schnell verlassen und zielgerichtet auf ein CO_2-neut-
rales System regenerativer Energien zusteuern. Bislang sind wir davon noch weit entfernt. Doch der Weg ist klar vorgezeichnet: Regenerative Energien sind bereits jetzt
fast überall auf der Welt günstiger als fossile Brennstoffe. Und: Sie betreiben keinen
Raubbau an der Natur. Hier endet die Auspowerung der natürlichen Ressourcen; da
ist keine verantwortungslose Naturbeherrschung mehr. Der fossile Machtapparat zer-
fällt – und versetzt die Unternehmen der fossilen Ära in Angst und Schrecken.

Das Erdölzeitalter wird wohl früher als erwartet zu Ende gehen.[36] Mächtige Pensionsfonds ziehen ihre Milliarden US-Dollar aus den alten Energiekonzernen zurück. Selbst der mächtige Investor Black Rock hat sich – zumindest verbal – aus der
fossilen Energiewelt verabschiedet. Schon seit Längerem befinden sich die mächtigen Konzerne der fossilen Energieindustrie speziell in den USA in erheblicher finanzieller Schieflage. Allein 2018 und 2019 sind in den USA 70 Unternehmen aus
der Schiefergasindustrie pleitegegangen. Und einflussreiche Unternehmen wie Pa-
cific Gas and Electric (PG&E), der größte Energieversorger der USA, werden mittlerweile an den Börsen auf Ramschniveau gehandelt.[37] Da nicht nur der Gaspreis,
sondern auch der Ölmarkt abstürzt, beginnen selbst große Akteure wie Shell, Chevron, BP, Repsol und Equinor zu schwächeln. Immer wieder rutscht der Ölpreis unter 50 US-Dollar pro Barrel – ein Konzern wie Shell braucht jedoch einen Preis von
65 US-Dollar pro Barrel, um überhaupt Geld zu verdienen. Stranded Assets, nutzlos gewordene Vermögenswerte, zerschießen schon jetzt die Bilanzen einer sterben-
den Industrie. Es wird zu Abschreibungen in Billionen-US-Dollar-Höhe kommen.
Experten gehen davon aus, dass eine Kohlenstoffblase mit einer Überproduktion an
klimaschädlichem Erdöl und Erdgas und Gerätschaften, die in absehbare Zeit durch
Wind-, Sonne- und Wasserstoffproduktion ersetzt werden, entsteht, die der Finanzkrise von 2008 in nichts nachsteht.[38]

Technologien und Rohstoffe allein üben keine Macht aus. Es kommt darauf an,
welchen Interessen sie dienen. Der Neoliberalismus hat sich seit den 1980er-Jahren
als eine zerstörerische Ideologie erwiesen, gerade weil er die ökologischen Kosten
für (vermeintliches) Dauerwachstum unter der Decke zu halten vermochte. Dieses
naturverachtende Wirtschaftsregime funktionierte, wie jede Ideologie, nicht ohne
Denkverbote. Dazu gehört der Gedanke, dass wir uns weiterhin als Herrscher über
die Natur (und Konsumenten fossiler Verbrennungsenergie) in voller Kontrolle über
unser Leben befinden. Dabei spüren wir alle (und Trends wie die Regionalisierung,

Aufmerksamkeit für Lokales, für Minderheitenkulturen et cetera unterstreichen das), dass es ein Unbehagen gibt, in dieser Rolle des Weltbeherrschers zu verharren. Zumal diese Rolle spätestens in den vergangenen zehn Jahren immer fragwürdiger und absurder wurde, als sich immer mehr Naturkatastrophen ereigneten. Auch deswegen fühlt sich keiner mehr sonderlich wohl in der Rolle eines transzendenten, körperlosen Herrscherwesens.

Ohne die Trennung zwischen Mensch und Natur ist der Kapitalismus seit dem 18. Jahrhundert nicht denkbar. Und in der Trennung zwischen Mensch und Natur liegt der Keim einer tief greifenden Entfremdung. »Das ist der Gründungsmythos des Kapitalismus, dass Menschen rationale Akteure sind, die mit den Dingen, die sie als Ressourcen behandeln, so haushalten, dass es ihnen immer besser gehen kann (...). Wir sehen, dass diese Behandlung der Welt dazu führt, dass diese Welt zugrunde geht«[39], erklärt der Berliner »Philosoph der Biosphäre« Andreas Weber.

Es mag im ersten Moment überspannt klingen, mit der Idee des Kapitalismus, den Wunsch nach Unsterblichkeit zu verbinden. Doch schaut man sich die Wohlstandsverwüstungen der wirtschaftsliberalen Weltordnung der vergangenen 30 bis 40 Jahre an (vom brasilianischen Regenwald bis zu den schmelzenden Gletschern), beschleicht einen der Gedanke, dass vieles aus einer beschleunigten Hatz zu immer mehr geschieht und auf diese Weise die eigene Sterblichkeit und unsere Rücksichtslosigkeit gegenüber der Natur (dauergestresst, aber luxuriös, dividendensatt, aber korrumpiert) verdrängt werden soll.

Weber setzt dem den schillernden Begriff der »Indigenialität«[40] entgegen. Weber zielt damit auf das Weltverhältnis indigener Völker, die sich als »aktiver Teil eines sinnvollen Ganzen« verstehen.[41] Nachhaltig ist dieser Weltentwurf, weil er das Gefühl erweckt, dass die »eigene Lebensqualität die des Ganzen steigert«. Kein rationalisierter Dualismus zwischen dem herrschenden Individuum und der natürlichen Welt als »Material und Vorstellung«. Kein fataler Dualismus zwischen Kultur und Natur, zwischen schöpferischem, respektive aggressiv-gestaltendem Menschen und banaler Umwelt, die aufgrund ihrer unterstellten Sinnlosigkeit zum Objekt menschlicher »Ideen« wird (so absurd und zerstörerisch sie auch immer sein mögen).

Und eigentlich wissen wir, dass wir unsere Umwelt und die soziale Mitwelt nicht nur kontrollieren, sondern von ihr geprägt und hervorgebracht werden. Vieles von dem, was wir tun, ist nur möglich, weil wir es in einem bestimmten Raum-Zeit-Kontinuum (einer Lebenswelt, einem bestimmten Stadtteil, einer bestimmten Stadt, einer bestimmten Region...) zu einer bestimmten Zeit gemacht haben. Mit dem, was wir tun, gehen wir aus diesem Raum-Zeit-Kontinuum hervor. Mitunter können wir uns Kreativität, Lebensfreude und das Gefühl des Aufgehobenseins nur in dieser Raum-Zeit vorstellen. Wir sehen uns dann nicht als abstraktes Gegenüber, sondern als Teil eines Ganzen. Auch die Natur als Lebensraum trägt zu unserer Identität bei, deswegen sollten wir darum bemüht sein, diese Grundlagen für uns und folgende Generationen zu erhalten. Andreas Weber geht so weit zu sagen, dass wir uns in der Natur und in unserer Umwelt »als eine Form von Expression, eine Spielart, eine Ausdrucksweise dieses Landes« denken.[42] Das hat nichts mit Animismus oder exoterischer Quacksalberei zu tun. Diese Überlegung entspringt auch keinem Romantizismus oder einer Form kitschiger Natursentimentalität angesichts der drohenden Auslöschung der Natur durch Klimawandel und Artensterben.

Wir lassen damit das stählerne Korsett der fossilen Energiewelt und des profitgetriebenen Neoliberalismus hinter uns. Wir haben gelernt, dass der Traum von ewigem Wachstum eine Illusion ist, die uns von unserer eigenen Verletzlichkeit ablenken soll. Wir wissen, dass es gerade mit den regenerativen Energien substanzielle Alternativen zur zerstörerischen Naturbeherrschung gibt. Wir müssen nicht mehr herrschen und Lebendiges zerstören. Es bleibt allerdings nur wenig Zeit, um den Weg mit einem neuen Naturverständnis in eine klimaneutrale Gesellschaft zu gehen.

Was brauchen wir dafür in einem ersten mutigen Schritt? Wir müssen ein Bewusstsein dafür entwickeln, dass die Natur uns trägt und in gewisser Weise als schöpferische Wesen erst hervorbringt. Natur (ebenso wie unser kulturelles Umfeld), das müssen wir (wieder) lernen, formt uns und sichert unsere Reproduktionsbedingungen. Aus einem solchen aktiven, rückgekoppelten Verhältnis zur Natur gewinnen wir Lebendigkeit und Identität. Dadurch überwinden wir die Kluft zwischen Ich und Natur. In diesem dialogischen Produktionsverhältnis finden wir uns als aktive Elemente im schöpferischen Austausch mit der Natur wieder: »Aber wenn man sehen würde, dass das, was außen um uns herum uns trägt, auch das ist, was unsere eigene Art zu denken, zu leben, (...) steuert oder formt, dann hätte man plötzlich eine Möglichkeit, uns da draußen wiederzufinden, die uns vielleicht ganz viel mehr Handlungsfähigkeiten geben würde.«[43]

In der Pädagogik, die einen Green New Deal begleiten sollte, müssen wir klar machen, dass der Dualismus menschliche Kultur versus ausbeutbare Natur die Erfindung einer ideologiegetriebenen Wirtschaftsordnung ist. Corona hat gezeigt, dass wir unsere Verbindung zur Natur nicht kappen können (es aber verhängnisvolle 50 Jahre lang versucht haben). Die Zukunft besteht darin, dass wir aus einem solchen In-der-Natur- und In-der-Welt-Sein neue Handlungsoptionen zur postfossilen Ära entwickeln. Ein zielführender Green New Deal muss diesen Wandel adressieren.

Oder wie es Albert Schweizer formuliert: »Ich bin Leben, das leben will, inmitten von Leben, das leben will.«[44]

Zoologisch gesehen sind wir Tiere: homo sapiens, die einzige noch lebende Art der Gattung Homo aus der Familie der Menschenaffen. Wir sind verletzlich und auf andere Lebewesen sowie auf die Natur angewiesen. Die Erde braucht uns nicht, wir leben in einer sehr einseitigen Beziehung. Doch eine andere Welt zu bauen, nachhaltige Systeme und Lebensentwürfe zu entwickeln, die unsere Verletzlichkeit und die Verletzlichkeit allen Lebens berücksichtigen, würde unsere Zukunftschancen erheblich steigern.

Es kommt in den nächsten Jahren darauf an, die Menschen an diesem revolutionären Wandel unserer Lebensgrundlagen (und unseres Naturverhältnisses) teilhaben zu lassen. Sie müssen spüren, dass sie zum Akteur in diesem im Wortsinne weltbewegenden Wandel werden können. Dafür müssen in den kommenden Jahren jede Menge grüne Jobs geschaffen werden, die sich außerhalb des alten Herrschaftsverhältnisses befinden.

Zum Abschluss zwei Beispiele für Volkswirtschaften, die erkannt haben, dass profitgesteuerte Naturzerstörung im 21. Jahrhundert keine Option mehr ist. Es gibt andere Formen, mit Natur umzugehen und auch andere Wertschöpfungsmodelle, die in den Ländern für Wohlstand und Zufriedenheit sorgen.

Dänemark: regeneratives Naturmanagement als Staatsziel

Ansätze für ein alternatives Verhältnis zur Natur finden wir in einem Land wie Dänemark. Das kleine Königreich hat im Grunde die ökologisch und sozial nachhaltige Nutzung erneuerbarer Energien erfunden. Windenergie in Bürgerhand ist bereits seit Ende der 1970er-Jahre in Dänemark ein Erfolgsmodell. Erfolgreich insofern, als es dem kleinen Land frühzeitig gelungen ist, die Bürger für eine energietechnische und -politische Neuheit zu gewinnen und sie daran mitverdienen zu lassen. Genossenschaften und andere private Betreiber von Windenergieanlagen (vor allem Landwirte), sind seit Beginn der 2000er-Jahre sogar in einer Handelsgenossenschaft zusammengeschlossen, die den Strom ihrer Mitglieder, die gleichzeitig Anteilseigner der Genossenschaft sind, vertreibt.

Immer häufiger auch kooperieren die privaten Windenergiegemeinschaften mit Gemeinden, Stiftungen, Stadtwerken oder Energieunternehmen. Windenergieprojekte sind kapitalintensiv, und am Anfang eines Projektes muss viel Geld für Machbarkeitsstudien, Genehmigungen und Pacht investiert werden. Bereits im Jahr 2002 lag der Anteil der Windenergie an der dänischen Stromproduktion bei 15 Prozent (aktuell sind es 47 Prozent). Zu diesem Zeitpunkt wurden bereits 40 Prozent aller Anlagen von lokalen Windenergiegenossenschaften betrieben.[45]

Ein regeneratives Verhältnis zur Natur wird in Dänemark von früh auf bereits in der Erziehung vermittelt. Der weltweit erste Waldkindergarten wurde 1954 in Dänemark eröffnet. Wer in und mit der Natur leben will, der muss das vielseitige System der Natur kennenlernen. Das pädagogische Programm der Waldkindergärten stützt sich auf naheliegende Prinzipien: Wer nie die Abläufe der Natur, das Wachsen von Pflanzen und Ökosystemen kennengelernt hat, ist auch nicht in der Lage, das natürliche Gleichgewicht zu schützen. Natur hat hier auch deshalb einen besonderen Wert, da Dänemark das Land mit der europaweit geringsten Naturfläche ist. Nur die karge Mittelmeerinsel Malta befindet sich noch in statistischer Nähe. In Dänemark ist nur rund ein Achtel der Landesfläche bewaldet – in Deutschland ist es fast ein Drittel.

Die Knappheit an Naturflächen ist in erster Linie nicht auf den Ausbau von Siedlungs- oder Verkehrsflächen zurückzuführen, sondern auf die intensive landwirtschaftliche Nutzung des Landes. 50 Prozent der Landesfläche werden laut EU-Statistik »Lucas« in Dänemark landwirtschaftlich kultiviert, die dänische Statistikbehörde selbst gibt sogar 61 Prozent der Fläche als landwirtschaftlich genutzt an. Der Schnitt in Europa liegt bei unter 2 Prozent.[46] Natur als Kooperationspartner.

Nach aktuellen Berechnungen der staatlichen Energiebehörde Dänemarks soll die dänische Stromproduktion bis 2028 zu 100 Prozent »grün« sein. Und bis 2030 werde man 9 Prozent mehr Strom produzieren, als das Land selbst verbrauchen kann. Spätestens 2050 will Dänemark komplett »klimaneutral« sein.[47] Andere Länder haben das ebenfalls angekündigt. In Dänemark soll der Komplettausstieg aus den fossilen Energien jedoch ohne Atomenergie gelingen. Außerdem wird die gesamte CO_2-Reduktion auf dänischem Boden stattfinden und nicht über den internationalen Handel mit Verschmutzungsrechten abgewickelt werden.

Ein Land, das Natur als knappes Gut schätzt, sorgt auch für die richtigen rechtlichen Leitlinien. Die Umweltgesetze sind in Dänemark fest verankert. Nach jeder Parlamentswahl muss die neue Regierung in ihrem Regierungsprogramm festlegen, wie die Klimaziele verbindlich erreicht werden sollen. Dafür beendete die rechtspopulistische Dänische Volkspartei nach zuletzt katastrophalen Wahlergebnissen sogar ihre Klimaleugnungsstrategie und schwenkte um. Dänemark hat darüber hinaus einen milliardenschweren »grünen Zukunftsfonds« aufgelegt und, wichtiger noch, ein Programm zur Stilllegung landwirtschaftlicher Flächen beschlossen, über die der Treibhausgasausstoß der Landwirtschaft verringert werden soll.

Costa Rica: ökologische und soziale Achtsamkeit

Der globale Heißhunger auf Fleischklopse hatte auch in einem kleinen Land wie Costa Rica eine massive Abholzung der Regenwälder für die Rinderzucht zur Folge. Waren 1950 noch 72 Prozent des Landes mit Wäldern bedeckt, so zählte man 1987 gerade noch 21 Prozent. Dann legte Costa Rica eine Kehrtwende hin. Heute sind mehr als die Hälfte des kleinen Staates wieder bewaldet, ein Viertel der Fläche steht unter Naturschutz. Costa Rica finanziert diese Naturparks zum Teil über eine 3,5-Prozent-Ökosteuer auf Benzin.[48]

Costa Rica ist ein Aushängeschild in Sachen Biodiversität. Etwa 87.000 Arten, das sind 6 Prozent aller bekannten Arten dieser Welt, leben hier, darunter Brüllaffen, Pumas und Tukane. Der geschützte Regenwald auf der Osa-Halbinsel im Südwesten Costa Ricas ist eine der artenreichsten Regionen der Erde. Etwa 98 Prozent der Energie Costa Ricas stammt aus erneuerbaren Quellen. Heute schon gewinnt das öffentliche Energieinstitut ICE 78 Prozent der nötigen Elektrizität aus Wasserkraft und weitere 18 Prozent aus Erdwärme. Trotzdem beherbergt das kleine Land 5 Prozent aller Tier- und Pflanzenarten, die auf unserem Planeten vorkommen.[49]

Eine Energiewende 2.0 zeichnet sich indes bei der Wasserkraft ab. An den riesigen Staudämmen entzündet sich immer wieder Kritik, da Tausende Hektar Land geflutet werden müssen und dies zu sozialen Spannungen und ökologischen Problemen führt. In Zukunft soll vermehrt durch Offshore-Windkraft und die Kraft des Meeres Energie gewonnen werden. Doch hier ist nicht alles nur eitel Sonnenschein, denn die Technologie der Gezeitenkraftwerke ist noch relativ jung und kostspielig. Statt teurer Gezeitenkraftwerke könnten indes auch kleinere Meerstromkraftwerke zum Einsatz kommen. Weltweit existieren dafür bereits Prototypen, bei denen Turbinen – ähnlich wie Windräder – frei im Wasser hängen oder am Meeresboden befestigt sind und durch die Meeresbewegung Energie erzeugen.

An Costa Rica lässt sich darüber hinaus ablesen, dass ohne sozialen Wandel kein nachhaltiger Gesellschaftsentwurf gelingt. Statt nach außen aggressiv zu agieren, kümmert man sich lieber um das Wohlbefinden der eigenen Bevölkerung. Die Armee wurde bereits 1940 abgeschafft. Im Gesundheitssystem werden Fürsorgekräfte beschäftigt, die regelmäßig bei chronisch Kranken vorbeischauen und mit einsamen

Menschen im Gespräch bleiben. Nicht zuletzt dadurch stieg die Lebenserwartung auf dem Inselstaat zwischen 1960 und 2017 von 66 Jahre auf 80 Jahre, deutlich höher als beispielsweise in den USA.

Doch Costa Rica muss sich auch mit *First-World-Problems* auseinandersetzen. Dazu gehört, dass der Autoverkehr in den vergangenen Jahren mit steigendem Wohlstand rasant angewachsen ist und inzwischen für 40 Prozent des CO_2-Ausstoßes verantwortlich ist. Auf 5 Millionen Einwohner kommen mittlerweile 1 Million Autos (davon nur 300 E-Autos). 2035 soll ein Viertel der Fahrzeugflotte elektrisch unterwegs sein. Um den Verkauf anzukurbeln, wird es Steueranreize und weitere Vergünstigungen geben. Des Weiteren werden bei öffentlichen Bussen und Taxis 70 Prozent elektrisch betriebene Modelle angestrebt.[50] Im Großraum von San José, der Hauptstadt des Landes, werden zudem elektrisch betriebene Bahnstrecken ausgebaut, die den Autoverkehr im urbanen Raum um die Hälfte reduzieren sollen.

Dänemark und Costa Rica tauchen regelmäßig auf den ersten Plätzen auf, wenn es darum geht, die »glücklichsten Nationen« der Welt auszuzeichnen. Das freundschaftlich-kooperative Verhältnis zur Natur dieser Nationen zahlt offenbar auch auf deren Glücksindex ein.

Key Learnings

- **Wirtschaften innerhalb der planetarischen Grenzen:** Weder möchten wir uns selbst anklagen, noch möchten wir aus der Natur ein Freilichtmuseum machen – bitte nicht berühren, nur anschauen. Doch die Veränderungen, die der Green New Deal von uns verlangt, sind nur auf der Grundlage eines neuen Verhältnisses zur Natur umsetzbar. Dafür müssen wir in den kommenden Jahren die Grundlagen in unserer Gesellschaft legen. In Wirtschaft, Kultur und insbesondere natürlich in der Bildung müssen wir lernen und lehren, was es bedeutet, dass Wirtschaften nur noch innerhalb der planetaren Grenzen stattfinden darf und welche Chancen und Möglichkeiten das bietet. Natur wird weiterhin Teil ökonomischer Prozesse sein – wir müssen jedoch genau erforschen und erklären, was es bedeutet, eine CO_2-neutrale Wirtschaftsordnung zu errichten.

- **Resonanz als post-industrielles Produktionsverhältnis:** Als Menschen sind wir nur lebensfähig im Austausch mit der Natur. Die vergangenen 200 Jahre Industriegeschichte belegen indes, dass wir unser Angewiesensein auf Natur durch eine großartige Entfaltung von Produktivität verdrängt haben. Um Zukunft gestalten zu können, müssen wir Systeme entwickeln, die auf Resonanz[51] aufbauen. Und das heißt, dass wir unsere Beziehung zur Natur in vielen Teilen überhaupt erst aktivieren müssen. Wenn wir eine neue Beziehung zur Welt und zur Natur aufbauen wollen, dann verschieben sich viele Dinge: Commons wie Wasser, Luft, Rohstoffe und auch das Klima gehören allen. Wenn wir Landwirtschaft betreiben, machen wir den Ort an, dem wir leben, besser. Unser Lebensstil wird unumkehrbar von den Ort, an dem wir leben, geprägt sein.[52]

- **Ende der fossilen Ära ist der entscheidende Schritt:** Was uns als Menschen von der Natur und anderen Lebewesen unterscheidet, ist die Tatsache, dass wir mit Bewusstsein ausgestattet sind und Verantwortung übernehmen können. Das macht es zu einer moralischen Pflicht, aus den fossilen Energieträgern so schnell wie möglich auszusteigen. Die fossile Energiewelt, bestehend aus Erdöl, Erdgas, Kohle und

Verbrennungsmotoren, ist das unmittelbare Resultat der Herrschaft des Menschen über die Natur. Entsprechend stellt die möglichst rasche Beendigung der fossilen Ära einen entscheidenden Schritt auf dem Weg in ein neues Vertrauensverhältnis mit der Natur dar.

- **In Natur investieren:** Der Cambridge-Ökonom Sir Partha Dasgupta rechnet vor, dass sich zwischen 1992 und 2014 das Sachkapital auf der Welt verdoppelt hat. Das Humankapital, also das versammelte Wissen und Können der Menschen, ist um 13 Prozent angewachsen. Das »Naturkapital« ist dagegen um dramatische 40 Prozent gesunken. Wörtlich heißt es in dem Bericht: »Wir sind alle zusammen darin gescheitert, eine nachhaltige Beziehung zur Natur aufzubauen.« Dasgupta stellt fest, dass es drei Produktionsfaktoren auf der Welt gibt: Arbeit, Kapital und Natur. Auf dieser Grundlage schlägt er eine neue »Grammatik« für den Umgang der Ökonomie mit der Natur vor. Dasgupta sieht vier Wege, um den Krieg mit der Natur zu beenden: erstens weniger konsumieren, zweitens weniger Kinder bekommen, drittens die Natur effizienter nutzen, zum Beispiel durch Gentechnik und durch geringeren Fleischkonsum. Und viertens in die Natur investieren, etwa für besseren Naturschutz und Wiederaufforstung.[53]

- **Die Haltung zur Natur definiert die Lebensqualität unserer Gesellschaft:** Länder wie Dänemark und Costa Rica stellen unter Beweis, dass soziale Nachhaltigkeit und ökologische Nachhaltigkeit zusammengehören. Wer Natur als lebendigen Partner wertschätzt und die Grenzen ihrer Belastbarkeit akzeptiert, hat auch gute Chancen, die richtigen Fundamente für eine solidarische und gerechte Gesellschaft zu legen. Eine Gesellschaft, die Natur nicht beherrscht und ausbeutet, wird auch die sogenannten »Human Ressources« nachhaltiger einschätzen und den Wert einer funktionierenden Gemeinschaft wertschätzen.

Wie wir Technologien zu einem nachhaltigen Innovationsmotor machen und den Weg in das postfossile Zeitalter ebnen

U*m die gigantische Herausforderung des Klimawandels zu bewältigen, müssen sich Staaten als Trendinkubatoren und Risikopartner für Unternehmen aufstellen. Das erfordert mehr als die Rolle des mit der Gießkanne umherwandelnden Geldverteilers. Wir brauchen einen schnellstmöglichen Systemaustausch: Statt Erdöl, Erdgas, Kohle und Verbrennungsmotoren setzt das Techniksystem der Zukunft auf Solarenergie, Energiespeicher, Wärmepumpen und Elektrofahrzeuge. Soll die große Transformation des Green New Deal gelingen, brauchen wir jedoch auch neue Kooperationsverhältnisse, internationale Netzwerke und geschlossene Verwertungskreisläufe. Dabei wird uns auch die künstliche Intelligenz nicht von den irdischen Problemen erlösen. Aber auch bei der Entwicklung postfossiler Märkte und Technologien spielt sie eine zunehmend wichtige Rolle als Effizienz- und Prognoseinstrument.*

Ein neues (Kooperations-)Verhältnis mit der Natur bei allem, was Wirtschaft und Gesellschaft in den kommenden Jahren unternehmen, ist die Grundvoraussetzung für alle relevanten technologischen Innovationen der kommenden Jahre. Das bedeutet, dass wir in den kommenden zehn Jahren optimale Markt- und Entwicklungsbedingungen für CO_2-neutrale Technologien schaffen müssen. Ein wichtiger Schritt besteht darin, einen alternativen Zukunftspakt zwischen Staat und Unternehmen zu schmieden. Der Green New Deal muss das Feld der Technologie grundlegend neu denken. Wir alle müssen lernen, dass Marktgläubigkeit und die irrationale Angst vor dem übergriffigen Staat keine Lösungen zur Bewältigung drängender Probleme darstellen. Damit Technologien wieder zu einem wirtschaftlichen und gesellschaftlichen Innovationsmotor werden können, müssen Staat, Gesellschaft und Unternehmen vor allem auch neue Finanzierungswege für Innovation finden. Die Erfolgsgeschichte der erneuerbaren Energien wäre ohne die aktive Rolle des Staates als Träger von Risiken, wodurch – trotz aller Bedenken und Rückschläge – zukunftsfähige Märkte entstanden sind, nicht möglich gewesen. Angesichts der Anforderungen des Klimawandels muss diese Politik der sichtbaren (schützenden und wegweisenden) Hand konsequent weiterverfolgt werden. Nur auf diese Weise lassen sich die Klimaziele erreichen und Millionen von neuen Arbeitsplätzen schaffen.

Nachhaltige Technologien liefern Lösungen, keine Er-lösung

Es geht nicht darum, von jeder neu heranfliegenden Technologiewelle (heute künstliche Intelligenz, morgen Quantencomputer, übermorgen das DNA-Computing) die Erlösung von allen irdischen Problemen zu erwarten. Schaut man einmal genauer hin, waren es häufig staatliche Forschungsinstitutionen und -programme, die die Risiken neuer Technologien absorbierten. Am Beginn der Entwicklung des Internets, der Suchmaschinen- und der GPS-Technologie standen immer staatliche Forschungs- und Finanzierungsprogramme. Daraus müssen wir lernen und staatliche Institutionen in ihrer Rolle als Trendinkubatoren und »Risikonehmer« für die kommenden Jahre stärken.

Die zentrale These dieses Kapitels lautet deshalb: Technologien werden niemals alleine die nachhaltige Transformation von Wirtschaft und Gesellschaft bewältigen. In Zeiten des Klimawandels dürfen Technologien niemals nur aus Profitabilitätserwägungen heraus entwickelt werden. Technologien werden, so sie nur in die Nähe der Kommerzialisierbarkeit rücken, zwar grundsätzlich immer von gesellschaftlichen und ökonomischen Interessen angeeignet (oder sie sind schlicht irrelevant). In den nächsten Jahren kommt es jedoch darauf an, Innovationspfade zu definieren, die zuallererst einer nachhaltigen Gesellschaft (Ungleichheit bekämpfen, Solidarität fördern) verpflichtet sind und unsere planetaren Grenzen akzeptieren. Auf sich selbst gestellte Unternehmen und deregulierte Märkte (»Unstructured Markets

Fail«[1]) können eine solche Vision nicht entwickeln. Dafür muss nicht zuletzt der Staat aus seiner passiven Rolle als »Genehmiger« heraustreten.

Der zentrale Fluchtpunkt für zukunftsfähige Investitionen in Technologien liegt deutlich vor uns: eine komplett dekarbonisierte Wirtschaft bis ins Jahr 2050. In den vergangenen 30 Jahren hat die Menschheit mehr Treibhausgase ausgestoßen als in der gesamten Menschheitsgeschichte davor. Der weltweite Ausstoß von Kohlenstoffdioxid nimmt seit 1960 kontinuierlich zu und erreicht im Jahr 2019 seinen bisherigen Höchstwert von rund 36,4 Milliarden Tonnen Kohlenstoffdioxid. Auch wenn die jährliche Menge an CO_2-Emissionen steigt, geschieht dies in den vergangenen rund sieben Jahren in einem deutlich geringeren Maße.[2]

Der Aufbruch in die erneuerbaren Energien begann in den 1970er- und 1980er-Jahren mit ersten Entwicklungen in der Windkraft und bei Photovoltaikanlagen. Treibhausgase (Kohlendioxid, Methan und Lachgas), die die Erwärmung der Erdatmosphäre beschleunigen, entstehen beim Verbrennen von Erdöl, Erdgas und Kohle. 73,2 Prozent der CO_2-Emissionen werden auf der Erde durch die Produktion von Energie für Industrie, Verkehr und Haushalte freigesetzt.[3] Deswegen war es naheliegend, als vordringliche Maßnahme gegen die weitere Erderwärmung mit dem Umbau des globalen Energiesystems zu beginnen und regenerative Energiesysteme wie Wind und Solar zu entwickeln.

Natürlich ist das Neudesign des Energiemarktes nicht das einzige Feld, auf dem nachhaltige Technologien entwickelt werden sollten. Innovationen bei neuen Materialien, die Optimierung von Recyclingprozessen, und die Transformation des Müll- und Abwasser-Managements in eine Kreislaufwirtschaft sind ebenso von großer Bedeutung für die Bewältigung des Klimawandels wie die Neuorganisation der globalen Nahrungsmittelerzeugung und des Wassermanagements.

Wo wird aktuell die Vision von CO_2-freier Technologie greifbar? Unter anderem auch in der so übel beleumundeten Chemieindustrie. Die CO_2-freie Methanolherstellung wird gerade bei der BASF Tochtergesellschaft hte GmbH in Heidelberg in einer Pilotanlage getestet. Methanol ist ein wichtiger Basisstoff und wird in der Chemie als Lösungsmittel für Farbstoffe, Harze, Lacke, Firnisse und anorganische Salze eingesetzt. Methanol findet als Extraktionsmittel in der Erdölindustrie Verwendung und dient als Gefrierschutz, als Weichmacher sowie als Reinigungs- und Verdünnungsmittel. Chemische Basisstoffe wie Methanol sind für 70 Prozent der Treibhausgaseimissionen in der Chemie verantwortlich. CO_2-freies Methanol könnte also die Klimabilanz der Chemiebranche signifikant verbessern. Mithilfe der BASF-Gaswäschetechnologie OASE wird im gesamten Herstellungsprozess kein CO_2 mehr frei. Die BASF möchte dadurch den Ausstoß von Kohlendioxid nicht nur dauerhaft verringern, sondern die darin enthaltenen Elemente Kohlenstoff und Sauerstoff für die eigene Herstellung von Chemikalien wirtschaftlich nutzen. Eine großartige Perspektive: Bislang wurde Methanol aus CO_2-haltigem Erdgas hergestellt, gelingt die Umsetzung in einem großtechnischen Verfahren, wäre Methanol tatsächlich CO_2-frei herstellbar.

In Duisburg, im Ruhrgebiet, sorgt der lange Abschied aus der fossilen Industriewelt seit Jahren für einen beschleunigten Strukturwandel. Aus dem Herzen des bundesdeutschen Wirtschaftswunders nach dem Zweiten Weltkrieg ist eine Region des permanenten Umbruchs, der frustrierenden Chancenlosigkeit und der schrumpfenden Städte geworden. Aber auch hier wird seit einiger Zeit an der CO_2-freien Industrie geforscht. ThyssenKrupp hat gemeinsam mit 16 Partnern aus Industrie und Wissenschaft (Siemens, Evonik, Linde oder dem Fraunhofer-Institut) ein groß angelegtes Forschungsprojekt gestartet. Bei Carbon2Chem werden Hüttengase aus der Stahlproduktion in chemische Grundstoffe umgewandelt. Hüttengase entstehen in einem Stahlwerk an unterschiedlichen Stellen. Sie enthalten unter anderem Stickstoff, Wasserstoff, Methan sowie Kohlenmonoxid und Kohlendioxid. Das neuartige Verfahren von ThyssenKrupp fängt diese Gase ein und verwertet sie als Energiequelle, indem sie in Kraftwerken zur Stromproduktion verbrannt werden. In den nächsten 10 bis 15 Jahren könnte auf dem Gelände des Stahlstandorts Duisburg so ein integriertes Chemiewerk entstehen. Die Experten gehen davon aus, dass die Technologie bis 2030 Marktreife erlangen wird.[4]

Die entscheidende zweite Förderphase wird vom Bundesministerium für Bildung und Forschung mit 7 Millionen Euro unterstützt.[5] Das Projekt profitiert von Fördertöpfen, die die EU für den Green New Deal zur Verfügung stellt. Carbon2Chem ist ein Baustein in einem groß angelegten Forschungsprozess, der die Grundlagen für eine europäische Wasserstoffwirtschaft legen soll, die es bis 2050 erlauben, Eisen und Stahl CO_2-neutral zu produzieren. Für die betroffenen Industrien ist das ein gigantischer Innovations- und Investitionsprozess, der sich industriegeschichtlich mit nichts vergleichen lässt, was nach dem Zweiten Weltkrieg an industriellem Strukturwandel stattgefunden hat.

Ohne staatliche, beziehungsweise von der EU initiierte Lenkung ist dieser kühne Schritt nicht möglich. Da ist es nicht zu hoch gegriffen, wenn die EU-Präsidentin Ursula von der Leyen den Entwurf des Green New Deal mit der Idee eines »Bauhauses 2.0« in Verbindung bringt: Technologie soll den Menschen, einer menschlichen Welt dienen und einen schonenden Umgang mit der Natur pflegen.[6]

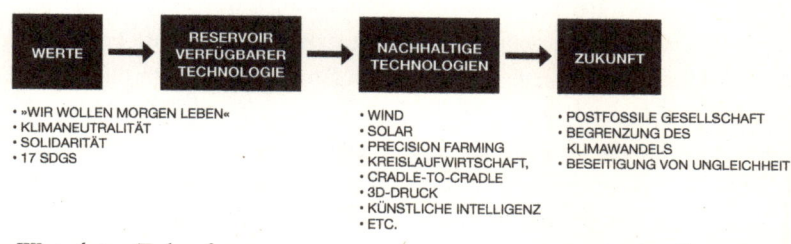

Ohne Werte keine Zukunft   *Quelle: ITZ 2021*

Staat und öffentliche Hand als »Risikoabsorptionsinstanzen«

In Zeiten von Corona, Klimawandel und sich zuspitzender sozialer Ungleichheit brauchen wir einen trendsicheren Staat, einen *Developmental State*, der (nicht nur technologische) Innovationen anschiebt. Auch die unerwartet schnelle Entwicklung der Covid-Impfstoffe ist ohne staatliche Gelder nicht vorstellbar.[7] Die knapp 2 Milliarden Britische Pfund, die für die Entwicklung des Covid-Impfstoffs von Moderna aufgewendet werden mussten, wurden komplett staatlicherseits finanziert. Bei dem Impfstoff des Tübinger Unternehmens CureVac wurden bislang rund 1,6 Milliarden Euro investiert, zwei Drittel davon kamen von staatlicher Seite. Der erste Corona-Impfstoff von BionTech/Pfizer (Gesamtaufwendungen Stand Februar 2021: 2,5 Milliarden Euro) wurde zu einem Fünftel mit staatlicher Unterstützung entwickelt.[8]

Der Staat am Beginn der 2020er-Jahre muss besonders gut darin sein, technologische, sozioökonomische und medizinische Entwicklungen schon in der Latenzphase zu identifizieren und in dieser – für Unternehmen in der Regel zu risikobehafteten – Frühphase zu fördern (Scheitern ist dabei naturgemäß nicht ausgeschlossen). Schaut man in die Werbespots der vergangenen Jahre (vor der Corona-Pandemie), wird klar, wer allein auf dieser Welt für das bahnbrechend Neue sorgt: Apple, Google, Facebook, Microsoft. Sie galten bis vor Kurzem als die Heilsbringer der nächsten Marktdisruption und der Zukunftstechnologien schlechthin. Dieses simple und sehr wirkungsmächtige Innovationsnarrativ hat jedoch nie den Tatsachen entsprochen. Die MP3-Technologie, die Apples Wiedergeburt 2001 begründete, wurde in den 1990er-Jahren in Deutschland von der Fraunhofer Gesellschaft in Erlangen und Illmenau entwickelt. Das Geld dafür stammte aus der Grundlagenforschung. Die ersten Schritte der revolutionären Technologie finanzierte also der Staat und seine Steuerzahler. Und ohne eine bahnbrechende Entdeckung wie dem GMR-Effekt durch Peter Grünberg vom Forschungszentrum Jülich und Albert Fert von der Universität Paris-Süd, die dafür 2007 den Physik-Nobelpreis erhielten, wäre niemals der iPod mit seinen bis dato ungekannten Speichermöglichkeiten erfunden worden. Und Apples Einführung der Touchscreens, für die Endgeräteindustrie in den 2000ern tatsächlich ein *Gamechanger*, konnte Forschungsergebnisse zunutze machen, die bereits Anfang der 1970er-Jahre von der European Organisation for Nuclear Research (CERN) vorgelegt wurden.[9]

Dass dahingegen viele der neuen Produkte von Apple und Amazon gar nicht vor Ort in den USA hergestellt werden konnten, hängt mit dem Niedergang der US-amerikanischen Industrie- und Investitionskultur zusammen. Seit 1980 wurden die staatlichen Investitionen in Forschung und Entwicklung um nicht weniger als die Hälfte reduziert – der Staat sollte sich verschlanken und bitteschön aus Wirtschaft und Technologie heraushalten.[10] Waren es 1980 knapp 20 Millionen Menschen, die USA-weit in produzierenden Unternehmen tätig waren, sind es jetzt weniger als 12 Millionen. In den 1980er-Jahren begann sich in den USA durch Ronald Reagan und in Großbritannien durch Margret Thatcher die Ideologie des Neoliberalismus durchzusetzen. Die staatlichen Investitionen schrumpften, Steuersenkungen protegierten vor allem die Privatwirtschaft, was in vielen Schlüsselbereichen der Spitzenforschung einen nachhaltigen Weg der Innovationsentwicklung abschnitt. Und während in den USA seit 40 Jahren die Produktivität deutlich abnimmt und Gehälter seit zehn Jahren stagnieren, gibt es einen einzigartigen Zuwachs an Technologie-Milliardären und technologischen Monopolen.[11]

Die Ökonomin Mariana Mazzucato hat in ihrer Forschung zum »Entrepreneurial State«[12] gezeigt, dass bei der Entwicklung des Mobilfunks der Großteil der Innovationstechnologien nicht von den Apples und Samsungs »erfunden« wurde, sondern auf universitärer, respektiver staatlicher Forschung beruhte. Staatliche Förderung steht auch am Beginn unzähliger Quantensprünge in der Medizin. Ohne die Forschungsgelder aus öffentlichen Töpfen wären Durchbrüche bei einer Vielzahl von Medikamenten nicht zustande gekommen. Nicht weniger als 75 Prozent der tatsächlichen

Produktinnovationen in der US-Pharmaindustrie zwischen 1970 und 2004 gehen auf staatlich finanzierte Projekte der Grundlagenforschung zurück.[13] Ein Staat, der sich zukunftsoffen und innovationsorientiert verhält, verhindert keine Märkte. Ganz im Gegenteil, er unterstützt, beschleunigt, korrigiert und formuliert Visionen für eine sozial-ökologische Transformation, aus der sich wieder neue Marktchancen ergeben.[14] Was trägt das Silicon Valley aktiv zur Eindämmung der Klimakrise bei? Bemerkenswert wenig. Die Energiewende ist den Investoren und Unternehmern in der Bay Area viel zu kapitalintensiv, viel zu riskant, da macht man sich nicht die Finger schmutzig. Google und andere Big Techs produzieren, gemessen an den Auswirkungen des Klimawandels, höherwertiges Bling Bling und untermauern ihre Monopolstellung bei Kommunikationsgadgets, Suchmaschinen und als Werbe-Online-Milliardäre. Verantwortlich dafür sind die seit Jahren ausbleibenden Investitionen von Staat und Unternehmen in zukunftswichtige Forschung und Entwicklung.[15]

Dabei ist ein radikaler Wandel (im Silicon Valley nennt man das ja gerne »Disruption«) möglich, ohne in eine sozialistische Kommandowirtschaft abzugleiten. Öffentliche Investitionen versteht der Zukunftsplan des Green New Deal als Anschub für die Privatwirtschaft und nicht als Übergriffigkeit des Staates. Der Staat regiert nicht autoritär und protektionistisch im Alleingang, sondern mit der Autorität desjenigen, der kompetent und verantwortungsvoll Zukunft für das Gemeinwesen planbar macht.

Welche Werkzeuge sind dafür notwendig? Staatliche Institutionen sollten als »Beobachter zweiter Ordnung« auftreten: Sie sind nicht allwissend und konkurrieren nicht mit den Unternehmen. Ihre Aufgabe besteht darin, den Übergang in eine postfossile Wirtschaftsordnung zu gestalten und Finanzrisiken, die Unternehmen nicht tragen können, zu absorbieren. Transparenz beim Vorgehen und Distanz gegenüber dem Rat der wissenschaftlichen Forschung und den Akteuren der Wirtschaft sind dabei von zentraler Bedeutung. Der Begriff »Beobachter zweiter Ordnung« wurde vor allem von Niklas Luhmann geprägt. Luhmann geht davon aus, dass »alle Beobachter (...) Realitätskontakt nur dadurch (gewinnen), dass sie Beobachter beobachten«.[16] Niemand, weder die Politik noch die Wissenschaft oder die Wirtschaft, verfügen über einen privilegierten Zugang zur Erkenntnis der Wirklichkeit. Das klingt auf den ersten Blick ziemlich banal, ist für die zukünftige Rollenbestimmung des Staates und gesellschaftlicher Institutionen bei der Entscheidungsfindung jedoch sehr wichtig. Denn das gemahnt staatliche Akteure, die Standpunktabhängigkeit der anderen Akteure (Wissenschaft, Unternehmen, Publizistik, Beratung) jederzeit zu reflektieren und bei eigenen Entscheidungen zu berücksichtigen.

Ein vorausschauend gestaltender Staat rivalisiert nicht mit den Experten, sondern er baut Expertise in sein Gesamtbild ein und entscheidet dann. Angesichts der Risikolage, wie sie sich durch die Pandemie, den Klimawandel und die Polarisierung unserer Gesellschaft ergibt, kann sich der Staat in Zukunft schlicht keine »blinden Flecken« in der Beobachtung der Realität (oder die fehlerhafte Einordnung von Standpunkten) leisten. Und gerade bei der Bewertung von schnell in das Bewusstsein der Öffentlichkeit schießenden Technologie-Hypes gilt: »Es gibt keinen privilegierten Standpunkt mit einem nur von hier aus möglichen Blick nach draußen.«[17] Speziell neue Technologien treten häufig mit der Attitüde der finalen Problemlösungskompetenz in Erscheinung. Staat und Gesellschaft müssen in den kommenden Jahren ein geschärftes Unterscheidungsvermögen dafür entwickeln, welche Technologien geeignet sind, den Weg in eine postfossile Gesellschaft zu ebnen. Als informierter und einordnender Staat ist er nicht allmächtig oder unangreifbar, sondern begreift sich als Teil der Gesellschaft, innerhalb der er fehlbare, aber wissensbasierte Entscheidungen treffen muss. Der Staat konkurriert nicht mit den Unternehmen beim Design von zukunftswichtigen Märkten, seine Aufgabe besteht darin, den Übergang in die postfossile Ära in wacher Kooperation mit den anderen Akteuren zu gestalten.

Die Erneuerbaren: Seit Jahrzehnten unterschätzt
Tatsächlicher jährlicher Photovoltaik-Zubau vs. IEA-Szenarien (in Gigawatt)

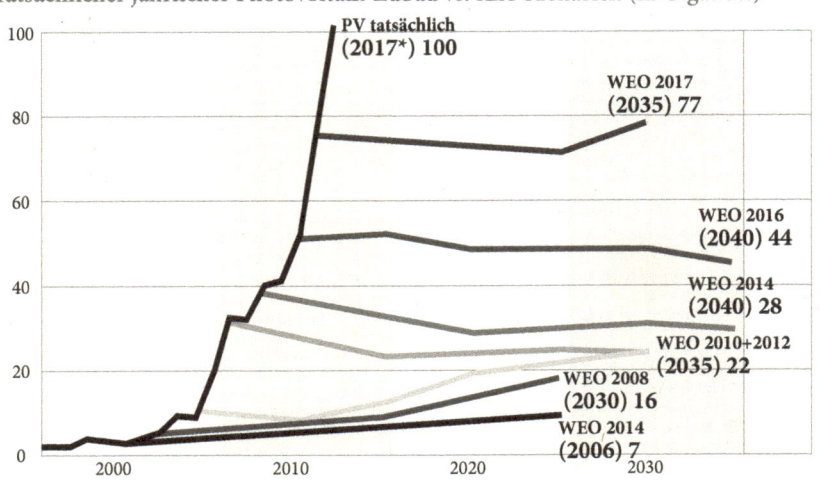

* Schätzung. WEO = World Energy Outlook
Quelle: statista

Die Erneuerbaren: seit Jahrzehnten unterschätzt

Als Beobachter zweiter Ordnung fällt dem Staat in den kommenden Jahren die Aufgabe zu, nicht nur, »jene Entscheidungen zu treffen, die niemand trifft, wenn der Staat sie nicht trifft«[18], wie es der britische Ökonom John Maynard Keynes formulierte, sondern auf allen relevanten Zukunftsfeldern Impulse zu setzen, ohne Unternehmen oder der Zivilgesellschaft Vorschriften zu machen. Ein zukunftsfähiger Staat ist ein sachorientierter und sorgfältiger Staat, und das heißt, er forciert Innovationen in enger Abstimmung mit Partnern aus Wissenschaft, Wirtschaft und Gesellschaft. Um eine berühmte Floskel der marktgläubigen Neoliberalen aufzugreifen, es geht eben nicht um die »unsichtbare Hand« des Staats, sondern um seine deutlich sichtbare Hand, die ordnet und alle auf dem Weg in die Zukunft mitnimmt.

Das neue System, die »zweite Elektrifizierung der Welt«

Wir müssen in andere Technologien investieren und auch anders in Technologien investieren. Die Technologien der Zukunft müssen ihre transformative Kraft dadurch beweisen, dass sie die planetarischen Grenzen akzeptieren. Die Richtung für die Innovationspolitik der 2020er-Jahre ist bekannt: Laut der Internationalen Energie Agentur (IAE) gibt es praktisch keinen Spielraum mehr für Industrien, Geschäftsmodelle, Wohlstandsentwürfe und Produkte, die das Treibhausgas Kohlendioxid emittieren.[19] Künftig muss jede relevante Innovation eine klimaneutrale Innovation sein, oder sie wird keine Innovation sein.

Das heißt nicht, dass Innovationen nicht visionär sein sollten. Es darf nicht um die Abwicklung unserer technologischen Potenziale gehen. Ganz im Gegenteil. Wir brauchen eine nachhaltige Technologievision, die Funken aus den Limitierungen unseres Ökosystems schlägt. Künstliche Intelligenz allein wird das nicht leisten. Sie wurde in den vergangenen Jahren mit jeder Menge Erlösungssemantik überfrachtet, was sie in ein falsches Licht rückt, wie wir weiter unten noch sehen werden.

Schauen wir kurz auf die Solarindustrie, um zu verstehen, wie Investitionen in Zukunftstechnologien gelingen können – oder auch nicht. Die Pleiten von Evergreen Solar und Solyndra in der US-Solarindustrie im Jahr 2011 haben gezeigt, dass die pure Marktlogik und die Hoffnung auf Wagniskapital bei den erneuerbaren Energien, die komplexe und kapitalintensive Förderung notwendig machen, zu kurz greift. Es braucht einen langen Atem und vorausschauende Planung, eine Haltung, die in der Regel den Interessen des *Venture Capitals* zuwiderläuft. In Deutschland führte die Innovationsgeschwindigkeit in der Branche zu Fehleinschätzungen. Unternehmen wie Solarworld und Q Cells lösten nicht nur hierzulande einen Solarboom (im Windschatten des 100.000-Dächerprogramms) zunächst selbst aus, wurden jedoch kurze Zeit später, 2012, von der chinesischen Billigkonkurrenz (und bedingt durch die Kürzung der Förderung des Erneuerbare-Energien-Gesetzes, EEG) wieder vom Markt gefegt. Für technologische Innovationen, die in den kommenden Jahren vor allem nachhaltige Innovationen sein müssen, heißt das: Es geht vorrangig um Innovations- und Investitionspolitiken, die passen müssen, und dafür ist das Zusammenspiel zwischen staatlicher Förderung und unternehmerischem Handeln entscheidend. Die technologischen Voraussetzungen insbesondere für Wind und Solar könnten aktuell besser nicht sein. Seit 2018/2019 können wir davon ausgehen, dass Wind und Solar in allen Regionen der Welt den günstigsten Strom produzieren. Eine nach wie vor hohe Innovationsdynamik bei beiden Technologien macht es wahrscheinlich, dass die Preise weiter fallen werden. Und mit der Biden-USA und der EU stehen zwei mächtige Partner bereit, die signalisieren, dass sie erkannt haben, um was es in den nächsten Jahren geht. Es geht um nichts Geringeres als um die zweite Elektrifizierung unserer Welt.

Die Glühbirne und Elektrizität stehen für den Aufbruch in die moderne Massenkultur des 20. Jahrhunderts. Wir müssen jetzt eine »zweite Elektrifizierung« an den Start bringen, damit der Ausstieg aus der fossilen Energiegesellschaft möglichst schnell gelingt. Auf den ersten Blick klingt das nach einem ziemlich irrwitzigen Plan. Doch wir haben keine andere Wahl und müssen deshalb das System wechseln. Wie also sieht das System aus, das auf Kohle, Erdöl und Erdgas folgt?

Der »Umstieg« wird im Grunde seit Jahrzehnten diskutiert. In Debatten, in denen es um die Zukunft unseres Planeten geht, ist es wichtig, Begriffe wie »Große Transformation« und auch den »Green New Deal« aus dem Elfenbeinturm der Akademiker und Technokraten herauszuholen und möglichst so zu erklären, dass er an jedem Küchentisch dieses Landes verstanden werden kann. Große Transformation bedeutet zunächst ganz einfach, unser altes, auf fossilen Energieträgern basierendes System (Öl, Kohle, Verbrennungsmotoren) durch ein neues (Elektroauto, Solarmodule, Energiespeicher, Wärmepumpe) zu ersetzen. Dabei müssen wir tatsächlich auch nicht die Idee der Marktwirtschaft aufgeben, wie nach wie vor befürchtet wird. Wir schätzen amerikanische Wissenschaftler und Denker dafür, dass sie uns große Transformationsprozesse auf einem Notizzettel oder einem PowerPoint-Chart in zehn Minuten plausibel machen können. Bei der »Elektrifizierung der Welt«, die den Klimawandel eingrenzen hilft und uns den Sprung in eine postfossile Energiewelt ermöglicht, ist das auch der Fall.

US-amerikanische Forscher haben mit »Rewiring America«[20] ein schlüsselfertiges und umsetzbares Konzept einer großen Energietransformation für die USA vorgelegt. In den kommenden drei bis fünf Jahren müssen, so der Ausgangspunkt ihres Plans, die relevanten Industrien und Technologien konsequent auf die »Elektrifizierung von allem« umgestellt werden: Die Vereinigten Staaten brauchen dann viermal so viele Elektroautos wie bisher, ein 16-faches Wachstum in der Herstellung von Stromspeichern, die Verzwölffachung der Installation von Windturbinen und eine Verzehnfachung in der Produktion von Solarmodulen.

Die Dekarbonisierung der USA, so sieht es »Rewiring America«, ist nur durch die Elektrifizierung aller systemrelevanten Lebensbereiche möglich, dafür werden vor allem Elektrofahrzeuge, Wärmepumpen und Energiespeicher gebraucht. Alles ganz einfach. Das alte System der fossilen Wirtschaft (Öl, Gas, Kohle, Verbrennungsmotoren) wird durch ein neues ersetzt, bei dem kein Kohlendioxid mehr ausgestoßen wird. Laut den Berechnungen von »Rewiring America« führt die grundlegende Umstellung von einer fossilen in eine postfossile Wirtschaft dann dazu, dass überhaupt nur noch die Hälfte der bislang aufgewendeten Energie gebraucht wird.

Dieses neue postfossile Energiesystem brechen die US-Forscher im nächsten Schritt bis auf die Kosten für einen US-amerikanischen Durchschnittshaushalt herunter. Jeder Haushalt benötigt ziemlich genau 40.000 US-Dollar für Solarpanele auf dem Dach, eine Wärmepumpe am Haus, einen Stromspeicher im Keller und das Elektroauto in der Garage. Fertig. Eine kohlenstofffreie Wirtschaft ist also kein Hexenwerk. Sie funktioniert jedoch nur, wenn die zentralen Infrastrukturen radikal modernisiert werden. Aber allein die Dekarbonisierung, in Verbindung mit der weiteren Digitalisierung und Dezentralisierung der Infrastrukturen, führt zu gigantischen Effizienzsprüngen. Solar ist eine regenerative Energie, die nach Installation keine weiteren Kosten mehr aufwirft – Solarzellen müssen nicht betankt oder in kurzen Zeitabständen neu angeschafft werden. Für Privathaushalte würde der Green New Deal in den USA dann sogar zum Geldspar-Deal (bis zu 2500 US-Dollar pro Jahr), wenn ein Elektroauto vor der Tür steht, die Photovoltaikanlage die Energie liefert, Speicher grünen Strom vorhalten und eine Wärmepumpe die Ölheizung ersetzt.

Nach den Berechnungen von »Rewiring America« schlüsseln sich die gigantischen Einsparungen im Einzelnen wie folgt auf:

• Elektrofahrzeuge erzeugen ihre Leistung deutlich effizienter als Verbrennungsmotoren.

- Die Produktion fossiler Energien, die 10 Prozent des US-Energieaufwands ausmacht, fällt weg.
- Das Abschalten der fossilen Großkraftwerke reduziert weitere 15 Prozent der Energienutzung.
- Die Elektrifizierung des Wohnens hilft, zwischen 6 und 9 Prozent der Energie einzusparen.
- Die Verwandlung von Rohöl in Sprit nimmt in den USA 4 bis 5 Prozent in Anspruch.
- Veränderungen in der Industrieproduktion schlagen mit weiteren 5 Prozent zu Buche.[21]

Aber wie lässt sich ein solches Projekt finanzieren? Schließlich werden nur wenige US-Haushalte in der Lage sein, eine solche Investition zu stemmen? »Rewiring America« liefert auch hier eine unkomplizierte Antwort: Mit 15 bis 19 Prozent Kreditkartenzinsen geht das natürlich nicht. Der Staat müsste einen Zinssatz von 3,5 bis 4 Prozent garantieren, damit die US-Bürger ihre eigenen vier Wände auf die Technologien des 21. Jahrhunderts umrüsten können.

Joe Bidens Programm des Wiederaufbaus sieht für den Klimaschutz gigantische Investitionen in Höhe von 2 Billionen US-Dollar vor. Dabei bringt Bidens Administration immer wieder auch die Nuklearenergie und auch die CO_2-Sequestrierung ins Spiel, während die Transformation von »Rewiring America« komplett mit bereits vorhandenen Technologien vonstatten gehen soll. Abgesehen davon ähnelt vieles bei Biden dem Konzept von »Rewiring America«, bis in einzelne Formulierungen hinein. Vorbild für die Idee einer solchermaßen elektrifizierten USA 2.0 ist natürlich auch Franklin D. Roosevelts New Deal. Roosevelts große Transformation in den 1930er- und 1940er-Jahren verschlang laut »Rewiring America« insgesamt 1,8 Prozent des US-amerikanischen Bruttoinlandsprodukts (BIP), um am Ende damit den Zweiten Weltkrieg zu gewinnen. Laut »Rewiring America« müssten für die Dekarbonisierung der Vereinigten Staaten in den kommenden zehn Jahren gerade einmal zwischen 1,2 und 1,5 Prozent des Bruttoinlandsprodukts investiert werden.

Keine Frage, »Rewiring Americas« Konzept provoziert durch seine forsche Einfachheit. Es ist ein entschlossener Aufruf zum Handeln bei einer ökologischen Bedrohungslage, die schlicht keinen Aufschub duldet. Doch auch Szenarien für die Dekarbonisierung Deutschlands und des EU-Raums legen einen klaren Fahrplan vor. Sowohl das Wuppertal-Institut für Klima, Umwelt und Energie[22] als auch eine Kooperation[23] von Agora Energiewende, Agora Verkehrswende und der Stiftung Klimaneutralität bestätigen, dass das 1,5-Grad-Ziel, beziehungsweise der Fahrplan des Pariser Abkommens eingehalten werden kann. Die Forscher des Wuppertal-Instituts, das die Machbarkeitsstudie im Auftrag von Fridays for Future anfertigte, kommen in ihrem Szenario zu dem Schluss, dass die Deutschen bis ins Jahr 2035 in Industrie, Verkehr und Haushalte noch insgesamt 4,2 Gigatonnen CO_2 emittieren dürfen. Das Szenario von Agora orientiert sich direkt an den Beschlüssen der Pariser Klimakonferenz, was einen etwas entspannteren Fahrplan über das Jahr 2035 hinweg vorsieht. Beide Szenarien kommen jedoch ebenfalls übereinstimmend zu dem Schluss, dass die Regierungsrealität den eigenen Verpflichtungen und den notwendigen Vorgaben bislang nicht gerecht wird. Trotzdem ist der Wandel möglich, sind die deutschen Klimaziele mit nachvollziehbaren Schritten erreichbar. »In einer entwickelten Volkswirtschaft wieder deutschen kommt die Vermeidung der Klimakatastrophe so als eine Mischung aus Rechenaufgabe und Technik-Sudoku daher«, wie es Petra Pinzler formuliert hat.[24]

Auch hat der Schock durch die Corona-Pandemie seit dem vergangenen Jahr nicht dazu geführt, dass die Investitionen in Nachhaltigkeitstechnologien eingebrochen wären. Ganz im Gegenteil haben sich etwa die weltweiten Investitionen in Offshore-Windkraft nach Daten von BloombergNEF im ersten Halbjahr 2020 im Vergleich zum Vorjahr sogar auf 35 Milliarden US-Dollar verdreifacht. Ebenso vermochte die Corona-Pandemie den Solarboom in Deutschland nicht zu stoppen. In den ersten sechs Monaten des Jahres 2020 wurden 20 Prozent mehr Photovoltaik-Leistung ans Netz gebracht als im Vorjahr. Der Geschäftserwartungsindex für die Photovoltaik-Branche kletterte im zweiten Quartal 2020 um mehr als 60 Punkte nach oben – eine derartige Steigerung in so kurzer Zeit ließ sich seit Beginn der Messungen vor 15 Jahren noch nicht nachweisen.[25]

Etablierte Unternehmen aus anderen Branchen erkennen den Trend und beschäftigen sich noch gezielter mit den Zukunftstechnologien. Ein Mischkonzern wie etwa die BayWa, ursprünglich ein landwirtschaftliches Genossenschaftsunternehmen, erwartet für 2020 einen deutlichen Ergebnissprung im Geschäft mit Anlagen zur Erzeugung erneuerbarer Energien. Genug Liquidität ist bei dem Agrargiganten vorhanden, außerdem sind Alternativen wegen der niedrigen Zinsen knapp. »Unterm Strich sind Wind- und Solaranlagen ein sehr attraktives Investment«, verlautbart das Unternehmen.[26]

Auch die Umwelttechnik (Abfall, Wasser, Luftreinheit, Schadstoffe) trotzt der Pandemie: Einer Umfrage von Roland Berger zufolge beurteilen knapp 85 Prozent der befragten Unternehmen der Branche ihre Geschäftslage trotz Corona als befriedigend oder gut. 74 Prozent rechnen sogar mit einer gleichbleibenden oder besseren Geschäftslage für 2021. Ein Treiber dafür sind die großen Industrieunternehmen, die

mit mutigen Investitionen die Transformation in die klimaneutrale Ökonomie vorantreiben – auch mit Akquisitionen.[27] Wie das *Handelsblatt* meldet, gab etwa der Che-
miehersteller Covestro mitten in der Corona-Krise bekannt, für 1,6 Milliarden Euro
das Geschäft mit Beschichtungsharzen vom niederländischen Konkurrenten DSM zu
übernehmen – und damit in die Herstellung von ölfreien Lackstoffen einzusteigen,
die beispielsweise für die Produktion von nachhaltigen Solarzellen benötigt werden.[28]

Technologische Lösungen haben wir für nahezu alles. Noch nie ließ sich die Welt
mithilfe von Technologien so schnell verändern wie heute. Die Gretchenfrage ist jedoch: Gelingt es uns, die richtigen Märkte für den Wandel zu konfigurieren? Nicht
verzichten, sondern Anreize schaffen, das können Märkte leisten. Durch die richtigen Marktsignale können wir den Konsum von Dingen signifikant beeinflussen.
So wird ein nachhaltiger Schuh draus. Das Silicon Valley hat lediglich die Kom-
fortzone für unsere Konsumerlebnisse optimiert, weswegen Kalifornien schon lange
nicht mehr der »Tech Heaven« ist.

Schlüsselunternehmen und -industrien der Zukunft beginnen, sich in (digitalen)
Ökosystemen zu organisieren.

Mit Kooperationen und Vernetzung in die nachhaltige Technologiezukunft

Um zukunftsrelevante Technologiemärkte, die in den kommenden Jahren entscheidend für das Erreichen der Klimaziele sein werden, weiterentwickeln zu können, ist
es sinnvoll, von einer weiteren Gewohnheit der »alten Energiemärkte« abzuweichen:
dem darwinistischen Verdrängungs- und Konkurrenzprinzip. Kooperationen und die
Bildung von klugen digitalen Ökosystemen stehen für Nachhaltigkeit und vorausschauende Planung. Und wenn wir von einem Ökosystem sprechen, dann heißt das,
es braucht internationale Netzwerke, eine intensive Vernetzung zwischen Forschung,
Staat respektive EU und Unternehmen. Nachhaltige Innovationen werden nicht
mehr im stillen Kämmerlein geboren oder entstehen nicht mehr in der Forschungsabteilung eines Konzerns. Nachhaltige Innovationen brauchen den Blick nach außen
und in andere Branchen. So entstehen effektive Partnerschaften (die Entwicklung
der Covid-Impfstoffe ist ein gutes Beispiel dafür), die das Risiko, aber auch den spä-
teren Erfolg sozialisieren.

Blicken wir dafür kurz nach Norwegen. Der Mo Industrial Park, im Norden des
Landes gelegen, unterstützt Unternehmen nicht nur dabei, gemeinsam mit benach-

barten Firmen Kosten zu sparen und Umweltbelastungen zu reduzieren. Die Macher von Mo haben es sich ausdrücklich zur Aufgabe gemacht, ein Inkubator für neue Technologien zu sein und eine nachhaltige Kreislaufwirtschaft aufzubauen. Als einer der ältesten Industrieparks des Landes sind hier vor allem Unternehmen aus dem Stahlbau und der Metallurgie beheimatet. Mo versorgt seine Unternehmen mit Strom aus regionaler Wasserkraft. Darüber hinaus beherbergt der Industriepark Norwegens größtes Recyclingzentrum für Stahlschrott. Kooperatives Recycling ist in Mo ein zentrales Thema. So nutzt das Fischereiunternehmen Kvarøy Smolt die überschüssige Wärme, die im Produktionsprozess des Siliziummetallherstellers Elkem anfällt, um die eigenen Zuchtanlagen für junge Lachse zu betreiben. Die Abwärme von Elkem und das Kohlenstoffgas von Ferroglobe (einer der weltweit größten Produzenten von Siliziummetall, das in der Automobilwirtschaft und der Photovoltaik eingesetzt wird) werden auch von anderen Unternehmen sowie zum Heizen von Haushalten und Büroräumen in der örtlichen Gemeinde genutzt.

Auf diese Weise hat Mo bisher jährlich 400 Gigawattstunden Energie weiterverwendet, die normalerweise ungenutzt blieben. Auch bei Materialien beziehungsweise Metallen floriert die Kreislaufwirtschaft im Industriepark Mo. Die Firma Celsa verarbeitet im Industriepark Mo bis zu 60 Prozent der in Norwegen anfallenden Altmetalle. Recyceltes Isolationsmaterial für Industrieheizungen wird an die norwegische Norwegian Refractory Company gesendet, die damit neue Produkte herstellt. Und der gesamte Metallstaub von Elkem und Celsa wird gesammelt und als Rohstoff an Betonhersteller und an Unternehmen der Verarbeitungsindustrie in Deutschland verkauft.

Im Mongstad Industrial Park steht die aktuell heiß diskutierte Kohlenstoffabscheidung (CCS) im Mittelpunkt. Der Industriepark wurde im Grunde um eine Ölraffinerie und um ein vom norwegischen Energiekonzern Equinor betriebenes Erdgasterminal herum entwickelt. Die weiteren rund 50 Unternehmen kommen aus der Erdöl-/Erdgas- und der Schifffahrtindustrie. Nach eigenen Angaben ist Mongstad das weltweit größte Zentrum für Kohlenstoffabscheidung und -speicherung.

Internationale Schwergewichte wie Aker Solutions (Norwegen), Alstom SA (Frankreich), Cansolv Technologies (Kanada), Carbon Clean Solutions (Großbritannien/Indien), ION Engineering (USA) und Fluor Corporation (USA) haben ihre CCS-Lösungen in Mongstad getestet. Das OGCI CI Clean Gas-Projekt in Großbritannien und die CO_2-Pilotanlage in Haifeng in China ließen sich beim Aufbau ihrer Anlagen und beim Einsatz der Technologien von den Experten des CCS-Technologiezentrums beraten Neben Tests und Beratung bezüglich der Abspaltung und Lagerung von CO_2 wird in Mongstad auch die Weiterverwendung des abgespaltenen

CO_2 untersucht: Das Unternehmen CO_2Bio beispielsweise hat ein Pilotprojekt zur Nutzung des eingefangenen Kohlenstoffs in der Mikroalgenproduktion gestartet. Mongstad hat angekündigt, sich in den kommenden Jahren konsequent zu einem der führenden »grünen Industrieparks« Europas entwickeln zu wollen.[29]

Bei aller Euphorie muss sich in den nächsten Monaten und Jahren jedoch erst noch zeigen, ob die Kohlenstoffabscheidung als Technologie tatsächlich den Umweltanforderungen entsprechend funktioniert und sich als Geschäftsmodell etablieren lässt. Zweifel sind angeraten, zumal sich gerade auch in den Medien eine CCS-Blase zu bilden beginnt. In vielen Berichten entsteht der Eindruck, dass sich durch Kohlenstoffabscheidung CO_2-Emissionen in gigantischen Mengen einfach im Erdboden oder im Meeresuntergrund wegsperren ließen. Wäre das möglich – dieser Tenor schleicht sich in vielen Äußerungen ein – könnte man ja zu großen Teilen einfach mit der altfossilen Produktionslogik weitermachen und bräuchte die Industrie nicht auf den Kopf zu stellen. Tatsächlich ist es so, dass laut dem Potsdamer Institute for Advanced Sustainability Studies (IASS) nur lediglich 6 Prozent des anfallenden CO_2 für eine weitere Nutzung überhaupt infrage kommen.[30] Außerdem sind die Lagerungsmöglichkeiten für CO_2 noch nicht ansatzweise definiert und die Art der Lagerung eines flüchtigen Gases wie CO_2 stellt für viele Experten nach wie vor eine große technologische Hürde dar.

Natürlich wird nicht jeder neue Technologieansatz in der beginnenden postfossilen Ära erfolgreich sein. Dessen ungeachtet florieren die grünen Arbeitsmärkte schon seit längerer Zeit. Selbst in den USA entstehen schon jetzt mehr Jobs in den regenerativen Industrien als bei Öl, Gas und Kohle. Einem funktionierenden Green New Deal muss es gelingen, die Innovationskraft neuer Technologien auch in Arbeitsplätze und bessere Arbeitsbedingungen umzusetzen. Volkswirtschaften, die bereit sind, alternative Arbeitsmodelle zu entwickeln, drängen Menschen nicht mehr in »Bullshit-Jobs« (52 Prozent der US-Fastfood-Arbeitskräfte befinden sich zusätzlich in Beschäftigungsmaßnahmen)[31] und bringen sie in den Genuss von gesellschaftlichem Reichtum an Qualitätszeit und Unabhängigkeit. Wir bekämpfen Populismus und Rechtsruck am wirksamsten, wenn wir in den kommenden Jahren neue Jobs schaffen, die grün und nachhaltig sind.

Weltweit verdienten im Jahr 2019 laut der International Renewable Energy Agency (IRENA) bereits 11,5 Millionen Frauen und Männer ihr Geld in den regenerativen Energien.[32] Gerade der internationale Solarboom schafft immer mehr Arbeitsplätze auch in den strukturschwachen ländlichen Räumen. Bereits seit Mitte der 2010er-Jahre sind in den USA zehnmal so viele Menschen in den regenerativen

Energien wie in den fossilen Energien beschäftigt. Inmitten des US-Schiefergas-booms arbeiteten laut der Analyse des Londoner University College 900.000 Menschen bei Öl, Gas und Kohle, während 9,5 Millionen Jobs in den Erneuerbaren gezählt wurden (4 Prozent der gesamten Arbeitsplätze USA-weit).[33] Die Experten der IRENA erwarten, dass der Siegeszug der Erneuerbaren weltweit weitergeht und damit die Zahl der Beschäftigten bis 2030 auf fast 24 Millionen ansteigen wird. Im gleichen Zeitraum werden der International Labour Organization zufolge im Erdöl- und Kohlesektor rund vier Millionen Arbeitsplätze verloren gehen. Und während die Jobs in den fossilen Energien nur auf bestimmte Regionen festgelegt waren, entstehen neue Arbeitsplätze durch die Erneuerbaren praktisch in allen Regionen. Beispiele aus Windkraft und Solar zeigen überdies, dass diese neuen Jobs gesünder sind, eine bessere Qualifikation erfordern, höhere Einkommen bringen und auch deutlich mehr Arbeitsplätze für Frauen liefern als die alten Energiebranchen.[34]

Schlüsseltechnologie Energiespeicher: die gleichen Fehler noch einmal?

Schauen wir noch auf ein weiteres für die Energiewende wichtiges Marktsegment. 2021 ist das Jahr, in dem erstmals mehr Investitionen in erneuerbare Energien als in Öl, Gas und Kohle fließen.[35] Die Transformation in eine postfossile Energiewelt wird schneller vonstatten gehen als von vielen bislang angenommen.[36] Es ist allgemein bekannt, dass sich der Übergang zu den erneuerbaren Energien nur dann vollenden lässt, wenn wir gezielt in die Zukunft der Energiespeicher investieren. Die technologischen Voraussetzungen sind längst vorhanden: Seit 2010 ist der Preis für Lithium-Ionen-Batterien weltweit um 85 Prozent gefallen und fällt weiter.[37] Im Jahr 2020 wuchsen die Investitionen in Energiespeicher um 138%, wie Mercom berechnet hat.[38]

Aber auch hier wiederholen sich noch einmal die Probleme, die bei Wind und Solar zu beobachten waren: Die meisten Regierungen, auch diejenigen, die wie die Bundesregierung bereits Erfolgsgeschichten mit den Erneuerbaren geschrieben haben, lassen es bislang an einer konsistenten Vision fehlen. Es gibt kaum Anzeichen dafür, dass ein Ökosystem entsteht, in dem die öffentliche Hand im Verbund mit den Unternehmen am letzten Baustein der Energiewende arbeitet. Die Politik wartet zu lange ab und wieder einmal bleibt es bei der Hoffnung, dass sich irgendwo

auf der Welt ein bahnbrechender technologischer Durchbruch ereignet, der endlich den Markt der Energiespeicher in Schwung bringt. Diese finale Disruption wird
nach aller Wahrscheinlichkeit jedoch nicht vom Himmel fallen, denn – das lehren
Erfahrungen mit erneuerbaren Energien seit den 1980ern – es braucht Entwick-
lungszeit für groß angelegte Technologieprojekte und »geduldiges Geld«. Dass der
Zukunftsmarkt der Energiespeicher immer wichtiger wird, lässt sich indes hieran ablesen: Viele Energieversorgungsunternehmen gehen bei Ausschreibungen im Bereich
der Installation erneuerbarer Energien bereits davon aus, dass die Angebote Speicher-
kapazitäten enthalten. NextEra Energy, der führende Projektentwickler auf dem Gebiet der erneuerbaren Energien in den USA, erklärte im März 2019, dass 40 Prozent
seiner 2018 unterzeichneten Verträge auch die Speicherung von Energie enthalten.[39]
    Länder und Regierungen müssen ihrer Innovationsführerschaft stärker gerecht
werden. Noch immer gibt es starke Vorbehalte gegenüber einer entschlossenen Inves-
titionshaltung zugunsten der Energiespeicher. Deshalb sollten vor allem die Regierungen hier in den nächsten Jahren in Vorlage gehen, da sie nach wie vor den Großteil des Energiegeschäftes verwalten. Subventionen fließen noch immer in die falsche
Richtung. Nach wie vor wird der Handlungsbedarf nicht erkannt. Die US-Regierung lobte im vergangenen Jahr Preisgelder für innovative Speichertechnologien in
Höhe von kümmerlichen 28 Millionen US-Dollar aus. Dagegen wurden 150 Millionen US-Dollar in Steuervergünstigungen für die Kohleindustrie gesteckt.[40] Und
nicht nur in den Vereinigten Staaten ist es so, dass Energiespeicher wenig Gelegenheit erhalten, in Netze eingespeist zu werden oder gar für Endverbraucher zugänglich gemacht zu werden. Die Gründe dafür: alte Gewohnheiten, alte Seilschaften. Es
wird Zeit, dass wir die alten Bärte der fossilen Energiewelt abschneiden, um in die so
dringend notwendige Energiezukunft durchstarten zu können. Bezahlbare Energiespeicher sind der nächste logische Schritt.

Künstliche Intelligenz verändert
schon jetzt die Spielregeln

Welche Rolle wird die künstliche Intelligenz (KI) bei der Entwicklung der postfossilen Energiewelt spielen? Der Historiker Yuval Harari hat seinen Bestseller *Homo
Deus* auf der Grundlage einer riskanten Vereinfachung geschrieben. Harari legt seiner Zukunftsprojektion die Annahme zugrunde, dass das finale Stadium der sogenannten starken künstlichen Intelligenz unmittelbar bevorstünde. Dadurch kann er

so aufregend über die angeblich bevorstehende Integration der Lebenswissenschaft in die Informationswissenschaft fabulieren. Einer genaueren Prüfung hält diese Annahme jedoch nicht stand. Künstliche Intelligenz wird auf absehbare Zeit eben keine selbstdenkenden Wesen in den Kampf gegen den Menschen schicken. Es ist durchaus legitim und hilfreich, über die Gefahren selbstlernender Systeme, der Roboterisierung und der Automatisierung für unsere menschliche Kultur nachzudenken. In den kommenden gut 30 Jahren wird sich die Frage der Machtübernahme durch künstliche neuronale Netzwerke jedoch definitiv nicht stellen. Wichtiger ist es, den aktuellen Status der KI zur Kenntnis zu nehmen und ihre Potenziale für den technologischen Fortschritt der kommenden Jahre zu analysieren.

Es zeichnet sich ab, dass künstliche Intelligenz eine wichtige Rolle auf allen Wertschöpfungsebenen bei zukünftigen Energieversorgungskonzepten spielen wird.[41] Dezentrale, KI-gestützte Agenten (zum Beispiel als Zusatzservice einer Smart-Meter-Infrastruktur) werden komplexe Handelsprozesse auf unterschiedlichen Energiemärkten künftig im Auftrag ihrer Besitzer übernehmen. Künstliche Intelligenz liefert wichtige Wetterdaten, die die Effizienz von Windparks deutlich erhöht. In einem Projekt mit mehreren Windparks (Gesamtkapazität 700 Megawatt) im US-Bundesstaat Oklahoma konnte der Produktionswert der Windparks durch präzisere Vorhersagen um 20 Prozent gesteigert werden.[42] Künstliche Intelligenz und Digitalisierung optimieren tatsächlich auf unterschiedlichsten Prozessebenen. In einem Modellprojekt der RTWH Aachen im schwäbischen Wertachau konnte die Netzeinspeisung erneuerbarer Energien mithilfe des KI-Programms »Smart Operator« durch optimiertes Lastmanagement um 35 Prozent erhöht werden. Über ihren Lebenszyklus hinweg können diese Anlagen daher einen höheren Mehrwert für das Energiesystem erbringen.[43] Auch die Vorstellung eines »intelligenten Windparks«, der seinen Betrieb weitestgehend autonom organisiert, ist keine Science-Fiction mehr. In einem vom Bundesministerium für Bildung und Forschung geförderten Projekt beschäftigen sich Wissenschaftler mit der Fragestellung, wie Wind- und Gasturbinen aus ihren eigenen Betriebsdaten lernen können. Ziel ist, dass sich Windparks in Zukunft selbstständig auf Umwelteinflüsse einstellen und sich dementsprechend anpassen.

Durch Vernetzung und kreative Datennutzung wird die Energieversorgung immer stärker auch dezentral möglich. Eine zentrale Koordination und Steuerung nach dem Top-Down-Prinzip ist infolge der regional verteilten, fluktuierenden Stromerzeugung einfach nicht mehr sinnvoll. Digitale Technologien ermöglichen die echtzeitbasierte Koordination zwischen den Akteuren. Und durch den digitalen Zusammenschluss vieler kleiner Stromerzeuger (virtuelle Kraftwerke) lassen sich die

Transaktionskosten deutlich senken und Skalennachteile gegenüber zentralen Systemen ausgleichen. Modularität, Verknüpfbarkeit, Sensorik und Echtzeitsteuerung schaffen völlig neue Möglichkeiten, das fluktuierende Stromangebot der erneuerbaren Energien digital zu bündeln. Oder wie es Gerd Rosenkranz von Agora formuliert: »Die Digitalisierung treibt die Energiewende und sie treibt sie weiter in Richtung Dezentralität.«[44]

Künstliche Intelligenz wird in der deutschen Energiewirtschaft aktuell auch als smartes Überwachungs- und Frühwarnsystem eingesetzt. Hierzu verknüpft beispielsweise der schleswig-holsteinische Verteilnetzbetreiber HanseWerk eine Vielzahl an Datenquellen wie Alter und Bauart der Leitungen, Instandhaltungsdaten, Wetterdaten oder Echtzeitinformationen zu aktuellen Lastflüssen. Nach Aussage des Unternehmens lasse sich so die Versorgungssicherheit einfacher gewährleisten und die Ausfallzeiten (gegenüber dem Bundesdurchschnitt) um 30 Prozent senken.[45] Die Firma Voith aus dem schwäbischen Heidenheim setzt Mikrofone ein, um aus Veränderungen in der Geräuschkulisse Rückschlüsse über den Zustand von Anlagen zu ziehen und mit dem »OnCare.Accoustice«-System Betreibern von Wasserkraftwerken entsprechende prädiktive Wartungsinformationen zur Verfügung zu stellen.

Doch auch wenn es Hoffnung gibt, den Stromverbrauch deutlich zu senken, der hohe Energiebedarf von KI-Prozessoren limitiert den Einsatz der Technologie nach wie vor erheblich. So benötigt nach derzeitigem Stand der Technik ein autonom fahrendes Auto rund 2500 Watt für die Rechenleistung – das sind 10 bis 20 Prozent des gesamten Fahrbetriebs. Und bei einem einzigen KI-gesteuerten Haushaltsroboter ist von einer Rechenleistung auszugehen, die 100- bis 1000-mal größer ist als der Rechenbedarf für den Deep-Mind-Computer,[46] der 2016 den südkoreanischen Go-Champion Lee Sedol besiegte (woraufhin sich Sedol vom Wettkampfsport verabschiedete).

Key Learnings

- **Ohne Werte und Visionen können wir Technologien nicht zielführend einsetzen:** Die transformative Kraft von Technologien war noch nie so stark wie in den vergangenen rund 20 Jahren. Doch ohne eine ausgearbeitete Vision davon, wie wir in Zukunft als Gesellschaft leben wollen und was unsere Werte sind, nach denen wir leben wollen, können wir die

Versprechen der Technologie nicht wirksam werden lassen. Die Entwicklung der sozialen Medien zu Plattformen des Hasses, der Überwachung und der Demokratiezerstörung sollten uns als warnendes Beispiel dienen. Das Silicon Valley wird die Welt nicht retten. Nur wenn wir wissen, welche Gesellschaft wir sein wollen und welchen Weg wir als Gemeinwesen gehen wollen, sind wir in der Lage, unsere Technologien auf progressive Weise einzusetzen.

- **Neue Technologien schaffen hochwertige Arbeitsplätze, soziale Sicherheit und machen den Wandel vermittelbar:** Wir brauchen selbstbewusste Regierungen, die – in enger Kooperation mit Unternehmen und Forschung – die nachhaltigen, regenerativen Technologien der Zukunft auf den Weg bringen. Märkte allein können diesen fundamentalen Wandel nicht aus eigener Kraft bewältigen. Doch die beschriebenen nachhaltigen Technologiemärkte schaffen hochwertige Arbeitsplätze. Und Arbeitsplätze garantieren soziale Sicherheit und Vertrauen. Werte, die im Laufe der kommenden Jahre noch wichtig werden, um den rasanten Wandel in allen Bevölkerungsschichten zu erklären. Hiermit berühren wir wieder eine konstitutive Eigenschaft des Green New Deal: seine transformative Funktion für Ökologie, Ökonomie und Gesellschaft.[47]

- **Innovationen brauchen Offenheit und Resilienz:** Die Entwicklung von technologischen Innovationen braucht mehr denn je das Prinzip der Resilienz: Robuste ökonomische und politische Rahmenbedingungen müssen dafür sorgen, dass der Innovationsdruck nicht betriebsblind macht. Viele Ansätze können scheitern, zu Beginn einer Entwicklung ist nicht immer klar, wie das Resultat tatsächlich aussieht. Deswegen sollten Innovationsbemühungen immer auch ein Scheitern mit einkalkulieren. Innovationsprojekte sollten immer ein offenes System sein mit – zumindest am Beginn – möglichst vielen Lösungswegen. Wie Mariana Mazzucato es formuliert: »(...) the ambition is to stimulate as many different ideas and routes to solutions as possible.«[48]

- **Nachhaltige Technologiewende ist ein umfassendes Konjunkturprogramm:** Die »zweite Elektrifizierung der Welt« (früher nannten wir es einmal Energiewende) ist kein Hirngespinst, sondern ein umsetzbarer Plan, dessen Grundlagen von Klima- und Energieexperten bestätigt werden. Auch hier gilt: Die Technologien sind fast zu 100 Prozent vorhanden; es ist eine Frage des politischen Willens, die »zweite Elektrifizierung« als ein umfassendes Konjunkturprogramm auf den Weg zu bringen. Viele Anstrengungen in der Biden-Administration legen den Schluss nahe, dass die Hebelwirkung dieser »Energiewende auf Speed« auf höchster Ebene verstanden worden ist. Gelingt das, kann der Transfer der Technologien und sozialen Innovationen des Green New Deal aus den OECD-Staaten in die ganze Welt beginnen. In den kommenden Wochen und Monaten wird sich zeigen, ob der Green New Deal als bürokratischer Popanz endet, an unseren polarisierten Gesellschaften scheitert – oder unser Leben verändert.

- **Technologiemissbrauch oder »Chemotherapie für die Erde«?** Technologien wie die CO_2-Sequestrierung und andere Methoden aus dem sogenannten Geoengineering stellen nach wie vor die große Unbekannte bei der Umsetzung des Green New Deals dar. Ihnen werden unkalkulierbare Risiken zugeschrieben, die zu katastrophalen Folgen für die Ökosysteme führen könnten. Die Vorbehalte spalten Expertengremien, in denen ansonsten Konsens darüber besteht, dass alle Möglichkeiten ausgeschöpft werden müssen, um eine weitere Erwärmung der Erde zu verhindern. Gleichzeitig ist der Einsatz von Instrumenten des Geoengineerings bereits in den Klimaprognosen einer seriösen Institution wie dem IPCC eingepreist. In nächster Zeit muss die Frage beantwortet werden, wie weit wir überhaupt bei der Kontrolle der Natur gehen können. In *Under A White Sky* hat sich Elizabeth Kolbert mit dem Geoengineering beschäftigt. Sie hebt hervor, dass grundlegende Eingriffe von Technologien in die Ökosysteme mehr oder weniger seit 10.000 Jahren stattfinden. Insofern reden wir bei Geoengineering von einem Kontrollversuch gegenüber der Natur, dem längst viele Kontrollversuche vorausgegangen sind. Geoengineering könnte sich so gesehen als eine alternativlose »Chemotherapie der Erde« aufdrängen.[49] Die Entscheidung darüber muss im politischen Raum und in Hinblick auf die Lebensbedingungen gegenwärtiger und künftiger Generationen gefällt werden.

KAPITEL 4

Wie werden wir uns in Zukunft informieren: Es reicht nicht, Fake News mit Fakten widerlegen zu wollen

Donald Trumps Fake-News-Kampagnen haben versucht, unser Realitäts-modell und eine vernunftgeleitete Ordnung zu zerstören. Sie konnten sich auf Leugnungspolitik stützen, die ausgerechnet viele Jahrzehnte früher mit der organisierten Leugnung des Klimawandels durch das Erdölkartell begann. Welche publizistischen Schritte müssen wir unternehmen, um aus diesem »epistemischen De-lirium« herauszukommen? Unterwegs in eine plurale und diverse Informationsgesell-schaft sind wir zu Beginn der 2010er-Jahre in den Fängen der Aufmerksamkeitsöko-nomie gelandet. Informationen dienen seitdem nicht mehr der Erklärung der Realität, sondern dienen als Vehikel für Demagogie, Ideologie und Hass. Mit Fakten alleine kom-men wir jedoch nicht gegen den Shitstorm der Social Media an. Wir müssen ein »me-diales Ökosystem der Verantwortung« entwickeln, dass sich nicht in »doom and gloom« zum Klimawandel ergeht, sondern neben Fakten auch Handlungsoptionen und Lösun-gen präsentiert.

Ich wünschte eine Nichtregierungsorganisation (NGO) hätte in den 70er-Jahren das Geld gehabt, um ein Schiff, ausgestattet mit einem CO_2-Monitoringsystem über die Weltmeere zu schicken, dass das Sichtbarwerden der Erderwärmung hätte be-obachten und als Untersuchungsmaterial Wissenschaft und Politik zur Verfügung

stellen können. Zum damaligen Zeitpunkt hätten wir den Klimawandel noch relativ leicht in den Griff bekommen können. Hätte es zum damaligen Zeitpunkt
eine schnelle Reaktion beispielsweise über eine CO_2-Besteuerung gegeben, hätten
wir den Klimawandel möglicherweise im Lauf von 30 Jahren in den Griff bekommen können.

Das Exxon-Schiff und der Beginn
der Klimaleugnung

Das war, wie wir wissen, nicht der Fall. Doch es gab dieses Schiff, und es wurde
von dem Mineralölgiganten Exxon, dem damals reichsten und mächtigsten Unternehmen der Welt, losgeschickt. Um die gut gehenden Geschäfte nicht zu gefährden, stattete der Konzern kurzerhand ein Forschungsschiff mit einem hochpräzisen
CO_2-Monitoringsystem aus, um der Sache richtig auf den Grund zu gehen. Die be-
sorgniserregenden Ergebnisse ihrer Forschungen erweisen sich als äußerst zuverlässig. Ihre Vorhersagen für den CO_2-Ausstoß bis in unsere unmittelbare Gegenwart
hinein stimmen auf erstaunliche Weise mit den tatsächlichen Werten überein. Der
Umweltaktivist und Schriftsteller Bill McKibben schildert, wie die Reaktion der Ex-
xon-Bosse ausfiel, als sie von der Klimaerwärmung erfuhren: Sie nickten, nahmen
die Fakten zur Kenntnis – und ordneten umgehend an, dass die Fördertürme der
Ölplattformen höher gebaut werden sollten, um den Meeresanstieg auszugleichen.[1]
    Das ist eine Geschichte mutwilliger Realitätsverleugnung. Es gibt verlässliche
Anzeichen dafür, dass das bewusste Verschweigen des Klimawandels durch den Ex-
xon-Konzern der Hauptauslöser für das Entstehen von Verschwörungstheorien seit
den 1970er-Jahren ist. Es ist nicht klar, ob eine NGO in den wohlstandstrunke-
nen 1970er- und 1980er-Jahren mit der alarmierenden Botschaft überhaupt zur Politik durchgedrungen wäre. Klar ist jedoch, dass die Erkenntnisse, die das Exxon-For-
schungsschiff lieferte, anschließend – und unter Aufwendung mehrerer Milliarden
US-Dollar in den kommenden Jahren – nicht veröffentlicht wurden.[2] Die fossile
Energieindustrie begann, ihre PR-Maschinen des Betrugs und der Leugnung zu starten. Die Weltklimapolitik hatte ihre erste Desinformationskampagne, noch bevor es
überhaupt eine richtige Klimapolitik gab. Das unternehmensstrategisch wichtige Verschweigen von Exxon kann als der erste Versuch von Klimaleugnung angesehen werden, auf den in den kommenden Jahrzehnten noch unzählige folgen sollten, nicht nur
von Exxon, nicht nur aus der Erdölindustrie und nicht nur von Unternehmensseite.

Ein ideologiefester Wirtschaftsliberaler würde dem vielleicht entgegenhalten: »Nun, das ist nun einmal unser Lebensstil, so haben wir unser Leben gelebt, jetzt werden wir mit diesem Lebensstil auch das Zeitliche segnen.« Damit sind wir bei der »Klimapolitik« angelangt, wie sie in den letzten Jahren von Rechtspopulisten zwischen Washington, Moskau und Brasilia und auch von der bundesdeutschen AfD betrieben wird. Über die tödlichen Konsequenzen für unsere Kinder und die Biodiversität wird in ihren Kreisen beredt geschwiegen, denn mit dieser suizidalen Todestrieb-Politik sollen ja noch Wähler geködert werden, denen man vielleicht doch noch einmal die sentimentale Lügengeschichte, dass alles noch einmal so wie früher wird, verkaufen kann.

Die durch Milliarden US-Dollar nach wie vor bestens geschmierten PR-Maschinen der Klimaleugner funktionieren bis heute. Sie erstrecken sich mittlerweile auch auf viele andere Gebiete. Die Corona-Pandemie, Corsa-Leugnung und Impf-Skepsis sind zumindest ein indirekter Effekt der jahrzehntelangen Arbeit der Klimaleugner.

In diesem Kapitel geht es darum, zu erklären, wie Informationen und Wissen für den Green New Deal zur Verfügung gestellt werden müssen. Wir werden zunächst erläutern, wie durch Social Media und Donald Trumps Fake-News-Kampagnen versucht wurde, die Leugnung von Realitäten wie Corona und Klimawandel zu organisieren. Der postmoderne Zeitgeist der 1980er- und 1990er-Jahre lieferte für Klima- und Corona-Leugnung quasi das philosophische Drehbuch. Anschließend beleuchten wir die Frage, was wir auf dem Weg von der Informations- in die Aufmerksamkeitsökonomie der sozialen Medien verloren haben. Wie wir aus dem »epistemischen Delirium« herauskommen, thematisiert der folgende Abschnitt. Dass eine funktionstüchtige Öffentlichkeit für das 21. Jahrhundert eine mediale Verantwortungsethik braucht, erläutere ich im darauffolgenden Abschnitt. Wie wir progressive Kommunikationsstrategien für den Klimawandel an den Start bringen können, wird am Ende des Kapitels thematisiert.

Trump, postmodernes Denken und die Leugnung der Realität

»Der ideale Untertan totalitärer Herrschaft ist nicht der überzeugte Nazi oder engagierte Kommunist, sondern Menschen, für die der Unterschied zwischen Fakten und Fiktion, wahr und falsch, nicht länger existiert.«[3]

Hannah Arendt

Die Versprechen waren vollmundig, aber tatsächlich sind wir nie wirklich in der Wissensgesellschaft angekommen. Irgendwie sind wir mittendrin vom Weg abgekommen. Was hat uns vom eingeschlagenen Weg abgebracht? Exxon ist nicht der einzige Akteur, der Realitätsleugnung betreibt. In den sozialen Medien ist Realitätsleugnung sogar in den Rang eines Geschäftsmodells erhoben worden: Auf den Social-Media-Plattformen geht es nicht um Information, sondern um die Maximierung von Aufmerksamkeit. Und Aufmerksamkeit lässt sich am besten durch Provokation, Hass und Spaltung erzeugen. Donald Trump wusste das.

Laut einer US-Studie aus dem Herbst des vergangenen Jahres ist der ehemalige Präsident der Vereinigten Staaten von Amerika die weltweite Quelle Nummer eins, was die Verbreitung von Falschnachrichten zum Thema Covid-19 angeht. Forscher der Cornell University im Bundesstaat New York haben 38 Millionen englischsprachige Artikel über die Corona-Pandemie aus dem Zeitraum vom 1. Januar bis zum 26. Mai analysiert.[4] Sie fanden dabei rund 1,1 Millionen Beiträge – rund 3 Prozent – die Fehlinformationen enthalten. Elf größere Themen konnten in der »Infodemie«, wie die Forscher sie nennen, festgestellt werden, darunter etliche Verschwörungstheorien. In fast 38 Prozent der Falschmeldungen findet Donald Trump Erwähnung.

Die USA durchleben seit einigen Jahren eine tiefe »epistemische Krise«. Das heißt, dass ihr grundlegendes Realitätsmodell (das zugleich das Realitätsmodell der westlichen Welt und der zivilisierten Menschheit ist) von interessierter Seite unter Beschuss genommen wird. Das Realitätsmodell beruht auf den Annahmen, dass Vorgänge in der Wirklichkeit mit den Instrumenten der Wissenschaft, verbunden mit der Tradition der Aufklärung des 18. Jahrhunderts, auf rationale Weise erkannt werden können. Mit Donald Trump hat sich seit 2016 der wichtigste Mann der Welt gegen dieses Realitätsmodell verschworen. Trump tut das, wie wir gesehen haben, in Übereinstimmung mit dem großen und mächtigen Erdölgiganten Exxon.

Exxon verweigert sich seit den 1980er-Jahren der Realität, um sein Geschäftsmodell zu retten. Das Unternehmen hat seitdem Milliarden US-Dollar investiert, um von den schmutzigen Realitäten des Ölgeschäfts abzulenken. Doch auch in den sozialen Medien wird im Laufe der 2010er-Jahre das ach so unbezwingbare Universum des Wissens und der Information durch eine Aufmerksamkeitsökonomie attackiert, die sich ebenfalls nicht der Fakten- und Informationsvermittlung verpflichtet fühlt. Plattformen wie Google, Facebook und Twitter sind digitale Ökosysteme, denen es ausschließlich um die Kommerzialisierung von

Mediennutzungszeit geht. Die Fähigkeiten der Netzwerke, mithilfe von Algorithmen Realität auszublenden, Fakten zu relativieren und Empörung gegen die sogenannte *political correctness* zu schüren, macht sie zu Verbündeten des Lagers der Klimaleugner. Laut einer Studie der Brown University kommt jeder vierte Tweet zum Thema Klimawandel von Bots.[5] Auf dem YouTube-Videoportal, das zum Google-Imperium gehört, muss laut einer aktuellen Studie jedes zweite Video zum Klimawandel der Leugnerszene zugerechnet werden.[6]

Um dem Klimawandel begegnen zu können, brauchen wir verlässliches Wissen. Um Menschen stärker an der Demokratie und Entscheidungsprozessen beteiligen und für den Kampf gegen die Klimafolgen und die Zerstörung unserer Umwelt engagieren zu können, braucht es Daten, Fakten und vor allem überzeugende Kommunikationsstrategien. Der Kampf um die Nutzer (und vor allem ihre Daten) in den Social Media und die entstehende Ökonomie der Aufmerksamkeit hat uns einen toxischen Cocktail aus Desinformation und gegenseitigem Misstrauen hinterlassen. Auch so lassen sich Gesellschaften zerstören. Viel zu spät hat die Politik begriffen, dass ein monopolistischer Akteur wie Facebook nicht nur die ökonomische Basis »traditioneller« Medien gefährdet[7], sondern die gesellschaftliche Kommunikation auf niederes Affektniveau gehoben hat, was die sozialen Bindungskräfte in der Gesellschaft auf eine harte Probe stellt.

Auf unserem unaufhaltsamen Weg in die Informationsgesellschaft schien uns das Internet nur noch klüger und handlungssicherer zu machen. Wissen schickte sich an, zur neuen globalen Schlüsselressource aufzusteigen und stand im Internet praktisch jedermann zur Verfügung. »Was wir über unsere Gesellschaft, ja über die Welt, in der wir leben, wissen, wissen wir durch die Massenmedien«[8], davon konnte Mitte der 1990er-Jahre der Soziologe Niklas Luhmann noch mit einer gewissen Lässigkeit ausgehen. Luhmanns Medientheorie war sehr einflussreich zur damaligen Zeit. Es war die Hochzeit des radikalen Konstruktivismus und der Postmoderne. Realität ist in erster Linie eine Konstruktion, diese Formel trugen die Hipster der damaligen Zeit, mit Jean Baudrillards »Kool Killer«[9] in der Hosentasche und dem vernunftkritischen Ironie-Bekenntnis *anything goes* im Kopf, wie eine Monstranz vor sich her. Luhmann, der Erfinder der Systemtheorie, und der Poststrukturalist Jean Baudrillard, der mit zart sarkastischer Verzweiflung über die »Agonie des Realen« in den Zeichen und Bildern der amerikanischen Populärkultur nachdachte, kannten unsere sozialen Medien noch nicht. Alles, was wir über unsere Welt wissen, wird durch die Algorithmen der Social-Media-Plattformen sorgfältig geschreddert.

So wenig sich der nerdige Luhmann vorstellen konnte, dass man auch durch außermediale Erfahrungen klüger werden kann, so wenig hätte er sich ausmalen wollen, dass das Internet (gestartet mit der hohen Erwartung, demnächst als emanzipativ-demokratisches Medium schlechthin durchzustarten) eines Tages zum globalen Epizentrum von Desinformation und Gegenaufklärung werden würde. Durch den Siegeszug der sozialen Medien erscheint das Internet für den Austausch von Wissen über die Gesellschaft und unsere Welt vollkommen unbrauchbar geworden zu sein. Mehr noch, die Desinformationskampagnen, wie sie mit besonderer Heftigkeit auf Plattformen wie Twitter und Facebook, im Wahlkampf 2020 dann auch über die Messenger-Plattform Telegramm stattfanden, haben entscheidend dazu beigetragen, dass das Vertrauen in die Verlässlichkeit von Nachrichten, Fakten und Informationen verloren gegangen ist.

Luhmann hat das Internet nicht mehr kennengelernt, er ist 1998 gestorben. Aus heutiger Sicht wirkt seine Formulierung fast naiv, irgendwie zu glauben, dass Medien das Wissen der Welt transportieren. Baudrillards ironische Theorie der Agonie des Realen hat sich dagegen als in höchstem Maße visionär erwiesen. Man kann sie mehr oder weniger als das Playbook für die Präsidentschaft Donald Trumps hernehmen, deren Ziel es war, das Vertrauen der Menschen in Institutionen wie Medien, Parteien und staatliche Organisation zu erschüttern. So gesehen war Trumps Präsidentschaft selbst eine bitterböse Ironie. Er trat als Präsident an, um das demokratische System der USA zu zerstören – kulminierend in dem Aufruf zum Marsch auf das Kapitol am 6. Januar 2021.

Baudrillards Ausgangsbeobachtung, wonach sich die Zeichen im späten 20. Jahrhundert von den Dingen, die sie bezeichnen sollen, entfremdet haben und keine verlässlichen Botschaften mehr transportieren, könnte im Grunde auch der strategische Ausgangspunkt für Trumps politische Zerstörungskampagnen gewesen sein: Wenn sich die Realität nicht mehr in den Zeichen der Medien sinnvoll wiedergeben lässt, dann ist irgendwie alles *fake news*, und dann lassen sich die Tatsachen verdrehen, wie man es gerade braucht. Inwieweit das postmoderne Denken für Trumps Spindoctors und Berater tatsächlich eine Rolle spielte, können wir hier nicht entscheiden. Fest steht jedoch auch, dass Trump selbst als Person der Zeitgeschichte seine Kenntlichkeit als Hauptfigur der Reality-Show *The Apprentice* erworben hat. Insofern hat Trump selbst einen hohen Fiktionsanteil (er ist eine Ausgeburt der schrillen bis zynischen Aufmerksamkeitsökonomie des Privatfernsehens der 2000er-Jahre) und wurde von seinen »Fans« wohl auch deshalb als »der Typ aus dem Fernsehen« gewählt.

Willkürliche Zeichen, die auf keine Realität mehr verweisen, für Baudrillard war das vor allem in der Werbung zu beobachten, aber auch im US-Fernsehen der 1980er-Jahre. Eine entschwindende Realität, die sich scheinbar nicht mehr mit Zeichen, Begriffen und Informationen einholen lässt – das war gleichzeitig auch der Eindruck, den Donald Trump als US-Präsident durch seine *fake-news*- und Lügenkampagnen herstellen wollte. Warum tat er das? Trump ging es darum, bei den Bürgern für Desorientierung, Apathie und Misstrauen gegenüber den staatlichen Institutionen zu sorgen. Trump wollte das System, getragen von der »Washingtoner Elite«, zerstören. Wenn alles keine Bedeutung mehr hat und nur noch *fake* ist, dann gibt es keine Wirklichkeit und keine Wahrheit mehr, dann gibt schließlich auch das herrschende System der Eliten seinen Geist auf. Oder wie es Trumps Anwalt Rudi Guiliani 2018 formulierte: »Truth isn't truth.«[10] Aha!

Aber was ist real an der Medienfigur Donald Trump? Fakt oder Fiktion, eine kaum zu beantwortende Frage? Der Simulationsexperte Baudrillard jedenfalls lag auf geniale Weise richtig mit der Beschreibung einer von Wissen und Fakten befreiten Medienwelt, in der für viele wahr und falsch nicht mehr voneinander zu unterscheiden ist (hierin erkennen wir die Millionen Trumpisten wieder, die felsenfest an Trumps Wahllüge glauben). Das Ziel von Trumps Desinformationskampagnen (eine chaotische und sinnlose Realität) hat Baudrillard akademisch als Hyperrealität bezeichnet. Für den Rechtspopulismus diente diese Desinformationsstrategie dazu, harte Realitäten wie den Klimawandel zu leugnen. Und das Einzige, dem man noch trauen kann, sind die Ammenmärchen des großen Anführers.

Was hätte Baudrillard wohl dazu gesagt, dass eines Tages eine sinistre Medienpersönlichkeit als US-Präsident erscheint und die Baudrillardsche Simulationstheorie so kongenial in dystopische Weltpolitik übersetzt? In einem postfaktischen Zeitalter kann es logischerweise keinen Klimawandel und auch keine Pandemien geben. Millionen US-Amerikaner glauben an diese Realitätsverleugnung. Während Ende des vergangenen Jahres das Corona-Virus in South Dakota wütete, berichtete eine Krankenschwester mit Fassungslosigkeit, dass sterbende Patienten nicht akzeptieren wollten, dass sie an Covid-19 erkrankt waren. Präsident Trump hätte doch erklärt, dass das Virus irgendwann einfach verschwinden würde. Dug Burgum, Gouvernor im benachbarten North Dakota bestätigte gegenüber der *Washington Post* ähnliche Fälle von Realitätsverleugnung in seinem Bundesstaat.[11] Wir erinnern uns an Trumps vierjährige Realitätsverleugnungspraxis und haben die bizarren »Hygienedemonstrationen« der Corona-Leugner und die auf das Washingtoner Kapitol zustürmende Horde der Trumpisten vor Augen. Sie erzählen eine verhängnisvolle

kontrafaktische Gegengeschichte, die in den USA um ein Haar die Demokratie zerstört hätte, Tausende von Corona-Toten zur Folge hatte und uns im Umgang mit
Klimawandel und Artensterben nahezu handlungsunfähig gemacht hat.

»Tatsachen brauchen eine Kultur. Tatsachen bleiben nur so lange unzweifelhaft,
wie es eine gemeinsame Kultur gibt«[12], erklärt Bruno Latour. Genau darum ging es
Trump: Mit seinen Lügenkampagnen und der permanenten Kritik an den Fake-
News-Medien wollte er im Grunde das Betriebssystem und die Vertrauensbasis einer gesamten Gesellschaft zerstören. Wenn die Bürger an nichts mehr glauben, kein
Vertrauen in die Institutionen mehr vorhanden ist, beginnt eine gemeinsame Vorstellung von Realität zu verschwinden. Dann lässt sich eine ganze Nation (und eigentlich die ganze Welt) stehlen und für egoistische Zwecke vereinnahmen. Latour
beschreibt Trumps Rückzug aus dem Pariser Klimaabkommen und seine protekti-
onistische Renationalisierungspolitik als den Versuch, für den amerikanischen Lebensstil – angesichts der Bedrohung des *american way of live* durch den Klimawandel – noch ein paar Jahre des Träumens zu ermöglichen, und genau dafür muss er
den Klimawandel leugnen: »Den Vereinigten Staaten boten sich zwei Optionen:
Sie konnten (…) endlich eine realistische Haltung annehmen und die ›freie Welt‹
bei ihrem Marsch weg vom Abgrund anführen. Oder sich in der Realitätsverweigerung verschanzen. Trumps Hintermänner haben beschlossen, Amerika noch ein
paar Jahre träumen zu lassen (…) «[13]

Es waren also nicht nur Donald Trumps erratisches Wesen oder mangelnde Bildung, die die Fake-News-Kampagnen auslösten. Der Zweifel an den Fakten wurde
zur Generallinie der Trump-Administration auf dem Weg, die Institutionen der
USA zu zerstören. Das »Bauchgefühl« wurde zur einzigen Maxime, alles andere
Wissen ist ein Wissen des Washingtoner Establishments. Trumps Entourage lernte
schnell dazu. In einem CNN-Interview entgegnete der republikanische Politiker
Newt Gingrich einem Journalisten: »The current view is that liberals have a whole
set of statistics that theoretically may be right, but it's not where human beings are…
I'll go with how people feel, and I'll let you go with the theoreticians.«[14]

Deutlicher kann man nicht bestätigen, dass die regierenden Republikaner 2016
bereit waren, Faktenorientierung, Sachhaltigkeitsprinzipien und das Wahrheitsmo-
dell der Aufklärung preiszugeben, um, koste es, was es wolle, die Aufmerksamkeit
der Bürger zu gewinnen. Es versteht sich von selbst, dass ein solcher destruktiver Populismus eine Auseinandersetzung mit dem Klimawandel, dem Artensterben, dem
Bau eines neuen Energiesystems und einer nachhaltigen Weltwirtschaftsordnung
vollkommen unmöglich macht.

Google, Facebook, Amazon:
Die Herrscher über die Aufmerksamkeits-Ökonomie
Top-5-Unternehmen nach geschätztem Anteil der US-amerikanischen
digitalen Werbeeinnahmen*

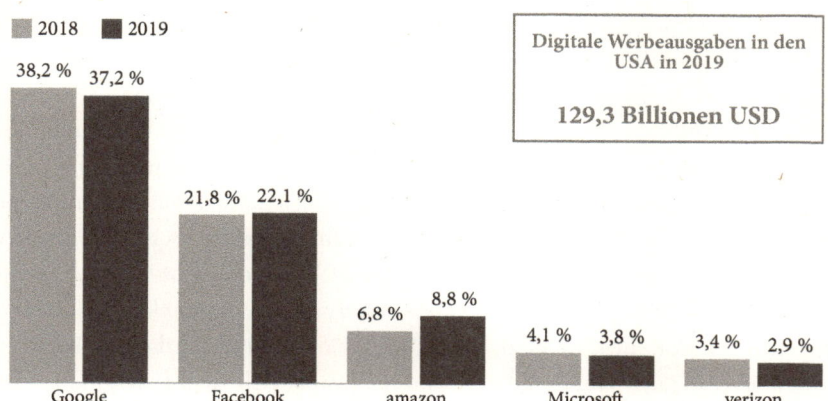

Digitale Werbeausgaben in den USA in 2019

129,3 Billionen USD

* umfasst alle Arten von Anzeigen, die auf PCs und Mobilgeräten erscheinen, inkl. Werbeeinnahmen aus allen Plattformen des jeweiligen Unternehmens (z.B. YouTube für Google oder Instagram für Facebook)
Quelle: Statista

Google, Facebook, Amazon: die Herrscher über die Aufmerksamkeitsökonomie

Wenn Wissen bedeutungslos wird

Die Aufmerksamkeitsökonomie, die eine Medienfigur wie Donald Trump hervorgebracht hat, setzte im Verlauf der 2010er-Jahre ihren Siegeszug noch auf einem anderen Gebiet fort. Wieder ging es um Wissen und Medien, dieses Mal um die sozialen Medien und ihr pikantes Verhältnis zu Realität, Wissen und der Bedeutung von Informationen.

Die 2010er-Jahre waren davon geprägt, dass wir die spektakulären Dimensionen der Globalisierung der Information genießen konnten: die *New York Times* auf Knopfdruck, jedes Spiel der amerikanischen Basketballliga NBA live oder re-live, US-Serien bis zum Abwinken. Die vergangene Dekade war eine Bonanza der frei flottierenden (wenn auch immer seltener kostenlosen) Inhalte. Jederzeit und innerhalb von Sekunden können wir uns über Ereignisse am anderen Ende der Welt informieren oder uns in Content-Schleifen einklinken, die uns hanebüchene Falschinformationen auftischen oder den nächsten Skandal enthüllen. *Anything goes* – was

seit Ende der 1990er-Jahre natürlich die Konkurrenz um die Aufmerksamkeit der
Nutzer zwischen den klassischen Medien und den neuen Plattformanbietern massiv verschärfte.

Und mit Facebook und Twitter setzte am Beginn der 2010er-Jahre der Siegeszug der Social-Media-Plattformen und der Aufmerksamkeitsökonomie ein. In der
Aufmerksamkeitsökonomie steht statt den Inhalten die Messbarkeit von medialen
Produkten im Vordergrund. Nur das, was Klicks und Quoten erzeugt, ist im Wettbewerb um Zuschauergunst und Werbegelder schließlich relevant. Was sich im Pri-
vatfernsehen der 1990er-Jahre abzeichnete, verstärkt sich noch durch den Digitalisie-
rungsschub der Medien, der sich mit Beginn des neuen Jahrtausends durch Internet
und Social Media vollzieht: Nur das, was für Aufmerksamkeit sorgt – der Skandal,
die Katastrophe, »große Gefühle« – sorgt in den Medienhäusern für Umsätze. Soziale
Medien sind so gesehen das perfekte Geschäftsmodell der Aufmerksamkeitsökonomie, weil der Nutzer zum Produkt wird. Wir zahlen nicht dafür, dass wir Facebook
nutzen können, aber unsere Aufmerksamkeitsleistung (Chatten, Posten, Empören)
wird in Form von Datenprofilen von den Plattformanbietern an die Werbekund-
schaft weiterverkauft. Wir selbst werden – ungefragt – zur Ware, zum Produkt.[15]

Was dabei verloren gegangen ist, ist die informationsgeleitete Verbindung zu unserer alltäglichen Lebenswelt. Bereits die Mainstreamisierung des Internets Ende der
1990er-Jahre ging einher mit einer tief greifenden Strukturkrise der klassischen In-
formationsmedien, zuvorderst der Printmedien, aber vor allem auch der lokalen und
regionalen Medien.

Bereits zu diesem Zeitpunkt vollzog sich ein drastischer Wandel in der Informati-
onsnutzung, der sich mittlerweile zu einem international großflächigen Zeitungsster-
ben ausgeweitet hat. Die ökonomischen Auswirkungen für Verlage und Journalisten
sind bekannt und haben sich in den USA mit am stärksten ausgewirkt.[16] Wichtiger
sind mir jedoch die Veränderungen in der Nutzungsweise von Informationen. Es vollzog sich ein schleichender Paradigmenwechsel: Statt Information wird jetzt Aufmerksamkeit verkauft. Twitter und Facebook sprechen ihre Nutzer auf der Affektebene an
und kommerzialisieren die Daten, die dabei entstehen.[17] Das sollte erhebliche Konsequenzen für die Wirklichkeitswahrnehmung und das Weltgefühl der Menschen haben. Offensichtlich plante nicht nur Donald Trump den Ausstieg aus der Realität, in
den sozialen Medien zeichnete sich Ende der 2000er-Jahre Ähnliches ab.

Der Journalist und Podcaster Ezra Klein hat das für den US-amerikanischen Me-
dienmarkt beschrieben, es lässt sich aber auf alle Regionen der entwickelten Welt
übertragen. Kleins These lautet: In dem Maße, wie sich unsere Informationskultur

in eine Aufmerksamkeitsökonomie verwandelt, werden wir aus einem leidlich gut informierten Zeitalter in die Ära der unendlichen Wahl und des Überangebots katapultiert.[18] Die »Explosion der Wahlmöglichkeiten« (»explosion of choice«) durch das Internet, so Klein, hat zunächst dazu geführt, dass viele Verlage – beginnend am Anfang der 2000er-Jahre, als die Anzeigenumsätze dramatisch einbrachen und die Leser ins Internet abzuwandern begannen – unbemerkt den Status der Überparteilichkeit aufgaben.

Hatte es sich für sie bis dahin ausgezahlt, auf dem nationalen, regionalen oder lokalen Markt für grundsätzlich alle Akteure aus Wirtschaft, Politik und Gesellschaft mit redaktionellen Inhalten und Werbeplätzen zur Verfügung zu stehen, forderte das neue Supermedium Internet offenbar etwas anderes: Statt die Masse der Bevölkerung mit hinreichenden, relativ generalisierten Informationen zu versorgen, dreht sich das neue Geschäftsmodell der digitalen Ära darum, eine zugespitzte Leserschaft mit außergewöhnlichen Dingen zu bespielen – Social-Media-Plattformen wie Twitter und Facebook machen das seit Ende der 2000er-Jahre vor. Die globalen Weiten des Internets und die digitalen Möglichkeiten der Personalisierung von Information veränderten in diesem Zeitraum auch den Umgang unserer Gesellschaft mit Information, sie veränderten den Journalismus und sie veränderten die Rollen der Nutzer: Willkommen in der Aufmerksamkeitsökonomie!

Die Bedeutung von Inhalten wird seitdem anders definiert: von der interessierten Masse, die ein generalisiertes Informationsangebot mehr oder weniger zufrieden goutiert, hinein in die Aufmerksamkeitsökonomie, bei der es nicht mehr darum geht, dem Leser zu vermitteln, was wichtig ist, sondern ihm das zu geben, was ihm gefällt (und ihn tendenziell in seinen Überzeugungen und Vorurteilen bestätigt).

Hier kommen wir an einen entscheidenden Punkt: In der Aufmerksamkeitsökonomie der sozialen Medien gerät der wirtschaftliche Zwang, die formale Aufmerksamkeit der Nutzer (Mediennutzungszeit, aus der sich Daten extrahieren und verkaufen lassen) zu gewinnen, mit dem hehren Prinzip der Informationsvermittlung in einen offenbar unüberwindbaren Konflikt.

Wir würden Social Media nicht Social Media nennen, ließen sich darin die Inhalte, die ein Nutzer erzeugt oder kuratiert, nicht mit einer befreundeten Gruppe auf den Plattformen teilen. Doch es ist etwas grundsätzlich anderes, für einen allgemein interessierten Leser vor Ort zu schreiben, der regelmäßig im Supermarkt um die Ecke einkauft und Mitglied des Sportvereins ist, als für einen digital vernetzten, anonymen »User«, der die ihm zugespielten Inhalte dafür nutzt, sich mit ihnen in seiner »Blase« zu profilieren. Der Gebrauchswert von Informationen verändert sich dadurch deutlich: Von der relativ homogenen Menge der Leser verschiebt sich der Fokus hin zu den individualisierten, aber anonymen Zielgruppen. Und es ist diese Verschiebung, die das Geschäftsmodell von Facebook und Google definiert: Facebook und Google verdienen ihr Geld fast ausschließlich mit der Weiterverwertung der Nutzerdaten für Werbezwecke, was die beiden Big Techs längst zu Online-Werbemilliardären gemacht hat.[19]

Soziale Medien sind ohne unsere Timeline, unsere »verfreundete« Online-Community, nicht vorstellbar. Als arglose Nutzer der Plattformen blieb lange für uns, aber auch in der Forschung unterbelichtet, wie stark die Timeline, in die sich natürlich auch Trolle einschleichen können, unser Verhalten auf den Plattformen mit beeinflusst. Welchen Status haben in dieser Anordnung Informationen und das Wissen über die Welt? Wichtig ist, dass wir auf den Social-Media-Plattformen Inhalte kommunizieren, die häufig weder von einem »befreundeten« Nutzer erzeugt werden noch urheberrechtlich auf die Plattformbesitzer zurückgehen. Trotzdem sind Facebook und Twitter nach wie vor (wenngleich beide bei jungen Nutzern eine immer geringere Rolle spielen) die weltweit einflussreichsten Inhalte- und Debattier-Plattformen, die wir kennen. Kein internationales Nachrichtennetzwerk, keine globale Zeitungsmarke kann mit der Reichweite der Social-Media-Plattformen konkurrieren – obwohl von Twitter und Facebook nicht eine Zeile Text redaktionell selbst verantwortet wird.

Ezra Klein sieht hierin eine dramatische Verschiebung[20] in unserem Umgang mit Wissen: Informationen werden in den »Blasen« durch unsere Interaktionen zu Vehikeln für Identitäts- und »Gesinnungskonstrukte« gemacht. Während sich der klassische Zeitungsleser mithilfe von Medien über die Realität informiert, setzen wir uns, wenn wir auf Facebook ein Video oder einen Magazinartikel weiterleiten oder kommentieren, der Bewertung von Freund und Feind aus. Durch das Kommentieren und Weiterleiten von Informationen avancieren wir in den sozialen Medien – beäugt von Freund und Feind – mitunter zu Botschaftern von Weltbildern, zu Treuhändern von Überzeugungen, die für unsere gesamte Persönlichkeit und unsere Überzeugungen einzustehen scheinen. Was im alltäglichen Leben ebenfalls – relativ unbewusst – stattfindet, dass wir uns mit unserem Verhalten und unseren Haltungen Gruppen zuordnen, ist auch bei Facebook und Co der Fall.

Aufmerksamkeit, so hatten wir gesagt, heißt in den sozialen Medien, dass es einer Plattform gelingt, seine Nutzer, möglichst intensiv, und das heißt in der Regel möglichst emotionalisierend, zu binden. Hier kommen die Algorithmen ins Spiel. Sie spielen den Nutzern die von den Plattformanbietern nicht selbst verantworteten

Inhalte zu und sind so programmiert, dass sie Interaktionen maximal stimulieren sollen. Denn nur wenn intensive Interaktionen entstehen, kann die Plattform neue Nutzerdaten generieren und für Werbezwecke weiterverwenden.

Man muss kein Maschinenstürmer sein, um zu erkennen, dass dieser automatisierte Selektionsmechanismus maßgeblich zur Transformation unserer Öffentlichkeit in eine Krawall- und Hass-Öffentlichkeit beigetragen hat. Denn für Social Media gilt ebenso (und schon lange vor dem Sturm auf das Kapitol), was traditionell populistische Medien vor Jahrzehnten bereits begriffen haben: Nichts bringt eine Gruppe enger zusammen als ein gemeinsamer Feind. Und je mehr Konflikte und Polarisierung auf den gar nicht so sozialen Plattformen auflodert, umso mehr Persönlichkeitsdaten lassen sich abschöpfen. Informationen dienen nicht mehr dazu, die Welt zu verstehen (wozu uns die Medien ja eigentlich verhelfen sollen), sondern sind ausschließlich dazu da, um Gruppenzugehörigkeiten, Identitäten und Ausgrenzungsmechanismen zu schaffen. Ab jetzt gilt: »*If it outrages, it leads.*« Krawall ist der Treibstoff der Aufmerksamkeitsökonomie. Ab jetzt diktieren die überhitzten sozialen Medien die Nachrichtenagenda. Und der mächtigste Mann der Welt regiert über Twitter.

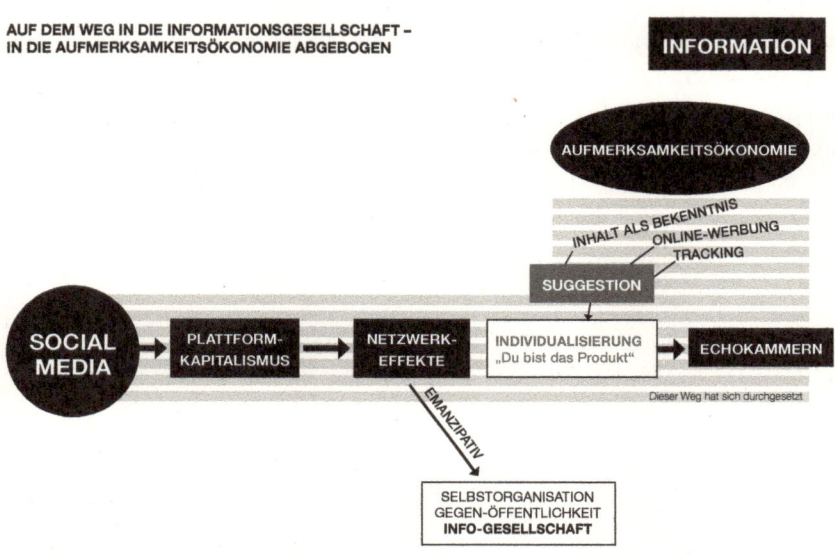

Auf dem Weg in die Informationsgesellschaft – in die Aufmerksamkeitsökonomie abgebogen
Quelle: ITZ 2021

Mit Blick auf die sozialpolitischen Gegebenheiten in den USA schreibt Ezra Klein diesem Identitäts- und Gruppeneffekt der Social-Media-Plattformen eine entscheidende Rolle bei der Polarisierung der US-Gesellschaft, kulminierend im Sturm auf das Washingtoner Kapitol am 06. Januar 2021, zu. Soziale Medien avancieren zu Polarisierungs- und Radikalisierungsmaschinen. Inhalte stellen nur noch aleatorische Anlässe dar, um Identitäten zu zementieren und die Zugehörigkeit zu einer Community zu beglaubigen: gut versus böse, Freund versus Feind. »The media has become tribal leaders (...). They are telling the tribe how to identify and behave, and we are following along.«[21]

Wir sehen, wie sich in der Social-Media-Welt die herkömmlichen Formen der Informationsvermittlung auflösen. An ihre Stelle tritt eine maschinelle Aufmerksamkeitsökonomie, in der es nicht um Inhalte, sondern um Empörung und Dissens geht. Aus dem Internet des herrschaftsfreien Wissensaustauschs ist ein Werkzeug für die Spaltung der Gesellschaft geworden. Oder wie es Jia Tolentino formuliert: Am Anfang lag dem Internet die Idee von Wahlverwandtschaft und Offenheit (»affinity and openness«[22]) zugrunde. Die Aufmerksamkeitsökonomie hat das Netz zu einem vergifteten Ort für Konflikt, Polarisierung und Dissens gemacht.

In der Netzgesellschaft, wie sie in der letzten Dekade von Social Media geprägt wurde, werden ebenso wie in den Fake-News-Kampagnen Trumps und der Rechtspopulisten Mechanismen erkennbar, die Tatsachen und vernünftiges Handeln unterdrücken. Es war mir hier wichtig, einmal genauer zu analysieren, wie in den sozialen Medien Strategien der Affekt-Kommunikation bis hin zu Ausgrenzung, offene Aggression und Hetze bevorzugt werden, sodass die Auseinandersetzung mit den Realitäten der ökologischen Krise oder dem Skandalon der sozialen Ungleichheit praktisch unmöglich wird. Der Green Deal muss alternative Formen der Informationsvermittlung entwickeln.

Auswege aus dem »epistemischen Delirium«

Auch das gehört zu den Absurditäten der Situation, wie wir sie vor allem in den USA vorfinden. Seit Jahren füllen geharnischte Artikel amerikanische Tageszeitungen und Online-Seiten, welche von ehemaligen Tech-Investoren und Facebook-Gründern der ersten Stunde berichten, die vor dem Teufelszeug der sozialen Medien und der Smartphones warnen. Nannies werden zur »*phone police*« für die Zöglinge der Superreichen umgeschult, die teilweise selbst mit der Herstellung der Plattformen und Gadgets ihren

Wohlstand begründet haben.[23] Der Investor Chris Sacca, bekannt aus *Shark Tank*, dem amerikanischen Pendant zu *Die Höhle der Löwen*, schrieb am Tag des Sturms auf das Kapitol auf Twitter, adressiert an Jack Dorsey und Mark Zuckerberg: »You've got blood on your hands (…) For four years you've rationalized this terror. Inciting violent treason is not a free speech exercise.«[24] »Unsere Gesellschaft wird seit sechs Jahren in Hass und Verschwörungstheorien mariniert«[25], so formuliert es Tristan Harris, ehemaliger Google-Mitarbeiter und Gründer des »Center for Humane Technology«.

Die Aufmerksamkeitsökonomie erlebte im US-Wahlkampf des vergangenen Jahres ihren Offenbarungseid. Es zeigte sich, dass soziale Medien den gesellschaftlichen Diskurs derart aufheizen und polarisieren können, dass aus verbaler Rebellion ein Staatsstreich wurde. Unser Vertrauen in Informationen (und was Social Media daraus macht) droht vollständig zu kollabieren. »Information Wars« sind keine Science-Fiction, sondern Alltagsrealität in den sozialen Medien. Sobald sich auf der globalen Agenda etwas Relevantes ankündigt, beginnen die Desinformationsfarmen mit ihrer toxischen Produktion. Gleichzeitig sollten wir die Lügen- und Leugnungskampagnen aber auch nicht weiter dämonisieren. Trump und seine rechtsorientierten Freunde bis hin zur QAnon-Bewegung und anderen rassistischen Rechtsesoterikern haben historische Vorgänger nicht nur bei den Nationalsozialisten und den Stalinisten, sondern auch in den USA selbst.[26]

Aber wie finden wir aus diesem »epistemischen Delirium«[27] (Bruno Latour) wieder heraus? Ohne eine nach Vernunftmaßstäben zurechnungsfähige Öffentlichkeit sind die Demokratien im 21. Jahrhundert nicht überlebensfähig. Ohne demokratische Öffentlichkeit fehlt uns die Informations- und Diskussionsgrundlage für zukunftswichtige Entscheidungen. Deshalb ist die Suche nach Alternativen zu Facebook und Google nicht Ausdruck von Antiamerikanismus oder Kulturpessimismus – sie stellen eine notwendige Bedingung für die sozial-ökologische Transformation dar. Während Facebook und Google Daten generieren, um weitere Daten zu generieren, was laut der Harvard-Professorin Shoshana Zuboff zu einer »radikalen Indifferenz«[28] der kommerziellen Plattformen gegenüber Werten und moralischen Grundlagen unserer Gesellschaft geführt hat, brauchen wir Plattformen, auf denen Informationen nachvollziehbar zur Verfügung gestellt und genutzt werden können.

Als Reaktion auf den Siegeszug der sozialen Medien haben auch die etablierten Printmedien vom Boulevard (zum Beispiel Murdochs News Corporation in den USA., Axel Springer in Deutschland) im Laufe der 2010er-Jahren ihrem Informationsauftrag weiter abgeschworen und damit begonnen, digitale Empörungsgemeinschaften zu formen und aufeinander loszulassen. Und siehe da, es stellen sich Aufmerksamkeitseffekte ein, die die Sozialforschung schon länger kennt. Zum Beispiel, dass sich Wut, Entrüstung und Dissens einfacher organisieren lassen als Konsens und konstruktive Zusammenarbeit.

Wie finden wir wieder in die Spur zurück, dass Medien und Plattformen sich zu-allererst der Wahrheit verpflichtet fühlen und ihre Inhalte entlang von Logik und Faktizität präsentieren?

Auf Twitter lässt sich die Informationslage zum Klimawandel so beschreiben: Die Anzahl der dort veröffentlichten Links und Kurzkommentare ist gigantisch, während der Informationsfluss an sachgerechter Berichterstattung hochgradig zentralisiert ist und sich auf wenige NGOs, Blogger und Medien – darunter *Guardian*, *Washington Post* und *New York Times* (NYT) – beschränkt.[29] Eine Untersuchung der Performance des Klimawandels auf Twitter der Forscherin Ashley A. Anderson zeigt nun, dass der Klimawandel nicht aus den Experten-Communities herauskommt.[30]

Wir müssen die Strategien der Klimaleugner und -skeptiker beharrlich thematisieren und entlarven. Drei Punkte sind dabei besonders wichtig. Erstens: Stets die Herkunft und den Umgang der Klimaskeptiker mit Daten überprüfen, häufig finden sich hier schnell die ersten Unstimmigkeiten. Zweitens: Nachvollziehen, woher das Geld für Blogs oder Artikel kommt. Drittens: Offenlegen, welche wissenschaftlichen Referenzen und welche Qualitätssicherung ihren Aussagen zugrunde liegen. Wer das tut, deckt in der Regel schnell die Täuschungsversuche der Pseudo-Experten auf.[31]

Fakten und Informationen sind existenziell wichtig. Wir müssen uns an Fakten orientieren, um mit der Pandemie und um mit dem Klimawandel umgehen zu können. Alles andere ist barer Unsinn. Orientierung an Fakten bedeutet jedoch nicht, dass Wissenschaftler immer schon alles wissen können. Ganz im Gegenteil: Nur wenn wir uns klar machen, dass auch die Forschung nicht immer schon alles wissen kann, ist das System der Wissenschaft in der Lage, auf eine Realität zu reagieren, die sich permanent verändert. Folglich dürfen wir von der Wissenschaft keine zementierten Wahrheiten erwarten. Aber wir können erwarten, dass wissenschaftliche Erkenntnisse auf erlernbaren Kompetenzen aufbauen, in Abstimmung mit anderen Fachleuten geprüft werden und so verantwortungsbewusst Schlüsse aus der Faktenlage gezogen werden. In der Wissenschaft gibt es grundsätzlich keine zeitlosen Wahrheiten, es regiert das Prinzip von Sachlichkeit und Verantwortung.

Es darf auch nicht um eine vermeintliche journalistische Neutralität gehen. Ausgewogenheit darf nicht bedeuten, dass jede krude Weltsicht Berücksichtigung findet. Hassbotschaften, rassistische Aggression, Verschwörungstheorien sind keine Meinungen, sondern verbale Gewalt, die wissenschaftlich und publizistisch eingeordnet werden müssen. Es wird auch nicht ohne Beaufsichtigung und Regulierung gehen. Und anstatt wie Facebook und Google an Affekte und dumpfes Gruppenverhalten zu appellieren, müssen wir an gemeinwohlorientierte Plattformen arbeiten, die unsere Welt erklären und zustimmungsfähige Zukunftsentwürfe entstehen lassen.

Die sozialen Medien haben die fatale Wirkung von Fake-News-Kampagnen erst möglich gemacht. Technologieplattformen wie Facebook und Twitter sind keine politisch unschuldigen Akteure. Eine für das 21. Jahrhundert zeitgemäße Informationsinfrastruktur sollte im Unterschied dazu der öffentlich-rechtlichen Idee folgend aufgebaut werden. Solche Plattformen müssen selbstredend auch private Anbieter integrieren (und Medien wie Zeitungen und Zeitschriften mit offenen Armen begrüßen). Da mittlerweile ohnehin alle Medien an Multichannel-Programmen arbeiten, sollte die öffentlich-rechtliche Finanzierung vor allem auch junge Internetprojekte, Blogger und Podcaster fördern. Wie die journalistische Qualität solcher Plattformen sichergestellt werden kann, dafür liefert beispielsweise die Medienqualität Schweiz[32] Anhaltspunkte.

Wie könnte ein »mediales Ökosystem der Verantwortung« aussehen?

Wie könnte ein Mediensystem aussehen, das nicht in die Fallen von Faktenleugnung und demagogischer Wirklichkeitszersetzung tappt? Ich halte wenig davon, die Big-Tech-Plattformen zu zerschlagen. Wir müssen uns jedoch klarmachen, dass unsere Kommunikation in Ökosystemen stattfindet, die eine Vielfalt an subtilen Netzwerkeffekten produzieren, Überzeugungen radikalisieren und stereotype Weltbilder gegen Fakten abdichten.

Deswegen ist es in den kommenden Jahren so wichtig, auf die »Frames«, die unsichtbaren Rahmen hinzuweisen, die unsere Überzeugungen in den Ökosystemen radikalisieren und bei vielen Menschen zu Desorientierung und Fatalismus geführt haben.

Twitter ist nach wie vor ein Nischenmedium, was die tägliche Nutzung in der Durchschnittsbevölkerung angeht. Doch der US-Präsident hat über den Kurznachrichtendienst vier Jahre lang die Welt regiert. Das hat damit zu tun, dass sich Medien und Social Media zu einem digitalen Ökosystem ausgeweitet haben, das in Sekundenschnelle toxische Botschaften an Milliarden Menschen zu verbreiten in der Lage ist. Bei Trumps Äußerungen erfolgte dies mit großer Zuverlässigkeit etwa über

Fox News, rechtsradikale Plattformen wie Breitbart, OANN, Newsmax, aber auch mithilfe unseres eigenen empörten Twitter-Selbst.

Solche Info-Tsunamis lassen sich nicht durch simples Fact-Checking aufhalten. Wir müssen besser verstehen, was in diesen toxischen Systemen des Hasses und der Realitätsverweigerung passiert. Nur so kann es gelingen, die grassierende Pandemie der Desinformation zu überwinden. Fakten allein reichen dafür nicht aus. Das haben wir alle selbst schon einmal in der Auseinandersetzung mit Hygienedemonstranten und Klimaleugnern erlebt. Ihnen die faktische Wahrheit ins Gesicht zu schleudern, bringt uns in der Regel keinen Schritt weiter.

Woran liegt das? Ein wichtiger Grund ist, dass wir die sozialen Medien und alle anderen Medien, die wir für Hass und Desinformationskampagnen verantwortlich machen, zu lange mit der Brille einer neoliberalen Vorstellung von Öffentlichkeit betrachtet haben. Diese Vorstellung entstammt dem fernen 18. Jahrhundert der Aufklärung und beruht auf zwei altehrwürdigen Überzeugungen:

Erstens: Blockieren wir eine Meinungsäußerung, die uns nicht passt, ist es nur eine Frage der Zeit, bis auch unsere eigene Meinung verboten wird und die Meinungsfreiheit komplett abgeschafft wird.

Zweitens: Es gibt einen egalitären »Marktplatz der Meinungen und Ideen«, auf dem vernunftbegabte Individuen diejenigen Ideen und Informationen austauschen und für die Gemeinschaft abwägen, bis die ersprießlichsten Ideen schließlich handlungsleitenden Charakter bekommen und für einen moralischen Fortschritt sorgen.

Beide Überzeugungen haben sich als grundlegend falsch herausgestellt. Wie ein Jahrzehnt Social Media uns unmissverständlich klar gemacht hat, gibt es keine unvoreingenommenen Medienmarktplätze und keine souveränen Nutzerindividuen. Plattformen wie Facebook und Twitter sind datenbasierte Ökosysteme, denen es nicht um Information und Wahrheit, sondern ausschließlich um die Kommerzialisierung von Aufmerksamkeit geht. Für die Beschreibung der Social-Media-Maschinen des 21. Jahrhunderts sind diese liberalen Vorstellungen von Öffentlichkeit (freie Marktplätze der Ideen und top medienkompetente Nutzer) aus dem 18. Jahrhundert realitätsfremd und unbrauchbar.

Facebook-Gründer Mark Zuckerberg wurde lange zugutegehalten, dass er sich mit seinem fragwürdigen Medienliberalismus (»*Bringing people together*«) dieser altehrwürdigen (US-)Tradition verbunden fühlt. Doch offensichtlich hat Zuckerbergs Laissez-faire-Haltung zu solch fatalen Entwicklungen wie der Vertreibung der Rohingya[33], nachweisbarer Wahlbeeinflussung, gesellschaftlicher Radikalisierung und Polarisierung, Fake News und Hasskommunikation beigetragen.

Vernunft und Verantwortung stellen sich offensichtlich nicht von selbst ein. Wir müssen begreifen, dass unsere Öffentlichkeit schon über einen langen Zeitraum in Ökosystemen stattfindet, die nicht von ethischen Werthaltungen und der Rationalität ihrer Akteure geprägt sind. Zuckerberg ist das egal. Er redet nicht über Werte. Und seine perfide Rechnung geht nach wie vor auf: maximale Freiheit der Äußerung (bis vor Kurzem wurden auf Facebook nicht einmal Holocaust-Leugner gestoppt) bei maximalem Profit.

Wir haben 2021 die Chance, die digitale Unkultur der Desinformation hinter uns zu lassen und (soziale) Medien als ein weltumspannendes »Ökosystem der Verantwortung« neu aufzubauen.

Was brauchen wir dafür?

1. *Rechtliche Leitplanken für Big Tech:* Für Medienplattformen müssen die gleichen Grundlagen gelten wie bei jedem anderen Unternehmen auch: Die Unzufriedenheit mit den Aufmerksamkeitsmaschinen von Big Tech zu artikulieren, das haben wir schon zu lange getan. Der Vorstoß der EU mit dem »Digital Service Act« weckt die Hoffnung[34], dass die toxischen Netzwerkeffekte der Plattformen endlich erkannt und ernst genommen werden. Big Tech dürfen keine Sonderrechte mehr zugestanden werden, keine Plattform ist inhaltlich »neutral«. Die Algorithmen, die Microtargeting erlauben, müssen für Experten offengelegt werden. Big Tech muss öffentliche Produkttests gestatten, wie Hersteller von Autoreifen und Kopfschmerztabletten auch.

2. *Ein geschärftes Bewusstsein für unsere eigenen Rollen im Ökosystem entwickeln:* Das Ökosystem der Desinformation zu demaskieren, heißt, unterschiedliche Akteure in ihren Rollen besser zu verstehen: Donald Trump spielt auf Twitter die Rolle des Demagogen und Chaosagenten mit klar destruktiver Absicht. Ihm folgt ein Millionenheer an Parteigängern, Trittbrettfahrern und Zynikern, ebenfalls in destruktiver Absicht. Doch zu der noch größeren Gruppe der alltäglichen Twitter-Nutzer mit überwiegend positivem Menschenbild gehört wer? Wir selbst. Auch wenn sich unsere Rolle von der Trumps deutlich unterscheidet, könnten wir mit der Dekonstruktion des Ökosystems des Hasses beginnen, indem wir Trumps Tweets nicht mehr unkommentiert weitergeben. Die wichtige Erkenntnis: Mediale Ökosysteme funktionieren so, dass ihre Demagogen ohne eine breite Basis an unkritischen Nutzern nicht überlebensfähig sind. Twitter-Trump ist beziehungsweise war groß, ist

beziehungsweise war gefährlich, doch ist beziehungsweise war er wohl auch derjenige Bewohner des medialen Ökosystems, der am stärksten von Netzwerkeffekten abhängig ist beziehungsweise war.

3. *Wir müssen ein präzises Verständnis von Plattformen als polarisierende Identitätsmaschinen entwickeln:* »Wir denken (meistens) nicht selbst«, so hat es Ezra Klein beschrieben.[35] Klein möchte mit dieser Formulierung darauf hinweisen, dass sich das mediale Ökosystem unserer Gegenwart (Social Media, klassische Medien und unsere eigenen Vorurteilsstrukturen), wie wir es täglich nutzen, zu einer manipulativen Identitätsmaschine ausgeformt hat, der es nicht um Informationsvermittlung, sondern um das Entfachen von Stammesfehden und Dissens geht. Deshalb reicht es nicht aus, Verschwörungsnarrative mit Fakten zu kontern. Wir lassen uns nicht kognitiv von diesem Ökosystem überzeugen, sondern folgen – gerade bei brisanten politischen Themen – tendenziell den »kollektiven Wahrheiten«, die im Einklang mit der Meinung unserer Community stehen. Bei der Nutzung von Social Media denken wir eher nicht autonom-kritisch, wir werden subtil als Herdentiere angesprochen und verhalten uns entsprechend. Medienforscher bezeichnen diesen medienpsychologischen Lemminge-Effekte auch das als »Identity-protective cognition«.[36]

Diese Maßnahmen und Erkenntnisse können einen Wendepunkt in der globalen Kommunikation markieren. Wir müssen uns bewusst machen: Die Aufmerksamkeit von Menschen zu erobern, ist ein komplett anderes Geschäftsmodell, als sie zu informieren.

Ein mediales »Ökosystem der Verantwortung« braucht a) kluge regulatorische Eingriffe, b) eine Medienpädagogik, die die Rollen in den Netzwerken beschreiben und die Verantwortung jedes Einzelnen erklären kann, und c) eine Publizistik, die nicht nur mit Faktenwut und Herablassung auf Realitätsverleugnung reagiert, sondern die Frames der Realitätsleugnung geduldig analysiert und bewusst macht.

Zweifellos brauchen wir hierfür neue Gesetze, alternative Geschäftsmodelle und auch eine bessere Medienpädagogik. All das wird sich nicht innerhalb eines Jahres bewerkstelligen lassen. Doch der uralte Entwurf einer Öffentlichkeit nach liberalistischen Grundsätzen ist seit dem Rechtspopulismus endgültig gegen die Wand gefahren. Aber ohne eine integrierende Öffentlichkeit mit verantwortungsbewussten Akteuren bleibt uns der Weg in eine bessere Zukunft versperrt.

Besser über die Klimakrise kommunizieren

Fake-News-Lawinen seitens der Klimaleugner haben dazu geführt, dass wir uns aktuell mit dem Klimadiskurs in einer gefährlichen Disbalance befinden. Drei Muster lasse sich hier unterscheiden: 1. Der Klimawandel wird (von Rechtspopulisten, Klimaleugnern) für nicht existent erklärt, was gefährlicher Unsinn ist. 2. Der Klimawandel wird in seiner Faktizität in Boulevardmedien und populären Formaten verharmlost und relativiert (was für die Kommunikation nicht weniger schädlich ist wie 1.). Oder aber er wird 3. besonders in den Bildern des Fernsehens als ein unaufhaltsamer Selbstauslöschungsmechanismus dargestellt, bei dem menschliches Handeln keine Rolle mehr spielt, was tendenziell ebenso schädlich ist wie 1.) und 2.).

Für jeden gesellschaftlichen Transformationsprozess ist es fatal, wenn eine sachhaltige Diskussion aus unterschiedlichen Gründen nicht möglich ist oder von den Akteuren aus Politik, Medien und Unternehmen vermieden wird. Was wir im Zuge des Green Deal brauchen, ist ein Zukunftsnarrativ, das nicht nur die drohenden Auswirkungen der Klimakrise abbildet, sondern auch die Rolle des Menschen und die Rolle der Gesellschaft darin beschreibt.

Wie kommen wir aus dieser kommunikativen Sackgasse – Klimaleugnung versus strukturelle Klimawandelrelativierung versus dystopischer Bilderrausch – heraus, bei der es um nicht weniger als um die Gestaltung unserer Zukunft geht?

Die folgenden sechs Trends sollten wir bei der Entwicklung besserer Kommunikationskonzepte beachten:

1. *Sogar über Seuchen wird positiver berichtet:* Medienforscher in den USA haben festgestellt, dass der Klimawandel – anders als die Berichterstattung über Seuchen, Epidemien und Naturkatastrophen – auffällig oft bei der Schilderung ausweisloser Situationen stehen bleibt.[37] Im Fernsehen sehen wir Häuser am Rande von Klippen, die abzustürzen drohen, fliegende Dächer, Tiere (Eisbären hoffnungslos auf winzigen Eisschollen treibend), die stummes Leid ausdrücken, oder indigene Bewohner, die als apathische Opfer dargestellt werden (während Klimaprofessoren im Off dozieren).

2. Die verheerenden Waldbrände im Amazonas und in Sibirien, mit Drohnen oder aus Helikoptern heraus gefilmt, zeigen den Klimawandel als apokalyptische Kettenreaktion, in die der Mensch nicht mehr einzugreifen

vermag. In den Nachrichtensendungen wird kaum über Hilfsmaßnahmen oder Reaktionen der Betroffenen berichtet, dafür fehlen Reporter vor Ort – und der Aktualitätsdruck tut ein Übriges. Auch die öffentlich-rechtlichen Sender ARD und ZDF scheinen sich entschlossen zu haben, die krassen Auswirkungen der Klimaveränderung und drohende, noch schlimmere Konsequenzen für die nächsten Jahre ungeschminkt ins Bild zu setzen. Medienexperten erläutern, dass genau an diesem Punkt immer mehr Zuschauer aussteigen: zu hoher Leidensdruck, Gefühle von Ohnmacht und Ausweglosigkeit.[38]

3. *Drei Faktoren, die eine zielführende Klimadebatte blockieren:* Bei dieser »Desaster-Kommunikation« tragen drei Eigentümlichkeiten des Klimadiskurses dazu bei, dass die gute Intention in ihr Gegenteil umschlägt. Erstens fühlt sich die Mehrzahl der Berichterstatter bei einem menschheitsbedrohenden Thema wie dem Klimawandel offenbar verpflichtet, die harten Fakten zu benennen und keine simplifizierenden Scheinlösungen anzubieten. Hinzu kommt, zweitens, die besondere Einstellung der Journalisten zum Klimawandel. Bereits in einer Studie aus dem Jahr 2014 äußerten zwei Drittel der befragten Journalisten, sie wollten mit ihrer Klimaberichterstattung vor allem auf die Notwendigkeit gesellschaftlicher und ökonomischer Reformen aufmerksam machen.[39] Ob mit harten Fakten oder mit ungeschminkten Bildern der stattfindenden Klimaveränderung – Journalisten möchten also in erster Linie wachrütteln, statt einfühlsam zu informieren.

4. Dem gesellt sich drittens, noch ein weiteres Problem hinzu: die Tatsache, dass die Klimaforschung seit Jahren massiv durch die Kampagnen der Klimaleugner unter Druck gesetzt wird.[40] Gerade in den sozialen Netzwerken hat das dazu geführt, dass Fake News zum Thema Klimawandel massenhaft Verbreitung finden und an Einfluss gewinnen. Forscher der University of California haben 100.000 Artikel zum Klimawandel analysiert, die zwischen den Jahren 2000 und 2016 verfasst wurden. Dabei zählten sie aus, wie oft die bekanntesten 386 Klimaleugner und die bekanntesten 386 Klimaforscher erwähnt wurden. Das Ergebnis: Selbst in renommierten Blättern wie der *New York Times* und dem *Guardian* werden die Klimaleugner deutlich häufiger zitiert als die Klimawissenschaftler.[41]

5. Das hat zu einem Lagerdenken geführt, wodurch viele Journalisten unter einen Bekenntniszwang geraten sind. In der eskalierten Situation der Klimakrise, so die Wahrnehmung vieler Journalisten, geht es nur noch um »entweder-oder«: Entweder man bekennt sich zur Realität des Klimawandels – oder man läuft Gefahr, als Klimaleugner geoutet zu werden (was für viele Freelancer gleichbedeutend mit dem Verlust von Aufträgen wäre). Auch deswegen fühlen sich viele Berichterstatter aufgefordert, die harte Wahrheit des Klimawandels zu transportieren, damit sie ja nicht in den Ruf geraten, zur Fraktion der Klimaleugner zu gehören.

6. *Einengung auf isolierte Fakten erhöht Leidensdruck*: Das zunehmende Abschalten der Menschen zeigt: Oft ist das Gegenteil von »gut« nicht »böse«, sondern »gut gemeint«. Der Klimawandel droht dadurch zu einem Tabuthema und einer diffusen, aber allgegenwärtigen Dauerbedrohung zu werden – und falsch verstandene Faktentreue und übergroße Loyalität gegenüber der Klimaforschung wird zu einer zusätzlichen, medialen Klimaleugnung (»Ich kann es nicht mehr sehen«). Dabei wäre es so wichtig, dass mehr Menschen ein waches Bewusstsein dafür entwickeln. Ich würde nicht ausschließen, dass die halbherzigen Reformschritte der GroKo beim Klimapaket in Teilen auf diesen medialen Klimaverdrängungs- und Ermüdungseffekt zurückgehen und konsequentere Reformschritte blockiert haben: den Bürger ja nicht noch mehr unter Leidensdruck setzen, ja nicht noch mehr überfordern, ja den sauer erarbeiteten Wohlstand nicht infrage stellen.

7. *Reallabore für einen verantwortungsvollen Klimadiskurs:* Statt nur die Folgen des Klimawandels zu dokumentieren oder in fiktionaler Form zu dramatisieren, sollte mit Empathie die Reaktionen der betroffenen Menschen vor Ort ins Bild gerückt werden. Damit wird nichts verharmlost und werden keine Fakten geleugnet – dadurch entsteht meines Erachtens erst ein realistisches Gesamtbild. Der Betrachter erkennt: Der Klimawandel ist da, und die Menschen versuchen, sich ihm anzupassen und Auswege zu finden. Das wiederum versetzt uns als Leser und Betrachter in die Lage, eigene Strategien zu entwickeln und sich selbst als Teil der Lösung zu entwerfen. Wir brauchen »klimastrategische Reallabore«[42], Testräume, in denen Bürger, Medien, Politik, Wissenschaft und Wirtschaft umsetzbare und lebenswerte Zukünfte in Zeiten des Klimawandels gemeinsam entwerfen.

8. *Von Finnland lernen, Desinformation trotzen, klimapolitisches Immunsystem aufbauen:* Wir müssen auf einen Klimadiskurs hinarbeiten, der die Menschen bei der Anpassung an den Klimawandel mitnimmt, keine Fakten verschweigt, aber auch keine Massenpanik schürt. Ein Blick nach Finnland auf die dort ergriffenen Sofortmaßnahmen gegen russische Fake-News-Kampagnen geben eine Idee davon, wie sich auch ein kommunikatives Immunsystem gegen Klimaleugner aufbauen lässt: Früh wurde in Finnland auf die Fake-News-Bedrohung mit einem nationalen »Critical-Thinking-Curriculum« reagiert.[43] Der Staatspräsident selbst startete die Initiative, bei der in der Schule die Strategien der »Trolle« erläutert werden.

9. Mit »Faktabaari« hat das Land eine eigene Faktencheck-Agentur ins Leben gerufen.[44] Fakten, die Schülern auf YouTube und in den sozialen Netzwerken begegnen, werden im Schulunterricht durchleuchtet, Clickbaiting und Emotionalisierungsstrategien werden durchschaubar gemacht. Finnland macht seiner Bevölkerung klar, dass es sich nur durch aktive Beteiligung der Bevölkerung gegenüber Fake News immunisieren kann. Ähnliche Kampagnen brauchen wir auch zum Thema Klimawandel.

10. *Mit Live-Demokratie gegen die Faktizität des Schreckens:* In fächerübergreifenden Expertennetzwerken sollte die Sachlage – und vor allem auch die sachverständige Kommunikation – der Klimakrise moderiert werden. Solche Gremien dürfen nicht als Unterausschüsse im Umweltministerium versteckt werden, sondern müssen sichtbar und ansprechbar sein. Interdisziplinäre Teams sollten einer Kommunikationsstrategie folgen, die nicht bei der Beschreibung der bedrohlichen Konsequenzen stehen bleibt, sondern zum Planen und Handeln ermutigt.

11. Voraussetzung einer solchen Nachhaltigkeitstaskforce muss es sein, dass der Klimawandel in seinen dramatischen Konsequenzen erkannt wird – aber genauso wichtig ist: Maßnahmen und Handlungsszenarien sowie ökonomisch-industrielle Best Practices müssen diskutiert und öffentlich wahrnehmbar werden. Als Vorbild können die »runden Tische« zur Wende 1989 oder die Schlichtung bei Stuttgart 21 dienen, eine der bislang letzten Sternstunden des öffentlich-rechtlichen Fernsehens.[45]

Wir wissen noch längst nicht alles über den Klimawandel. Und es wäre unseriös minutiös vorherzusagen, was in 50 oder 100 Jahren passiert. Wir brauchen vor allem eine weniger katastrophenverliebte Kommunikation. Denn fest steht: Gesellschaftliches Desengagement, das durch den Endzeitsound vieler Medien gefördert wird, können wir uns nicht leisten.

Key Learnings

- **Facebook und die Vergiftung des öffentlichen Diskurses:** Als Facebook seine fatalen Algorithmen in die Welt setzte, war für die meisten Beobachter nicht nachvollziehbar, dass damit die Axt an Demokratie und Gemeinwesen gelegt wird. Zum Börsengang 2011 hatte Facebook schlicht kein Geschäftsmodell. Dann entdeckte es mit dem Siegeszug des mobilen Internets die Möglichkeiten des personalisierten Trackings. In den Echokammern der sozialen Medien und mit den Appellen an niedere Instinkte wurden Öffentlichkeit und Gemeinsinn vergiftet. Trump, Rechtspopulismus und Hate Speech sind ohne Facebook nicht vorstellbar.

- **Wenn aus Informationsinteressen Identitäten und Bekenntniszwänge werden, ist gesellschaftliche Apathie die Folge:** Die sozialen Medien sind für diese Entwicklungen nicht alleine verantwortlich zu machen. Enttäuschungen und Orientierungsverluste im Zusammenhang mit der Weltwirtschaftskrise 2007/2008, Hassprediger im US-Radio, steigende Ungleichheit in nahezu allen OECD-Staaten haben den Algorithmen der Polarisierung den Weg bereitet. Das Ergebnis sind Verunsicherung, Glaubwürdigkeitskrisen und Apathie – Realität erscheint für viele Menschen komplett undurchschaubar. Viele Menschen resignieren gegenüber dem Tsunami an Desinformation, in den USA sprechen Forscher von »News Avoidance«.

- **Die Individualisierung von Schuld muss als Lobby-Strategie entlarvt werden:** Klimawandel und andere existenzielle Bedrohungen brauchen reflexive Kommunikation, eine Pädagogik, die ein Bewusstsein für die Tragweite des Problems schafft, gleichzeitig jedoch für jeden Einzelnen auch

Handlungsmöglichkeiten und Strategien der Bewältigung in Aussicht stellt. Wie Michael E. Mann gezeigt hat, kann sich auch hinter der Verlagerung der Klimathematik auf die individuelle Ebene der Konsumenten (Du musst die Welt verändern!) eine Strategie der Erdöl-Lobby verbergen, um von der Schuld der Mineralölkonzern abzulenken: »Das Konzept des ›persönlichen CO_2-Fußabdrucks‹ zum Beispiel wurde in den 2000er-Jahren in den USA vor allem vom Energiekonzern BP populär gemacht.«[46] Und weiter: »Die Produzenten fossiler Brennstoffe wollen nicht, dass wir auf ihren CO_2-Fußabdruck schauen, darum sollen wir auf unseren eigenen schauen.«[47]

- **Ein Comeback des Lokaljournalismus ist wünschenswert – gerade auch in Bezug auf den Klimawandel:** Lokalen Journalismus stärken (und neu erfinden). Der Untergang des Lokaljournalismus ist auch darauf zurückzuführen, dass das Internet von einer konsensuellen Berichterstattung abrückte und die zu Nutzern gewordenen Leser mit aufmerksamkeitsheischenden Meldungen aufschreckte. Seitdem sprechen wir von Clickbaiting. Dagegen wäre ein Journalismus stark zu machen, der Prozesse vor Ort (also beispielsweise auch die ersten Auswirkungen des Klimawandels vor Ort) erläutert. Das könnte in einem ersten Schritt den Schrecken von dem Bedrohungsszenario Klimawandel nehmen und zeigen, wie die Gesellschaft, die »Menschen vor Ort« mit den Veränderungen umgehen.

- **Ein »mediales Ökosystem der Verantwortung« muss die Schwächen des marktliberalen Öffentlichkeitsmodells korrigieren:** Das Gelingen des Green New Deals stützt sich unmittelbar auf ein »mediales Ökosystem der Verantwortung«, das aus den Verwerfungen der Aufmerksamkeitsökonomie die richtigen Schlussfolgerungen zieht. Auch hier haben marktliberale Konzepte versagt: Es gibt keinen freien Markt der Meinungen, der selbstregulativ Vernunft hervorbringt, und vernunftbegabte Bürger werden von den sozialen Medien, wie wir sie kennen, definitiv nicht hervorgebracht. Um zu den Mediensystemen der Verantwortung zu gelangen, sind drei Schritte unumgänglich: neue Regeln durch den Gesetzgeber, neue Geschäftsmodelle (klare Grenzen für die Aufmerksamkeitsökonomie) und die konsequente Implementierung von Medienkompetenz im Bildungssystem.[48]

KAPITEL 5

PeakCar oder die neue Freiheit der Fortbewegung

Das 20. Jahrhundert war das Jahrhundert der Automobilität. Pkw-Mobilität ist entscheidend dafür verantwortlich, dass die CO_2-Emissionen seit den 1990er-Jahren nicht geringer werden. Dabei haben wir PeakCar längst schon erreicht: Die teuren Spritschlucker bringen uns nicht mehr voran und stehen nutzlos im wertvollen städtischen Raum herum. Physisch-digitale Mobilitätsplattformen könnten unsere fortbewegungsbesessene Gesellschaft in den kommenden Jahren davon überzeugen, dass der Privatbesitz an Automobilität irrational und schlicht nicht mehr zeitgemäß ist. Insofern könnte sich auch die Aufregung um die Elektroautos als teures Intermezzo herausstellen. Ein Green New Deal der Mobilität muss mit der signifikanten Reduktion des Autoverkehrs beginnen. Ein besonders wertvolles Resultat des mobilen Strukturwandels: die Rückgewinnung des öffentlichen Raums für die Menschen.

»Kinder stellen im Werkunterricht Autos her, um endlich von der Politik beachtet zu werden«, damit (und einem entsprechenden Foto) meldeten sich kürzlich die Satiriker von *Extra 3* (Norddeutscher Rundfunk) zu Wort.[1] Wer in Deutschland Autos baut, sollte das heißen, kann sich sofortiger Aufmerksamkeit sicher sein und erhält Unterstützung von ganz oben. Die bittere Pointe: Wenn in Wolfsburg, Ingolstadt, Stuttgart oder München Pandemie-Panik ausbricht, ruft die Kanzlerin nur wenige Tage später zum nächsten Auto-Gipfel auf. Die digitale Ausstattung des Grundschulunterrichts kann dabei schon einmal in Vergessenheit geraten.

Weswegen das Elektroauto nicht die Lösung ist

Autos sind Deutschlands Schlüsselindustrie. Der private Pkw ist Mittelpunkt der Mobilitätskultur des 20. Jahrhunderts, durch Städtebau und Steuererleichterungen seit nunmehr fast 100 Jahren begünstigt. In der zweiten Hälfte des 20. Jahrhunderts galt die Pkw-Dichte als Indikator für Modernisierung und Wohlstand (hohe Nutzerzahlen im Öffentlichen Personen Nahverkehr, ÖPNV, demgegenüber als ein Zeichen von fehlender Kaufkraft).

Da ist man froh, wenn die Bundesumweltministerin Svenja Schulze (SPD) den rückwärtsgewandten Träumen einer unvergänglichen Autokultur (vielleicht mit anderem Treibstoff, nämlich Biofuels, im Tank) eine klare Absage erteilt: »Wahrscheinlich steckt dahinter die Vorstellung, der alte Motor läuft weiter, aber nur mit anderem, synthetischem Kraftstoff. (…) Synthetische Kraftstoffe lassen sich zwar aus Ökostrom herstellen. Aber sie brauchen fünf- bis siebenmal so viel davon wie ein direkter elektrischer Antrieb.« Schulz sehe hinsichtlich der Haltung der Union zum Thema Windkraft-Ausbau nicht, wo dieser Strom herkommen solle, der darüber hinaus auch für Flugzeuge, Schiffsverkehr und Industrie gebraucht werde.[2] Wenigstens für die Bundesumweltministerin »ist der Drops Verbrennungsmotor gelutscht«.

Seit mehr als zehn Jahren gehört es zum wissenschaftlichen Konsens, dass die Verbrennungsmotorentechnologie für die Welt des 21. Jahrhunderts nicht mehr zumutbar ist. Autos, die mit Diesel und Benzin angetrieben werden, sowie Nutzfahrzeuge und Busse emittieren mehr als 70 Prozent des Kohlendioxids im weltweiten Straßenverkehr.[3] Was es uns so schwer macht, uns von den Automobilen zu verabschieden, ist die liebgewonnene Gewohnheit der individuellen Fortbewegung und der von fossilen Lobbygruppen fleißig gepflegte Mythos, dass unsere Wirtschaft zusammenbricht, wenn wir keine spritschluckenden Pkws mehr produzieren.

Doch langsam macht sich Neulust breit. Selbst die kaum zu Euphorien neigende *Financial Times* hob im März die Kurssprünge der Volkswagen-Aktie hervor und titelte: »Volkswagen is the new Tesla.«[4] Vorher hatte VW-Chef Herbert Diess angekündigt, die Produktion von Hybrid- und Elektrofahrzeugen gegenüber dem Vorjahr verfünffachen zu wollen, während Tesla für 2021 nur von einem Zuwachs um 50 Prozent ausgeht. BMW verbannt die Verbrennungsmotoren aus seinem Münchner Stammwerk und baut es bis 2026 für 400 Millionen Euro um. Volkswagen möchte bereits 2025 Weltmarktführer in der Elektromobilität sein. Dafür plant der Konzern aktuell den Bau von sechs Batteriezellenfabriken in Europa. Daimler Benz rüstet sein Werk in Untertürkheim bis 2024 komplett auf Elektroantriebe um.

Jaguar (2025) und Volvo (2030) haben ihren Abschied von der Verbrennertechnologie bereits fixiert.[5]

Sucht man nach einer Erklärung für das zögerliche bis sprunghafte Verhalten der mächtigen Automobil-CEOs, hilft der einfache Verweis zur EU nach Brüssel. Dort wird gerade mit heißer Nadel an der Abgasnorm Euro 7 gestrickt, die im Jahr 2023 rechtskräftig wird. Darin muss die EU die deutlich erweiterten Anforderungen des europäischen Green New Deals für die Automobilindustrie umsetzen. Und in der Branche hat sich bereits herumgesprochen, dass die EU die CO_2-Reduktionsziele noch einmal erheblich anziehen wird.

Nicht zufällig könnte 2021 das Jahr werden, indem der Batterie-Boom (doch noch) in Europa ankommt. Bis vor Kurzem galt Teslas Innovationsvorsprung in der Batterietechnologie (und nicht nur dort) als praktisch uneinholbar. Nach wie vor ist Elon Musk, so die weitverbreitete Expertenmeinung, der asiatischen Batteriekonkurrenz um zwei bis drei Jahre und der europäischen Konkurrenz um mindestens fünf Jahre voraus. Und seit dem Pandemiejahr 2020 ist der E-Sportwagenbauer aus Kalifornien die wertvollste Automarke der Welt, obwohl Tesla nur auf einen Umsatz von 25 Milliarden US-Dollar kommt (Volkswagen: 253 Milliarden Euro).[6] Aufbruchsstimmung herrscht in der Elektromobilität offensichtlich nicht mehr nur wegen Tesla. Mittlerweile ist in Zahlen belegbar, dass im vergangenen Jahr im EU-Raum erstmals mehr Elektrofahrzeuge als Diesel-Pkws zugelassen wurden. Die wichtigsten und teuersten Komponenten der Elektrofahrzeuge, ihre Akkus, sinken fast stündlich im Preis. Mit dem Bau des Werks im brandenburgischen Grünheide kommt Teslas disruptive Batteriefertigung 2021 in Europa an – und wird mit der Entwicklung eines Superakkus (Reichweite bis zu 2000 Kilometer[7]) aus dem deutschen Fraunhofer Institut erstmals einen ernsthaften Innovationskonkurrenten bekommen.

Elon Musk ist ein aufmerksamer Beobachter gesellschaftlicher und technologischer Trendverschiebungen. Da war es für ihn nur konsequent, sich möglichst schnell in Deutschland anzusiedeln. Hierzulande und EU-weit beginnt der Markt der Energiespeicher anzuspringen. Was Tesla vor den Toren von Berlin baut, wird nach eigenen Angaben die weltgrößte Batteriezellenfabrik der Welt werden. Im märkischen Sand sollen Lithium-Ionen-Zellen mit einer Kapazität von 100 Gigawattstunden produziert werden. Damit lassen sich bis zu 1,6 Millionen Elektroautos pro Jahr bestücken. Bis 2029 könnten laut einer Analyse von Benchmark Mineral Intelligence in Europa Fertigungskapazitäten von über 300 Gigawattstunden entstehen.[8] In den Augen der Elektromotor-Fraktion ein wichtiger Meilenstein für

die mobile Zukunftswirtschaft in der EU. Was lange übersehen wurde: Elektromobilität lässt sich offenbar doch gewinnträchtig produzieren. Bei der Herstellung von
Batteriezellen machen die Lohnkosten nach Berechnung des Fraunhofer ISI nur 5
bis 10 Prozent der Gesamtkosten aus, 70 bis 80 Prozent entfallen auf Material- und
Anlagekosten.[9]

Die Frage, die sich indes aufdrängt: Was ist an einer Elektromotorenrevolu-
tion revolutionär, wenn wir lediglich den Antrieb unter der Motorhaube austauschen? Und: Ist es wirklich realistisch und klimastrategisch verantwortungsbewusst,
aus 66 Millionen Verbrennungsmotoren auf deutschen Straßen in den kommenden
zehn Jahren 66 Millionen Elektroautos zu machen?

Dafür bräuchten wir eine engmaschige Ladeinfrastruktur. Und hier wird es noch
einmal deutlich komplizierter. Den einen Anbieter und den einen Ladestandard
wird es auf absehbare Zeit wohl nicht geben. Aber eines lässt sich jedoch jetzt schon
sagen: Wer mit Hochdruck die Ladeinfrastruktur und -technik der Zukunft entwickelt, der kann sich darauf freuen, dass »Stromtankstellen« in den nächsten Jahren im privaten (Garage, Parkplatz) sowie im öffentlichen (Tankstellen 2.0) und
halböffentlichen Bereich (Unternehmen, Stadtwerke) installiert werden, damit die
Mobilitätswende endlich in die Gänge kommt. Einer Prognosestudie zufolge ist ein
beschleunigter Ausbau der öffentlichen Ladeinfrastruktur im Sinne der Mobilitätswende ein vordringliches Ziel.[10] Die Studie rät dazu, die Förderung zunächst auf
Regionen zu konzentrieren, in denen wegen der hohen Kaufkraft hohe Elektroau-
tozahlen zu erwarten sind und gleichzeitig wegen dichter Besiedlung (Mehrfamili-
enhäuser, Mietwohnungen) das Potenzial für private Ladestationen gering ist. Mindestens 100.000 öffentlich zugängliche Ladepunkte könnten deutschlandweit bis
zum Jahr 2030 in dicht besiedelten Wohngebieten entstehen.

Doch auch beim privaten Stromtanken könnte eine große Nachfrage entstehen. Stand 2018 konnten 92 Prozent der Elektrofahrzeugbesitzer in Deutschland
ihr Fahrzeug auf ihrem Grundstück parken. Die »Nationale Plattform Elektromobilität« (NPE) geht davon aus, dass die private Ladeinfrastruktur mit einem Anteil
von rund 85 Prozent der Ladevorgänge – in der frühen Phase – den zentralen Hebel für einen Markthochlauf der Elektromobilität darstellt.[11] Diese Zahlen illust-
rieren, wie wichtig die private Ladeinfrastruktur als Anreiz für die Anschaffung eines Elektrofahrzeugs ist. Doch bis ins Jahr 2030 werden je nach Szenario zwischen
0,6 und 1,1 Millionen potenzielle Stellplätze mit privater Ladeinfrastruktur fehlen,
das schätzen die Experten der Deutschen Energie-Agentur (dena).[12] Eine gesetzli-
che Verpflichtung zur Errichtung einer Mindestanzahl von Ladepunkten in privaten

und vor allem öffentlich zugänglichen Garagenkomplexen und Parkhäusern sowie auf (halb-)öffentlichen Parkplätzen scheint deshalb nicht ausgeschlossen. Ein weiterer wichtiger Grund dafür: Speziell in dicht besiedelten Regionen, wo viele Menschen in Häusern mit drei oder mehr Wohnungen leben, ist der Aufbau privater Ladepunkte unattraktiv oder baulich schlicht nicht möglich.

Klingt alles sehr mühsam, klingt nach vielen Baustellen und Versorgungslücken. Aber wenn es im Sinne der Umwelt geschieht und dem Klima hilft? Doch sieht so wirklich der Sprung in die Mobilität der Zukunft aus? »Die Autos, die Sie bauen, meine Herren, passen nicht in unsere Städte«, schleuderte Boris Palmer, der grüne Oberbürgermeister Tübingens, im September 2019 auf der Frankfurter IAA der versammelten Prominenz der deutschen Automobilbauer und -zulieferer entgegen. Für mickrige sechs Schnellladesäulen müssten seine Stadtwerke so starke Stromanschlüsse legen wie für 1000 Menschen. »Schmieren Sie sich das in die Haare«, kanzelte der baden-württembergische OB, dessen Gemeinde mitten im Herzen der deutschen Automobilindustrie liegt, die Automobil-Patrone ab. »Ich grabe nicht ganz Tübingen um, damit Sie Ihre Ladesäulen bekommen.«[13]

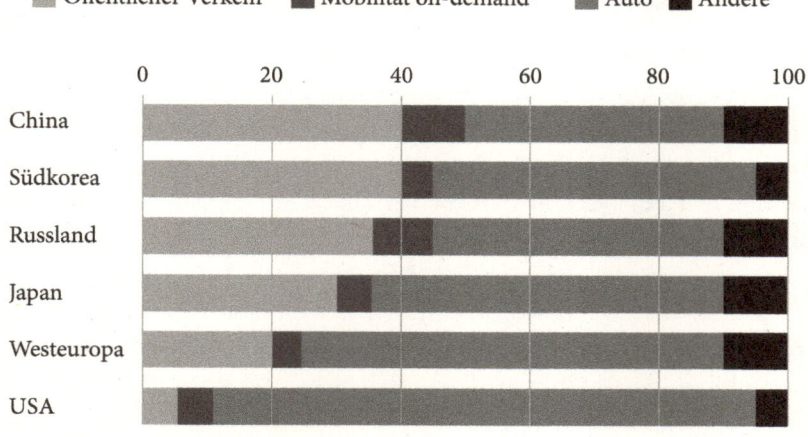

Asien weist den Weg in die autofreie Gesellschaft

Anteil der zurückgelegten Strecke, abgefragt 2019, in %

*Car-Sharing, Mitfahrgelegenheiten, Taxi, etc.
Quelle: Roland Berger

Asien weist den Weg in die autofreie Gesellschaft

Für eine Mobilitätswende, die ihren Namen verdient, müssen wir zuallererst die Nutzung von Pkws deutlich reduzieren. Was tritt dann wirklich an die Stelle der Diesel- und Benzinschlucker? Kann es sein, dass nicht nur der Verbrennungsmotor das Problem ist, sondern dass das Konzept der individuellen Automobilität an seine ökologischen Grenzen stößt und schlicht nicht mehr zeitgemäß ist? Elektromobilität, wie sie mittlerweile nach jahrzehntelangem Zögern auch Deutschlands Automobil-CEOs in Euphorie versetzt, könnte zu einem teuren Zwischenspiel der Mobilitätsgeschichte werden – das Faxgerät der 2020er-Jahre. Statt lediglich den Antrieb zu wechseln, sollten wir besser gleich auf den Besitz von teurer Automobilität verzichten. Es ist möglich.

App statt Auto? Wie die Befreiung vom Auto neue Freiheitsgrade schafft

Die Ära des Verbrennungsmotors geht zu Ende. Für das 21. Jahrhundert sollten wir nach intelligenteren und CO_2-neutralen Fortbewegungsmitteln Ausschau halten. Der Pkw, auch in seiner klimafreundlichen Variante als Elektroauto mit Anschaffungskosten, die momentan zwischen 30.000 Euro und 40.000 Euro liegen, gehört nicht dazu. Schauen wir einmal auf die Möglichkeiten, wie wir uns in den kommenden Jahren mithilfe von Mobilitätsapps und digital vernetzter Verkehrsinfrastrukturen (ÖPNV, Autos, Fahrräder und so weiter, zeitlich begrenzt nutzbar beziehungsweise leihbar) fortbewegen können, erkennen wir, dass die Freiheit der Fortbewegung nicht an den Kauf eines Automobils gebunden ist. Ganz im Gegenteil. Der Mobilitätsnutzer von morgen kann es sich in seinen physisch-digitalen Netzwerken auf vielen Strecken aussuchen, welches Verkehrsmittel er bevorzugt (Zugewinn an Flexibilität). Er wird von der Einfachheit der Reiseorganisation via Smartphone (Personalisierung, Eigenzeit) begeistert sein. Und er wird die übergangslose Beförderungsqualität schätzen (freie Fahrt für verantwortungsbewusste Bürger im 21. Jahrhundert), egal an welchem Flecken der Erde er sich gerade befindet.

Keine Frage, die neue Freiheit des Unterwegsseins, wie wir sie hier gerade beschworen haben, existiert in dieser Form noch nicht. Aber das sind alles keine bodenlosen Utopien mehr, sondern im Entstehen begriffene Konzepte – die alle von einer Zukunftswelt ohne den verkehrspolitischen Dinosaurier Automobil ausgehen oder zumindest von einem nachhaltigen Bedeutungsverlust des Pkws ausgehen. Das gerne angeführte Argument, diese mobilen Wolkenkuckucksheime könne man vielleicht in Kopenhagen oder kleinen Marktflecken auf die Beine stellen, zieht schon lange nicht mehr. In Tokio, der größten Stadt der Welt, wird für die Olympischen Spiele (wann immer sie stattfinden werden) gerade das U-Bahnnetz massiv ausgebaut. Vorrangiges Ziel dabei: so viele Autos wie möglich von der Straße zu bekommen. Die Mehrzahl der Tokioter pendelt mittlerweile auf Gleisen zur Arbeit. 60 Prozent der motorisierten Fahrzeuge, die sich heute noch über den Asphalt der japanischen Hauptstadt bewegen, transportieren keine Personen mehr, sondern ausschließlich Güter. Mehr als ein Fünftel der 20 Millionen Pendler in der japanischen Hauptstadt sind mit dem Fahrrad unterwegs, um zur nächsten Bahnstation zu gelangen – doppelt so viele wie in Berlin (einige Vororte Tokios erreichen sogar einen Wert von 30 Prozent). Automobilität, so könnte man meinen, spielt zukünftig, zumindest für den urbanen Lebensstil in der größten Stadt der Welt, keine Rolle mehr.[14]

Mit dem Autofahren verbinden viele Menschen nach wie vor große Sehnsuchtsvokabeln wie Freiheit, Individualität, Unabhängigkeit. Dabei stehen unsere Autos 95 Prozent der Zeit unbenutzt herum. Um im Verkehr endlich CO_2 reduzieren zu können, brauchen wir jedoch digitale Mobilitätsplattformen, die möglichst emissionsfreie Verkehrsmittel (Carsharing, Autovermietung, Robotaxis, Ridehailing, Bikesharing, E-Scooter) intelligent verknüpfen – und Pkw-Mobilität überflüssig machen.

Mobilitätsplattformen diktieren nicht unseren Weg in eine ökoautokratische Verbotskultur, sondern können das Tor zu einer den individuellen Bedürfnissen angepassten, nachhaltigen Mobilitätswelt aufstoßen.[15] Denn die Nutzer der Plattformen werden in ihren Alltagswünschen (entspannte Tür-zu-Tür-Mobilität) ernst genommen. Und die Städte und Kommunen können über die Plattformen den Fundamentalumbau ihrer Infrastrukturen starten. Klimagerechte Veränderung ohne Verzicht ist auf allen relevanten Sektoren (Ernährung, Wohnen, Mobilität, Konsum) schlicht nicht möglich. Wir brauchen für die Infrastrukturen unserer alltäglichen Verrichtungen neue Lösungen, bei denen Energie, Wärme und Mobilität zu niedrigen Preisen konsumiert werden können.

Deutschlands CO_2-Emissionen im Verkehr sind heute noch genauso hoch wie 1990. Und während der Anteil der erneuerbaren Energien am Strommix in Deutschland mittlerweile bei 45 Prozent liegt, werden im Verkehr gerade einmal 5,6 Prozent regenerative Energien verwendet.[16] Und das trotz jahrzehntelanger Klimadiskussion und der (späten) Einführung von Elektroautos. Im Verkehr produzieren wir ein Viertel des gesamten weltweiten CO_2-Ausstoßes. Mit dem Propagieren von Elektroautos alleine werden wir die CO_2-Belastung, die durch unsere Fortbewegung entsteht, nicht in den Griff bekommen. Vernetzungsplattformen können hierfür Lösungen liefern. Dafür müssen sie in globalem Maßstab Netzwerkeffekte und niedrige Grenzkosten erzielen. Es ist möglich und würde die Wertschöpfung obendrein weiter demokratisieren. Klar ist aber auch, dass damit die Skalierungseffekte der fossil-industriellen Ära bei Weitem nicht erreicht werden. Jeremy Rifkin hat das ausführlich in *Der globale Green New Deal* beschrieben.[17]

So könnten die emissionsfreien Mobilitätsplattformen der kommenden Jahre aussehen: Um die nachhaltige Mobilitätswelt von morgen zu organisieren, braucht es eine intelligente Schnittstelle zwischen Privatunternehmen und der öffentlichen Hand. Noch wichtiger ist es, dabei die Nutzer mit ihren individuellen Bedürfnissen einzubinden. Die Smartphone-Apps von gut organisierten Mobilitätsplattformen (endlich einmal ein taugliches Feature, das uns das Silicon Valley beschert hat) werden in den 2020er-Jahren genau das liefern.

Für Helsinki ist das dem Unternehmen MaaS Global mit der App Whim bereits ansatzweise gelungen. Das Angebot der Plattform ist breit: Vom »Pay-as-you-go« (der klassischen Planungs- und Buchungsfunktion inklusive Bezahlung) reicht es bis zu personalisierbaren Mobilitätspaketen. Unter anderem findet man dort »Whim Unlimited«, was die unbegrenzte Nutzung aller öffentlichen Verkehrsmittel in Helsinki einschließt, plus zeitlich und nach Entfernung eingeschränkter Nutzung von Taxen, »Whim-Carsharing« und Stadtfahrräder. Das System läuft so überzeugend, dass es mittlerweile auch in Amsterdam und Birmingham zum Einsatz kommt.

Drei Wertversprechen geben die Mobilitätsplattformen der Zukunft:

- *Klimadividende:* Die Plattformen werden global über das Internet gesteuert, die »klimagerechte Dividende« wird sich auf drei Ebenen niederschlagen: konsequente CO_2-Reduktion, mehr Arbeitsplätze in den Nachhaltigkeitsindustrien, disruptive Umgestaltung der Nutzungsweise unserer Städte.
- *Regionale Dividende:* Auf den Mobilitätsplattformen werden Vernetzungstechnologien und künstliche Intelligenz für die Menschen vor Ort eingesetzt. Sie sind kein Selbstzweck, sondern hochgradig klimarelevant. Die Stadt oder Kommune lädt eine Vielfalt an Mobilitätsanbietern auf die Plattformen ein, schafft damit lokale Wertschöpfung, hohes Verbesserungstempo durch Feedbacks in Realzeit und Arbeitsplätze vor Ort.
- *Freiheitsdividende:* In Kontrast zum klimaschädigendem Pkw-Individualverkehr stehen auf den Mobilitätsplattformen individuelle Nutzerbedürfnisse

noch stärker im Vordergrund. Der Verbraucher profitiert, weil er unter anderem davon befreit wird, ein Auto anzuschaffen, und hat mehr Geld in der Tasche (die zweitteuerste Anschaffung, die der Durchschnittsbürger in seinem Leben macht). Gesteigerte Lebensqualität beim Unterwegssein statt die teure Ego-Prothese Auto.

Für den Zugewinn an Lebensqualität durch Mobilitätsplattformen müssen wir in der Gesellschaft werben. Wie sehen die Geschäftsmodelle in einzelnen Regionen aus?

Natürlich fallen einem dabei sofort Uber und Lyft ein. Wie es sich abzeichnet, werden sie in den USA (mit etablierten Fahrzeugbauern im Schlepptau!) die mobilen Ökosysteme dominieren. Für Asien ist angesichts des bereits einsetzenden Plattform-Booms von ähnlichen Geschäftsmodellen auszugehen. Didi, Alibaba, Grab und neuerdings auch Toyota haben hier die besten Startbedingungen. Auch die deutschen Autobauer beweisen seit Jahren, dass sie Komplexität (das Gewirr von mehr als 200 Zulieferern in der Autoproduktion) organisieren können. Allerdings sind BMW und Daimler 2019 an einem ersten Pilotprojekt grandios gescheitert.[18]

In Europa könnten diese Plattformen eine neue Ära der Partnerschaft zwischen Staat und Wirtschaft, zwischen öffentlichem Sektor und Auto- beziehungsweise Mobilitätswirtschaft begründen. Städte und Kommunen werden diese neuen mobilen Ökosysteme unterstützen, wo sie nur können, gestatten sie es doch, endlich Feinstaub und CO_2-Emissionen in den Griff zu bekommen und das Stressphänomen der Dauerstaus aus der Stadt zu vertreiben. Möglich würde das durch eine neue Datensouveränität auf den digitalen Mobilitätsplattformen, die es erlaubt, Nutzer- und Fahrzeugdaten in Realzeit auszuwerten.

Von den beteiligten Softwareunternehmen wird dabei jedoch ein nicht unwesentlicher Mentalitätswandel und ein Wandel im Geschäftsgebaren verlangt: Sie würden – zumindest in Europa – keinen Exklusivzugriff auf Daten mehr erhalten. Ihre ungewohnte Aufgabe würde es sein, als neutraler Technologiedienstleister aufzutreten, aber die Daten den Verwaltungen zur Verfügung zu stellen. Naiv, eine Undenkbarkeit? Keinesfalls, Barcelona hat über seine weitestgehend selbst entwickelte Software Sentilo bereits ein solches Modell geschaffen.[19]

Und genau das wollen wir ja. Was Politik und Wirtschaft mittlerweile einstimmig fordern: Eigenständige europäische Digitalplattformen und Datensouveränität – bei einer solchen Revolution des Mobilitätssektors ist ein Vorstoß in diese Richtung möglich.

Früher oder später werden wir uns vom Auto verabschieden. Goldman Sachs prophezeit für das Jahr 2030 weltweite Umsätze im Carsharing von 58 Milliarden US-Dollar und beim Ridehailing (Mitfahrgelegenheiten, Robotaxis) von sage und schreibe 285 Milliarden US-Dollar.[20] Kein Wunder, dass längst auch ein Autovermieter wie Sixt für seine Zukunft auf eine solche Mobilitätsplattform setzt.[21] Wenn wir indes weiterhin Pkws durch Diesel und günstigen Parkraum subventionieren, wird uns der Wandel nicht gelingen.

Wir müssen unserem Fortbewegungsdrang das Autofahren abgewöhnen wie einem Alkoholiker das Trinken. Mit klug entwickelten Mobilitätsplattformen machen wir dem verwöhnten Wohlstandseuropäer – fern davon, ihn mit Verboten zu traktieren – die nächste Stufe multimobiler »Unterwegsqualität« zugänglich.

Mit der App statt dem eigenen Auto werden auch erste Konzepte für eine nachhaltige Mobilität im ländlichen Raum greifbar. Ungefähr seit Beginn der 2010er-Jahre ist in Europa ebenso wie in Nordamerika ein Trend zum Leben auf dem Land feststellbar. Das hat nicht zuletzt mit den absurd hohen Wohnungspreisen in den Großstädten zu tun. Da stellt das bezahlbare Leben außerhalb der Metropolen eine Alternative dar, zumal die Digitalisierung, Homeoffice, Ruhe und Naturnähe gerade für junge Familien so etwas wie eine neue Landlust versprechen. Wären da nur nicht die unattraktiven Busse und Fahrpläne des ÖPNV. Ein Zukunftsagent wie Architekturprofessor Philipp Oswalt sieht jedoch auch für den ländlichen Raum Chancen durch die digitale Vernetzung der Mobilität.[22] Oswalt möchte in kleinen Dörfern und Marktflecken sogenannte Mobilitätshubs bauen. Das sind im Grunde für das 21. Jahrhundert weiter gedachte Bushaltestellen, die nicht nur ein Dach über dem Kopf versprechen, sondern soziale Aufenthaltsorte, die auch Handel und Gewerbe anziehen sollen und als Paketstationen genutzt werden können.

Gerade für die Logistikbranche könnten die Mobilitätshubs eine wichtige Lösung liefern, da die Paketzustellung auf dem Land schon lange nicht mehr kostendeckend möglich ist und bereits Preisaufschläge für die Zustellung auf der letzten Meile auf dem Land diskutiert werden. An diesen Mobilitätsdrehkreuzen (Bahnhöfe für den Straßenverkehr) soll das soziale Leben in der Provinz wieder erwachen und die Busse und Robotaxis sollen zumindest im Stundentakt anhalten. Die Mobilitätshubs sollten jedoch nicht an jeder Milchkanne errichtet werden, sie sammeln Reisende »aus der Gegend« ein, die zu den Hubs durch (autonome) Ruftaxis (zwischen acht und zwölf Personen) gelangen. Mit schnellen »Plus-Bussen«, die stündlich wenige Haltepunkte anfahren, haben Regionen in Ostdeutschland bereits gute Erfahrungen gemacht.

WIE AUTOMOBILITÄT ÜBERFLÜSSIG WIRD

PEAK CAR

AUTONOMES FAHREN ALS TEIL DES ÖPNV	MOBILITÄTSHUBS	BAHN: EUROPÄISCHES HOCHGESCHWINDIG- KEITSNETZ	ZWEIRADBOOM
• CO₂-NEUTRALE MOBILITÄT	• WIEDERBELEBUNG DES LÄNDLICHEN RAUMS	• ERSATZ FÜR FLUGVERKEHR	• NACHHALTIG FÜR GESUNDHEIT UND UMWELT
• REVOLUTION DER STADTKULTUR	• CO₂-NEUTRAL	• STÄRKUNG ABGEHÄNGTER REGIONEN	• GEGEN LUFTVERSCHMUT- ZUNG IN DEN ZENTREN
• KEINE STAUS, KEINE UNFÄLLE	• GERINGERE MOBILITÄTSKOSTEN	• GERINGERE MOBILITÄTSKOSTEN	• PKW-ALTERNATIVE
• GERINGE MOBILITÄTSKOSTEN		• CO₂-NEUTRAL	• STIMULIERT LOKALEN KONSUM

Wie Automobilität überflüssig wird   *Quelle: ITZ 2021*

Im Rhein-Main-Gebiet verspricht das Ridesharing mit On-demand-Shuttles zu einem beliebten Fortbewegungsmittel zu werden. Laut Oswalt hat sich schon fast ein Viertel der Bevölkerung für das vernetzte Unterwegssein angemeldet.

Auch für den ländlichen Raum bieten sich also nachhaltige Mobilitätstrends, die darüber hinaus das soziale Leben unterstützen könnten. An alle Autofetischisten und Kreuzritter wider die »Mobile Correctness«: Gebt auf! Ihr kämpft gegen Windmühlen (eure Angst, den schützenden Innenraum des eigenen Autos zu verlassen). Wahre Individualität und Lebensqualität erlangen wir dann, wenn wir auf den Privatbesitz an Mobilität verzichten. Wirkliche Freiheit ist die Befreiung vom Auto.

PeakCar, autonomes Fahren und das Ende des Autobesitzes

Der Mobilitätsforscher Andreas Knie hat sehr anschaulich beschrieben, dass das Auto seit dem Anfang des 20. Jahrhunderts zum Kristallisationspunkt unserer Mobilitätsbedürfnisse gemacht wurde, da wir »seit Ende der Zwanzigerjahre in Deutschland (…) alles dafür getan haben, dass die Menschen ihr privates Auto bekommen. Angefangen bei der Stadt- und Infrastrukturplanung über das Verkehrsrecht bis hin zur Bauplanung.«[23] Das Auto war ein entscheidender Baustein bei der Installation der bürgerlichen Kleinfamilie als quasi-verpflichtendes Lebensmodell im industriellen 20. Jahrhundert. Zwei Kinder, das freistehende Eigenheim mit Garten in der Vorstadt, Wocheneinkauf auf der »grünen Wiese«, lange Mobilitätszeiten zur Arbeit und einmal im Jahr mit dem Auto in den Urlaub. Pkw-Mobilität als verpflichtender Lebensstil und Modernisierungsprogramm. Städte wurden infolge dessen so weitläufig geplant, dass man die Distanzen nur mit einem Auto überwinden konnte. »Autobahnen wurden gebaut, ohne dass die Bevölkerung anfangs Autos hatte. Die konnte sich kaum jemand leisten. Damit sich das ändert, hat man eine Steuergesetzgebung eingeführt, bei der die Rückerstattung höher war als die tatsächlichen Kosten für ein Auto.«[24] Knie beschreibt auch, dass durch die »Reichsgaragenverordnung« der Nazis ein Bauboom ausgelöst wurde, der das Automobil noch stärker im Alltag der Menschen verankerte: Wer einen Pkw anschaffen wollte, musste einen Stellplatz nachweisen. Als »Stellplatzverordnung« überdauerte das Gesetz die Nazizeit und prägt das bundesdeutsche Stadtbild bis zum heutigen Tage.

Mit dem Konzept der vernetzten Mobilität könnte der umbaute Raum ein völlig neues Gesicht bekommen. Die Ära des Autos ginge zu Ende: PeakCar. Viele Unternehmen aus unterschiedlichen Regionen und Branchen bereiten sich darauf vor. Baidu, der chinesische Suchmaschinendienstleister, leidet an der coronabedingten Schwäche des chinesischen Online-Werbemarktes und sucht nach dem *Next Big Thing*, um sich im Wettrennen mit Konkurrenten wie Tencent und Alibaba zukunftsfit zu machen. Dabei spielt das autonome Fahren eine zentrale Rolle. Der Suchmaschinen-Monopolist (Google ist in China verboten) baut gerade eine landesweite Flotte an autonomen Taxis auf. In drei chinesischen Großstädten sind die selbstfahrenden Vehikel bereits kostenlos unterwegs. Demnächst soll der Transportservice Geld kosten und dann nicht nur in China, sondern auch in Kalifornien Umsätze erzeugen, wo Baidu gerade eine Lizenz für den Testbetrieb seiner Fahrzeuge erhalten hat. Wenn ab 2035 in China nur noch Elektrofahrzeuge zugelassen werden dürfen, wird Baidu wahrscheinlich längst auch zu den Fahrzeugherstellern gehören. Eine Kooperation mit dem chinesischen Elektroautohersteller Geely wurde gerade beschlossen, der Startschuss für die Produktion soll in drei Jahren erfolgen.

Bosch, der weltgrößte Automobilzulieferer, liefert für die City of London schon heute Software und Hardware und beginnt an der Welt selbstfahrender, vernetzter Mobilität zu bauen. Bosch leidet stark unter dem Bedeutungsverlust des Dieselmotors. Die nächsten Milliardenumsätze werden eher aus intelligenten Mobilitätsprojekten für Megastädte wie Jakarta, Dubai oder Schanghai kommen, nicht aus den Kicks, die Verbrennungsmotoren für ein paar Jahre noch übermobilisierten Neo-Neandertalern auf unseren Straßen liefern. Und selbst der Autoexperte Ferdinand Dudenhöffer, der nicht im Verdacht steht, konspirativ gegen den Fortbestand der deutschen Autoindustrie zu arbeiten, fordert: »Je schneller, umso besser« – und zwar rein aus Sicherheitsgründen.[25] Dudenhöffer hat berechnet, dass fast zwei Drittel der Unfälle durch einen Autopiloten vermieden werden könnten. In einem optimistischeren Szenario wären es sogar 90 Prozent – sofern alle Autos auf den Straßen selbst steuerten.[26]

Nach wie vor ist Carsharing und die geteilte Nutzung anderer Fortbewegungsmittel kein gewinnbringendes Geschäftsmodell. Dafür rückt plötzlich jedoch das autonome Fahren in den Fokus der Automobilindustrie. Volkswagen hat im März 2021 mit der Ankündigung der Produktion des ID.Buzz in einer autonom fahrenden Variante auf sich aufmerksam gemacht. Der elektrisch angetriebene selbstfahrende VW-Bus soll ab 2025 ausgeliefert werden und, wie Volkswagen erklärte, Teil eines Ride-Hailing und Pooling-Konzeptes werden. Damit vollzieht VW den Einstieg ins autonome Fahren und in Beförderungssysteme, die die Grenzen zwischen privater und kollektiver Mobilität aufweichen. Woher kommt der plötzliche Sinneswandel? Es liegt nicht nur daran, dass neben Tesla mehrere Marken autonome Fahrzeuge ankündigen. In Deutschland hat der Gesetzgeber mit der Autonome-Fahrzeuge-Genehmigungs-und-Betriebs-Verordnung (AFGBV) einen Entwurf auf den Weg gebracht, der Autofahren ohne Fahrzeugführer endlich möglich macht.

Die Kommerzialisierung des autonomen Fahrens (ohne Fahrer, aber unter »technischer Aufsicht«) ist dadurch möglich. Autonom fahrende Robotaxis, die mehrere Personen auf Anfrage zu Bahnhöfen bringen und auch spätabends vor der eigenen Haustüre wieder abliefern, können damit in Betrieb genommen werden. Diese Dienste können jetzt im Grunde von Privatpersonen angeboten werden oder über andere Vereinbarungen zum Teil des ÖPNV werden. Der autonome Privat-Pkw als Teil eines individuell-kollektiven Transportsystems.

Vor Corona erlebte der ÖPNV in Deutschland einen erfreulichen Fahrgast-Boom.[27] Gerade die Menschen in den Ballungsräumen möchten etwas tun und verändern ihr Mobilitätsverhalten. Wenn die Leute wirklich umsteigen sollen, gibt es zwei effektive Mittel: das Autofahren teurer machen oder das Bahn- und Busfahren besser. Nur umsonst reicht nicht. Eine ökologisch-digitale Vorzeigestadt wie Tallinn hat es geschafft, in Zentrum und Altstadt den Autoverkehr zu minimieren – jedoch nicht nur durch den kostenlosen ÖPNV, sondern weil man innerstädtisch die Parkgebühren drastisch erhöhte. Doch dieses Problem könnte bald der Vergangenheit angehören. Und die Planungen in Estland gehen längst über die Hauptstadtgrenzen hinaus. Ab Juli werden die staatlich subventionierten überregionalen Buslinien ebenfalls kostenlos unterwegs sein. Für alle, auch für Besucher aus dem Ausland. Estland wird das erste Land der Welt mit kostenlosem öffentlichem Verkehr sein.

In Deutschland spielt der ÖPNV bei der Mobilitätswende bislang eine eher traurige Rolle. Von öffentlich-rechtlichen Robotaxis kann noch keine Rede sein. Bei der Entwicklung von mobilen Vernetzungswegen blockieren die Verantwortlichen einfache Lösungen und betreiben Vogel-Strauß-Politik. Trotz des erfreulichen Nutzeraufschwungs spielt der ÖPNV eine Statistenrolle und möchte dabei auch gerne bleiben. Lediglich rund 15 Prozent des Verkehrsmarktes in Deutschland wird vom ÖPNV abgedeckt. Öffentliche Mobilität befindet sich hierzulande offensichtlich noch tief im Mindset des 20. Jahrhunderts, beziehungsweise der Autogesellschaft und sieht ihre Funktion in der braven Ergänzung der Automobilität. Bei einer Anhörung im Bundestag zu Beginn des Jahres haben das die Verbandsträger noch einmal deutlich gemacht.[28] Dabei eröffnet die AFGBV die historische Chance, die Ära einer nachhaltigen Mobilitätswelt durch das Zurückdrängen privaten Automobilbesitzes zu begründen. Pooling- und Sharingdienste könnten den ÖPNV zum CO_2-neutralen Hauptverkehrsträger in der Stadt und auf dem Land machen. Angesichts dessen, was Schadstoffkonzentration in den Innenstädten und allgemeine CO_2-Belastung durch Verkehr als disruptive Herausforderung eigentlich an Lösungen von uns verlangen, ein naheliegender Schritt. Stadt und Kommunen würden dabei als Gehirn und Pioniere der Mobilitätswende auftreten.

Das wäre auch insofern von großer Bedeutung, als dass der Datenschatz der Mobilitätswende in den Händen von Stadt und Land bliebe. Autokonzerne wie Daimler und VW arbeiten längst an eigenen Betriebssystemen. Der Volkswagen-Konzern hat Software-Entwickler von Konzernmarken wie Audi, Porsche und VW in der neu gegründeten Car.Software.Org mit zuletzt rund 5000 Mitarbeitern zusammengezogen, die auch ein neues Auto-Betriebssystem namens VW.OS entwickeln. Bis zum Jahr 2025 soll die Zahl der weltweiten Mitarbeiter auf rund 10.000 steigen. Der VW-Konzern will den Anteil der selbst entwickelten Software in derselben Zeit von aktuell 10 auf 60 Prozent steigern.[29] Ein Private-Public-Partnership im Dienste der Mobilitätswende drängt sich mehr oder weniger auf.

Autofreie Städte und Innenstädte waren übrigens auch noch nie die Totengräber des stationären Handels. Ganz im Gegenteil. Laut einer Studie der European Cyclists' Federation (ECF) geben Autofahrer pro Einkauf zwar mehr aus. Dafür kommen Radfahrer häufiger in die Geschäfte und geben pro Woche insgesamt mehr Geld aus als Autofahrer. Und sie sind treuere Kunden, da sie ihre Einkäufe überwiegend lokal tätigen. Darüber hinaus unterschätzt der Handel der Studie zufolge den Anteil an Radfahrern unter den Kunden. Das automobile Über-Ich unserer Gesellschaft produziert erstaunliche Fehlwahrnehmungen: Laut ECF rechnet der Handel in Bristol beispielsweise mit 6 Prozent Radfahrern und 41 Prozent Autofahrern. In Wirklichkeit sind aber fast doppelt so viele Radfahrer unter den Kunden (10 Prozent) und nur gut die Hälfte an Autofahrern (22 Prozent).[30] In New York City wurde in den vergangenen Jahren eine Menge sichere Radwege gebaut. Das Resultat ließ sich schnell ablesen, der stationäre Handel wurde dadurch in kürzester Zeit angekurbelt: Geschäfte auf der 9th Avenue zwischen 21. und 23. Straße meldeten ein Umsatzwachstum von 49 Prozent (Zuwachs im gesamten Bezirk: drei Prozent).[31]

Hamburg hat das Szenario einer Stadt, in der autonomes Fahren möglich ist, schon einmal durchgespielt.[32] Durch das autonome Fahren bekommt die Stadt ein völlig neues Gesicht. Eine öffentliche Flotte autonomer Fahrzeuge, die jederzeit verfügbar und schnell an der Haustür sind, um jedermann preisgünstig an seinen Zielort, zum nächsten Bus oder zur Bahnstation zu bringen. »Hamburgs 800.000 Privatwagen parken eine Fläche zu, die Ottensen, St. Pauli, dem Stadtpark, der Binnen- und Außenalster zusammen entspricht«, sagt Hamburgs Grünen-Fraktionschef Anjes Tjarks.[33] Bei einer kompletten Umstellung auf autonomes Fahren könnte die Zahl der Autos in der Hansestadt auf ein Zehntel des heutigen Wertes sinken, der freiwerdende Parkraum könnte für den öffentlichen Nahverkehr, Fußgänger und Radfahrer genutzt werden.

Autonome Mobilität spielt in dieser mobilen Zukunft eine zentrale Rolle. Szenarien, wie sie unter anderem auch die Stanford-Forscher um Tony Seba entworfen haben, würden es mithilfe autonomer Mobilität (und solarbetriebenen Elektrofahrzeuge) gestatten, die Zahl der Pkws ab 2030 auf 30 Prozent des aktuellen Bestands zu reduzieren.[34] Und in einer Welt, die dann ohne Staus, ohne nervige Parkplatzsuche und ohne Zeitverluste auskäme, würde laut Seba-Studie der US-Bürger mit einer Billion US-Dollar (!) an zusätzlichem Einkommen belohnt – ein gigantisches Konjunkturprogramm, schlicht weil niemand mehr ein Auto zu kaufen bräuchte.

Autonomes Fahren wird unsere Welt aber nur dann verändern, wenn wir uns in Sachen Mobilität vom Privatbesitz verabschieden. Klar, dass die Autobauer das nicht gerne hören. Jahrelang beteuerten sie, dass sie am Thema autonomes Fahren »dran seien«. Keine Bemerkung jedoch dazu, dass damit das eigene Geschäftsmodell endgültig im Mülleimer der Geschichte landete und wir die Gelegenheit hätten, uns ein neues Mobilitätsmindset anzueignen. Nur wenn wir selbstfahrende Mobilität – etwa in Form von Robotaxis oder Kleinbussen, die Teil des ÖPNV sind – künftig als durchmischte, kollektive und individuelle Mobilität organisieren, wird daraus eine bahnbrechende Innovation, auf die wir eigentlich nicht verzichten können. Klar ist auch, dass sich in einem solchen Szenario die ungelöste Frage der CO_2-Emissionen im Verkehr (der einzige Sektor in Europa, der nach wie vor ansteigende Emissionen produziert) mit einem Schlag beantworten ließe.

Vielleicht werden wir irgendwann einmal Zahlen erhalten, die belegen, wie viel Arbeitsplätze die Automobilindustrie dadurch vernichtet, respektive verhindert hat, dass sie nichts tat und jahrelang in Schockstarre verharrte. Die »Nationale Plattform Mobilität« (NPM) hat errechnet, dass die neue Mobilitätswelt der multimodalen Plattformen mindestens genauso beschäftigungsintensiv ist wie die alte Autowelt.[35]

Aber möglicherweise sind es Paket- oder Lebensmittelbringdienste, die den Durchbruch des autonomen Fahrens bewirken. Lieferungen von selbstfahrenden Robotern werden seit einiger Zeit getestet und auch deutsche Unternehmen erkennen den Trend. Der deutsche Automobilzulieferer Continental hat bereits 2019 auf der Technikmesse CES ein integriertes Konzept für autonome Lieferungen bis zur Haustür vorgestellt. Daimler hat vor einiger Zeit ebenfalls ein Delivery-Konzept präsentiert: einen Elektrolieferwagen, der als Zustellfahrzeug und zugleich als fahrende Basisstation für fahrende und fliegende Lieferroboter dienen soll. Der schwäbische »Vision Van« wird jedoch nach wie vor von einem Menschen gesteuert, die Drohnen und Lieferroboter übernehmen lediglich die Zustellung.

Wie würden autonome Liefersysteme funktionieren? Wohngebietnahe Supermärkte oder Läden würden dabei als Shopping- und Logistikzentren zugleich dienen. Von dort aus werden die großen Warenlieferungen (die früheren Wochenendeinkäufe) mit den autonomen Bringdiensten vor die Haustüren der Verbraucher geschickt. Die Verbraucher hätten weiterhin die Wahl, in diese neuen Einkaufshubs zum Genusseinkauf aufzubrechen, bräuchten aber den Großeinkauf nicht mehr nach Hause zu schleppen.

Ein Trend im Handel kommt dieser Entwicklung entgegen: Gerade in den USA zeigt sich schon seit Jahren, dass die Kundenfrequenz in den traditionellen Shoppingmalls deutlich zurückgeht. Der klassische Wochenendeinkauf stirbt langsam, aber sicher aus, und nicht nur in den Vereinigten Staaten. Asiatische Länder sind nachgerade besessen von digitalen Serviceideen. Und asiatische Unternehmen versprechen sich bei den selbstfahrenden Zustellsystemen den ersten Platz in der autonomen Logistik der Zukunft (Transport von Menschen und Waren). E-Commerce-Giganten wie JD.com oder Alibaba suchen schon jetzt händeringend Lösungen, um gigantische Kundenmengen in den riesigen Millionenstädten und in unüberschaubar großen Wohnblocks zuverlässig zu beliefern. Momentan steht hier vor allem die autonome Zustellung über Packstationen im Vordergrund. Beide

Unternehmen experimentieren darüber hinaus seit Längerem schon mit autonomen Lkws und Drohnen, die demnächst auch in ländlichen Regionen zum Einsatz kommen sollen.

Stark beachtete Start-ups wie Nuro, Aurora oder Zoox (seit 2020 im Besitz des Internethändlers Amazon) gehen davon aus, dass die Zeit für vollausgerüstete selbstfahrende Autos (Passagiere und Ladung) erst im Jahr 2030 reif sein wird. Dafür setzen sie auf spezialisierte, abgespeckte Lieferwagen mit kleinen Akkupaketen als Antrieb. Schließlich geht es in erster Linie um die letzte Meile zwischen Ladenlokal, Auslieferungslager und Kunden. Nuro sieht in kompakten Elektrolieferwagen die ideale Lösung für das Problem. Das Ganze hat einen Nachteil: Der Empfänger muss zu Hause oder im Büro sein, um die Ware persönlich in Empfang zu nehmen.

Ist das alles ökologisch vertretbar? Schauen wir in die USA, um den Zukunftsmarkt der autonomen Bringdienste besser einschätzen zu können. Nach Berechnungen der US-Regierung, die vom »Bureau of Transportation Statistics« veröffentlicht wurden, unternehmen die Amerikaner täglich insgesamt rund 1,1 Milliarden Autofahrten.[36] Von diesen Fahrten entfallen fast 45 Prozent auf Lebensmitteleinkäufe und ähnliche kleine Besorgungen. Nicht zuletzt aus Nachhaltigkeitsgründen ist das eine problematische Zahl. Multipliziert man die Zahl auf Jahresbasis, ergeben sich rund 181 Milliarden Autofahrten pro Jahr, nur um mal schnell Milch oder Kekse aus dem Lebensmittelgeschäft zu holen.

Die Generation Z (geboren 1995 und später) wird in der nicht mehr allzu fernen Zukunft der 2030er-Jahre zusammen mit den autonomen Fahrzeugen erwachsen, erfahrener und älter werden. Spätestens Mitte der 2020er-Jahre, davon gehen die Experten aus, werden sich individuelle Mobilität, Elektromobilität und digitale Versorgungsinfrastrukturen auf übergreifenden Plattformen organisieren. Für die Generation Z könnten autonome Bringdienste dann zu einer Selbstverständlichkeit gehören.

Die Grenzen zwischen Individualverkehr und Sammelverkehr werden fließend. Damit erweitert sich die individuelle Bewegungsfreiheit – zumindest in der Stadt.

Auch automatisierte Shuttles, etwa für die letzte Meile von der Mobilitätsstation bis zur Haustür, könnten perspektivisch zu größerer individueller Bewegungsfreiheit in infrastrukturschwachen Regionen beitragen. Dirk Messner, Präsident des Bundesumweltamtes, sieht das ähnlich: »Steht der digital angeforderte Wagen in fünf Minuten vor der Tür, braucht man kein eigenes Auto mehr. (…) Unsere Städte könnten viel grüner und sozialer werden, wenn ein Großteil der Parkplatzflächen umgewidmet würde.«[37]

Peak Car
Paris als mutiger Vorreiter –
Radfahroffensive und Pkw-Stellplatzreduktion

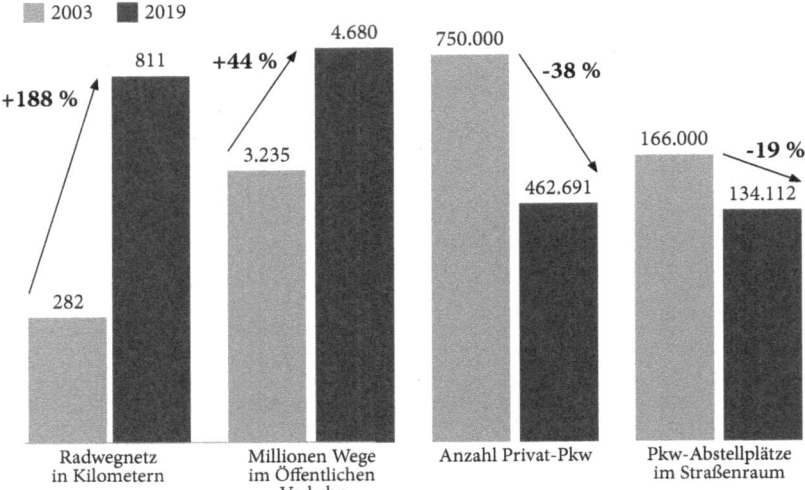

Quelle: VCÖ 2021

PeakCar in Paris

Mit einem europäisches Schnellbahnnetz die Airlines überflügeln

Unsere französischen Nachbarn nutzen die Mobilitätsbeschränkungen der Pandemie, um ihr Verkehrssystem den ökologischen Anforderungen anzupassen. Dazu gehört, dass die Air France künftig Inlandsrouten aufgeben muss, wenn es dafür Bahnalternativen gibt. Die Not im Flugbusiness ist groß, weswegen sich Billig-Airlines sofort nach Bekanntgabe des Air-France-Erlasses um die Übernahme der Inlandslizenz bewarben. Doch Jean-Baptiste Djebbari, Staatssekretär für Verkehr, stellte umgehend klar, dass es nicht denkbar sei, dass Betreiber jeglicher Art die Lizenz übernehmen dürfen. »Wir werden also aus umweltpolitischen Gründen eine Verordnung erlassen, die natürlich mit dem europäischen Recht vereinbar ist, sodass es keine Wettbewerbsverzerrung geben wird.«[38] Als Gegenleistung für Milliardenhilfen, die der französische Staat an die Air France zahlt, machte die Regierung in Paris der Air France auch Umweltauflagen.[39] Bis 2030 muss die Fluglinie ihren CO_2-Ausstoß pro

Passagierkilometer um 50 Prozent senken und bis 2025 2 Prozent des Treibstoffverbrauchs über Biokerosin abdecken. Hierzulande ist der innerdeutsche Luftverkehr mit jährlich rund 2 Millionen Tonnen am CO_2-Ausstoß beteiligt.[40] Auch hierzulande wird über die Einschränkung von Inlandsflügen nachgedacht. Die Alternative liegt auf der Hand: Bahnfahren. Um die Flugalternative auf den Gleisen zu stützen, wäre so etwas wie ein europäisches Bahnnetz für Schnellzüge von Vorteil.

Doch im europäischen Streckennetz der superschnellen Züge bleibt einstweilen viel Platz für Optimierungen. Seit dem Jahr 2000 wurden EU-weit satte 23,7 Milliarden Euro in das Streckennetz für Hochgeschwindigkeitszüge investiert. Bislang ist dabei nur ein kümmerlicher Flickenteppich herausgekommen, wie die EU-Rechnungsprüfer 2017 monierten.[41] Ein flottes paneuropäisches Bahnnetz scheiterte bislang vor allem an nationalen Egoismen.

Um der Luftfahrt ernsthaft Konkurrenz machen zu können, das belegen unzählige Studien, müssen vor allem die Reisezeiten auf den Gleisen denen des Flugverkehrs (Wartezeiten und Flughafentransfer eingerechnet) nahekommen. In China und Japan ist das bereits auf vielen Strecken der Fall. Auch auf einigen wichtigen europäischen Verbindungen wie Paris-Brüssel, Brüssel-London, Rom-Mailand oder München-Wien ist der Zug inzwischen fast so schnell wie das Flugzeug.

Dass es manchmal nur eines kleinen Anstoßes für große Entwicklungen bedarf, zeigen die Schweden. Dort hat der ehemalige Biathlet Björn Ferry, der als TV-Experte für das schwedische Fernsehen arbeitet und dafür quer durch Europa reist, mit seinem Verzicht auf Flugreisen einen wahren Bahnboom im Königreich ausgelöst. Auf manchen Strecken sind die Buchungen 2019 um mehr als 100 Prozent angestiegen, was die staatliche Bahngesellschaft dazu veranlasste, deutlich mehr Geld in ihre Waggons zu investieren und Verbindungen und Zielorte auszubauen. Auch Interrail-Tickets sind in Schweden seit 2017 so beliebt wie schon lange nicht mehr – 2018 wurden rund 50 Prozent mehr Tickets als im Vorjahr verkauft.[42] Die Buchungen für Flugreisen sanken dagegen um drei Prozent.

Dabei gehören die Skandinavier zu den absoluten Vielfliegern weltweit. Sie fliegen siebenmal mehr als durchschnittliche Europäer. 61 Prozent des CO_2-Ausstoßes in der schwedischen Mobilität wird durch Flugreisen verursacht. Doch das Fliegen ist in der Gesellschaft mehr und mehr verpönt, dafür hat sich sogar ein eigenes Wort entwickelt: die »Flugscham« (»Flygskam«).[43] In Japan spielen Inlandsflüge fast keine Rolle mehr. Die Bahnhöfe, nicht nur in Tokio, sind hochattraktive Versorgungsknotenpunkte für Handel und Kommunikation. Wer mit dem Zug morgens zur Arbeit fährt und abends zurückkehrt, der geht selbstverständlich davon aus, dass Ärzte, Apotheken, Kaufhäuser und Restaurants rund um den Zugverkehr erreichbar sind.

Wer den umweltfreundlichen Schienenverkehr wirklich will, der arbeitet an den Details. Japans größter Bahnbetreiber JR East denkt nicht in verspäteten Minuten, sondern erfasst Abweichungen im Fahrplan in Sekunden. Das Ergebnis: Durchschnittlich liegt der Verzug im Fernverkehr bei einer halben Minute.

Gleichzeitig fahren nirgendwo auf der Welt mehr Menschen mit der Bahn als in Japan. So werden 30 Prozent des Individualverkehrs über die Schiene abgewickelt. Zum Vergleich: Die in Europa als vorbildlich geltende Schweiz kommt auf einen Wert von 18 Prozent.[44]

In Deutschland wird gerne über die Bahn geschimpft. Tatsächlich ist die Performance, gerade im Vergleich zu anderen Ländern, katastrophal. Doch es gibt auch gute Nachrichten: Zwei Forscher der Universität Regensburg und Boston konnten in einer Studie zeigen, dass der (wenn auch zurückhaltende) ICE-Ausbau für kleine Konjunkturaufschwünge in ländlichen Gebieten gesorgt hat.[45] Die Forscher haben die zweite Welle neuer ICE-Strecken in Deutschland untersucht, bei der 34 meist kleinere Städte an das Netz angeschlossen wurden. Der Ausbau führte dazu, dass 91.500 Personen zusätzlich per Zug pendeln, und das mehrheitlich von den größeren in die kleineren Städte. So konnten Fachkräfte aus den Ballungszentren für Jobs in ländlichen Regionen begeistert werden.

Zwei Vorurteile der Autogesellschaft gegenüber der Schiene lassen sich damit widerlegen: Erstens gibt es tatsächlich auch für den ländlichen Raum Alternativen zum Pkw. Und zweitens lassen sich auch mittlere Distanzen zwischen 150 und 400 Kilometern mithilfe eines funktionierenden Bahnnetzes so bewältigen, dass Bürger vom Auto auf den Zug umsteigen.

Und noch ein weiteres Vorurteil gegenüber Hochgeschwindigkeitszügen lässt sich schnell entkräften: Mehr Wettbewerb im Schienenverkehr macht Sinn, wenn dadurch Monopole zerschlagen werden können, die Preise und Qualität zementieren. Werfen wir dafür einen Blick nach Italien. Dort wurde 2017 das private Schnellzugunternehmen Italo für 2,5 Milliarden Euro an den amerikanischen Fonds Global Infrastructure Partners verkauft.[46] Bis dahin gehörte das erfolgreiche Start-up der Ferrari-Rennsportlegende Luca di Montezemolo. Der Italo machte innerhalb kürzester Zeit den staatlichen Hochgeschwindigkeitszügen Konkurrenz. Vor dem Verkauf stieg der Unternehmenswert innerhalb eines Jahres um das Vierfache. In Italien zeigt die private Konkurrenz, dass Hochgeschwindigkeitszüge rentabel unterwegs sein können. Vor dem Verkauf an die Amerikaner hat der Italo in kürzester Zeit dazu beigetragen, dass die Nachfrage nach schiengeleiteten Alternativen zum Flugzeug konstant anstieg, während die Fahrpreise um 40 Prozent gesenkt werden konnten.

Auch in Österreich und der Tschechischen Republik ist die Öffnung der Schiene längst Normalität.[47] Auf der Strecke von Prag nach Ostrau ist der Fahrpreis seit der Öffnung für nichtstaatliche Anbieter um sage und schreibe 61 Prozent gesunken. In Europa wird das Bahnfahren dort deutlich intensiver genutzt, wo das Prinzip Konkurrenz auf der Schiene bereits gegriffen hat, das belegen Zahlen, die die Beratungsfirma Aecom für den Zeitraum zwischen 1996 und 2016 analysiert.[48]

Herausforderungen für den Zugverkehr der Zukunft gibt es genügend. Der Gütertransport profitiert nach wie vor noch gar nicht von den Hochgeschwindigkeitsnetzen. Dass es in den kommenden Jahren trotzdem eine deutliche Verschiebung des Fernverkehrs von der Luft auf die Schiene geben könnte, lässt sich daran ablesen, dass sich sogar die Lufthansa seit einiger Zeit für Elon Musks Hyperloop-Technologie interessiert und in einigen Jahren tatsächlich privatisierte Fernstrecken in Deutschland, etwa München-Hamburg oder Berlin-Düsseldorf, unterhalten könnte. Zukunftstechnologien drängen aufs Gleis. Brennstoffzellenzüge sind in Deutschland jetzt schon unterwegs.[49] Autonom fahrende Züge sollen in Frankreich ab 2023 an den Start gehen.[50]

Künstliche Intelligenz wird die Bahn noch digitaler und noch nachhaltiger machen. Die Schweiz hat sich zum Ziel gesetzt, die Auslastung ihres bereits dicht befahrenen Streckennetzes mittels künstlicher Intelligenz um 30 Prozent[51] zu steigern. Selbstlernende Systeme können in der Leitstelle in Realzeit die Fahrpläne überprüfen und Unregelmäßigkeiten beheben, was die Stabilität des Fahrplans verbessert. Eine Schienenvernetzung (Kommunikation der Schieneninfrastruktur mit der Umwelt) könnte analog zur Automobilkommunikation auch die integrierte Verständigung ermöglichen. Neue Zugbildungssysteme in Verbindung mit lernenden Logistiksystemen und automatisierten Umschlagterminals könnten schon bald für erhebliche Effizienzgewinne sorgen und die Verlagerung des Verkehrs von der Straße auf die Schiene beschleunigen. Entsprechend werden sich zukünftig auch die Arbeitsbedingungen von Fahrdienstleiterinnen und -leitern verbessern. Mithilfe lernender Assistenz- und Automatisierungssysteme könnten sie ihre Aufgaben effizienter und vor allem entspannter wahrnehmen.

Autonomes Fahren könnte also demnächst auch auf den europäischen Gleisen Einzug halten.

Key Learnings

- **PeakCar – schnell weg mit antiquierten Technologien:** Die Fridays-for-Future-Generation führt uns Woche für Woche nicht nur die Dringlichkeit des Kampfs gegen den Klimawandel vor Augen. Ihr Protest zeigt: Wer sich ernsthaft um das Morgen sorgt, der blickt auch anders auf die Vergangenheit. Dadurch wird vielen gerade bewusst, dass beispielsweise Automobilität auf Basis von Verbrennungsmotoren auch erst seit rund 100 Jahren in Gebrauch ist – ein technologisches Phänomen des frühen 20. Jahrhunderts mit vielen Annehmlichkeiten – und noch mehr Unzulänglichkeiten. Auch der Flugverkehr, wie er aktuell veranstaltet wird, ist ein technologisches Kind des industriellen 20. Jahrhunderts und ebenfalls komplett ohne Berücksichtigung etwaiger Klimafolgen entwickelt worden. Ob Auto oder Flieger – die CO_2-Bilanz ist verheerend. Während in Deutschland beim Zugfahren pro Personenkilometer laut Angaben der Bahn 36 Gramm CO_2 ausgestoßen werden, sind es beim Autofahren laut Bundesumweltamt 139 Gramm und beim Fliegen gar 201 Gramm.[52] Also weswegen sollten wir uns für Problemlagen des 21. Jahrhunderts mit – offensichtlich defizitären – Technologien des 20. Jahrhunderts beschäftigen? Gerade in Zeiten des Umbruchs gilt: Nichts ist für ewig, jedes Zeitalter produziert seine eigenen Irrtümer. Also schnellstens weg mit den veralteten Technologien!

- **Das zählebige »Leitbild der Vollmotorisierung« widerspricht den realen Bedürfnislagen:** Es stimmt, dass neues Denken über Mobilität die Ausbildung von neuen Lebensstilen prägt. Wenn wir bezüglich des Green New Deal immer auch von einer gesellschaftlichen Transformation sprechen, dann trifft das auf die Mobilität also in besonderem Maße zu. Die Weiterentwicklung des ÖPNV, wie von uns beschrieben (Robotaxis, Mobilitätshubs), könnte viele neue Formen der urbanen und ländlichen Lebensgestaltung mit sich bringen. »Reißt die Parkhäuser ab!«, möchte man den Verantwortlichen zurufen. Denn nach dem ersten Schritt muss irgendwann einmal ein zweiter folgen: Wir dürfen nicht nur über autofreie Städte reden, wir müssen uns klarmachen, dass das Auto, die prägende Fortbewegungstechnologie des 20. Jahrhunderts, niemanden mehr in Begeisterung versetzt, weil das Automobil modernen Verkehrsansprüchen nicht mehr genügt und nur noch im Weg steht. Trotzdem ist die Infrastrukturplanung in Deutschland nach wie vor »am Leitbild der Vollmotorisierung«[53] ausgelegt. Hier müssen wir ansetzen, wenn wir an einer ernsthaften Neuverteilung des öffentlichen Raums interessiert sind. Und das sollten wir.

- **Elektromobilität ist nicht die Lösung:** Wir müssen die Zahl der Autos – aus Umwelt-, Gesundheits- und ästhetischen Gründen – deutlich reduzieren. Das leuchtet mittlerweile jedem Oberbürgermeister ein. Mit Mobilitätsplattformen und autonomem Fahren gelingt es uns, individuelle Mobilität von individuellem Fahrzeugbesitz zu entkoppeln. Die schon seit einiger Zeit als disruptive Innovation gelabelte Elektromobilität liefert hierfür nur ein technisches Detail. Elektromobilität löst unser globales Mobilitätsproblem nicht.

- **Ein neues Alleinstellungsmerkmal nach der Diesel-Ära:** Dirk Messner, Präsident des Bundesumweltamtes, sieht die »systematische Verbindung von Digitalisierung, künstlicher Intelligenz und Nachhaltigkeit« als das spezifisch europäische Alleinstellungsmerkmal der kommenden Jahre.[54] Und die netzwerkbasierte Mobilitätswende könnte tatsächlich das Meisterstück europäischer Technologieexzellenz werden. Mobilität bleibt damit weiterhin auch ein Schlüsselmarkt in Deutschland. Allerdings werden sich die Produkte und Akteure auf diesem Markt schon in einigen Jahren deutlich von denen in der klassischen Automobilindustrie unterscheiden.

- **PeakCar als Konjunkturprogramm:** Den Abschied vom Privatbesitz an Mobilität, der spätestens 2030 technologisch möglich ist, sollten wir als Konjunkturprogramm feiern. Die Befreiung vom Autobesitz verspricht nicht weniger, sondern mehr Freiheit und Individualität. Der lange Abschied vom Automobil, der unangefochtenen Mobilitätsoption des 20. Jahrhunderts, ist schmerzhaft, aber überfällig. Der seit Langem festzustellende Rückgang der Verkaufszahlen ist nicht nur ein Zeichen kurzfristiger Konjunktureinbrüche, sondern des gesellschaftlichen Wertewandels, bei dem Automobilität längst keine Distinktionsgewinne mehr verspricht.

Unsere Zukunft entscheidet sich in den Städten. Wie können die Menschen den urbanen Raum zurückerobern?

»Europa brauchen wir als Dach. Die Städte sind Treiber für die Zukunft. Sie werden teilweise die Staatsstrukturen ersetzen. (…) Ich glaube, die Zukunft liegt in den Städten und in Europa.«

Geert Mak, niederländischer Schriftsteller, SZ 02.02.2021

Städte und Metropolen sind sensible soziale Strukturen, in denen sich gesellschaftliche Konflikte frühzeitig abzeichnen und existenzielle Probleme nach pragmatischen Lösungen verlangen. Für den Green New Deal sind die Städte zukunftsentscheidende Labore, in denen sich die sozial-ökologische Transformation der kommenden Jahre vorbereitet. Die Stadt der Zukunft prägt neue Lebensstile, dort sind die Menschen zu Fuß oder mit dem Rad unterwegs. In der Stadt der Zukunft werden Energie und Nahrungsmittel vor Ort hergestellt, während sich die Bewohner allmählich vom Auto verabschieden. Zukunftsfähige Städte produzieren keinen Müll mehr, sondern nur noch Nährstoffe, die wiederverwendet werden können: Häuser werden zum Materialdepot für künftige Häuser. Von Sensoren und Algorithmen designte Sicherheits-, Kühl- und Entsorgungssysteme begleiten uns in eine CO_2-neutrale Lebenswirklichkeit.

Viele wichtige Maßnahmen für die Reduktion von CO_2-Emissionen werden nicht auf staatlicher Ebene, sondern vor Ort getroffen, von Kommunen, Verwaltungen, Unternehmen und der Zivilgesellschaft. Das gilt für Europa ebenso wie für die USA. Kurz nachdem US-Präsident Trump 2017 den Abschied vom Pariser Klimaabkommen bekannt gab, traten landesweit 3500 Städte, Kommunen und Hochschulen dem Pariser Abkommen bei (»We are still in«[1]). »We are still in« war auch das Vorbild für den »Pakt der freien Städte«, in dem sich die osteuropäischen Metropolen Budapest, Prag, Warschau und Bratislava zusammengeschlossen haben, um für Klimaschutz und Weltoffenheit einzutreten. Rafal Trzaskowski, Bürgermeister von Warschau, erklärt: »Wir sind den Menschen nahe, näher als unsere Regierungen, und wir wollen unsere Initiativen auf Erkenntnisse stützen, nicht auf Ideologien.«[2]

Urbane Räume organisieren seit Jahrhunderten menschliches Leben. In der aktuellen Lage treten Großstädte als Bollwerke der Demokratie, der Freiheit und des Mutes zur Veränderung in Erscheinung. Großstädte und Metropolen werden in den kommenden Jahren die Epizentren sein, in denen sozialer und ökologischer Wandel Gestalt annimmt und die Zukunft unserer Infrastrukturen und Lebensweisen, unserer neu designten Systeme für Energie, Transport und Wohnen exemplarisch greifbar wird.

In vielen Städten dieser Welt hat der Green New Deal längst begonnen. Gegenwärtig werden 80 Prozent der globalen Wirtschaftsleistung in den Städten erarbeitet, was dazu führt, dass zwei Drittel der Energienutzung in den urbanen Räumen stattfindet und 70 Prozent der Treibhausgasemissionen freigesetzt werden. Die Weltbank geht davon aus, dass bis in das Jahr 2050 weitere 1,2 Millionen Quadratkilometer an städtischem Raum neu gebaut werden. Bis dahin werden sieben von zehn Menschen in den Metropolen leben.[3]

Ihre Nähe zur Alltagsbewältigung der Menschen qualifiziert sie für ihren Status als Trendpioniere. »Städte sind aufgrund ihres großen Einflusses unsere beste Chance, eine erneuerbare Zukunft zu planen (...)«, erklärt Rana Adib, Executive Director von REN21[4], einer internationalen Forschungsorganisation, die sich schwerpunktmäßig mit erneuerbaren Energien beschäftigt. 2020 haben laut REN21-Studie insgesamt 43 Städte Verbote für fossile Brennstoffe im Wärme- und Verkehrssektor erlassen, fünfmal so viele wie 2019.[5] Mehr als eine Milliarde Menschen – etwa ein Viertel der urbanen Bevölkerung – lebt in Städten, die ein Ziel oder eine Politik für erneuerbare Energien verfolgen.

In den Großstädten und Metropolen entscheidet sich unsere Zukunft. Hier wird schon ab 2030 die Mehrheit der Menschen leben. Viele Metropolen dieser Welt handeln schon seit einiger Zeit entschlossen und mit kreativen Maßnahmen im Sinne der Energiewende und gegen Klimawandel und Artensterben.

Das Haus der Zukunft ist aus Holz und irrsinnig produktiv

Vicente Guallard, der als Architekt lange in Barcelona gearbeitet hat, ist ein prägender Baumeister bei der Entwicklung der chinesischen Ökostadt Xiong. Guallard entwirft hier Gebäude, in denen die Bewohner nicht nur leben und arbeiten, sondern auch einen Großteil ihrer Lebensmittel und die Dinge des täglichen Bedarfs produzieren. Guallart nennt das »Bio-Kreislaufwirtschaft«. Die Bewohner tippen nicht nur in Service-Apps herum, sie können in dieser Wohn- und Lebensvision viele Dinge vor Ort selbst tun und herstellen. Auf dem Dach liefern Solarmodule übers Jahr gesehen 45 Prozent des Stroms für die Gebäude. Gewächshäuser, die ganzjährig mit LED-Licht betrieben werden, produzieren 40 Prozent der für die 3000 Bewohner erforderlichen Menge an Gemüse und Obst.[6] Guallarts Bewohner der Zukunft haben wieder das Gefühl, ihr Leben sprichwörtlich selbst in die Hand zu nehmen. Als soziale Wesen regeln sie vieles über eine eigene digitale Plattform, auf der selbstorganisierte Netzwerke entstehen, Bücher, Kinderspielzeug oder Handwerksgeräte getauscht und verliehen werden. Gibt es Zeiten mit überschüssigem Solarstrom, landet der in der Tiefgarage, um dort die Elektroautos zu laden.

Guallarts Vision geht von einer Stadt der kurzen Wege aus, in der Menschen die meisten Wege zu Fuß machen. Die Ideen sind der Pandemie-Situation geschuldet. Sie versuchen aber auch, neue Lebensstile zu antizipieren, Entwürfe eines aktiven Lebens: Telearbeit, 3-D-Drucker und die Selbstversorgung mit frischen Lebensmitteln sorgen dafür, dass die Bewohner rund drei Viertel ihrer Zeit in ihrem Wohnviertel verbringen und produktiv sind. Superschnelle Internetanschlüsse in den Wohnungen, aber auch speziell für die Telearbeit optimierte separate Räume ermöglichen die Arbeit im Homeoffice – ob im Co-Working-Büro für Start-ups oder in traditionellen Büros. Fallen Lampen aus oder fehlen Dinge des alltäglichen Bedarfs, müssen sich die Bewohner nicht in die Innenstadt bewegen, sondern sie können im Erdgeschoss mithilfe von 3-D-Druckern viele Dinge selbst herstellen.

Die architektonischen Zukunftspläne Guallarts sollen in Holz gebaut werden. Auch das hat den chinesischen Auftraggebern (selbst Staatschef Xi Jinping ist einbezogen) gefallen. Die Frage ist nur, ob es wirklich in dieser Form zustande kommt oder ob mit der Ökomusterstadt Xiong nicht ein weiteres Renomméeprojekt geschaffen wird, das viele Umweltsünden des Reichs der Mitte überdecken soll. Holz wird für das Bauen der Zukunft immer wichtiger, nicht zuletzt weil die Herstellung und Verarbeitung von Zement für 7 Prozent des weltweiten CO_2-Ausstoßes verantwortlich ist.[7] Optimisten am Bau sprechen bereits davon, dass Holz der Beton des 21. Jahrhunderts sei. Aus ökologischer Sicht sprechen viele Argumente dafür. Holz bindet pro verbautem Kubikmeter eine Tonne CO_2. Wer die gleiche Rechnung für Beton aufmacht, stellt fest, dass herkömmliches Bauen bereits die Hälfte seiner Energie verbraucht hat, bevor überhaupt ein Bewohner in das Haus eingezogen ist, von CO_2-Absorption kann also gar keine Rede sein.

Längst werden Hochhäuser (das mit 18 Stockwerken höchste Holzhaus der Welt steht im norwegischen Brummundal, 85,4 Meter hoch[8]), Villen und größere Wohnquartiere aus Holz gebaut. Formaldehyd spielt beim Holzbau längst keine Rolle mehr. Die Ausdünstungen des Holzes, das haben Umweltexperten festgestellt, sind antibakteriell und steigern die Wohngesundheit. Holz lässt sich in großen Modulen vorfabrizieren und schnell verarbeiten. BIG, das Architekturunternehmen des Stararchitekten Bjarke Ingels, hat in Stockholm auf diese Weise einen avantgardistischen, ringförmigen Baukomplex entstehen lassen, indem 169 Haushalte leben. Der Beton der Zukunft könnte aus Verbundholz bestehen, das innen und außen am Haus verbaut werden kann und nicht einmal zusammengeleimt werden muss. Zwischen den Platten sind Holzkanäle eingefräst, sodass eine weitere Dämmung nicht nötig ist.

Nachhaltiges Bauen gehört zur Stadt der Zukunft, das wird von Stadtoberen und Investoren unisono bestätigt. In der Hamburger Hafencity entsteht gerade das erste Wohnhochhaus Deutschlands, das nach dem Cradle-to-Cradle-Prinzip gebaut wird. 120 Mietwohnungen, Kitas, Coworking-Spaces und Restaurants werden so konstruiert, dass sie über ihren gesamten Lebenszyklus keinen Schrott erzeugen, der nicht noch einmal wiederverwendet werden könnte. Die Immobilienwirtschaft hat den Trend erkannt und wittert, dass sich hier ein vielversprechender Green New Deal abzeichnet. Bereits 25 Prozent des Büroimmobilienbestands in Frankfurt am Main ist als nachhaltiges Bauen zertifiziert. 2018 stieg das Transaktionsvolumen grüner Gebäude in Deutschland auf 10,1 Milliarden Euro. Weltkonzerne schmücken sich mit CO_2-neutralen Firmenzentralen. Aktuell kostet ökologisches Bauen 5 Prozent mehr.[9] Die Allianz und einschlägige Pensionsfonds beginnen ihre Milliarden in das grüne Bauen zu investieren. Wer heute umweltfreundlich baut, möchte nicht nur ein gutes Gewissen haben, er kann mit deutlichen Wertsteigerungen kalkulieren.

Der Megatrend Urbanisierung ist unaufhaltsam
Bevölkerung (Milliarden)

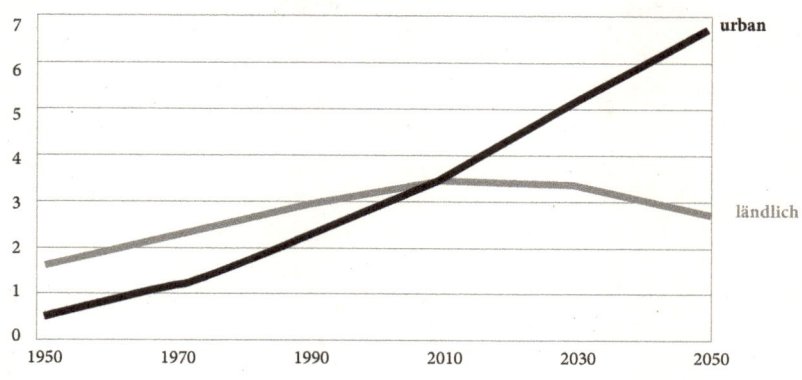

Quelle: UN

Der Megatrend Urbanisierung ist unaufhaltsam

In den Städten hat die Zukunft schon begonnen

Für diesen epochalen Wandel müssen wir nicht alles neu erfinden. Wir werden die großartige und Jahrtausende alte Idee der Stadt wiederbeleben und auf eine neue Ebene heben. Das ist für den Green New Deal entscheidend wichtig, denn Demokratie und Klimafrage entscheiden sich in den Metropolen. Die post-fossile Stadt ist ein Innovationshotspot für Mobilität, Ernährung, Ökologie und Datensouveränität.

Städte waren schon immer Sinnbilder für dramatische Wandlungsprozesse. Für die große Transformation der kommenden Jahre wird die Bedeutung der Stadt nicht nur symbolisch sein. Die Art und Weise, wie es in den kommenden Jahren gelingt, städtisches Leben neu zu organisieren, entscheidet maßgeblich darüber, in welcher Zukunft wir leben werden. Schon seit 2008 leben mehr Menschen in Metropolen als auf dem flachen Land. In den kommenden zehn Jahren werden mehr als 700 Millionen Menschen zusätzlich in urbane Zonen und Metropolen umsiedeln. Für das Jahr 2030 wird prognostiziert, dass circa 60 Prozent der Weltbevölkerung in Städten leben werden.[10] Städte versprechen die Überwindung von Abhängigkeit, Hunger und Unterdrückung: Wenn sich der indische Aufbruch in die Städte weiter so fortsetzt wie in den vergangenen Jahren, dann werden bis 2035 in jeder Minute 30 Menschen vom platten Land in eine indische Stadt ziehen. Für den Wohnungs- und Städtebau bis 2035 bedeutet das, dass rund 500 neue Städte gebaut werden müssen.

Dass die Umweltbilanz eines Stadtbewohners besser ausfällt als die eines auf dem Land Lebenden, hat David Owen bereits 2011 in Green Metropolis herausgearbeitet, einem Buch über die ökologischen Vorteile der Stadt.[11] Ihre Wege, Abwasserkanäle und Energieleitungen sind kürzer, werden mit vielen anderen Menschen geteilt und verbrauchen weniger Ressourcen. Und wer enger zusammenwohnt, verbraucht nur die Hälfte der Energie, verglichen mit Menschen, die auf dem Land wohnen. Und Owen fand bereits vor zehn Jahren die richtigen Argumente dafür, dass auch die städtische Fortbewegung nachhaltiger ist: weil Stadtmenschen mehr zu Fuß gehen, das Rad und öffentliche Verkehrsmittel benutzen. Wie das Stuttgarter Fraunhofer-Institut herausgefunden hat, lassen sich mit modernen landwirtschaftlichen Anbaumethoden (Urban Farming, Vertical Farming, Aquaponic et cetera)[12] künftig auf 3,6 Quadratmetern genügend Lebensmittel für einen Stadtbewohner produzieren.[13] Dafür könnten die frei gewordenen Parkplätze in den von Pkw-Verkehr befreiten Innenstädten verwendet werden, aber auch ungenutzte Dachflächen. In der Innenstadt von Stuttgart beispielsweise könnten laut Fraunhofer-Institut allein auf frei werdenden Parkflächen Lebensmittel für 30.000 bis 50.000 Menschen angebaut werden.

Von vielen neuen Millionenstädten, wie sie gerade in Schwellenländern aus dem Boden schießen, kennen wir nicht einmal den Namen: Korgas an der »Neuen Seidenstraße« in China[14], Hambantota in Sri Lanka, Palava City in Indien oder Duqm in Oman, versprechen Identität und Zukunft in der öko-digitalen Ära. Dort hat man verstanden, dass stabiler Wohlstand nicht nur durch die Errichtung neuer Industriezonen zu erreichen ist, sondern vor allem durch die Einbettung in urbane Lebensräume, die Lebensqualität, Bildung und Arbeitsplätze bieten, keine suburbane Trennung in Schlafstädte, Konsum- und Produktionssphären, wie man sich Modernität in der industriellen Welt des 20. Jahrhunderts vorstellte.

Überall auf der Welt, verstärkt jedoch in Europa und Nordamerika, wird der Umbau der Städte vorangetrieben: menschenzentrierter, fußläufig und in der Regel: ohne Auto.

Einige Beispiele:

- *Das post-automobile Zeitalter bricht in den Städten an:* Seit Jahrzehnten wird mehr als die Hälfte des städtischen Raums in der westlichen Welt von Autos genutzt. Würden wir die urbanen Zonen den Menschen zurückgeben, könnten wir damit viele ökologische und soziale Probleme lösen. Und diese Zukunft passiert bereits, denn die begehbare und lebenswerte Stadt zieht auch immer mehr Investoren an. Einige Trends auf dem Weg in die Stadt der Zukunft. Es geht mir hier nicht darum, den Städten anstelle von nationalen und transnationalen Maßnahmen die Verantwortung für das Generalmanagement des Klimawandels zu übertragen. Ganz im Gegenteil: Wir können den Klimawandel (und damit einhergehend die grundlegende Transformation von Wirtschaft und Gesellschaft) nur durch übergeordnetes Handeln in den Griff bekommen. Trotzdem brauchen wir auch die Initiativen von Vororten, aus den Städten und Kommunen. Gerade in den Städten (und für ihre Bewohner) sind die Auswirkungen des Klimawandels deutlich zu spüren – selbst nordeuropäische Metropolen litten in den letzten Sommern unter extremen Temperaturen. Mehr als die Hälfte der Menschen leben mittlerweile in Städten.

- *Paris: Solar und Bäume regieren – und immer weniger Platz für Autos:* Klimawandel und Hitzerekorde fordern grundlegend neue städtebauliche Ansätze. In einer Stadt wie Paris entstehen neue Bezirke zuerst, indem Parkanlagen gebaut werden, um die herum die Wohnquartiere entstehen (ohne den »ökologischen Rahmen« lassen sie sich nicht mehr verkaufen, wie Immobilienhändler klagen). 40 Prozent der Neubauten in Paris müssen mit Solardächern ausgestattet werden. Auf großen Plätzen wie dem Place de la Bastille werden Fahrwege für Autos zurückgebaut und den Passanten zurückgegeben. Der Klimawandel wird als Herausforderung für eine große urbane Lebensstil-Transformation angesehen, die Geld kostet und in der die Autos keine große Rolle mehr spielen: In der Region werden deshalb in den nächsten Jahren 68 neue Bahnhöfe für 34 Milliarden Euro gebaut.[15]

- *San Francisco: Auf 440.000 Parkplätzen entsteht ein neues Lebensgefühl:* In den USA stehen für jeden angemeldeten Pkw vier Parkplätze zur Verfügung. In amerikanischen Innenstädten ist 50 bis 60 Prozent der Fläche für den Autoverkehr reserviert.[16] Drastischer kann man die Kapitalvernichtung von städtischem Raum nicht beschreiben. In Hotspots wie San Francisco[17] oder Columbus, Ohio, existieren konkrete Pläne, wie unter anderem auch das autonome Fahren die Vorherrschaft des Autos beenden könnte. Eine aktuelle Studie des Rocky Mountain Institute geht davon aus, dass in zehn Jahren der PeakCar erreicht sein wird und Pkw (allen voran benzinbetriebene) nicht mehr bezahlbar sind.[18]

San Francisco downtown möchte eine Innenstadtwüste aus 440.000 Parkplätzen in ein neues städtisches Lebensgefühl verwandeln.[19] Die Verkehrsverantwortlichen sind fest davon überzeugt, dass die Menschen, die täglich in die Stadt einpendeln, künftig von einem Zehntel der heute vorhandenen Fahrzeuge transportiert werden. Autofahren ist hier nach wie vor zu günstig, Wohnen in der Stadt für die meisten zu teuer. Für die im Verkehr erstickende Innenstadt von London gibt es faszinierende Pläne, anhand von selbstfahrenden Autos und Bussen der Autofahrergesellschaft städtischen Raum abzunehmen und beispielsweise für neuen Wohnraum zu verwenden.[20] Die Ideengeber gehen davon aus, dass sich über die Durchsetzung des autonomen Fahrens (vor allem als Erweiterung des ÖPNV) sage und schreibe 50 bis 70 Prozent (rund 5000 Hektar) des innerstädtischen Raums den Bürgerinnen und Bürgern zurückgegeben werden kann. Ließe sich der freiwerdende Raum bebauen, entstünde Immobilienwerte im zweistelligen Milliarden-Dollar-Bereich.

- *Insbesondere die Zweirad-Revolution bringt neue Lebensqualitäten in Städte und Metropolregionen:* Radschnellwege in Deutschland und die Velobahnen in der Schweiz beflügeln mittlerweile die einheimische Bauindustrie in wirtschaftlich relevanter Weise. In Kopenhagen sind täglich mehr Fahrräder als Autos in Gebrauch. Der Greenway-Radweg im Osten der USA ist ein gigantisches Projekt und führt 4800 Kilometer lang durch 15 US-Bundesstaaten von Maine nach Florida. In London soll demnächst ein schwimmender Radweg um London herum entstehen, der die Stadt aus seinem Dauerstauzustand befreien könnte. Der Solarradweg in den Niederlanden macht das Radeln noch einmal sinnvoller: Die kleine Gemeinde Krommenie, 25 Kilometer von Amsterdam entfernt, hatte 2014 das Experiment gestartet: Trotz der schwächeren Sonne im niederländischen Winter hat der nur 70 Meter lange Photovoltaik-Radweg nach nur einem halben Jahr mehr als 3000 Kilowattstunden produziert, was ausreicht, um eine Person ein ganzes Jahr lang mit Strom zu versorgen.[21]

- *Die Wiederentdeckung des Gehens am Ende der Auto-Gesellschaft:* Städte, in denen fußläufige Mobilität gefördert wird, sogenannte *Walkable Cities*[22], beschleunigen den sozio-ökologischen Wandel des urbanen Lebens, das zeigen insbesondere Untersuchungen in den auto-fixierten USA. Mittlerweile versprechen sie jedoch auch satte Wertsteigerungen auf dem Immobilienmarkt. Gerade in Kalifornien fließt seit einiger Zeit beträchtliches Wagniskapital

gezielt in Walkable Cities. Und seit der Weltwirtschaftskrise im Jahr 2008
ziehen die Preise vor allem dort an. Vororte, die mindestens ein Auto voraus-
setzen, können da nicht mehr mithalten.[23]

So entsteht aus dem alten Autobesitz die neue Transport-Ökonomie des Zugangs. Der Flächenklau, der sich seit Beginn des 20. Jahrhunderts durch
den Siegeszug von Erdöl und Verbrennungsmotoren in die Lebensadern der
Metropolen gefräst hat, könnte durch eine neue Innenstadtkultur ersetzt
werden. Den deutschen Autobauern wird das definitiv nicht mehr die Mobilitätskultur des vergangenen Jahrhunderts zurückbringen. Sie wird allerdings für eine alternative Wertschöpfung und neue Lebensstile sorgen. Weniger Autos, weniger Straßen, weniger Parkplätze, verdichtete Architektur
in auf neue Weise gemischten Quartieren (Leben, Arbeiten, Konsumieren
vor Ort). Die Aussicht auf neue innerstädtische Intensitäten beflügelt zurzeit Stadtplaner wie Oberbürgermeister, Intensitäten, in denen es sich nicht
nur zu leben lohnt, sondern die auch das Zehnfache an Steuereinnahmen garantieren und bei denen 38 Prozent weniger Infrastrukturkosten anfallen.[24]
Im belgischen Gent wird der Autoverkehr durch die Bevorzugung anderer
Mobilitätsoptionen subtil ausgebremst. An drei neuralgischen Punkten der
Stadt schnitten die Planer bekannte Durchgangsrouten für die Autos kurzerhand ab. Nur noch Krankenpfleger, Busse und Taxis kommen durch, allen
anderen drohen Bußgelder in Höhe von 55 Euro. Für die Einhaltung des
Fahrverbots sorgen Anzeigentafeln und Kameras. Seit Einführung des Plans
ist die Autonutzung in der Stadt um 12 Prozent gesunken, dafür werden
25 Prozent mehr Radfahrer gezählt, und in der abendlichen Rushhour wird
der ÖPNV zu 28 Prozent mehr genutzt als vorher.[25]

- *20-Minuten-Metropolen für eine menschlichere Kommunikationskultur:* Sogenannte *20-minutes-neighbourhoods,* wie sie in Metropolen wie Portland
  (USA) oder Melbourne (Australien)[26] seit einigen Jahren entwickelt werden, treiben den sozialen und ökologischen Wandel voran. Vielleicht das
  Wichtige hieran ist, dass diese Neighbourhood-Städte verbesserte Kommu-
  nikationswege und Bindungsenergien zwischen gesellschaftlichen Schichten in Zeiten der Politikverdrossenheit schaffen. Jede wichtige Einrichtung
  soll in den 20-minutes-neighbourhoods für die Bürgerinnen und Bürger innerhalb von 20 Minuten erreichbar sein. Barcelona hat mit seinen »Super-
  blocks« eine analoge Idee verfolgt. Superblock sind kleine städtische Einhei-

ten (»Kieze«), wo man alles, was man braucht, Arbeit, Läden, Kindergärten, Parks, binnen 15 Minuten zu Fuß erreichen kann. Barcelona gelang es dadurch auch, sechzehn Viertel autofrei zu machen, wodurch jetzt 60 Prozent des öffentlichen Raums, der vorher von fahrenden oder parkenden Autos belegt war, anders genutzt werden kann.

Von Smart City 1.0 zu Smart City 2.0: Daten sind der Rohstoff der Zukunft

In Südkorea wird schon seit einigen Jahren an New Songdo gebaut. Bis 2020 werden dort Wohnungen für 70.000 Menschen und Büros für weitere 300.000 Pendler gebaut. Ein zentrales Computernetzwerk ist das Gehirn der neuen Stadt: Abfall, Transport und Energie werden zentral gesteuert. Songdo City verwirklicht schon viele Elemente einer vernetzten Smart City: Alle Menschen, die hier wohnen oder arbeiten, sind eingebunden in eine permanente Datenerhebung – Videoüberwachung vom öffentlichen Raum bis in die Häuser, Chipkarten mit Multifunktion wie ÖPNV-Nutzung, Krankenversorgung, Wohnungszugang, Bankdienste und so weiter. In den Wohnungen werden individuelle Verbrauchsdaten, Zugangsdaten und so weiter erhoben, sodass Bewegungsbilder entstehen. Die Stadt gibt an, mit den Daten könnten etwa Hinweise auf Energieoptimierung oder Abwesenheitshinweise bei alleinlebenden Menschen anfallen. Die Vernetzung solle circa 30 Prozent Energie- und Ressourceneinsparung gegenüber konventionellen Städten erbringen. Jeder Einwohner kann identifiziert und lokalisiert werden – Smart Cards dienen als Ausweis, Schlüssel und Zahlungsmittel.

Leider hat die Sache mit den Smart Cities einen Haken. Für alles das brauchen die weltweiten Rathäuser und Verwaltungszentralen Daten, die sie nicht haben. Daten, um Verkehrs-, Energie- und Wärmewende als gekoppelte Sektoren vor Ort steuern zu können. Um in den Großstädten der Zukunft die Gesundheitsversorgung der Bevölkerung sicherstellen zu können. Um Daseinsvorsorge (Strom, Bildung, Müll, Abwasser, Kultur et cetera) in angemessener Weise betreiben zu können.

Wir lernen immer mehr darüber, wie wir bei der Gestaltung unserer Zukunft von aussagefähigen Daten abhängig sind. Die erste Welle der Digitalisierung war dabei nicht besonders hilfreich.

Die seit vielen Jahren ausgerufene Digitalisierung der Stadt hat in der Frühphase Mitte und Ende der 2000er-Jahre (wir nennen das der Einfachheit halber »Smart

City 1.0«) überwiegend technologische Lösungen geliefert, für die es nicht die passenden Probleme gab. Bislang diente das Konzept der Smart City dazu, internationalen Technologie- und Telekommunikationsunternehmen die Durchsetzung der Digitalisierung und den Aufbau einer milliardenschweren Datenwirtschaft zu ermöglichen. Smart-City-Projekte entpuppten sich in vielen Metropolen als technomanische Großaufträge für Big Tech ohne Gebrauchswert für das Gemeinwesen vor Ort. In der urbanen Realität der kommenden Jahre stoßen Umbrüche, Lebensknappheiten und Transformationen wie in einem Brennglas aufeinander.

Das Grundproblem von Sensornetzen und der Machine-to-Machine-Kommunikation, die in frühen Smart-City-Projekten zum Einsatz kamen, war ihre mangelnde Systemkompatibilität. Das hat mit der Historie der Computerisierung der Städte zu tun: Typischerweise erfolgte der Schritt von der Geräte- zur Systemebene in Städten, Kommunen, Unternehmen und Behörden von großen IT-Anbietern nach proprietären Interessen und ohne Masterplan. Entsprechende Schnittstellenstandards und Übertragungsprotokolle sind deshalb oft kurzfristig und für die eigenen Zwecke der Dienstleister festgelegt worden. Smart-City-Anforderungen machen jedoch ein radikales Umdenken notwendig. Geräte und Systeme müssen systemübergreifend und mit minimalem Aufwand Daten und Informationen austauschen können. Nur so lassen sich Informationstransparenz und Geschwindigkeiten erzeugen, die einen Qualitätssprung gewährleisten.

Eine gemessen an diesen Entwicklungen sehr alte Stadt wie Barcelona musste viele Prozesse (Ausschreibungen, Projektvergaben) umdefinieren und immer wieder auch scheitern, um Daten und Technologien zu tauglichen Werkzeugen für eine Stadt zu machen, in der Demokratie, Transparenz und Teilhabe im Vordergrund stehen sollten. Die katalanische Metropole ist zunächst auf den Technologiezug aufgesprungen – und grandios gescheitert. Stromsparende LED-Straßenlampen, die sich nur bei Bedarf einschalten? Sehr löblich, wären sie nicht excessiv anderweitig genutzt worden, etwa für Weihnachtsbeleuchtung, wodurch der Stromverbrauch sogar noch anstieg. Sensoren, die den Autofahrern freie Parklücken anzeigen? Gute Idee, aber wenn gleichzeitig Straßenbahnen anhielten, kam es zu Interferenzen, worauf die Sensoren immer »belegt« meldeten. Zudem stellte sich nach einer Untersuchung heraus, dass Parklücken durchschnittlich nur 30 Sekunden frei blieben – zu wenig Zeit für die Autofahrer, sie auch zu erreichen.

Die leicht pathetisch anmutende Formel von der »menschenzentrierten Stadt« interpretieren viele zukunftsoffene Architekten und Stadtplaner durchaus ökologisch-pragmatisch und meinen damit zunächst einmal, dass Städtebau sich vorrangig erst um die Angelegenheiten der dort lebenden Menschen und nicht um deren Pkws zu kümmern hätte. Seit ein paar Jahren zeichnet sich ab, dass die Metropolen zu Epizentren unserer Veränderungssehnsüchte in Richtung einer digital-ökologischen Nachhaltigkeitsgesellschaft werden könnten. Das liegt auch daran, dass in den Städten und Kommunen der Handlungsdruck direkt ankommt. In der Stadt werden Ängste, Wünsche und Bedürfnisse von den Bürgern direkt artikuliert, in der Erwartung, dass zügig auf Lebensknappheiten reagiert werden kann.

Auf diese Weise haben sich hier auch Megatrends wie Klimawandel, Verkehrswende, Energiewende und Ungleichheit unmittelbar als drängende Zukunftsprobleme spürbar – beim allmorgendlichen Schritt aus der Haustür – manifestiert. Die Bürger des 21. Jahrhunderts möchten die Stadt als dekarbonisierten Raum vitaler Bezüge und Teilhabemöglichkeiten erleben. Aber erst eine wirklich umsetzbare, bürgerzentrierte Digitalisierung, bei der jeder Einzelne über seine Daten bestimmen kann und die Stadt Zugriff auf das eigene, kollektive Datenreservoir hat, eröffnet wirklich zeitgemäße Teilhabe- und Selbstverwaltungsoptionen. Natürlich sind verdichtete urbane Räume ein einzigartiger Datenschatz. Versuche, eine Smart City als privatwirtschaftliche Veranstaltung zu bauen (Google, Cisco, Toronto), haben längst stattgefunden und sind erfreulicherweise gescheitert.[27]

Dass das ökologische und soziale Umdenken in den Metropolen auf digitale Technologie bauen kann, ja muss, das beweist mit besonderer Eindringlichkeit die katalanische Metropole Barcelona. Die Daten für ein bürgernahes Busnetz kommen aus dem Smart-City-Programm. Als andere Städte noch mühsam »Internet der Dinge« buchstabieren lernten, hatte Barcelona bereits die Grundlagen für ein stadteigenes Internet der Dinge gelegt: 500 Kilometer Glasfaserkabel, frei zugängliches Wi-Fi und 12.500 Sensoren, die Wetter- und Verkehrsdaten sowie Informationen über die Luftqualität oder den Füllstand der Müllcontainer sammeln.[28] Als eine der ersten europäischen Städte wird Barcelona auch bei der Mobilfunktechnologie 5G Vorreiter sein. Der neue Standard ist Grundlage vieler Verkehrsprojekte, etwa mit selbstfahrenden Pkws.

Daten verraten sehr viel über die Nöte und Gewohnheiten der Bewohner einer Stadt. Francesca Bria, heute Präsidentin des italienischen Nationalen Innovationsfonds, Professorin am University College in London und Chefberaterin der Vereinten Nationen für digitale Städte, hat Barcelona Mitte der 2010er-Jahre zu einer digital-partizipativen Stadt umgebaut. Dafür musste sie zuerst einmal erleben, wie die globale Technik- und Consulting-Macht ihren digitalen Vereinnahmungsversuch auf die katalanische Metropole startete: »Als ich nach Barcelona kam, wurde mir die Stadt als ein glänzendes Beispiel für eine smarte Tech-City präsentiert. (...) – das Problem war nur, dass sehr viele Fragen der Verwaltung nicht angesprochen wurden und nicht gesagt wurde, dass alles privatisiert wurde.«[29]

Bria, die bis 2015 der Stadtregierung Barcelonas angehörte und als Chief Digital Technology and Innovation Officer für Barcelona tätig war, beschreibt eindringlich, wie die katalanische Metropole von global operierenden Techgiganten handstreichartig ihrer Datensouveränität beraubt wurde: »Die Tech-Firmen (...) pitchen ihre Visionen von der Smart City bei den Regierungsverantwortlichen. Und viele Politiker verstehen schon technisch gar nicht, was sie sich da einhandeln. Wenn man die Infrastruktur einer Stadt von Privaten organisieren lässt, (...) nimmt (der Staat) sich langfristig die Chance jeder Form von Gestaltung.«[30] Smart City 1.0 regierte in Barcelona und saugte dem Gemeinwesen dabei lebenswichtige Daten ab.

In Toronto ist der Versuch, eine private Stadt zu errichten, gerade krachend gescheitert. Auch hier spielten die Sidewalk Labs eine tragende Rolle. Geplant war die Entwicklung eines neuen Stadtteils auf fünf Hektar am Areal Quayside. Warum nicht gleich eine eigene Stadt bauen, mag sich Google gedacht haben, da spart man sich das Pitchen bei den Auftraggebern und kann die Daten, die die eigene Stadt abwirft, direkt nutzen. In der Google-City waren beheizbare Trottoirs für den eisigen kanadischen Winter vorgesehen. Die Ampeln reagieren intelligent auf den Verkehrsfluss. Die Gebäude bestehen aus großen Holzmodulen und sind nach Nachhaltigkeitsstandards betrachtet erstklassig, weil praktisch kein Bauschutt anfällt. Neben einer smarten Mülltrennung gibt es Raumeinheiten, die doppelt genutzt werden können: tagsüber als Yogastudios und Gemeinschaftsräume, abends als Bars und Restaurants. So stellt man sich moderne Architektur für das 21. Jahrhundert vor.

Bei der Präsentation des Masterplans bekamen es die Stadtoberen aus Toronto mit der Angst zu tun: Was die Google-Tochter Sidewalk Labs da zeigte, war um den Faktor fünf größer als der ursprünglich geplante Stadtteil. Schließlich distanzierte sich die Entwicklungsbehörde Waterfront Toronto in einem offenen Brief von dem Auftragnehmer. Es lässt sich nur mutmaßen, ob Google auf diesem Weg die Übernahme der Millionenstadt Toronto in den eigenen Privatbesitz plante.[31] Die Gespräche kamen endgültig zum Erliegen, als sich zeigte, dass die Google-Tochter die Vereinbarung anonymisierter Daten, die nicht auf Personen zurückgeführt werden können, nicht mehr aufrechterhalten wollte. Die erste Microtargeting-Stadt[32] wurde so verhindert. Im Frühjahr 2019 wurde das Projekt endgültig beerdigt.

Barcelonas Gegenentwurf (Smart City 2.0) zum Ungeheuer einer solchen Firmenstadt ist ebenso simpel wie bahnbrechend und lässt sich auf eine einfache Formel bringen: *Power to the People!* Für die Transformationsexpertin Bria sind Technologieinnovationen nur dann wirklich innovativ, wenn sie die Beteiligungschancen der Bürger erhöhen, die Transparenz bei Mittelvergaben verbessern und die Zugangsbarrieren für ortsansässige Kleinunternehmen bei öffentlichen Ausschreibungen minimieren. Schon bevor Bria übernahm, wurden in Barcelona wichtige Entscheidungen getroffen, um aus Datentechnologie kluge Ermächtigungsinstrumente für die Bürger zu machen: Schon 2012 hatte die katalanische Metropole eigene Softwaresysteme für eine möglichst partizipative Digitalplattform entwickelt. Dazu gehört »Sentilo«[33], eine Open-Source-Plattform, mit der Sensoren unterschiedlicher Herkunft genutzt werden können, ohne dass gleich die gesamte IT-Umgebung eines Anbieters zugekauft werden muss, und die im Handumdrehen auch von anderen Städten und Regionen implementiert werden kann.

Mit der Online-Plattform »Decidim Barcelona«[34] gelang es Bria mit ihren Leuten, 400.000 Bürger digital und in Versammlungen vor Ort zu einer digital-analogen *res publica* zu verknüpfen. 70 Prozent der Verbesserungsvorschläge, die dabei entstanden, wurden anschließend in das Regierungsprogramm der Stadtregierung übernommen. Eltern sind in Barcelona aufgerufen, mitzubestimmen, wie der Schulplan für die Kinder in den Grundschulen auszusehen hat. Über Bildungsfragen wurde ebenso beraten wie über die Neuordnung des Verkehrs angesichts von Luftverschmutzung und Hitzerekorden. Barcelonas Plattform für digitale Demokratie wird mittlerweile von 60 anderen Städten genutzt.[35]

Auch beim Umbau des Verkehrssystems stehen die Bedürfnisse der Bürger im Vordergrund, und sie werden speziell auch auf digitalen Wegen adressiert. Umweltbewusste Radler werden an den neuen Radwegen Barcelonas mit einer Anzeige des durch sie eingesparten CO_2-Ausstoßes belohnt. Dem symbolischen Dankeschön soll ein geldwertes folgen. Als eine von sechs Städten nimmt Barcelona am europäischen Programm MUV[36] teil, das über smarte Technologien mehr Menschen zum Umstieg auf umweltfreundliche Fortbewegungsmittel bewegen will. Teilnehmer melden sich über eine App an, die dann Daten zum Verkehrsverhalten des Nutzers an eine von Barcelonas Umweltstationen übermittelt. Steigt der Teilnehmer vom Auto aufs Fahrrad um oder geht er künftig zu Fuß, erhält er dafür Vergünstigungen in den umliegenden Geschäften.

Für die Stadtplaner in Barcelona stand früh fest, dass der Kampf um die Datenhoheit in der eigenen Stadt aus zweierlei Gründen wichtig ist: Zum einen lässt sich nur so das essenzielle Wissen für Veränderungen in der Stadt generieren. Zum anderen droht die Handlungsfähigkeit eines Gemeinwesens auf lange Zeit gestört zu werden, wenn sich relevante Daten im Besitz von Privatunternehmen befinden. Für Francesca Bria käme das der Selbstzerstörung einer Gesellschaft gleich. Eine funktionierende und handlungsfähige Stadtgesellschaft braucht den Zugriff auf die kollektiven Daten so nötig wie die Luft zum Atmen: »Wenn man kein Modell hat, wie man diese Daten-Infrastruktur verwaltet (…), dann gibt man den vielleicht größten kollektiven Schatz einer Gesellschaft des Digitalzeitalters in die Hände von Privaten (…). Die Stadt verliert so langsam ihr Know-how und ihre Fähigkeit, eine Gesellschaft in ihrem Sinne (…) zu steuern und zu gestalten.«[37]

In Barcelona hatte die Technologie der Weltkonzerne den Beweis zu erbringen, was sie leistet, um die Menschen in der Stadt als (daten-)souveräne Bürger zu unterstützen. Open-Source-Plattformen und Blockchains wurden eigens an den Start gebracht, um die Bürger der Stadt stärker zu beteiligen. Digitale Technologie diente dazu, für den sozial-ökologischen Neubeginn der Stadt zu werben und Maßnahmen gegen Ungleichheit, Hass und Hetze zu ergreifen. Und während vielerorts über die Einsatzmöglichkeiten der Blockchain noch geheimnisvoll geraunt wird, ist sie in Barcelona beim Carsharing längst im Einsatz. Im Jahr 2018 starteten vor Ort (in Amsterdam übrigens auch) Pilotprojekte[38], bei denen eine Blockchain es ermöglicht, dass Bürger entscheiden können, ob und an welche Dienstleister, an welchen Arzt und an welche Klinik sie ihre Nutzerdaten weitergeben sollen.

Datentransparenz, das Recht an individueller Datennutzung und die Steigerung der Teilhabemöglichkeiten durch ein dezentrales System wie die Blockchain können entscheidende Hebel dabei sein, der globalen Krise der Demokratie gegenzusteuern. Städte (und Kommunen), das dokumentieren nicht nur Zahlen aus den USA, genießen bei den Menschen deutlich mehr Vertrauen als staatliche Institutionen.[39] Von den Technologiegiganten wurde in Barcelona deshalb verlangt, den Alleinzugriff auf die in der Stadt erzeugten Daten aufzugeben. Für ein Unternehmen wie Airbnb kam das anfangs überhaupt nicht infrage, wie Bria erzählt: »Airbnb etwa wollte uns keine Daten geben. Wir wussten also nicht, ob die sich an die Regeln hielten, ob sie Steuern zahlten, inwieweit durch sie die Mietpreise anstiegen.«[40] Erst als auch andere Städte drohten, Airbnb zu verbieten, lenkte das Unternehmen ein, schließlich wollte man die Städte nicht als Markt verlieren.

Städte sind keine Utopien (griechisch *ou-tópos*, nicht Ort), keine schillernden Nicht-Orte, sie sind vielmehr: konkrete Orte, an denen Realität stattfindet und neue Lösungen für gesellschaftliche Fragestellungen gefunden werden müssen.

Geht es gut, sind Städte nichts weniger als Zukunftslabore für unaufschiebbaren Wandel, Veränderung und progressive Identitätsbildung.

Barcelona ist als Beispiel deshalb so wichtig, weil die Innovationen in der Stadt zeigen, wie Technologien progressive soziale und ökologische Prozesse initiieren können. Dient die Stadt der Digitalisierung, oder dient die Digitalisierung der Stadt? Die Reihenfolge ist für das Gelingen entscheidend: Digitalisierung ist kein Selbstzweck, es geht darum, die zeitgemäßen Bedürfnisse der Menschen in der Stadt auch (aber nicht ausschließlich) mithilfe digitaler Werkzeuge zu organisieren. Und mehr noch: Einer wirklich smarten Stadt gelingt es, unter Zuhilfenahme modernster Technologie einen Bewusstseinsprozess in Gang zu bringen: »Was möchte ich als Individuum in dieser Stadt sein, was möchten wir in unserer zukünftigen Stadt für ein Gemeinwesen sein?« Eine digital und ökologisch transformative Stadt des 21. Jahrhunderts muss es ermöglichen, dass sich mannigfache Identitäten ausprägen können. Identitätsbildung – auch dafür ist die Stadt ein einzigartiges Gefäß – sollte nicht zuallererst im Blick zurück entstehen, Identität ist ein nach vorne in die Zukunft sich entwickelndes Projekt.

In vielen Metropolen und Ballungsräumen, die wir analysiert haben, gibt es ein Bewusstsein für diese ganz spezielle Mission. Die Stadt ist ein besonders wertvolles Gefäß dafür.

Urbanität – das Schweizer Messer des Green New Deal   *Quelle: ITZ 2021*

Das Bauen der Zukunft: Holz und Algorithmen

Neben den wichtigen ideellen, technologischen und demokratiestrategischen Werten liefern progressive Städte längst jede Menge Innovationen, die über die einzelne Stadt und das Land hinaus hilfreich sein werden. Hier kommen wir noch einmal auf Holz und Daten, eminent wichtige Rohstoffe der kommenden Jahre, zurück.

Eine Forschergruppe der Yale Universität hat im vergangenen Jahr in *Nature Sustainability*[41] ein Szenario veröffentlicht, wonach es bis 2050 selbst in Entwicklungsländern möglich sein könnte, 90 Prozent aller Gebäude aus Holz herzustellen, sogar Hochhäuser. Entscheidend wichtig dafür ist die Weiterentwicklung von Holzverbundstoffen in Form von Brettschichtholz und Brettsperrholz. Das würde allerdings bedeuten, dass die heutige Menge der weltweiten Sägeholzproduktion für den Hausbau verwendet werden müsste. Laut den Yale-Forschern ist das aber durchaus möglich und nachhaltig. Denn bis zu 75 Gigatonnen CO_2 lassen sich im Verlauf von 30 Jahren in Holzgebäuden speichern. Gigantische Mengen, die dem Doppelten der jährlichen globalen Emissionen aus Kohle-, Öl- und Gasverbrennung entsprechen.

Auch Müll sollte künftig zum Rohstoff für anderes werden. Kitakyūshū ist eine japanische Großstadt in der Präfektur Fukuoka, die sich mit anderen Städten der Umgebung zu einer Eco-Town zusammengeschlossen hat. Hier werden jeden Tag Hunderte Tonnen an industriellem Müll recycelt und zur Produktion von Strom für Haushalte und Unternehmen genutzt. Amsterdams Waste-to-Energy-Projekt versorgt drei Viertel der Haushalte der Stadt mit Energie. Wertvolle Metalle wie Gold und Silber können nach der Verbrennung aussortiert und weitergenutzt werden. Nur 1 Prozent des Abfalls landet tatsächlich auf der Mülldeponie.[42]

Mehr und mehr Unternehmen haben damit begonnen, auch im Städtebau Prinzipien der Kreislaufwirtschaft einzuführen, immerhin besteht die Hälfte des in Deutschland anfallenden Mülls (417 Millionen Tonnen im Jahr 2018) aus Bauabfällen.[43] »Weil Ressourcen knapper werden, muss und wird sich diese Art zu bauen schon bald durchsetzen«, hofft Dirk Hebel, Professor für nachhaltiges Bauen am Karlsruher Institut für Technologie (KIT).[44] Kreislaufwirtschaft am Bau beginnt mit der sorgfältigen Auswahl der Materialien, denn in einem recyclingfähigen Gebäude müssen sie sortenrein und schadstofffrei sein. Der Cradle-to-Cradle-Ansatz (C2C) geht davon aus, dass grundsätzlich kein Müll mehr produziert werden sollte, egal ob bei der Herstellung eines T-Shirts oder dem Bau einer Waschmaschine. In unseren industriellen Prozessen gibt es nur zwei Wertstoffkreisläufe, einen organischen und einen technischen Kreislauf, in die die benutzten Materialien nach Gebrauch wieder zurücksortiert werden können (das ökologische T-Shirt ist kompostierbar, der Waschmaschinenmotor kommt in mehreren Waschmaschinen zum Einsatz).[45] Zertifiziert sind im Baugewerbe bislang jedoch nur Dämmstoffe aus Holzspänen, die mit Molke und Soda imprägniert sind, oder auch rein verschraubte Fenster und wenige andere Produkte.

Doch diese Baustoffe werden, der Vision der Kreislaufwirtschaft folgend, nicht mehr verkauft, sondern beispielsweise vermietet. Und wenn solche Werkstoffe immer wieder genutzt werden, werden drastische Kostensenkungen möglich. Ein altes, nicht mehr nutzbares Gebäude wird durch Cradle-to-Cradle zur »Materialbank«. In Projekten, die C2C-Papst Michael Braungart betreut, kommt zum Beispiel ein mietbarer Hightech-Teppich zum Einsatz, der Schadstoffe aus der Luft filtert. Der Hersteller garantiert nach Nutzung die Rücknahme des Teppichs und könnte daraus einen neuen Bodenbelag fertigen. »Ein solches Geschäftsmodell ist ein Anreiz, hochwertige Produkte zu designen, die im Verkauf zu teuer wären«, erklärt Braungart gegenüber dem *Handelsblatt*.[46] Für Baustoffe, die jahrelang in einem Gebäude bleiben, müssen andere Finanzierungs- und Wiederverwertungsmodelle entwickelt werden, was dann wieder für Recycling- und Reparaturfirmen, aber auch Banken, Versicherungen, Investoren oder Handelsplattformen interessant wird. Cradle-to-Cradle kommt in der Realität an. Hierzu zählen neben einem vermehrten Einsatz der Modulbauweise oder des seriellen Bauens auch die Forschungsergebnisse eines europaweiten Projekts unter dem Titel »Buildings as material banks«, das im Rahmen des größten Forschungs- und Innovationsprogramms der EU, »Horizon 2020«, durchgeführt wurde.[47]

Auch beim Thema Kühlung der Städte spielen uralte, primitive Materialien und moderne Hightech zusammen. Das Motiv für diese Fusion aus Hightech und archaischer Materialerfahrung: die Überwindung der fossilen, CO_2-intensiven Industriewelt des 19. und 20. Jahrhunderts. Experten gehen davon aus, dass vorausschauende Architektur und eine naturreiche Umgebung bei Gebäuden bis zu 25 Prozent der Energie für Wärme und Kühlung einsparen können. In Chicagos »Green Roof Grant«[48] ist das in die Tat umgesetzt worden. Auf 500.000 Quadratmetern Gebäudefläche wurden 500 begrünte Dächer angelegt. Überlegungen in diese Richtung führen dazu, dass in einigen Regionen dieser Welt langsam, aber sicher die (Back- und Sandstein-)Steinzeit beim Hausbau zu Ende geht. Vorbilder sind Häuser in Nordafrika und im Mittelmeerraum, wo mit Naturstein, Erde und Lehm gearbeitet wird. Aluminium, Holz und Verbundwerkstoffe sind ebenfalls weniger schwere

Materialien, die Kühlung und Erwärmung erleichtern, weil sie den Luftaustausch in den Räumen fördern. Darüber hinaus kombinieren mittlerweile viele Projekte Fernwärme und Kühlung, so zum Beispiel das Katri-Vala-Netzwerk in Finnland sowie ähnliche Systeme in Stadtteilen von Paris, Doha, Quatar, Barcelona und Lissabon. Der Vorteil: Quartiere, die an Fernversorgungsnetze angeschlossen sind, benötigen weder zusätzliche Klimaanlagen noch Heizungen. In Chemnitz gibt es einen zentralen Kältespeicher, der Einrichtungen der Stadt zentral mit wohltuender Kühlung versorgt.

Vor allem mittels Sensorik und Vernetzung ist eine bedarfsgerechte Steuerung von Kühlung und Wärme deutlich wirtschaftlicher möglich. »The Edge«, ein Bürokomplex in Amsterdam, gilt als eines der energieeffizientesten Gebäude überhaupt. Auf 40.000 Quadratmetern werden Kühlung und Wärme mithilfe von 28.000 Sensoren gesteuert. Fernsteuerbare Fenster, flexible Sonnenblenden und Ventilatoren, die für die schnelle Ausbreitung von Wärme und Kälte sorgen, gewährleisten optimale Arbeitsbedingungen. Die Steuerung der Anlage – das ist besonders wichtig – erfolgt nicht zentral, sondern kann von Büronutzern per App übernommen werden. Und das Erstaunliche: Trotz individuellem Zugriff auf Klimatechnik erzielt »The Edge« einen Effizienzgrad von 98,3 Prozent, kein Gebäude auf dieser Welt wird wirtschaftlicher und ökologischer betrieben.[49]

Unter einer veränderten Datenlage, die den Städten und ihren Bewohnern die Souveränität über ihre Daten zurückgibt, wird moderne Technologie menschenfreundlich und produktiv. Ein Algorithmus meldet, wenn die Abfalltonne voll ist oder leitet den Müll durch unterirdische Rohre in die Deponien.[50] Beschleunigungssensoren im Smartphone senden mittels App die GPS-Daten von Straßenschäden an die Stadtverwaltung, die dann Reparaturdrohnen ausschwärmen lässt. Intelligente Algorithmen leiten den Verkehr so, dass Staus weitgehend vermieden werden. Alles soll wie in einer gut geölten Maschine ineinandergreifen. Forschungsinstitute werden die Städte dabei unterstützen, die Daten, die sie generieren, zu interpretieren und ihren Wert für verbesserte Prozesse zu erkennen. Anwendungen aus der Künstlichen Intelligenz wie Deep Learning, Mustererkennung oder Maschinelles Lernen zeigen Korrelationen und Muster auf, die für Menschen auf den ersten Blick nicht erkennbar sind. Allerdings sind hierfür eine große Menge an Datenpunkten notwendig, sodass künstliche Intelligenz im öffentlichen Raum oder bei Projekten mit Beteiligung der öffentlichen Hand nur dann sinnvoll einzusetzen ist, wenn auch eine hinreichend große Menge an frei zugänglichen Trainingsdaten vorhanden ist.

Und auch Sicherheitssysteme, die von den städtischen Behörden genutzt werden können, arbeiten ausschließlich im Dienst der Menschen vor Ort. Krisenresistente Infrastrukturen können dann so ausgelegt und betrieben werden, dass auch bei Beeinflussungen von außen – wie zum Beispiel großen Umwelteinwirkungen und Terrorangriffen – weitreichende Störungen vermieden werden. Neue Verfahren des »Security Engineering« und des »Security by Design« stellen künftig entscheidende Hilfsmittel zur Erhöhung der Sicherheit vor Ort dar. In New York hat Microsoft vor einiger Zeit ein Monitoringsystem installiert, das Schussgeräusche bis auf 25 Meter genau verorten kann. Das System unterscheidet bislang offenbar erfolgreich zwischen schlagenden Autotüren, Alltagsgeräuschen und Waffengebrauch und unterrichtet die New Yorker Polizei innerhalb von 60 Sekunden.[51] Laut LinkedIn sind zurzeit in New York 4000 Security-Engineering-Jobs unbesetzt.

Key Learnings

- **Stadt als Anker für Demokratie und Teilhabe:** Wahlen allein werden unsere Demokratie nicht retten. Städte und Metropolen sind ein einzigartiges Gefäß für die aktive Beteiligung der Bürger an politischen Entscheidungen. Für Hannah Arendt[52] ist die aktive Teilhabe des Einzelnen das einzige wirklich wirksame Mittel gegen den Totalitarismus. Städtisches Leben, das gelingt, muss Wege finden, die Beteiligung möglichst aller zu garantieren.

- **Daten und Holz:** Einfache Materialien und künstliche Intelligenz arbeiten in der Stadt der Zukunft Hand in Hand. Die nachhaltige, CO_2-neutrale Stadt regeneriert Natur und fördert einen »digitalen Humanismus« (Francesca Bria), der Daten und Algorithmen als wichtige Produktivkräfte für die Zukunft des Gemeinwesens erkennt. Vor allem dank der Digitalisierung lassen sich dezentrale Versorgungskonzepte (Energie, Vertical Farming, Mobilitätsnetzwerke et cetera) in den Städten wie auf dem Land umsetzen.

- **Städte sind ein unveräußerliches Allgemeingut:** Eine Stadt lässt sich nicht im eigentlichen Sinne besitzen. Es verstößt gegen die vitalen Prinzipien des städtischen Lebens (Öffentlichkeit und Recht auf Privatheit, Freiheit der Meinungsäußerung, Teilhabe, Demokratie), eine Stadt in Privatbesitz zu bringen. Städte sind Allmende, unveräußerliche Allgemeingüter – und in Zeiten des Green New Deals kostbare Gefäße des Wandels. Gelingendes Leben in der Stadt stützt sich auf bewohnte Innenstädte, Integration als Wachstumschance, Private-Public-Partnerships, Zugang zu Bildung und die Bekämpfung von Ungleichheit.

- **Der Stadt-Land-Gegensatz büßt seine Erklärungskraft ein:** Bedingt durch die Megatrends Digitalisierung und Mobilitätswende tritt die Bedeutung des Stadt-Land-Gegensatzes, wie er Soziologie und Stadtplanung seit dem späten 19. Jahrhundert bis in die Gegenwart geprägt hat, stärker in den Hintergrund. In den kommenden Jahren kommt es darauf an, den sozial-ökologischen Wandel (nachhaltiger, digitaler, vernetzter, partizipativer), dessen Grundlagen gerade in den Städten gelegt werden, ohne größere zeitliche Verzögerung in den ländlichen Raum zu transportieren. Lebensstile werden sich – zusätzlich unterstützt von den Trends Homeoffice und vernetzte Mobilität – stärker angleichen.

- **Der »Anti-Urban-Bias« ist nicht mehr zeitgemäß:** Die Dämonisierung der Stadt (ein Lieblingsthema von der dogmatischen Ökobewegung der 1980er-Jahre bis zu Thomas Jefferson (»Der Großstadtmob trägt so viel zum guten Regieren bei wie Herpes zur Gesundheit des Menschen.«)[53], dem dritten Präsidenten der Vereinigten Staaten von Amerika) gehört damit endgültig der Vergangenheit an. Der »Anti-Urban-Bias« hat nicht nur in den USA dazu beigetragen, dass sich der konsumorientierte suburbane Lebensstil mit solcher Vehemenz seit der Nachkriegszeit ausbreiten konnte.

Konsens statt Disruption: Wie wir das Internet als Teil einer progressiven Öffentlichkeit zurückgewinnen

> »Wer Vertrauen erweist, nimmt Zukunft vorweg.
> Er handelt so, als ob er der Zukunft sicher wäre.«[1]
>
> *Niklas Luhmann*

Der Green New Deal ist nicht nur ein ökologisches, sondern auch ein gesellschaftliches Erneuerungsprojekt. Der Siegeszug der Digitalisierung in den vergangenen 20 Jahren hat den Eindruck erweckt, dass das »hierarchiebefreite« Netz gleichzeitig auch Demokratie und Wohlstand auf Dauer garantiert, dafür brauchte es dann so etwas wie Politik gar nicht mehr. Mitte der 2010er-Jahre wachten wir dann in einer dunklen Dystopie auf und mussten erkennen: Mit personalisierten Daten und Algorithmen lassen sich Gesellschaften spalten. Für das Projekt der sozialökologischen Transformation brauchen wir neues Vertrauen in Daten und Institutionen. Daten, das wurde in Zeiten der Internet-Euphorie zum geflügelten Wort, sind der Rohstoff der anbrechenden neuen Zeit. Dumm nur, dass sie fast ausschließlich im Besitz von mächtigen Internetkonzernen sind und dort eine entscheidende Rolle beim Werbeverkauf spielen. Eine neue Datenkultur muss uns die Werkzeuge in die Hand geben, um Ungleichheit, Diskriminierung und Desinformation bekämpfen zu können.

Das Internet wird in den kommenden Jahren noch wichtiger. Um einen globalen Green New Deal organisieren zu können, brauchen wir vertrauenswürdige Strukturen im *World Wide Web*. Davon sind wir momentan Lichtjahre entfernt. In diesem Kapitel geht es darum, wie sich der digitale Raum zu einer funktionierenden Infrastruktur für die großen Veränderungen, die auf uns zukommen, umgestalten lässt.

Es ist nicht die Frage, ob, sondern wie der Megatrend Digitalisierung dazu beitragen wird, die große Transformation von Wirtschaft und Gesellschaft zu bewerkstelligen. Nach der Ära der Disruption brauchen wir Kooperation, Konsens, Vertrauen und deutlich mehr Partizipationsmöglichkeiten für die Zivilgesellschaft. Der Monopolanspruch der großen Technologiekonzerne hat uns dorthin gebracht, wo wir aktuell stehen: Leugnung der Klimakrise, Leugnung von Ungleichheit, Krise der Demokratie. Wie war das über digitale und analoge Kanäle möglich?

Daten avancieren zu einem globalen Zukunftsmarkt. Aber wem gehören die Daten eigentlich?

So viele Datenspezialisten waren 2019 in diesem Ländern beschäftigt

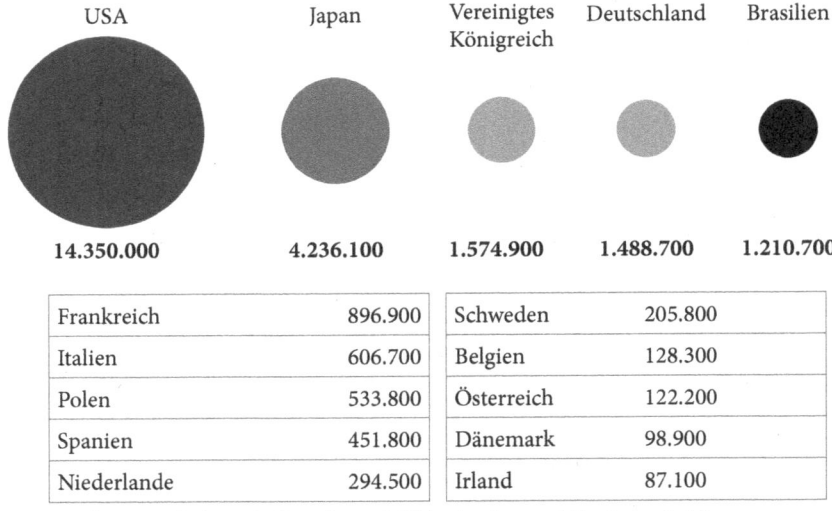

USA	Japan	Vereinigtes Königreich	Deutschland	Brasilien
14.350.000	4.236.100	1.574.900	1.488.700	1.210.700

Frankreich	896.900	Schweden	205.800
Italien	606.700	Belgien	128.300
Polen	533.800	Österreich	122.200
Spanien	451.800	Dänemark	98.900
Niederlande	294.500	Irland	87.100

Datenspezialisten: Beschäftigte, die Daten hauptsächlich oder als essenziellen Bestandteil ihrer Arbeit sammeln, speichern, managen, analysieren, interpretieren und visualisieren.
Quelle: iwd

Daten avancieren zu einem globalen Zukunftsmarkt. Aber wem gehören die Daten eigentlich?

Der »Net-State« und weswegen Daten die Schlüsselressource der Zukunft sind

Längst werden Daten als gesellschaftliche Produktivkräfte erkannt. Facebook und Google, die Herrscher über den größten Datenschatz der Welt, haben in den vergangenen gut zehn Jahren dabei geholfen, die dystopische Variante der Produktivkraft Daten auszuloten. Seitdem quillt das Netz über von Hasssprache, Desinformation und Fremdenfeindlichkeit.

Wie wir in Kapitel 4 gesehen haben, müssen Medien und digitale Plattformen davor bewahrt werden, zu Verstärkern von sektenartigen Identitäten und archaischen Stammesritualen zu mutieren. Medien sollen über die Realität informieren und aufklären. Daten, speziell in Form von Nutzerdaten, wie sie im Alltag mittlerweile in unzähligen Situationen anfallen, haben in Zukunft eine entscheidende Bedeutung dabei, unsere Lebenswelten nachhaltig zu gestalten: in den Städten, am Arbeitsplatz, in den Fußgängerzonen und unterwegs von A nach B. Der entscheidende Schritt dorthin: Wir müssen die Datenhoheit für den Einzelnen und für die Nutzung durch die Gesellschaft gewährleisten.

Bislang ist das Internet auf erschütternde Weise nur gut gemeint. Kaum einer anderen Technologie ist in den letzten 100 Jahren eine solche transformative Kraft zugeschrieben worden wie dem World Wide Web. Und kaum eine Technologie hat sich so enttäuschend entwickelt. Das personalisierte Tracking der Aufmerksamkeitsökonomie beginnt unsere Gesellschaften zu zersetzen.[2]

In der gar nicht so guten alten Zeit des fossilen Industrialismus war der Zugang zu Kapital das Nadelöhr für zukünftigen Erfolg. Mittlerweile ist der Zugriff auf Daten gewinnversprechender als der Zugang zu Kapital. Sogenannte Netzwerkeffekte lassen sich besonders gut auf digitalen Plattformen erzeugen, wenn durch viele Nutzer eine kritische Masse überschritten wird, die zu exponentiellen Wachstumssprüngen führt. Erreicht eine Plattform wie Facebook eine solche exponentielle Wachstumsdynamik, entstehen Aufmerksamkeitseffekte, deren Daten (personalisierte Kommunikation) sich gewinnbringend nutzen lassen. Eigentlich ist das alles ja »nur« Kommunikation. Doch die großen Plattformen üben, der Einschätzung einiger Beobachter zufolge, mehr Macht auf die Menschen aus als Staaten und Regierungen. Alexis Wichowski sprach bereits im Jahr 2017 (lange vor dem Sturm auf das Kapitol und der Mainstreamisierung von QAnon) angesichts von Google, Facebook, Twitter und Amazon von den gefährlich souveränen und einflussreichen »Net-States«[3], deren gesellschaftsverändernder Einfluss gar nicht überschätzt werden könne.

Darüber hinaus unterdrücken die Big-Tech-Plattformen Transparenz und Innovationen, indem sie die generierten Daten ausschließlich für eigene Interessen nutzen (Online-Werbung, personalisiertes Tracking). Hinzu kommen seit einigen Jahren neue Technologietrends, für die die Nutzung von Daten ebenfalls entscheidend wichtig ist. Gemeint sind hiermit Innovationen wie künstliche Intelligenz und das Internet der Dinge. Ohne den Zugriff auf Daten drohen Start-ups und andere Unternehmen in diesen Zukunftsbranchen künftig um Jahrzehnte hinter den datenbesitzenden Big Techs zurückzufallen, weswegen Experten mittlerweile von einem »digitalen Feudalismus« sprechen. Der digitale Feudalismus wirkt sich schließlich noch dadurch aus, dass die herrschenden Big Techs in illegalen Absprachen Zugangsbeschränkungen für Dritte errichten. Im Oktober 2020 reichte das US-Department of Justice eine Wettbewerbsklage ein, die Google vorwirft, Absprachen mit dem Hardware-Produzenten Apple getroffen zu haben, um alternative Suchmaschinenanbieter auf Apple-Geräten zu blockieren.

Die Nutzung von Daten ist seit einiger Zeit der größte Markt der Welt und stellt damit in gewisser Weise den Kapitalismus auf den Kopf, denn die Daten können nicht von ihren Erzeugern kapitalisiert werden. Laut einer aktuellen Berechnung brachte die Abschöpfung von personenbezogenen Daten im Jahr 2019 rund 76 Milliarden US-Dollar Umsatz.[4] Die großen digitalen Akteure haben mittlerweile einen gemeinsamen Börsenwert von über 6 Billionen US-Dollar erreicht. US-Tech-Aktien sind erstmals wertvoller als der gesamte europäische Aktienmarkt zusammen. Die Nutzung fremder Daten macht überhaupt erst das Geschäftsmodell von Google und Facebook möglich. Google und Facebook sind in kürzester Zeit zu weltbeherrschenden Werbekonzernen aufgestiegen. Addiert man den Marktwert von Google und Facebook und zieht kleinere Posten ab, kommt man auf 1,4 Trillionen US-Dollar durch die Nutzung von (Fremd-)Daten. Die Entwicklung der künstlichen Intelligenz und des Internets der Dinge (was die Kommunikation zwischen Mensch und Maschine sowie zwischen Maschine und Maschine einschließt) erscheinen in ihrer Entwicklung gerade für die Plattformökonomie unaufhaltsam, was in den kommenden Jahren dazu führen wird, dass sich dadurch die Umsätze der Werbegiganten noch einmal exponential steigern werden.

Auch in der EU ist der Datenmarkt längst ein florierender Wirtschaftszweig. Mit Daten wurden 2019 in den 28 EU-Ländern rund 75 Milliarden Euro verdient. Das größte Handelsvolumen mit Daten innerhalb der EU hatte 2019 mit rund 17 Milliarden Euro das Vereinigte Königreich, gefolgt von Deutschland mit gut 16 Milliarden Euro. Datenunternehmen sind mittlerweile auch ein wichtiger

Arbeitgeber – 2019 waren EU-weit 7,6 Millionen Datenspezialisten beschäftigt. Im Vergleich zu den USA nimmt sich der europäische Datenmarkt allerdings recht bescheiden aus: Mit einem Volumen von umgerechnet fast 185 Milliarden Euro ist der in den Vereinigten Staaten gehandelte Datenwert fast zweieinhalbmal so groß wie der der gesamten EU. Das hängt unter anderem damit zusammen, dass Firmen in den USA auf Daten aus verschiedenen Quellen zurückgreifen können, auch aus Europa. In der EU dagegen ist für Daten oftmals an der Landesgrenze Schluss.[5]

Brauchen wir ein solches »freies« Internet, das sich auf eine solche Datenökonomie stützt? Wenn wir das Internet, wie es sich uns aktuell darbietet, tatsächlich als »frei« ansehen, dann ist die Antwort sehr einfach: Nein, auf ein solches World Wide Web können wir gerne verzichten, denn es hat das Auftreten autoritärer Herrscher befördert, die Reichsten immer reicher gemacht, himmelschreiende Ungleichheit nur noch verschlimmert und unsere Demokratie an den Rand des Zusammenbruchs gebracht.[6] Auch die Freiheit des Internets muss durch Regeln geschützt werden. Diese Regeln kann sich das Netz nicht selbst geben. Aus Schaden wird man klug: Deswegen sollte uns die gesellschaftliche und sozialpsychologische Bruchlandung, die wir bei der Deregulierung der sozialen Medien erlitten haben, den Blick dafür schärfen, dass künstliche Intelligenz und Internet der Dinge – Technologien mit enormer transformativer Energie – nicht nur von privater Seite entwickelt, genutzt und kapitalisiert werden dürfen.

Die Gefahren, die durch einen unregulierten Umgang mit personenbezogenen Daten durch die Big Techs entstehen, lassen sich gut am Gesundheitssektor ablesen. Angesichts der Innovationsgeschwindigkeit speziell in der künstlichen Intelligenz auf dem Gesundheitsmarkt können wir davon ausgehen, dass bald Daten und Algorithmen jede Faser unseres Körpers durchleuchten und seine vielfältigen Funktionen in Realzeit überwachen werden.[7] In dem Maße, wie wir anhand von präzisen Daten sekündlich Erkenntnisse über den körperlichen Zustand eines Menschen evaluieren können, können wir ihn auch vor Krankheiten und ungesundem Lebenswandel schützen. Smart Watches und Smartphones sind kleine Lebensstildiktatoren, die uns sagen, was gesund oder ungesund für uns ist. Anhand unserer Daten werden uns medizinische Anbieter in einigen Jahren über Gefahren und Gesundheitsrisiken informieren können. Ebenso gut könnten sie aber auch unsere Krankenversicherung oder unseren Arbeitgeber darüber informieren, was wir gerade essen. Spätestens dann würden wir uns wahrscheinlich sehr genau überlegen, ob wir nach Lustprinzip schlemmen – und dabei unseren Job riskieren, denn wir haben unserem Arbeitgeber ja versprochen, stets auf unsere Gesundheit zu achten. Das Ergebnis:

Durch den Kurzschluss von Leib und Algorithmus laufen wir Gefahr, die Kontrolle über unseren Körper und unsere individuelle Selbstbestimmung zu verlieren.

Tatsächlich ist das digitale Wettrennen um die Gesundheit der Zukunft bereits in vollem Gange. Big Techs wie Google, Facebook, Alibaba, Amazon und Apple möchten ab sofort auch unsere Gesundheitsversorgung organisieren. Google hat gleich einmal die Spielräume über die Grenzen des Legalen hinaus ausgetestet, als es sich im vergangenen Jahr die Gesundheitsdaten von Millionen von Patienten unter den Nagel riss. Die Daten wurden von der US-Gesundheitsorganisation Ascension bereitgestellt – doch weder die betroffenen Patienten noch die behandelnden Ärzte hatten für die Weitergabe ihr Einverständnis erteilt.[8] Google arbeitet mit Ascension an Lösungen (»Project Nightingale«), um mittels künstlicher Intelligenz elektronische Gesundheitsakten automatisiert sichten und Krankheiten dadurch früher identifizieren zu können. Spätestens hier drängt sich die Frage auf, ob demnächst vielleicht sogar garantierte Gesundheit durch digitale Körperkontrolle aus Mountain View möglich wird – garantierte Gesundheit allerdings, die im Tausch gegen personale Privatheit zugänglich wird. Google hält uns mit Push-Nachrichten immer fit, während wir Google endgültig die Macht über unsere Daten übereignen, sodass der Konzern mehr über uns weiß als wir selbst.

An einem weiteren Beispiel lässt sich zeigen, wie die Entwicklung von bahnbrechenden Technologien ohne die intensive Nutzung von Fremddaten schlechterdings unmöglich ist. Die Forschung an automatisierten Übersetzungssystemen seit den 1960er-Jahren hat gezeigt, dass ohne einen Durchbruch bei künstlichen neuronalen Netzwerken der Traum von maschinellen Übersetzungen begraben werden müsste. Die wichtigste Grundlage des Durchbruchs der künstlichen Intelligenz stellen nämlich selbstlernende Systeme dar, die ohne neuronale Netzwerke nicht vorstellbar sind. Diese rein technischen Netzwerke sind in der Lage, Informationen, mit denen sie gefüttert werden, intelligent zu verarbeiten (auch wenn sich das nach wie vor grundlegend von menschlicher Intelligenz unterscheidet). Bereits zu Beginn der 70er-Jahre und Mitte der 1980er-Jahre wurde ernsthaft an künstlichen neuronalen Netzwerken geforscht. Allein, die mangelnden technologischen Grundlagen (beispielsweise ohne ein nutzbares Internet) führten immer wieder zu Rückschlägen.

Erst im Verlauf der 2000er-Jahre gelang es, neuronale Netzwerke zu konstruieren, die in ihrer Komplexität tatsächlich Schaltprozessen im menschlichen Hirn ähnelten. Ein künstliches neuronales Netzwerk wird jedoch nur dann produktiv, wenn zwischen einzelnen Informationspunkten neue Verknüpfungen entstehen (oder vorhandene gelöscht werden). Dafür muss das Netzwerk mit Daten gefüttert werden.

Hätten Google, Microsoft und anderen Pioniere hierfür nicht die Datenmengen der Kommunikation der Europäischen Union nutzen können, hätten sie keine auch nur annähernd funktionierenden Übersetzungssysteme für die europäischen Sprachen entwickeln können.[9]

Ohne den Zugriff auf aussagefähige Daten kann heutzutage kein Finanzbeamter, keine Hausärztin, kein Sparkassenfilialleiter mehr seine Arbeit tun. Für den Green New Deal, der in Nordamerika und Europa zuallererst auch das gigantische Projekt eines Komplettumbaus der physischen und digitalen Infrastrukturen ist, trifft das umso mehr zu. Daten müssen als Rohstoff für dieses epochale Umbauprojekt zur Verfügung stehen. Das gilt selbstredend für Forschung und Technologie, es gilt aber auch für Demokratie- und Teilhabeprozesse. Auf allen diesen Gebieten müssen personenbezogene Date zur Verfügung stehen, um Auskunft zu geben gerade über alltägliche Nutzungsvorgänge in der Daseinsvorsorge (Müll, Bildung, Mobilität, Gesundheit et cetera) In der Realität des Jahres 2021 sind wir noch meilenweit von diesem Datenstatus entfernt. Was wir in den vergangenen Jahren erlebt haben, ist die Erosion unserer Freiheit und Selbstbestimmung, weil private Konzerne über unsere Daten bestimmen und mit diesen Daten schicke neue Apps basteln, die sie uns mit einem strahlenden Lächeln zur angeblich kostenlosen Nutzung zur Verfügung stellen.

Der schwierige Weg zu einem zukunftstauglichen Internet

Was landläufig als »Netzwerkeffekt« (optimierte Produkte durch hohe Nutzerzahlen) bezeichnet wird und Ende der 1990er-Jahre, im frühidealistischen Stadium der Digitalisierung, wie Jaron Lanier[10] es nennt, als ein großes Versprechen von Dezentralität und Hierarchielosigkeit galt, entpuppte sich im Lauf des darauffolgenden Jahrzehnts als das genaue Gegenteil. Durch die *winner-takes-all*-Strategien[11] von Google (Suchmaschinen-Marketing) und Facebook (Social-Media-Marketing) kam es zu einer rigiden Zentralisierung des Zugangs zum Internet. Wer Suchmaschinen nutzen oder auf den Social-Media-Plattformen wahrgenommen werden wollte, der tat das über Google respektive Facebook. Von wegen: Wir machen das Netz, indem wir es nutzen. Zugang gab es ab sofort nur über die Monopolisten. Und die etablierten sich fortan als geschäftstüchtige Kontrolleure und Nutzer der personalisierten Daten.

Facebook und Google zweckentfremden Nutzerdaten, um sie als Persönlichkeitsprofile ihren Werbekunden zur Verfügung zu stellen. Dazu gehören auch Werbedeals mit Rechtsradikalen, Esoterikern und Verschwörungsgläubigen. Google und Facebook sind damit in wenigen Jahren zu den mit Abstand mächtigsten Werbeunternehmen aufgestiegen und haben das Internet gleichzeitig zu einem Ort des Hasses und der gesellschaftlichen Spaltung gemacht. Es gab einmal ein utopisches Narrativ, und das klang so: Das Internet ist ein dezentrales Supermedium, das durch seine Nutzer erst entsteht. Dieser Utopie sind viele Menschen in Unternehmen und Gesellschaft in den 2000er-Jahren gefolgt – um schließlich Mitte des darauffolgenden Jahrzehnts in einem dystopischen Albtraum zu erwachen: Plötzlich waren da die Online-Monopole Facebook und Google und das Internet bewährt sich in erster Linie als autoritär-populistisches Kommunikationsinstrument für Rechtsradikale und Verschwörungstheoretiker.

Wenn ich mit meinem Arbeitskollegen, meiner Mutter oder meinem Sohn auf Facebook chatte, dann sind wir bereits Teil eines ausgeklügelten Geschäftsmodells. Facebook finanziert unsere Kommunikation mit den Milliarden US-Dollar der werbetreibenden Industrie, die die Daten unseres Gesprächs von der Social-Media-Plattform in welcher Form auch immer zur Verfügung gestellt bekommt. Facebook und die Kunden von Facebook nutzen die Daten, die ich mit Arbeitskollegen, Mutter oder Sohn erzeugt habe, unter anderem dafür, um mein Verhalten und meine Konsumpräferenzen mithilfe von Algorithmen zu analysieren und zu manipulieren. Von freier Rede in den sozialen Medien kann also keine Rede sein. Was Mark Zuckerberg in seinen Reden so wolkig als die Mission von Facebook ankündigt, entpuppt sich als knallharte Ideologie. Der Diskurs auf Facebook ist von Anfang an vergiftet. In dem zweifelhaften Geschäftsmodellen, wie sie sich in den vergangenen Jahren bei Google und Facebook herauskristallisiert haben, wird ausschließlich Werbung und manipulative Kommunikation verkauft.

Wie es der skeptische Internetidealist Jaron Lanier (zusammen mit Vitalik Buterin) beschreibt: Teilhabe und Vertrauen sind angesichts von Klimawandel, Ungleichheit und digitaler Desinformation wichtiger denn je.[12] Ohne einen Konsens (und eine saubere Informationsbasis), wie wir in den kommenden Jahren an diesen Problemen gemeinsam arbeiten können, wird uns das nicht gelingen. Doch das Vertrauen in wichtige Institutionen der Gesellschaft könnte nicht stärker erschüttert sein. Lanier bezeichnet sich auch deshalb als Netzidealist, weil er nach wie vor an Teilhabe und Demokratisierung im digitalen Kapitalismus durch das Internet glaubt, beobachtet jedoch einen Generations- und Mentalitätswandel bei den

Nutzern und Entwicklern des Netzes: Der digitale Utopismus der frühen Millennials (gemeint sind hier die Geburtsjahrgänge von 1975 und später) gründete noch darauf, Mechanismen der klassischen und vor-digitalen Politik (Institutionen, Parteien, Wahlen) komplett aus der scheinbar überlegenen und modern-emanzipatorischen Welt des digitalen Raums zu entfernen. Cyberlibertärer Utopismus: Das digitale Werkzeug und der digitale Raum an sich versprachen bereits Emanzipation und Modernisierung.

Dagegen beobachtet er eine jüngere Netzgeneration (es kann sich nur um die sogenannte Generation Z, die heute 20-Jährigen, handeln), die sich Lanier zufolge dadurch auszeichne, dass sie die demokratieerhaltende Funktion von gesellschaftlichen Institutionen anerkennt. Um Teilhabe und Demokratie gerade, aber nicht nur in der digitalen Welt sicherstellen zu können, müssen die vorhandenen gesellschaftlichen Institutionen jedoch sorgfältig hinterfragt und geprüft und womöglich neue Institutionen entwickelt werden. Digitalisierung wird hier nicht utopisch als Allheilmittel, sondern tatsächlich als Werkzeug bei der Umsetzung gesellschaftlicher Transformationen gesehen.

Wie hat sich nun die Realität im digitalen Raum in den vergangenen zwei bis drei Jahren konkret verändert? Allein im Jahr 2019 flatterten Google 30.000 gerichtliche Anordnungen ins Haus, die dazu aufriefen, problematische Inhalte von den hauseigenen Seiten zu nehmen.[13] Zwischen Juli und September 2020, dem Vorwahlquartal in den USA, entfernte Facebook 120.000 Fake-News-Inhalte, die dafür bestimmt waren, die Teilnahme an den US-Wahlen zu sabotieren. Facebook hat mittlerweile 35.000 Mitarbeiter eingestellt, die als Content-Moderatoren Hate Speech auf der Plattform eindämmen sollen. Die Aktionen des Konzerns gegen Hasssprache haben sich zwischen 2018 und 2020 verzehnfacht.[14] YouTube (2 Milliarden monatliche Nutzer) hat im dritten Quartal 2020 und im Vorfeld der US-Wahlen 11,4 Millionen Videos von seiner Plattform entfernt.[15] Twitter (350 Millionen Nutzer) entfernte im zweiten Halbjahr 2019 nicht weniger als 2,9 Millionen Tweets (das entspricht einer Verdopplung gegenüber dem Vorjahreszeitraum).[16]

Das klingt nach einer deutlichen Selbstkorrektur. Hat Big Tech, haben die Datenkraken Facebook, Twitter, Google und Amazon womöglich etwas verstanden? Nichts dergleichen ist der Fall. Auch wenn es ein komplettes »De-platforming« von Donald Trump zu Beginn des Jahres 2021 gegeben hat – Big Tech hat dadurch eher versucht, das eigene Geschäftsmodell zu retten als tatsächlich einen Bewusstseinswandel zu vollziehen. Um das Netz zu einem emanzipativen und demokratischen Werkzeug zu machen, braucht es das Zusammenspiel zwischen gesellschaftlichen

Institutionen und Märkten, auf denen Wettbewerb möglich ist und die einem gesellschaftlichen Ziel dienen.

Die Idee der Selbstregulierung von Big Tech ist naiv und führt zu Chaos. Netzguru Lanier hält es für eine gefährliche Naivität, Plattformen zu Selbstregulierung aufzufordern, denn es entsteht dabei nicht nur die Gefahr, dass plötzlich wahllos zensiert wird[17] – die Macht der Konzerne wird durch den Mechanismus der Selbstregulierung nur noch größer. Konzerne, deren Macht man eigentlich beschneiden möchte, definieren dann, was wahr und wirklich ist. Neuestes Beispiel für die Absurdität der Selbstkontrolle ist das »Oversight Board« von Facebook, ein Kontrollgremium bestehend aus 20 namhaften Experten. Wer jedoch geglaubt hatte, die mit Emphase angekündigten Bewährungshelfer würden Facebook auf den Pfad der Tugend zurückführen, musste schnell erkennen, dass das Board lediglich darüber diskutieren darf, ob entfernte Inhalte wieder eingestellt werden dürfen.

Wo liegt die Alternative?

Märkte, auf denen, von gesellschaftlichen Institutionen gestützt, zivile Aushandlungsprozesse stattfinden, sind das Gegenteil von Monopolen und einer zentral-autoritären »Internetpolizei des Staates«. Und Macht, die institutionell kontrolliert, verhandelbar und dezentral ist, lässt sich ungleich schwerer korrumpieren. Märkte müssen sich durch institutionelle Rahmensetzungen wieder dem Wettbewerb und sozioökonomischer Innovation verpflichten. Ohne die Möglichkeiten zu Verhandlung und Vereinbarung auf transparenten Märkten ist indes jeder Eingriff ein polizeilicher Eingriff, die autoritäre Intervention einer Zentralmacht von oben.

Solche verantwortungsbewussten Märkte existieren also nicht als Selbstzweck. Sie sind Teil der sozial-ökologischen Transformation. Partizipation ist das Gebot der Stunde, um eine kritische Masse für eine progressive Öffentlichkeit, eine transparente Datenökonomie und ein neues Vertrauensverhältnis zwischen Zivilgesellschaft, Staat und den Märkten gewinnen zu können. Ohne diese drei Zukunftsbausteine ist der Green New Deal nicht umsetzbar. Dass diese Bausteine in den kommenden Jahren vor allem auf digitalem Wege bereitgestellt werden, bezweifelt ernsthaft niemand mehr. Und weder Konzernen allein noch Regierungen sollten wir unser uneingeschränktes Vertrauen schenken, wenn es um den Umgang mit persönlichen Daten und den Entwurf einer progressiven Öffentlichkeit geht. Wir brauchen neues Vertrauen in neue Kooperationsmodelle zwischen den einzelnen Akteuren; gegenseitiges Zuhören ebenso wie bilaterale Kontrolle und transparente Vereinbarungen. Nur im vertrauensvollen Zusammenspiel zwischen Institutionen, die sich auf der Höhe der (nachhaltig-digitalen) Zeit befinden, einer intakten (und nicht in Echokammern vereinzelten) Zivilgesellschaft und an der sozial-ökologischen Transformation orientierten Unternehmen wird ein solches neues Gemeinwesen mit einer progressiven Öffentlichkeit und einer zukunftsorientierten Innovationspolitik umsetzbar. Wie das genauer aussehen könnte, werden wir im nächsten Schritt analysieren.

Auf den ersten Blick schreien diese Anforderungen förmlich nach der Einführung von Blockchains. Blockchains lassen sich im digitalen Raum als dezentrale Systeme aufbauen, die, in Ketten von Datenblöcken organisiert, Transaktionen präzise speichern. Was Blockchains spontan so vertrauenswürdig macht: Sie sind nicht – wie eine konventionelle Datenbank – auf einem zentralen Rechner gespeichert. Blockchains liegen und aktualisieren sich ständig auf jedem Rechner, der Teil eines Blockchain-Netzes ist. Jedes Mitglied des Netzwerks kann jede Transaktion jederzeit einsehen – nie wieder Datenmissbrauch?

In den 00er-Jahren sahen die cyberlibertären Utopisten (zu denen auch eine Figur wie Sascha Lobo zu zählen ist) in solchen Systemen die Lösung aller unserer weltlichen Probleme (auch auf solch diffizilen Gebieten wie der Datensicherheit, Demokratieerneuerung, Diversität oder Ungleichheit). Leider ließen sich die Cyberlibertären anhand solcher Erlösungstechnologien darüber hinwegtäuschen, dass soziale Vereinbarungen, Vertrauensbildung und Verbindlichkeit nur über die Rückkopplung technischer Systeme mit der physischen und gesellschaftlichen Realität herstellbar sind. Aber dafür hätten die Technoutopisten den digitalen Raum verlassen müssen.

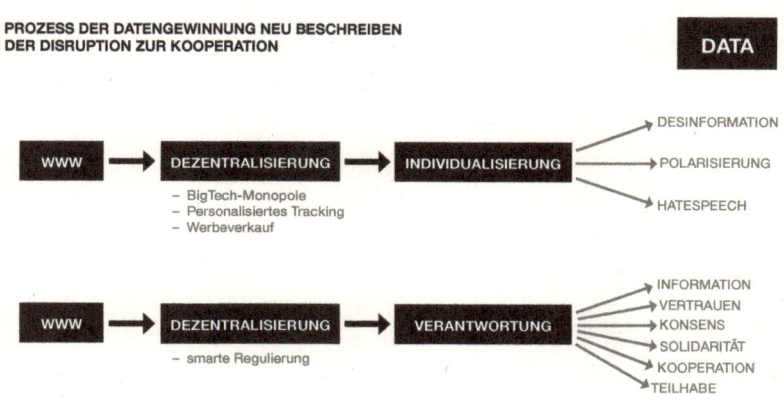

Den Prozess der Datengewinnung neu beschreiben: von der Disruption zur Kooperation
Quelle: ITZ 2021

Aber möglicherweise wollten sie das gar nicht wahrhaben – nicht nur um so die Eleganz ihres rein digitalen Welterlösungsmodells zu retten, sondern vielleicht auch um unter Inkaufnahme dieser »kleinen Unschärfe« (Wer kontrolliert das Netzwerk?) ihre eigenen Manipulationen betreiben zu können.[18]

Mit deutlich geläutertem Techno-Utopismus bemüht sich auch Sir Tim Berners-Lees, der Architekt *des World Wide Web*, um eine neu designte Datenökonomie und eine progressive Öffentlichkeit im Netz. Mit Inrupt hat er ein Unternehmen gegründet, das Menschen die souveräne Nutzung ihrer Daten möglich machen soll. Unter anderem für die *BBC*, den National Health Service (NHS) Großbritanniens und der Regierung Flanderns stellt Inrupt einen Personal Online Data Store (POD) zur Verfügung, der es beispielsweise Patienten gestattet, schützenswerte Daten zu hinterlegen. MeWe, auch hier ist Berners-Lee beteiligt, gehört zu den ersten Entwicklungen einer ernsthaften Facebook-Konkurrenz. Die Social-Media-Seite finanziert sich über Abonnements und erspart ihren Nutzern Werbung und personalisiertes Targeting. Die Social-Media-App rangierte am 11. November 2020, kurz nach den US-Wahlen, auf Platz zwei der meistheruntergeladenen kostenlosen Apps im Apple-App-Store. Das aber vor allem deshalb, weil rechte Trump-Unterstützer eine neue Social-Media-Heimat suchen mussten, da auf den gängigen Plattformen härter gegen Fehlinformationen zur Präsidentschaftswahl sowie gegen die Förderung von Gewalt vorgegangen wurde. MeWe ist dagegen für eine eher laxe Content-Moderation bekannt, liefert aber offenbar auch keine sinnvolle Alternative zu Facebook.[19] Doch gelockerte Bestimmungen stellen kein neues Vertrauen her.

Datensouveränität 2021: Facebook-Zerschlagung, digitale Rätesysteme, »Datensuffizienz«?

Es ist höchste Zeit für einen Neuanfang im digitalen Raum. Wir dürfen das Internet nicht aufgeben. Dafür hat es zu viele Vorteile, die im Zuge der sozial-ökologischen Transformation der kommenden Jahre noch eine wichtige Rolle spielen werden: Aussicht auf dezentrale Organisationsstrukturen, Möglichkeiten der stärkeren Teilhabe aller an weltumspannenden Willensbildungsprozessen, globaler Markteinstieg für Unterprivilegierte, Umgehung hergebrachter Gatekeeper et cetera. Aber wie können wir das emanzipative Versprechen des Internets einlösen?

Das Netz muss nicht nur individuellen, sondern ausdrücklich auch kollektiven Zwecken, der Vision einer integrierten Verantwortungsgesellschaft dienen.

Vielleicht hat alles damit angefangen, dass wir die Individualisierungstendenz des Internets falsch eingeschätzt haben. Clevere Datennutzung versprach den Marketers schon in den 1990er-Jahren die passgenaue Erfüllung aller Wünsche und Sehnsüchte des Kunden. Datenbasiertes Marketing schien der Personalisierung und Individualisierung unserer Welt keine Grenzen mehr zu setzen. »Deutschland 1965: In der versunkenen Welt des Industrialismus warteten in den Supermärkten rund 3000 Artikel auf ihre Käufer. Mittlerweile sind es bis zu 70.000. Spotify sortiert seine 35 Millionen Musiktitel in nicht weniger als 1365 Musikgeschmackscluster. Unsere Produktwelten lassen sich scheinbar nicht noch weiter vervielfältigen – und werden doch Tag für Tag noch differenzierter. E-Commerce-Anbieter Zalando möchte seinen 23 Millionen Kunden gerne 23 Millionen unterschiedliche Zalandos anbieten. »Alles nur für mich«: Das Internet, so könnte man meinen, ist die Vollendung einer perfekten Welt, eine konsumistische Ich-Maschine. Ein »Wir« braucht es da scheinbar gar nicht mehr.

Individualisierung ist ein nach wie vor einflussreicher Megatrend und eines der großen Versprechen der Moderne seit dem Ende des 19. Jahrhunderts. Und es war schon immer eine zentrale Vision des Internets: Mithilfe des individualisierten Massenkonsums kann ich mich jederzeit von meiner Herkunft (Familie, Religion, Sprache) unabhängig machen. Aber wie weit sind wir mit Individualisierung und Selbstbestimmung im Internet gekommen?

Als Facebooks epochaler Datenmissbrauch im Zusammenhang mit dem Cambridge-Analytica-Skandal ans Licht kam, wurde endgültig klar: Das Projekt der digitalen Individualisierung hat sich in ihr krasses Gegenteil verkehrt. Wir als Nutzer sind zu jederzeit auffindbaren Kontaktpunkten degeneriert, gerade gut genug, um der kostenlosen Optimierung von Online-Werbung zu dienen. Rechtlose, unbezahlte Datenlieferanten für Aufmerksamkeitsmonopole, die ihre intransparenten Algorithmen gerne auch Autokraten und Populisten zur Verfügung stellen.«[20]

So wenig Individualität war selten, von Selbstbestimmung ganz zu schweigen. Das Internet, gesegnet mit der Weisheit der Vielen, droht Öffentlichkeit, Bürgerrechte und Demokratie mit sich fortzureißen, während es uns die nächste Personalisierungsoption auf das Handy spielt. Aus juristischer Sicht ist bislang übrigens überhaupt nicht garantiert, dass Nutzer von Plattformen weitergehende Rechte auf individuellen Datenbesitz geltend machen können. Bislang stellen Rechtsexperten grundsätzlich infrage, ob es überhaupt ein Recht auf individuellen Datenbesitz gibt. Darüber hinaus ist die Verhandlungsmacht des Einzelnen in dieser Frage deutlich begrenzt.[21]

Für die Zukunft in einer sozial-ökologischen Transformationsgesellschaft müssen wir die Daten und den digitalen Raum sowohl für die individuelle Nutzung, aber insbesondere auch für ein handlungsfähiges Wir fruchtbar machen. Ohne schnell auf Notstände oder Lebensstilveränderungen im Zuge des Klimawandels reagieren zu können, wird sich in Zukunft das Leben in einer Großstadt nicht mehr organisieren lassen. Dafür braucht es zugängliche Datenqualität. Machen wir uns von den cyberlibertären Wolkenkuckucksheimen frei. Technologie allein liefert keine hinreichenden Lösungen für die sozial-ökologische Transformation. Was wir brauchen, ist ein komplett neues Ökosystem für unsere Datennutzung.

Dafür sollten wir eine ganze Reihe von Szenarien in Erwägung ziehen:

1. *Das Ende der Sonderbehandlung:* Drei einfache Maßnahmen könnten bereits ab 2021 zumindest in Europa erste Schritte in eine neue Internetrealität einleiten. Für die Tech-Giganten werden sie allerdings große Nachjustierungen am Geschäftsmodell zur Folge haben: Big Tech muss sich wie alle Unternehmen zum Verbraucherschutz bekennen.

   • Das Ende der Sonderbehandlung von Big Tech: Bislang können sich Facebook, Google und andere Plattformen als »neutral« gerieren, während jeder Bratwurstproduzent Leitlinien für den Verbraucherschutz akzeptieren muss. Big Tech muss öffentliche Tests seiner Algorithmen gestatten.

   • Big Tech sollte künftig seine Algorithmen überprüfen lassen, mit denen wertvolle Kundendaten gesammelt werden. Wie Lebensmittel- und Pharmakonzerne auch, müssen öffentliche Produkttests stattfinden, bevor Algorithmen auf die Nutzer losgelassen werden. Die Regulierung muss mit den mittleren Führungsebenen von Big Tech kooperieren.

   • Software-Ingenieure sollen künftig für ihre Produkte ebenso haften wie Architekten für ihre Gebäude. Weitere Richtlinien, das fordert der Whistleblower Christopher Wylie (Hauptfigur bei der Aufdeckung des Cambridge-Analytica-Skandals), sollten in Kooperation mit den mittleren Führungsebenen der Big Techs erarbeitet werden.[22]

2. *Kopplungsverbote durchsetzen:* Facebook und Google leben fast zu 100 Prozent von Einnahmen aus der Online-Werbung, Amazon wächst allmählich als gleichwertiger Konkurrent heran. Wo jedoch Werbung, Targeting, Überwachung und Datenklau mittlerweile das einzige funktionierende Geschäftsmodell im Netz darstellen, ist keine Gerechtigkeit mit

Individualisierungschancen auch für Unterprivilegierte zu erwarten. Das heißt zunächst einmal, die Kopplungsverbote, sprich das Verbot der Weitergabe von Daten, müssen von Google, Facebook und anderen Internetfirmen tatsächlich respektiert werden.

3. *Öffentlich-rechtliches Facebook:* Im Nachgang zum Cambridge-Analytica-Skandal wurde bereits von vielen Seiten ein Abonnementmodell für Facebook angeregt.[23] Es gehört aber wohl zu der für Facebook üblichen Hinhaltetaktik, sich grundsätzlich aufgeschlossen gegenüber solchen Veränderungen zu zeigen und anschließend in eine akute Handlungsstarre zu verfallen. Klar ist, dass durch Bezahlmodelle die »Killerapplikation« des personalisierten Trackings keine Daseinsberechtigung mehr hätte und eine komplett neue Facebook-Ökonomie entstehen würde. Facebook im Abo bedeutet keinesfalls, dass es sich unterprivilegierte Schichten nicht leisten können. Die Frage ist, wie das Marktmodell schlussendlich aussieht: Wer keine Bücher anschaffen möchte, kann ja öffentliche Bibliotheken nutzen, und wer kein Auto hat, denkt über Carsharing oder den ÖPNV nach.

4. *Externe Rätesysteme:* Der amerikanische Soziologe Francis Fukuyama plädiert dafür, dass die Moderation der Inhalte auf Facebook von einer externen Institution, einem unabhängigen Auditorengremium, geleitet werden soll. Daraus könne durchaus ein neues Beaufsichtigungsmodell in Form eines Unternehmens geschaffen werden. Hauptaufgabe: Das Gremium sollte auf das Umschreiben der Algorithmen hinwirken, sodass Polarisierung, Emotionalisierung und andere Aufmerksamkeitseffekte in den Hintergrund treten. »Artikel 19«, eine durchaus kreative und einflussreiche Free-Speech-Lobbygruppe, empfiehlt die Moderation der Social-Media-Plattformen durch ein externes Rätesystem, das den Presse-Watchdogs ähnelt.[24] Der Facebook-Gründer Chris Hughes, heute ein militanter Anti-Facebook-Aktivist, forderte in der *New York Times* die Aufspaltung der Megaplattform, die aus Facebook, Instagram und WhatsApp besteht, in ihre Einzelteile.[25] Jede Plattform für sich solle staatlichen Aufsichtsbehörden unterstellt werden. Dipayan Ghosh, ein weiterer ehemaliger Facebook-Mitarbeiter, forscht mittlerweile an der Harvard Kennedy School über digitale Plattformen und setzt sich dafür ein, dass die Netzwerke direkt für Hassprache und Desinformationskampagnen zur Verantwortung gezogen werden.[26]

5. *»Data-Commons«*: Das geflügelte Wort von der »informationellen Selbstbestimmung« darf nicht isoliert als individuelles Recht durchgesetzt werden, es muss vor allem als kollektives Recht Geltung beanspruchen. Mit kollektiven Daten (»data commons«) müssen soziale Werte geschaffen werden können, die der Zukunftsplanung der Gemeinschaft dienen.[27] Wie in dem von der EU angestrebten »Digital Service Act« vorgesehen, sollten die Grundlagen dafür geschaffen werden, dass die Daten, die von den Bürgern generiert werden, den einzelnen Nutzern, aber auch der Gesellschaft zur Verfügung stehen. Daten sollten deshalb als ein unverzichtbares öffentliches Gut deklariert werden. Nur so können sie sinnvoll als Rohstoff für besseres Regieren und mehr Teilhabemöglichkeiten eingesetzt werden. Natürlich widerspricht das radikal der aktuellen Datenlage in vielen Kommunen. Die Daten der Bürger sind für die Gesellschaft eben nicht zugänglich, sondern werden von IT-Unternehmen als Eigenbesitz reklamiert. Die Unternehmen nutzen diese Daten, um der öffentlichen Verwaltung und den Bürgern Dienstleistungen zu verkaufen, die nur auf Basis der generierten Daten entwickelt werden können. IT-Unternehmen verdienen damit zwei- oder dreifach an Daten, die ihnen nicht gehören.

6. *Automatisierungsgewinne besteuern:* Die steigende Nutzung künstlicher Intelligenz wird die Nutzung unserer Daten noch wertvoller machen als bislang. Algorithmen wollen gefüttert werden, damit selbstlernende Systeme wirklich intelligente Dinge tun können. Studien gehen davon aus, dass allein die Daten einer vierköpfigen amerikanischen Durchschnittsfamilie pro Jahr 20.000 Dollar einbringen könnten.[28] Vor diesem Hintergrund stellt sich auch die Frage, ob wir künftig die Gewinne aus Automatisierung und Roboterisierung besteuern sollten.[29] Eine bessere Lösung wäre vielleicht, wenn wir unsere eigenen Daten mithilfe eines neuen digitalen Marktdesigns selbst feilbieten könnten.

7. *Zeitgemäße Institutionen für das »Digital Age«:* Um diesen neuen Datenmarkt gestalten zu können, brauchen wir entsprechende Institutionen, vor allem solche, die den Anforderungen einer digitalen Gesellschaft gerecht werden. Jaron Lanier und E. Glen Weyl haben dafür den Begriff »Mediators of individual data« (MIDs) vorgeschlagen.[30] Sie verstehen darunter Organisationen, die wie moderne Gewerkschafter oder Treuhänder auftreten, beratend

jeden Einzelnen von uns beim Handel mit seinen wertvollen Daten unterstützen. MIDs sind in gewisser Weise das marktwirtschaftliche Gegenstück zum bedingungslosen Grundeinkommen. MIDs als Vermarktungsexperten von Daten hätten unter anderem auch dafür zu sorgen, dass wir als Datenbesitzer im Alter (wenn unsere Daten weniger wert sind) individuell und selbstbestimmt von unserem »Datenvermögen« leben können, während das bedingungslose Grundeinkommen uns potenziell von dem »großen Spender« abhängig macht.

8. *Chillfaktor Datensuffizienz:* Bei aller Datenfokussierung hat für mich schließlich nach wie vor auch der Gedanke einer entschleunigten Datenkommunikation ihren Charme. 63 Prozent aller heute im Umlauf befindlichen Daten erfüllen für die jeweilige Anwendung gar keinen Zweck. Wenn wir sie tatsächlich nicht verkaufen wollen, sollte uns das Recht garantiert sein, auf Datenaustausch schlicht zu verzichten. Steffen Lange und Tilman Santarius nennen das »Datensuffizienz«.[31]

Der öffentliche Sektor sollte schnellstmöglich damit beginnen, einen transparenten Umgang mit Bürgerdaten (Gesundheit, Mobilität, Konsum et cetera) zu organisieren, bevor sich private Datenkraken den Exklusivzugriff darauf sichern und wertvolles Wissen der gemeinschaftlichen Nutzung entzogen wird. Ein vorausschauender Staat muss künftig darauf achten, dass Daten des öffentlichen Sektors nicht exklusiv von Dritten abgesaugt werden können. Natürlich können auch sensible Daten wie in der Gesundheitsversorgung künftig an Unternehmen weitergegeben werden, dabei sollten aber stets die Lizenzbedingungen offengelegt werden, damit auch eine alternative, möglicherweise sinnvollere Nutzung der Daten jederzeit möglich ist.[32]

Gelingt es uns, dass Bürger und Staat frei über die eigenen Daten verfügen, können neue barrierefreie öffentliche Räume entstehen, die weder vom Staat noch von Unternehmen betrieben werden. Teilhabe wird von Staat respektive Kommune ermöglicht, aber nicht kontrolliert oder beaufsichtigt. Hannah Arendt hat das im Sinne einer »Herrschaft der Vielen« beschrieben. Nur mit dem Blick der Vielen (Staat, Unternehmen, Zivilgesellschaft) entstehen funktionierende und zukunftsfähige Gemeinwesen: »Nur wo Dinge, ohne ihre Identität zu verlieren, von Vielen in einer Vielfalt von Perspektiven erblickt werden, so dass die um sie Versammelten wissen, dass ein Selbes sich in ihnen in äußerster Verschiedenheit darbietet, kann

weltliche Wirklichkeit eigentlich und zuverlässig in Erscheinung treten.«[33] Nur wo
es (physische und digitale) Räume gibt, die unterschiedliche Perspektiven zulassen
(keine Hasssprache, keine Verschwörungstheorien), entsteht ein verlässliches Bild
von der Realität, das uns handlungsfähig macht. An einer solchen progressiven Öffentlichkeit bauen Unternehmen, der Staat und die Zivilgesellschaft aktiv mit und
verständigen sich über ein gemeinsames gesellschaftliches Ziel: das Projekt einer sozial-ökologischen Transformation. Die sozialen Medien, wie sie sich in den vergangenen zehn Jahren entwickelt haben, haben diese »weltliche Wirklichkeit« zerstört,
Gesellschaften gespalten und Demokratie infrage gestellt. Auch Donald Trump hat
als reaktionärer Disruptor bewusst daran gearbeitet, den Konsens einer verbindli-
chen Realitätsbeschreibung und einer gemeinsamen Welt zu zerstören.[34]

Hannah Arendt macht Hoffnung, indem sie zeigt, dass der Konsens einer solchen progressiven Öffentlichkeit nicht irgendwie »natürlich« gegeben ist. Er muss
und kann in der »Vielfalt von Perspektiven« immer wieder neu entwickelt werden.
Eine junge Demokratie wie die taiwanesische demonstriert, wie die Digitalisierung
demokratiefördernd eingesetzt werden kann und damit auch die Corona-Pandemie
in den Griff bekommt.

Social Hacking: digitale Demokratie in Taiwan

Die digitale Demokratiebewegung in Taiwan zeigt, dass das Netz konsensfähig und
progressiv sein kann (wenn es auch nicht jeden glücklich macht). Das Internet ist
kaputt, also müssen wir es neu aufbauen, denn es ist für unsere Zukunft viel zu
wichtig, um es den GAFA-Monopolisten (Google, Amazon, Facebook, Apple) zu
überlassen.

Anfang Februar 2020 hackte der taiwanesische Software-Ingenieur Howard Wu
die populäre Messenger-App Line, deren Nutzer sich zu diesem Zeitpunkt bereits
im Zustand fortgeschrittener Hysterie angesichts von Covid-19 befanden. Wu ver-
knüpfte die App mit Google Maps, sodass die taiwanesische Bevölkerung schnell erkennen konnte, in welchen Läden noch Mund-Nasen-Masken vorrätig waren und
wo nicht. Google verlangt eine Gebühr pro 1000 Zugriffe auf das Kartensystem. Wu
flatterte deshalb einige Tage später eine Rechnung in Höhe von 26.000 US-Dollar
ins Haus. Die aktive digitale Community Taiwans sprang Wu bei, wenig später ver-
zichtete Google auf die Zahlung, weil Wus Hack sich als äußerst hilfreiche Maßnahme gegen die Pandemie herausstellte.

Audrey Tang, Taiwans Digital-Star im Rang einer Ministerin, brachte das auf die Idee, den für die schnelle Pandemiebekämpfung wichtigen Maskenvertrieb über das Apothekennetzwerk der nationalen Gesundheitsbehörde zu organisieren. Der Vorteil dabei: Die Daten, die in diesem Prozess generiert werden, können von den Nutzern, den Behörden und der lebendigen Hackerszene des Landes weiter genutzt werden.

Wenn sich in Taiwan Konflikte anbahnen oder Pandemien das öffentliche Leben lahmzulegen drohen, wird zuallererst eine Frage gestellt: Wie lassen sich unterschiedliche Datenpunkte möglichst effektiv verknüpfen? Daten, am besten in Realzeit analysierbar, sind der erste Schritt, um Probleme in der analogen Welt zu lösen. In Taiwan spielt der digitale Raum eine immer größere Rolle, wenn es darum geht, gesellschaftspolitische Themen zu adressieren und Alltagsprobleme zu lösen. Für diesen Zweck stehen generierte Daten öffentlich zur Verfügung, und es gibt Strukturen einer digitalen Öffentlichkeit, die alle Bürger zur Beteiligung anregt.

Taiwan ist in Sachen Vernetzung ziemlich weit. Deswegen funktionierte auch im Frühjahr 2020 das Corona-Containment in dem 23-Millionen-Einwohner-Land besonders gut. Taiwan verzeichnet lediglich zehn (!) Tote seit Ausbruch der Pandemie (Stand 20. März 2021).[35] Die taiwanesische Demokratie hat sich in den vergangenen Jahren mit einer hocheffizienten digitalen Infrastruktur ausgestattet. Audrey Tang, die hochbegabte Trans-Frau, gründete mit 16 Jahren ihr erstes Unternehmen und setzte sich 2014 an die Spitze der taiwanesischen Civic-Hacker-Bewegung, als sie an der Besetzung des Parlaments durch das Sunflower Movement teilnahm. Die Protestierenden bewegten die Open-Source-Aktivistin und ihre Gruppe dazu, durch Realzeit-Berichterstattung und den Einsatz von digitalen Beteiligungstools direkten Einfluss auf das umstrittene taiwanesisch-chinesische Handelsabkommen (ECFA) zu nehmen.

Ergebnis: Die damalige konservative Regierung lenkte in vielen Punkten gegenüber den digitalen Protestlern ein. Und es wurde deutlich, dass sich das Internet offenbar doch zu etwas Vernünftigem benutzen lässt. Progressive Staaten, Kommunen und Verwaltungen sollten überall auf der Welt entsprechende Kommunikationstools entwickeln (Clay Shirky bezeichnet sie als »situative Apps«[36]), die maßgeschneidert in aktuell stattfindenden gesellschaftspolitischen Debatten bis hin zu parlamentarischen Abstimmungsprozessen eingesetzt werden können.

Was wir außerdem von der digitalen Demokratie in Taiwan lernen können: Politik ist manchmal wie Coding. Zwischen 1991 und 2005 wurde die Verfassung des Inselstaates siebenmal überarbeitet. Für einen Programmierer ist es normal, seinen

Code immer wieder umzuschreiben und den sich verändernden Anforderungen der Nutzer anzupassen. Für die taiwanesischen Aktivisten sind politische Interventionen entsprechend so etwas wie gesellschaftliche Programmierungsschritte, die möglichst einfache Lösungen herbeiführen sollen. Digitalisierung wird in Taiwan nicht als cyberlibertäre Erlösungstechnologie verstanden, die Digitalisierung ist ein kreativer und Vertrauen spendender Raum, der Demokratisierung im 21. Jahrhundert voranbringt.

Möglicherweise liegt der Grund für die taiwanesische Liebesheirat zwischen Demokratie und Digitalisierung darin, dass sich der demokratische Aufbruch in Taiwan zeitgleich mit der Entwicklung des Internets ereignete. Die ersten freien Wahlen in dem Inselstaat fanden 1996 zeitgleich mit der Entwicklung des Internets zu einem Mainstreammedium statt. In Taiwan entwickelten sich also zu dem Zeitpunkt erstmals demokratische Strukturen, als sich das Internet etablierte. Demokratie im 21. Jahrhundert – glückliches Taiwan! – ist ohne den digitalen Instrumentenkasten gar nicht vorstellbar. Für die junge Generation in Taiwan ist jedenfalls klar, dass die Open-Source-Idee, das freie Teilen der Codes und vernetzte Informationsflüsse nicht nur der beste Weg sind, hervorragende Software zu produzieren, sondern auch wichtige Werkzeuge zur Entwicklung einer weltoffenen Gesellschaft liefert.

Hier ein paar Beispiele, wie in Taiwan digitale Demokratie gelebt wird: Mit der g0v-Community-Seite wurde ein Instrument geschaffen, das die Regierungsseiten spiegelt und für permanentes Kommentieren öffnet. Cofacts.g0v.tw ist eine Fact-Checking-Seite, die von Freiwilligen betrieben wird und in Realzeit versucht, jede Desinformationskampagne durch inhaltliche Prüfung zu entlarven. Ein Chatbot auf dem beliebten Messenger Line tritt sofort in Aktion, wenn bei Nachrichten der Verdacht der Falschinformation aufkommt.

Taiwan ist laut einem Bericht des Forschungsinstituts V-Dem wie kaum ein anderes Land Fake-News-Kampagnen aus China ausgesetzt und reagiert mit großer Ernsthaftigkeit und Sorgfalt auf Desinformationskampagnen.[37] Pol.is ist eine Plattform, auf der Meinungsbildung zu vielen unterschiedlichen Themen organisiert wird und auch bindende Entscheidungen herbeigeführt werden. Das Ziel besteht darin, aus einer anonymen Masse selbstbewusste Bürger zu machen: Teilhabe statt Troll-Unkultur.

Ist so etwas wie ein konsensfähiges Internet also tatsächlich möglich? Disruptoren wie Trump haben über Plattformen wie Facebook und Twitter unsere Demokratien an den Rand der Zerstörung gebracht. Den Civic-Hackern in Taiwan geht es um konsens- und lösungsorientierte Kommunikation. Und es funktioniert: In den für jedermann zugänglichen Beratungen, ob das Geschäftsmodell der Mobilitätsplattform Uber in Taiwan zugelassen werden soll, stellten die Organisatoren im Netz einfach keinen Reply-Button zur Verfügung, denn, so ihre Erfahrung, die Antwort-Funktion ist das Einfallstor für Trolle, Hasskommunikation, Desinformation und Spaltung. Bei der Frage, ob Uber die etablierten Beförderungsunternehmen preislich unterbieten dürfe, stand nur Ja und Nein zur Auswahl.

Taiwan hat das Internet als vertrauensbildende Maßnahme für sich entdeckt und wendet sich aktiv gegen das Prinzip der algorithmischen Sozial-Disruption. Es geht exakt um den Gegenentwurf: Konsens. In der Welt der Open-Source-Programmierung gibt es den Begriff des »rough consensus«. Nicht jeder muss mit allem glücklich werden. Das steht bei den digitalen Demokratieaktivisten auch in der gesellschaftlichen Debatte im Mittelpunkt. Es muss nicht jeder bei jedem Detail die Meinung des anderen teilen, aber es sollte zumindest eine grundlegende Übereinkunft geben.

Der Uber-Diskussionsprozess, der sich übrigens nonstop über anstrengende vier Wochen erstreckte, fand auf dem Portal vtaiwan.tw statt und machte auch nicht alle glücklich. Uber zeigte sich anfangs von den Regulierungsmaßnahmen überhaupt nicht begeistert, zog sich zunächst aus Taiwan zurück, um später dann doch wieder zurückzukehren. Die taiwanesische Regierung entwickelte aus der Erfahrung mit Uber neue Richtlinien für die Plattformökonomie und die Beförderungsbranche (Fahrerlizenzen, Tarife, Sozialversicherung), die anschließend zu Gesetzen gemacht wurden.

Key Learnings

- **Die Beaufsichtigung von Plattformen muss sich auf internationales Recht stützen können:** Datensouveränität ist der fundamentale Ausgangspunkt, die *conditio sine qua non* für einen neuen Konsens in unserer Gesellschaft. Das setzt eine Offenlegung der Algorithmen seitens der Plattformanbieter voraus und sollte sich auf ein abgestuftes Zugangsmodell unterschiedlicher Zugriffsrechte für Aufsichtsbehörden, Wissenschaft und die Allgemeinheit berufen können. Alles das ist nur in einem supranationalen Rahmen umsetzbar, denn – wie sich nach wie vor tagtäglich zeigt – nationale Behörden sind nicht wirkungsmächtig genug in der Auseinandersetzung mit den Interessen der global operierenden Plattformen.

- **Technische Dezentralisierung ist gut, reicht aber nicht aus:** An alle Blockchain- und Technologie-Evangelisten: Es geht einfach nicht ohne gesellschaftliche Institutionen. Rein technologische Lösungen tragen immer die Gefahr des Machtmissbrauchs in sich, wobei die Interessen derjenigen, die die Technologie missbrauchen, mit technologischer Neutralität bemäntelt werden. Maschinen verfügen über keine ethischen Codes und können sich nicht gegenseitig beobachten. In einer Realität, in der die Nutzer selbstbestimmt mit ihren Daten umgehen können, sie auf Märkten also auch gewinnbringend verkaufen können, braucht es gesellschaftliche Institutionen beziehungsweise MIDs, die verantwortungsbewusstes Handeln garantieren.

- **Wir brauchen eine Kultur des digitalen Konsenses:** nicht zerstören, sondern gemeinsame Wege finden, nicht polarisieren, sondern zusammenführen. An den extremen Polen einer Entwicklung entstehen immer nur Wahrheitsgehabe und Fundamentalismus. An den radikalen Rändern formieren sich die Glaubenskrieger, bereit zum digitalen Gemetzel. Neues Vertrauen in das Internet lässt sich so nicht herstellen. Doro Bär, die deutsche Digitalisierungsstaatsministerin, hat vor ein paar Monaten in der *WirtschaftsWoche* eine »Bundeszentrale für digitale Aufklärung«

gefordert.[38] Doro Bär ist keine Audrey Tang. Doch von den Civic-Hackern in Taiwan können wir alle lernen, dass Offenheit, (Daten-)Transparenz und eine digitale Kultur des Konsenses das Vertrauen in die Gesellschaft und ihre Netze wiederherstellen können.

- **Eine lebendige Demokratie hackt sich selbst, permanent:** Taiwans »Civic-Hacker« liefern die Blaupause dafür, wie eine selbstbewusste Gesellschaft und ein selbstbewusster Staat in Zukunft kommunizieren sollten: mit zeitgemäßen digitalen Werkzeugen, die schnell bereitstehen, der Situation angemessen sind, aber auch selbst sofort wieder gehackt werden können und so für permanente Anpassung und Optimierung in Realzeit bereitstehen. Information, Transparenz, Orientierung, Mobilisierung – Teilhabe bis in den Akt der Entscheidungsfindung von Gesetzesvorhaben hinein. Digitalisierung liefert entscheidende Fortschritte für eine neue kommunikative Robustheit zwischen Bürger und Staat.

- **Firewalls gegen Fake News dürfen nicht die Angelegenheit der Unternehmen bleiben:** Die freiwillige Selbstkontrolle, wie sie von Big Tech bereits in Ansätzen praktiziert worden ist, darf nicht das letzte Wort sein, denn sie führt vor allem dazu, dass die internen »Zensoren« mangels Kompetenz kurzerhand mit der Schrotflinte auf alles zielen, was auch nur ansatzweise wie eine abweichende Meinung aussieht. Das Ergebnis wäre eine Internetkultur made in China.

- **Vertrauen ist die Voraussetzung für Veränderung:** Vertrauen in Mitmenschen, Institutionen, Regeln, in das Bild der Realität, das die Medien entwerfen – ohne Vertrauen lässt sich Zukunft nicht gestalten. Mit diesen Voraussetzungen müssen wir uns den digitalen Raum wieder aneignen. Ohne Vertrauen in die Medien lässt sich eine Gesellschaft nicht verändern. Erst eine progressive (digitale) Öffentlichkeit macht das »Angebot einer bestimmten Zukunft, einer gemeinsamen Zukunft, die sich nicht ohne Weiteres aus der gemeinsamen Vergangenheit ergibt, sondern ihr gegenüber etwas Neues enthält«.[39]

KAPITEL 8

The Great Food Transformation: Wie wir uns in Zukunft ernähren werden

*W*ie können wir Wohlstand von Fleischverzehr entkoppeln? Müssen wir dafür alle zu Vegetariern konvertieren? Kaum eine Industrie ist so auf Effizienz und Globalisierung getrimmt wie die Nahrungsmittelindustrie. Die Corona-Pandemie förderte die Kaputtheit des Systems auf besonders krasse Weise zu Tage: Ein Klimakiller wie Fleisch erscheint für die Welt der globalen Mittelschichten als systemrelevant. Dafür müssen Menschen wie Sklaven in den Schlachthäusern arbeiten. Doch »Big Food« ist an seine Grenzen gekommen. Die Grundkoordinaten für eine nachhaltigere Ernährungskultur zeichnen sich ab: regionaler, mittelständischer, transparenter und noch vieles mehr. Damit die Verbraucher die für den Green New Deal so wichtigen Lebensstiländerungen umsetzen können, sind neue ernährungspolitische und -ethische Leitplanken für die Industrie unverzichtbar.

»In dieser Gegend, wo die Orte Oldenburg heißen, Garrel, Essen, Visbek oder Badbergen, haben Männer wie Emilian einen Namen. Waldmenschen. Sie schlafen in Mulden unter Bäumen, ohne Dächer und ohne Schutz, sie decken sich mit Blättern zu.«[1] Die *Zeit*-Autorin Anne Kunze erzählt hier nicht von Obdachlosen, sondern von osteuropäischen Leiharbeitern, die in der deutschen Fleischindustrie beschäftigt sind. Doch ihre Lage ist, verglichen mit Obdachlosen, kaum besser. Für einen Hungerlohn müssen sie schwere Arbeit verrichten, die keiner machen und auch keiner sehen möchte. »In Niedersachsen und Nordrhein-Westfalen führt das zu einem System aus Hochtechnologie und Menschenhandel.«[2] Eine der dunklen Seiten unseres Wohlstandsmodells: unzumutbare Billigarbeit im Dienst bundesdeutscher Gutbürgerlichkeit, die eng verknüpft ist mit dem Verzehr von billigem Fleisch aus Massentierhaltung. »(...) Schlachtbetriebe (...), die wie Gefängnisse gesichert sind, mit Kameras, Wächtern und Zäunen aus Stahl«[3] sind zum Sinnbild für ein Ernährungssystem geworden, bei dem etwas grundsätzlich nicht stimmt.

Die Corona-Pandemie versetzt uns in ein Lehrstück, das uns gnadenlos unsere Dummheiten der vergangenen Jahrzehnte vor Augen führt. Doch es handelt sich hierbei nicht wirklich um ein Theaterstück. Es geht um unsere Lebensrealität. An der Situation, wie wir die Herstellung unseres Essens seit Mitte des 20. Jahrhunderts organisieren, sterben Menschen, um in einer Branche mit niedrigen Gewinnspannen das Mögliche herauszuholen. Arbeiter werden wie Vieh gehalten und müssen unter unmenschlichen Bedingungen in Schlachthöfen für unsere Frühstückszutaten am Samstagmorgen schuften.

Der Fleischhunger der Welt
Produktion von Fleisch weltweit
(pro Jahr, in Millionen Tonnen Schlachtgewicht)

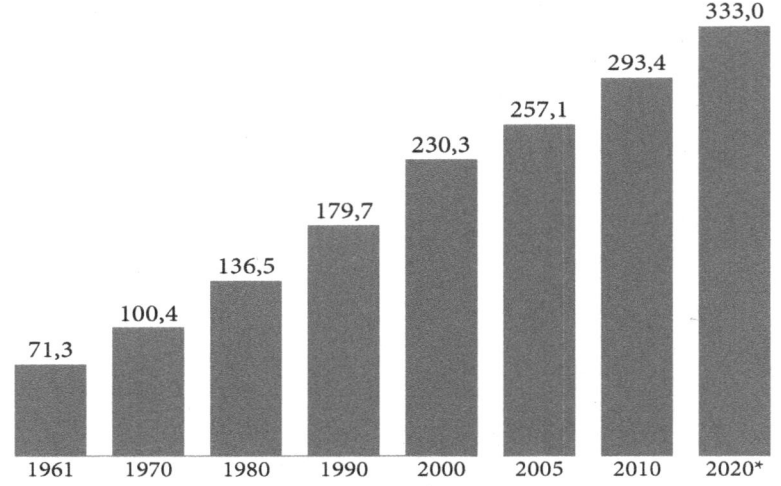

*Prognose
Quelle: FAO

Der Fleischhunger der Welt

Wertschöpfung mit Wertschätzung

Zeig mir, wie die Menschen in deiner Gesellschaft essen, und ich sage dir, in welcher Gesellschaft du lebst. Neben Big Tech wurde in den vergangenen Jahren keine Industrie derart politisiert und infrage gestellt wie die globale Ernährungswirtschaft. Das hat vor allem damit zu tun, dass immer deutlicher geworden ist, dass das weltweite Ernährungssystem des 20. Jahrhunderts gescheitert ist. Noch nie war die Zahl der chronischen Erkrankungen, die unmittelbar auf schlechte Ernährung zurückzuführen sind, so hoch wie heute. Noch nie war so offensichtlich, dass schlechte Ernährung auch maßgeblich zur weiteren Eskalation des Klimawandels beiträgt.

Schon vor zehn Jahren war in der *Süddeutschen Zeitung* zu lesen, wie die brutale Rodung des Amazonas mit unseren heimischen Essgewohnheiten (und den Essgewohnheiten unserer Haustiere) zusammenhängt.[4] Eine wichtige Wegmarke bei der Optimierung des weltweiten Ernährungssystems von »Big Food« für globale Unternehmenszwecke war in den 1980er-Jahren die Neuformulierung der US-Antitrust-Gesetze in der Reagan-Ära. Hier wurde auch der Begriff »Effizienz« auf fatale Weise in die Branche eingeführt. Wenn Unternehmensübernahmen im Lebensmittelsektor zu einer größeren »Markteffizienz« beiträgen und nicht die Belange der Konsumenten schädigten, lautete sinngemäß die Empfehlung der Antitrust-Theoretiker, dann sollte einer weiteren Konzentration des Marktes nichts im Wege stehen.[5] Effizienz bedeutete in der globalisierten Nahrungsmittelindustrie zuallererst: Marktkonzentration. Und den Belangen der Verbraucher wurde angeblich dadurch Genüge getan, dass die Preise stabil blieben.

Vier Fünftel der Nahrungsmittel, die die Menschen auf dieser Welt zu sich nehmen, sind importierte Waren. Der globale Nahrungsmittelmarkt ist geprägt von gigantischen Logistiknetzwerken bei nur geringen Gewinnspannen. Nur durch die stringente Globalisierung und die Zentralisierung des Marktes auf wenige große Akteure können überhaupt akzeptable Gewinnmargen erzielt werden. Lebensmittel legen im Durchschnitt 2500 Kilometer an Transportwegen zurück, bevor sie bei uns auf dem Teller landen. Ohne hochkomplexe Vertriebsnetze ist die globale Ernährungsindustrie nicht vorstellbar. Pektin beispielsweise, ein bekanntes Geliermittel, wird von dem amerikanischen Food-Großkonzern Cargill in Brasilien hergestellt, um es dann in der ganzen Welt zu verkaufen. Bei einem gewöhnlichen Schokoriegel aus dem Supermarktregal kommt der Kakao aus Westafrika, der Zucker aus der Karibik, das Palmöl aus Südostasien, das Soja aus Südamerika und das Calciumsulfat aus Indien.[6] Banale Produkte unseres Ernährungsalltags werden (darin am ehesten dem Flugzeug- und Autobau vergleichbar) über mehrere Kontinente hinweg »zusammengebaut«.

Ein Sinnbild der Fundamentalkrise der Ernährungsindustrie ist der Eisbergsalat. Ich denke, die meisten sind sich einig, dass Eisbergsalat quasi nach nichts schmeckt und tatsächlich ja auch fast keine Nährstoffe enthält. Eisbergsalat gehört zu den Produkten, die im angloamerikanischen Raum als *corporate crops* bezeichnet werden. Das sind Produkte, die die Bezeichnung Lebensmittel eigentlich gar nicht mehr verdienen. Dafür passen sie zum globalen Marktdesign von Big Food, denn Eisbergsalat lässt sich zur Not wochenlang in Schiffscontainern und Lkws durch die Welt transportieren, ohne dass er unansehnlich wird. Auch so lässt sich Effizienz in der Nahrungsmittelindustrie erzielen: mit essbaren It-Produkten, die keinen Nährwert mehr haben.

Eine weitere frustrierende Begleiterscheinung der fragwürdigen Effizienzstrategie im Lebensmittelsektor ist die Zentralisierung der Produktion an bestimmten Orten. Der überwiegende Anteil der Obst- und Gemüseproduktion in den Vereinigten Staaten findet in Kalifornien und Florida statt. Hier konnte bislang ganzjährig unter hervorragenden Bedingungen gepflanzt und geerntet werden. Kalifornien besitzt eigentlich nur knapp 3 Prozent der landwirtschaftlichen Nutzfläche der USA, erzeugt aber 60 Prozent der gesamten Obsternte und knapp 40 Prozent der gesamten Gemüseernte. Bei einigen Produkten ist Kalifornien sogar das einzige Anbauland USA-weit, so unter anderem bei Artischocken, Feigen, Mandeln, Oliven, Walnüssen und Weintrauben.[7] Die vernichtenden Waldbrände der vergangenen Jahre gefährden nicht nur die riesigen Anbaugebiete und ihre Bewässerung. Die Monopolisierung der Standorte hat in anderen Regionen dazu geführt, dass Obst- und Gemüsebau verlernt wird und als Kultur aus dem kollektiven Bewusstsein verschwindet. Die Mehrzahl der US-Bundesstaaten ist ohne Importe aus dem eigenen Land praktisch nicht lebensfähig. Was sich an kleinteiligen Anbaukulturen erhält oder neu ansiedelt, kann nur mit begrenzten Volumina und zu Apothekenpreisen auf den Markt gehen.

Um die Welt bis ins Jahr 2050 zu ernähren, fehlt es nicht an Lebensmitteln, sondern an Geld. Dieses Geld muss in der Nahrungsmittelindustrie anders eingesetzt werden, als dies bislang der Fall war. Und das bedeutet, dass wir das Geschäftsmodell unseres weltweiten Ernährungssystems neu denken müssen. Wir brauchen nicht nur eine andere Wertschöpfungs-, sondern auch eine neue Wertschätzungskultur für Nahrungsmittel. Der amerikanische Food-Guru Michael Pollan[8] unterscheidet zwischen Rohstoffen wie Soja und Mais (beides wird industriell in erster Line als

Tierfutter angebaut) und Lebensmitteln, die diese Bezeichnung wirklich verdienen, weil sie den Menschen (und den Produzenten) ein gutes Leben ermöglichen.

Nahrungsmittel stehen für 10 Prozent des weltweiten Bruttoinlandsproduktes. In der globalen Ernährungswirtschaft sind zurzeit rund 1,5 Milliarden Menschen beschäftigt (Saisonkräfte eingeschlossen). Seit 1970 hat sich das Marktvolumen der internationalen Nahrungsmittelindustrie verdreifacht, während sich die Weltbevölkerung auf 7,7 Milliarden verdoppelte. Der Umfang an Lebensmittelexporten hat sich in den vergangenen 30 Jahren versechsfacht. Von freiem Handel kann auch hier nicht die Rede sein: Nationale Regierungen legen nach wie vor Preise fest und verhängen Exportkontrollen. Um rund 10 Milliarden Menschen im Jahr 2050 ernähren zu können, muss die Nahrungsmittelindustrie in den nächsten Jahren noch einmal um gut die Hälfte wachsen.

Das alte System verschmutzt die Flüsse und vergiftet den Boden. Nicht mehr nur in der westlichen Welt ködert es die Menschen mit einem Überangebot an billigen Nahrungsmitteln, das sich nachweislich negativ auf die Gesundheit und die Umwelt auswirkt, die Gesundheitssysteme belastet und den CO_2-Ausstoß erhöht. Bedenklich sind auch die internationalen Exportbilanzen der Ernährungsindustrie. Große Industrienationen – auch das hat Corona schmerzlich vor Augen geführt – sind kaum noch in der Lage, die Menschen durch die eigene Ernährungswirtschaft zu versorgen. Ein Land wie Großbritannien muss 40 Prozent seiner Lebensmittel importieren. Allein 14 Prozent der Lebensmittel, die im Vereinigten Königreich verzehrt werden, kommen aus Deutschland. In Großbritannien waren Suffizienzbedingungen, also die Situation, dass das Land seine Bevölkerung eigenständig ernähren konnte, letztmals zur Mitte des 18. Jahrhunderts gegeben.[9]

Corona, der Offenbarungseid einer kranken Industrie

Die Marktkonzentration auf den gestressten Nahrungsmittelmärkten, wie sie in den vergangenen rund 40 Jahren Gestalt angenommen hat, führte in den ersten Wochen der Corona-Pandemie dazu, dass der Ausfall von kleinsten Kettengliedern in der Logistikkette (ein kleines Schlachthaus wo auch immer) sofort das gesamte System der globalen Versorgung in Gefahr brachte. Das System von Big Food ist schon lange aus den Fugen geraten. Corona und die Klimakrise machen seine Zusammenbrüche, Absurditäten und Fehlfunktionen nur noch greller sichtbar.

Effizienz heißt in der Nahrungsmittelindustrie auch: Spezialisierung. Wer als mittelständisches Unternehmen einen Fuß in die Tür für bestimmte spezialisierte Produkte bekommt, dem geht es gut. Brechen die Lieferketten wie in der Pandemie jedoch einmal auch nur kurzfristig zusammen, droht schnell das Aus. Ein US-amerikanischer Flüssigeilieferant für Großküchen musste in den ersten Wochen der Pandemie Tausende von Hennen notschlachten, weil sich die Abnehmer im Lockdown befanden. Einmal kurzerhand die Produktionsinfrastrukturen umbauen und stattdessen Eier, die zu Beginn der Pandemie in US-Supermärkten knapp waren, an den Lebensmitteleinzelhandel auszuliefern, ist mangels technischer Flexibilität schlicht nicht möglich und außerdem unrentabel.

Ein weiteres Beispiel aus der Gastronomie: 30 Prozent der weltweiten Kalorien nehmen wir in Restaurants zu uns, in den USA tendierte die Zahl, vor Corona, stark in Richtung 50 Prozent.[10] Das Widersinnige des globalen Ernährungssystems: Menschen, die im Lockdown auf Mahlzeiten in den eigenen vier Wänden zurückgeworfen werden, fragen jedoch nicht nach den gleichen Produkten wie bei einem Restaurantbesuch. Zu Hause werden vor allem stark verarbeitete und vorportionierte Lebensmittel konsumiert. Und auch wenn Großküchen und Restaurants das gleiche Mehl und den gleichen Zucker verwenden wie ein Zweipersonenhaushalt, das spontane Umpacken der Produkte für Privathaushalte ist von den industriellen Anbietern ohne erhebliche Kosten und Zeitverzögerung schlicht nicht zu bewerkstelligen.

Ein Green New Deal beziehungsweise eine große Food-Transformation muss in der Ernährungsindustrie den Übergang von einem auf gnadenlose betriebswirtschaftliche Effizienz getrimmten System zu einem nachhaltigen und robusten Umgang mit unseren Lebensmitteln bewältigen. Die enorme Konzentration und die vorherrschenden Effizienzmechanismen produzieren satte Gewinne aufseiten der Industrie – sie gehen seit Jahrzehnten aber schon auf Kosten der Verbraucher, der Arbeiter, der Kleinunternehmen und der Umwelt. Big Food ist ein überalterter, rostig gewordener Supertanker, der nicht mehr manövrierfähig ist.

In der Pandemie begannen frustrierte Landwirte in den USA, wo die Konzentration und Zentralisierung am konsequentesten durchgesetzt wurde, mit Notschlachtungen und vernichteten Milch und Getreide, während am anderen Ende der Stadt arme Menschen stundenlang für eine warme Mahlzeit anstehen mussten. Landwirte in Europa ließen ihre Ernte lieber verrotten, als länger auf quarantänefreie Arbeitskräfte aus Nachbarländern zu warten (die häufig ohnehin erst einmal angelernt werden müssen). Millionen Liter an Fassbier lagerten in den internationalen Häfen und wurden schal. Französische Fischer schmissen zwei Drittel ihres Fangs wieder ins

Meer zurück. In kürzester Zeit zwang Corona das System in die Knie. In den USA stieg während der Pandemie die Abfallrate bei Lebensmitteln von 30 auf 40 Prozent an, während im Bundesstaat Indiana die Nachfrage nach Jagdlizenzen für Wildenten 2020 um 28 Prozent geklettert sein soll.[11]

Als die globale Gastronomie den Laden dicht machte, führte das schließlich dazu, dass sich Tonnen von Fleisch in internationalen Häfen in Kühlcontainern türmten. Der *Economist* berichtete, wie das die US-amerikanische Schweinezucht an ihre Grenzen brachte.[12] Durch den Lockdown konnten 40 Prozent weniger Schweine geschlachtet werden. Jeden fünften Tag liefen eine Million »überflüssiger« Schweine auf, die nicht geschlachtet werden konnten, Platz für die anderen Tiere versperrten und die Lebensbedingungen auf den Farmen komplett unerträglich machten.

John Tyson, der mächtige CEO von Tyson Foods, dem zweitgrößten Fleischverarbeiter der USA (Jahresumsatz 2020: 43,19[13] Milliarden US-Dollar), warnte in den ersten Wochen der Corona-Krise mit markigen Worten vor dem Zusammenbruch der internationalen Lebensmittellogistik.[14] Umgehend schritt US-Präsident Donald Trump ein und setzte den »Defense Production Act« in Kraft. Das Gesetz wurde in Zeiten des Koreakriegs entworfen und bevollmächtigten den US-Präsidenten, Industriebetriebe zur Produktion bestimmter Güter zu verpflichten. Wohlgemerkt, Trump ordnete nicht die Produktion von Schutzmasken oder Ähnliches an, er befahl, dass die Massenproduktion von Fleisch um jeden Preis aufrechterhalten werden müsse.

Die Folge waren eklatante Superspreader-Events in den Schlachthöfen Nordamerikas. Auch hier legte die Viruskrise offen, dass das globale Food-System nur noch durch menschenverachtende Billigarbeit und quälerische Massentierhaltung aufrechterhalten werden kann. Die lausig bezahlten Immigranten in den Schlachthäusern galten plötzlich als systemrelevant und riskierten eine lebensbedrohliche Virusansteckung, um die »Fleischversorgung« der Burger-Nation sicherzustellen. Krankmeldungen wurden nicht akzeptiert. Wer – auch mit Corona-Symptomen – am Arbeitsplatz erschien, erhielt eine kleine Prämie. In den Schlachthäusern ackern die Metzger im Akkord für Mindestlöhne Schulter an Schulter, jeder Zentimeter muss genutzt werden. Die Geschwindigkeit der Massenproduktion erlaubt es nicht einmal, zur Toilette zu gehen, viele tragen deshalb Windeln bei der Arbeit. Das Ergebnis: Die Schlachthäuser avancierten in den USA und in Europa zu Hotspots der Pandemie. Natürlich sorgte sich Tyson Foods nicht in erster Linie um das globale Nahrungsmittelsystem – die Profitabilität der Fleischindustrie stand auf dem Spiel.

Peak Meat?
Die Entkoppelung von Wohlstand und Fleischverzehr und der Auftritt der »Flexitarier«

Der internationale Markt der Fleischverarbeitung ist ein Markt auf Drogen. In Deutschland wurden 2011 über 1700 Tonnen Antibiotika an Tiere verabreicht. Das ist die dreifache Menge wie in der Humanmedizin. In den Jahren darauf ging die reine Menge auf knapp 1250 Tonnen zurück. Doch zugleich stieg der Einsatz von besonders wirksamen Reserveantibiotika deutlich an, die eigentlich der Behandlung bestimmter Krankheiten bei Menschen vorbehalten sein sollten. Das tierische Drogenproblem besteht international: In den USA werden circa 80 Prozent aller Antibiotika an Tiere vergeben. Anders als in der EU ist dort auch der Einsatz von Antibiotika zur Wachstumsförderung zugelassen.[15]

Schlechtes Essen birgt ein höheres Todesrisiko als ungeschützter Sex, Alkohol-, Tabak- und anderweitiger Drogenmissbrauch zusammen. Jährlich sterben mehr Menschen an falscher Ernährung als an Unterernährung. Schlechte Ernährung trägt maßgeblich zur epidemischen Entwicklung chronischer Krankheiten wie Diabetes bei und ist mitverantwortlich für den weltweiten Anstieg von Herz-Kreislauf-Krankheiten. Bis ins Jahr 2050 soll in den USA die Zahl der Diabetiker in der Erwachsenenbevölkerung noch einmal um 46 Prozent auf 12 Millionen Betroffene ansteigen.[16]

Gesunde Ernährung wird von der WHO dagegen als etwas definiert, was das Wohlergehen aller Menschen steigern und zu Lebensbedingungen führen soll, die physisches, psychisches und soziales Wohlergehen garantieren – und eben nicht nur die Abwesenheit von Krankheit bedeuten.

Die globale Nahrungsmittelindustrie ist das Scharnier, das die Gesundheit jedes Einzelnen von uns mit einer nachhaltigen Umweltpolitik verbindet. Eine gesunde Ernährung, die mit den Klimazielen vereinbar ist, umfasst Obst, Gemüse, Ganzkorn, gesättigte Fettsäuren, Nüsse, Fisch und Geflügel, einen möglichst geringen Anteil roten Fleischs, wenig in Wurst verarbeitetes Fleisch, wenig zusätzlichen Zucker, wenig raffiniertes Korn und wenig stärkehaltiges Gemüse. Gesunde Ernährungsgewohnheiten ebnen den Weg zu einer dekarbonisierten Gesellschaft. Bis 2050, so die Empfehlung von Experten, sollte der Konsum von ungesundem Essen um 50 Prozent reduziert und gesunde Ernährungsweisen um 100 Prozent erhöht werden.[17] In dieser neuen Ernährungswelt kann sicher davon ausgegangen werden, dass das Sterberisiko signifikant sinkt und die Lebensqualität ansteigt.

Dem steht die triste Realität gegenüber, dass Nahrungsmittel das *global business* schlechthin sind. Die Hälfte des US-Geflügelmarktes wird von vier Unternehmen kontrolliert. Ehemalige Schwellenländer wie Brasilien oder China, in denen mittlerweile eine fleischhungrige und statusorientierte Mittelschicht den Ton angibt, haben bereits selbst einen eigenen Nahrungsmittelgiganten geschaffen. JBS, ein brasilianisch-US-amerikanisches Unternehmen (Jahresumsatz: 37,4 Milliarden Euro, Wachstum im zweistelligen Bereich[18]) gilt seit einiger Zeit als der größte Fleischverarbeiter der Welt.

Dass unsere Obsession mit fleischlichen Genüssen problematisch ist, können inzwischen schon Vorschulkinder erklären. Laut Schätzungen der FAO, der Welternährungsorganisation der Uno, verursacht die Massentierhaltung mit 14,5 Prozent gleich hohe Treibhausgasemissionen wie der weltweite Verkehr.[19] Tierhaltung zur Fleischproduktion verbraucht gegenüber der Produktion von Gemüse die achtfache Menge an Wasser und nimmt 160-mal so viel Land in Anspruch. Bei der Ernährung der Zukunft geht es nicht nur um Effizienz, Nachhaltigkeit und Innovationen – wir müssen unseren Wohlstand vom weltweit explodierenden Fleischverzehr entkoppeln. Wer gerade in der Mittelschicht zwischen Seattle und Shanghai angekommen ist, der vervielfacht zuallererst seinen Fleischkonsum. Fleisch, speziell aromareiches Rindfleisch, ist ein globales Statussymbol.

Dass die Fleischindustrie in Deutschland allmählich unter Druck gerät, ist längst kein Geheimnis mehr. Der Fleischkonsum in Deutschland ist stagnierend bis rückläufig. Die Nürnberger Gesellschaft für Konsumforschung (GfK) berichtete für Fleisch für den Zeitraum Januar bis Oktober 2018 mit 8,16 Milliarden Euro zwar von einem Einkaufswert auf dem Niveau des Vorjahreszeitraums. Jedoch ging die Menge um 2,1 Prozent auf 1,246 Millionen Tonnen zurück. Bei Wurstwaren fielen sowohl der Umsatz um 0,5 Prozent auf 9,771 Milliarden Euro als auch der Absatz um 2,2 Prozent auf 1,118 Millionen Tonnen ins Minus.[20]

Gerade mit Blick auf die Erfolgsgeschichten ehemaliger Entwicklungsländer bekommt man den Eindruck, dass es ein neuglobales Statussymbol gibt: Wer sich Fleisch zu jeder Zeit leisten kann, der hat es geschafft. Fleisch ist eines der wichtigsten Statusmerkmale für Wohlstand in einer Welt geworden, die in den kommenden Jahren lernen muss, ihre planetaren Grenzen zu akzeptieren. Seit den 1980er-Jahren sind in China sage und schreibe 700 Millionen Menschen in die globale Mittelschicht aufgestiegen[21], das entspricht knapp der Hälfte der Bevölkerung. Im Reich der Mitte werden mittlerweile 28 Prozent des gesamten weltweit produzierten Fleisches verzehrt. 15 Prozent des in Deutschland hergestellten Fleisches wird in die Volksrepublik exportiert. Längst nehmen die Chinesen durchschnittlich mehr (fleischliche) Eiweiße zu sich als die Menschen in der Burger-Nation USA: annähernd 600 Kalorien aus Proteinen pro Tag.[22]

Wir brauchen ein neues Ernährungssystem, um immer mehr Menschen angesichts des Klimawandels verantwortungsvoll und gut ernähren zu können. Fleischersatzprodukte, vor Kurzem noch als Leibspeise für lustfeindliche Weltverbesserer verschrien, finden starken Anklang bei vielen Menschen und könnten auch der etablierten Nahrungsmittelindustrie aus der Sackgasse helfen. Ein neuer Zukunftsmarkt entsteht. Den weltweiten Fleischmarkt taxieren Experten aktuell auf rund 1,4 Billionen US-Dollar. Zwar ist mittelfristig nicht zu erwarten, dass irgendwann nur noch Fleischersatzprodukte gegessen werden.[23] Doch wohin die Reise gehen könnte, zeigt der Markt für pflanzliche Milchprodukte wie Sojamilch. Hier liegt der Marktanteil bereits bei neun Prozent.[24]

Burger-Patties aus Fleisch-Pilz- und Fleisch-Getreide-Mischung könnten den Übergang in das Flexitariertum erleichtern. Laut der *Lebensmittel-Zeitung*[25] sind außerdem »Trendmehle« wie Blumenkohlmehl, Erdnussmehl und ballaststoffhaltige Mehle mit Superproteinen schwer im Kommen. Soja, ein zentrales Produkt bei der fleischlosen Ernährung, das jedoch unter oligopolartigen Bedingungen hauptsächlich in den USA, Südamerika, Indien und China hergestellt wird, ersetzen trendbewusste Hersteller in Deutschland jetzt immer häufiger durch protein- und nährstoffreiche Produkte wie Mungobohnen, Hanfsamen, Kürbis, Avocado, Wassermelonenkerne und die goldene Chlorella. Demnächst werden wir also auch so etwas wie Wassermelonensamenbutter im Kühlregal finden. Und auch an der Zuckerfront tut sich einiges: Sirup-Reduktionen aus Früchten wie der Mönchsfrucht, Granatapfel, Kokosnuss und Datteln sowie Stärkelieferanten wie Hirse oder Süßkartoffel sind in. Ebenso der Süßstoff Swerve, der null Kalorien enthält und den Blutzuckerspiegel nicht ansteigen lässt.

Zu den Mitbewerbern auf der Suche nach dem Eiweiß der Zukunft zählt auch Cargill, ein US-Konzern in Privatbesitz mit 113 Milliarden US-Dollar Jahresumsatz. Im Interview mit der *Lebensmittel Zeitung* erklärte Innovations- und Technikchef Florian Schattenmann mit Blick auf Corona: »Bei den Verbrauchern setzt sich die Überzeugung durch: Wer am gesündesten und widerstandsfähigsten ist, kann sich auch am besten vor Infektionen schützen.«[26] Für viele, davon ist Cargill mittlerweile überzeugt, gehört dazu auch die Abkehr vom Fleisch. »Alternative Proteine laufen gut und kommen hervorragend im Markt an«, so Schattenmann weiter. Cargill liefere Proteine auf Erbsen- oder Sojabasis, Lipide, Fette, Vitamine und Mineralstoffe. »Wir haben alles – von der Formulierung über die Verarbeitung bis zum Produkt.«

Immer mehr Verbraucher reduzieren ihren Fleischkonsum oder verzichten ganz auf tierische Produkte. Vegetarier wie Flexitarier greifen häufig zu Ersatzprodukten, die in Haptik und Geschmack den gewohnten Fleisch- oder Wurstwaren ähneln. Zurzeit ist viel von den sogenannten Flexitariern die Rede. Doch was ist das für ein Lebensstil, was wollen die Flexitarier? Und wie viele Vegetarier gibt es wirklich? Die Marktforscher von Splendid Research sind diesen Fragen im Juni 2020 in einer repräsentativen Umfrage nachgegangen. Ergebnis: Der konsequente Fleischverzicht ist in Deutschland vor allem Frauensache. 80 Prozent der Vegetarier sind weiblich. Wer Fleisch nicht mehr auf seinen Teller lässt, ist durchschnittlich 35 Jahre alt und ernährt sich bereits seit mehr als fünf Jahren auf pflanzlicher Basis.[27]

Dagegen weichen die Männer bislang offenbar erst einmal in den Flexitarier-Trend aus, die Mehrzahl von ihnen möchte nicht komplett auf Fleisch verzichten, senkt aber auch den regelmäßigen Konsum tierischer Produkte. Flexitarier, so haben es die Marktforscher von Splendid Research berechnet, sind zu 60 Prozent männlich, durchschnittlich 46 Jahre alt und beschäftigen sich damit, seit ein bis drei Jahren vegetarische Kost in ihren Alltag zu integrieren. 54 Prozent haben bereits Ersatzprodukte gekauft, bei Vegetariern liegt der Anteil mit 88 Prozent deutlich höher. Der Wunsch nach Ersatzprodukten ist auch bei den Flexitariern vorhanden. Doch beide Gruppen monieren das Preis-Leistungs-Verhältnis.

Nach wie vor lässt der Geschmack noch zu wünschen übrig. 30 Prozent der Flexitarier und 17 Prozent der Vegetarier empfinden die Fleischersatzprodukte als »nicht so lecker«. Zudem könnte die Auswahl an veganen oder vegetarischen Produkten üppiger sein. Hier sind es vor allem die Vegetarier (28 Prozent), die sich mehr Vielfalt wünschen (Flexitarier 17 Prozent). Die Verbraucher erledigen ihren Lebensmitteleinkauf überwiegend im Supermarkt (85 Prozent) und beim Discounter (Flexitarier 65 Prozent, Vegetarier 61 Prozent) und in geringerem Maße in Drogeriemärkten und Bioläden. Bei der Ernährung sind für beide Gruppen Geschmack, Tierwohl, Gesundheit und Preis-Leistung die wichtigsten Kriterien und die fließen in die Wahl der Produkte ein.

Unternehmen, die teilweise seit Jahrzehnten in der Fleischverarbeitung tätig sind, erkennen, dass Fleischverzicht nicht nur ein vorübergehender Hype ist.[28] Ein Betrieb wie die Rügenwalder Mühle ist entschlossen, sich als Transformationsunternehmen aufzustellen. Und das bedeutet, nicht nur opportunistisch an einem Trend entlangzusurfen, sondern Grundlagen für einen nachhaltigen Wandel zu schaffen. Es ist gerade fünf Jahre her, dass die Rügenwalder Mühle die Grenze von 200 Millionen Euro Umsatz überspringen konnte. Im vergangenen Jahr waren es schon

242 Millionen Euro. Das Plus von 15 Prozent gegenüber dem Vorjahr ist mittlerweile eine übliche Größe bei dem Familienunternehmen im niedersächsischen Bad Zwischenahn. Getrieben wird das Wachstum des ehemals klassischen Fleischwarenherstellers von den 2015 eingeführten fleischlosen Produkten. Zwar legten auch die »echten« Fleisch- und Wurstwaren 2019 zu, insbesondere aber die Fleischalternativen konnten den Bruttoumsatz um 44 Prozent steigern. Und das Veggie-Sortiment wächst weiter, seit Jahresbeginn erneut um 50 Prozent.

Die Flexitarier sind der Kernmarkt für die Rügenwälder Mühle. Erweiterung des fleischlosen Angebots steht ganz oben auf der Agenda. 29 Produkte umfasst das Veggie-Sortiment aktuell, 13 davon sind vegan. Bei Lidl läuft ein Test mit fleischlosen Tiefkühlprodukten. Die Verbrauchernachfrage diktiert, wohin die Reise gehe. Nächstes Ziel: mehr Präsenz für fleischlose Produkte als Snacks, in Hotels und im Sportstadion. Eine große Herausforderung für Transformationsunternehmen wie Rügenwälder ist die Rohstoffbeschaffung. Im April 2019 wurde mit der Umstellung auf in Europa angebautes Soja begonnen. Inzwischen hat das im Unternehmen einen Anteil von 50 Prozent. Künftig will Rügenwälder noch mehr heimische Proteinquellen wie Ackerbohnen, Kartoffeln oder Lupinen einsetzen. Mit Vertragspartnern wurde außerdem ein Versuch gestartet, eigene pflanzliche Rohstoffe in Deutschland anzubauen.

Im Fleischsegment setzt Rügenwälder Mühle auf Nachhaltigkeit, auch wenn Wurst aus Biofleisch bislang unter den Erwartungen bleibt. Rügenwälder vermarktet Bio jetzt auch unter dem Label »Mehrwertfleisch«. Im Vergleich zum Vorjahr hat Rügenwälder 2019 insgesamt 2.500 Tonnen mehr Fleischalternativen und Wurst verkauft, insgesamt 26.750 Tonnen.

Auch die unentschlossenen Flexitarier könnten die Klimabilanz signifikant verändern. Laut dem Klimarechner des Umweltbundesamts[29] ist jeder Bürger im Schnitt für 11,61 Tonnen CO_2 im Jahr verantwortlich, 1,74 Tonnen davon entfallen auf die Ernährung. Reduziert ein Durchschnittsdeutscher seinen Fleischkonsum um ungefähr ein Viertel, spart er 0,1 Tonnen CO_2 ein, bei vollständig vegetarischer Ernährung sind es sogar 0,45 Tonnen. Das entspricht einem Viertel des durch die Ernährung entstehenden CO_2. Rechnet man das auf die Gesamtbevölkerung um, könnte der jährliche CO_2-Ausstoß in Deutschland durch weniger Fleischkonsum um rund 8,3 Millionen Tonnen reduziert werden. Zum Vergleich: Inlandsflüge schlugen 2018 mit zwei Millionen Tonnen CO_2 zu Buche. Würde die Bevölkerung ein Viertel weniger Fleisch essen, würden wir bei einem CO_2-Gesamtausstoß von 866 Millionen Tonnen pro Jahr insgesamt 1 Prozent weniger CO_2 produzieren.

Klingt doch machbar, zumal aktuelle Zahlen nahelegen, dass sich der Fleisch-los-Trend in Deutschland zu stabilisieren beginnt. Laut einer Forsa-Umfrage für das Bundeslandwirtschaftsministerium vom Mai 2020 geben nur noch 26 Prozent der Befragten an, täglich Fleisch zu essen, im Jahr 2015 waren es noch 34 Prozent.[30] Die Konsumenten werden nachdenklich, sie werden sich ihrer Verantwortung bewusst und tun etwas. Anlass ist in allen Altersgruppen vornehmlich Neugier – bei den Käufern von Ersatzprodukten gaben 75 Prozent dies als Motivation an. Bei 48 Prozent standen Gründe des Tierschutzes, bei 41 Prozent die des Klimaschutzes im Vordergrund. Für 43 Prozent war der gute Geschmack für den Kauf entscheidend. Tatsächlich werden wir das globale Nahrungsmittelsystem nicht umbauen können, wenn die Regierungen nicht stärker in den Dialog mit »Big Food« treten und mit Richtlinienkompetenz die neuen Säulen des Systems installieren.

Ein Discounter wie Aldi Süd verzeichnete im vergangenen Jahr (2020) eine deutlich gestiegene Nachfrage nach vegetarischen und veganen Produkten. Als Beleg führt Annett Werny, Manager Corporate Responsibility, den pflanzlichen »Wonder Burger« an. Die fleischlosen Patties wurden nach der Einführung im August 2019 genauso häufig gekauft wie die Patties aus Rindfleisch. Auch der vegetarische Aufschnitt gehört bei dem Discounter zu den Top-Sellern. Der saarländische Lebensmitteleinzelhändler Globus (176 Filialen, Jahresumsatz 2019/2020: 7,95 Milliarden Euro[31]) verzeichnete 2019 ein Wachstum von 30 Prozent bei Fleischalternativen aus dem Tiefkühlfach.

Einflussreicher als die Flexitarier sind wohl noch die Foodies. Wir haben diesen Lebensstil, der das, was und wie man isst, in den Mittelpunkt des eigenen Werteverständnisses rückt, bereits 2012 in einer Studie definiert.[32] Die Foodies sind eine asymmetrische Bewegung ohne hierarchische Führungsstrukturen. Veganer, Slowfood-Aktivisten und Tierschützer organisieren sich vor allem im Internet und üben Druck auf Big Food aus. Spricht man mit den Foodies, dann beginnen Ernährungstabus schon längere Zeit aufzubrechen. Würmer und Insekten werden längst in Energieriegeln verarbeitet.[33] Fleisch aus dem Reagenzglas ist eine Alternative, die viele Investoren aus der alten Fleischindustrie anzieht.[34] Und wofür gibt es eigentlich Marketing, wenn es nicht gelingt, immer mehr Fleischalternativen salonfähig zu machen? Außerdem gilt: Je schneller sich die Alternativen etablieren und das Angebot vielfältiger wird, umso selbstverständlicher wird der Umstieg.

Denise Morrison zählte einmal zu den 100 wichtigsten Frauen in der Wirtschaft und war zwischen 2011 und 2018 die erste weibliche Chefin der amerikanischen Kultmarke Campbell Soup (Umsatz 2020: 8,691 Milliarden US-Dollar[35]).

Morrison hat, wie nur wenige in der Branche, den sich abzeichnenden Wandel erkannt: »We understand that increasing numbers of consumers are seeking authentic, genuine food experiences. And we know that they are skeptical of the ability of large, long-established food companies to deliver them«[36], erklärte sie zu Beginn der Krise Mitte der 2010er-Jahre.[37] Und sie fügte hinzu, früher habe die industrialisierte Produktion den Menschen das Gefühl gegeben, dass das, was sie essen, gesund und ungefährlich sei. Heute hätten die Menschen die Befürchtung, dass es ungesund und bedenklich ist, was ihnen die Industrie liefere. Deutlicher lässt sich der Bruch im Verhältnis zwischen Verbraucher und Industrie nicht beschreiben.

Nach wie vor befinden wir uns in einer eher unübersichtlichen Phase der Desillusionierung und des Übergangs. Auch im deutschen Lebensmitteleinzelhandel beginnen sich vertraute Allianzen aufzulösen, neue Partnerschaften entstehen: Lidl verpasst seinen Eigenmarken das Biolandsiegel, Kaufland führt seit Februar 2019 über 150 Demeter-Artikel. Der Siegeszug von Alnatura kostete den Feinkostklassiker Schneekoppe viele Regalmeter. Produktrückrufe und eine holprige Expansion nach China mit Babybrei bereiteten zusätzliche Probleme. Den selbst verordneten Abschied von zuckerreduzierten Produkten konnte das Unternehmen nicht über Innovationen auffangen. Auch hier beginnt sich vorsichtig so etwas wie Aufbruchsstimmung abzuzeichnen. Die fundamentale Vertrauenskrise ist als Identitätskrise bei den Konzernen angekommen. Zumindest waren ab Mitte der 2010er-Jahre jede Menge Einsichts- und Absichtserklärungen zu lesen. Selbst Nestlé, der mit einem Jahresumsatz von 90,689 Milliarden US-Dollar weltgrößte Lebensmittelkonzern[38], signalisierte – freilich erst unter dem Eindruck von wegbrechenden Gewinnmargen –, dass wohl eine Ära zu Ende geht. »In food, change is happening at a pace we've probably never seen before«, konzedierte 2015 der mächtige Nestlé-CEO Paul Grimwood.[39]

VON BIG FOOD ZUR GREAT FOOD TRANSFORMATION

BIG FOOD	GREAT FOOD TRANSFORMATION
· VERSECHSFACHUNG DER LEBENSMITTELEXPORTE · »CORPORATE CROPS« (EISBERGSALAT) · EFFIZIENZ = MARKTKONZENTRATION · ZENTRALISIERUNG DER PRODUKTION · GLOBALE LIEFERKETTEN	· DEUTLICHE REDUZIERUNG DER FLEISCHEXPORTE · VOLLWERTIGE, GESUNDE »MITTEL ZUM LEBEN« · REGIONALISIERUNG = LEBENSMITTELSICHERHEIT · DEZENTRALISIERUNG DER PRODUKTION · FÖRDERUNG MITTELSTÄNDISCHER STRUKTUREN

Von Big Food zur Great Food Transformation   *Quelle: ITZ 2021*

Das Ende von Big Food, wie wir es kennen

Big Food ist in wahrlich »big trouble«, und zwar schon seit gut fünf Jahren. Die Umsätze in bewährten Produktkategorien wie Convenience und Tiefkühlkost rasseln seitdem in den Keller. Allein 2014 verlor die US-Food-Industrie 4 Milliarden US-Dollar im Segment »Packaged Food« an Bio- und Frischeprodukte. Zwischen 2009 und 2015 büßten die Top-25-Lebensmittelimperien Marktanteile im Wert von 18 Milliarden US-Dollar ein.[40]

Das Internet hat beim Thema Ernährung – entgegen seiner Tendenz zur Delegitimierung von Demokratie und Emanzipation – für eine kritische Masse an NGOs, Bürgerbewegungen und interessierten Individualisten gesorgt, die im vorherrschenden Ernährungssystem nicht mehr mitmachen wollen. Tatsächlich erlebt Big Food seit knapp zehn Jahren, von den USA und zunehmend kritischen und misstrauischen Konsumenten ausgehend, eine ernsthafte Existenzkrise. Das Ganze kulminierte vor zwei Jahren in dem Austritt von Fertigsuppen-Ikone Campbell aus der mächtigen Grocery Manufacturers Association (GMA). Im vergangenen Jahr folgten mit Unilever, Cargill, Kraft Heinz, Mars, DuPont de Nemours und vielen anderen quasi die kompletten Top-10 der US-Ernährungswirtschaft. Die kritischen Konsumenten, das stellten die PR-Truppen von Big Food selbst fest, haben sich so weit von Big Food entfremdet, dass etwas passieren musste. Zukunft lässt sich mit den Altlobbyisten von der GMA jedenfalls nicht gestalten.

Mit der altehrwürdigen GMA hat sich 2019 die höchst einflussreiche Lobbyorganisation von Big Food im vergangenen Jahr fast von selbst aufgelöst. Zwischen den Mitgliedern ließ sich in vielen Grundsatzfragen kein Konsens mehr herstellen. Big Food ist zerbrochen. Die Zahl der Mitglieder hat sich auf gerade einmal die Hälfte reduziert. Weltmarktführer wie Nestlé, Danone, Unilever und Mars sammelten sich bereits 2018 in einer eigenen elitären Splittergruppe, der Sustainable Food Policy Alliance. Längere Zeit war über die Webseite der GMA nicht mehr nachvollziehbar, welche Unternehmen dem Verband tatsächlich noch angehören. Viele Unternehmen betreiben Nabelschau und fragen nach der eigenen Identität. Die Fortschrittlichen versuchen, sich ein Bild von den neuen Kundenbedürfnissen zu machen, oder bemerken jetzt allmählich, dass es Kundenbedürfnisse und Umweltfragen überhaupt gibt.

Viel Veränderung ist spürbar in einer stockkonservativen Branche. Dean Foods, Amerikas größter Milchproduzent, hat kürzlich die International Dairy Foods Association verlassen. Das Unternehmen weigert sich, nachhaltige Veränderungstrends zur Kenntnis zu nehmen. Der Milchverband vertrete nicht mehr die Interessen seiner Mitglieder, so verlautbarte Dairy Foods, weil es ihm nicht gelungen sei, die Vermarktung von Milchersatzprodukten durch die Nutzung von Begriffen wie Milch und Butter zu unterbinden.[41] Kein Stein bleibt auf dem anderen.

Wie haben die *Rulebreaker*, die Alternativen, Unangepassten und Weltverbesserer in den vergangenen Jahren den Kampf mit dem globalen Ernährungssystem aufgenommen? Der Höhenflug und anschließende Absturz einer populären Marke wie Bionade zeigt, dass Innovationen in einem von Weltkonzernen beherrschten Markt äußerst schwierig umzusetzen sind. Bionade eroberte in Deutschland Mitte der 00er-Jahre die Herzen des grünalternativen Establishments als perspektivlose Aschenputtel-Brauerei aus der Rhön. Mit einer zuckerarmen Limonade, die eigentlich Kindern schmecken sollte, avancierte die fermentierte (vergorene) Brause zum Trendgetränk. Eine Außenseitermarke, die gesünderen Genuss versprach, schien den Pepsis, Coca-Colas und Red Bulls das Fürchten zu lehren. Genauer betrachtet kam das mittelständische Unternehmen jedoch trotz zwischenzeitlich berauschender Verkaufszahlen (Coca-Cola verkauft pro Tag 1,5 Milliarden Flaschen[42], Bionade brachte es im Rekordjahr 2007 immerhin auf 200 Millionen Flaschen im Jahr) nie aus den Geldschwierigkeiten heraus. Bionade war von Anfang bis Ende von übermächtigen Gesellschaftern und Banken abhängig und konnten am Ende den Vertrieb für 10 Millionen Bionadeleergutkästen nicht mehr vorfinanzieren. Als die Trendmarke schließlich vom Lebensmittelriesen Dr. Oetker aufgekauft und der Preis für die Bionade deutlich angehoben wurde, wurde das Getränk von der Öko-Community umgehend mit Verachtung gestraft.[43]

Man kann es aber auch mit subtilen Marktstrategien versuchen. Ein Unternehmen wie Hain Celestial geht in den USA mit seinen Bioprodukten in Sortimente, in denen konventionelle Hersteller Umsatzrückgänge zu verzeichnen haben. Mit mehr als 50 Marken und einem Jahresumsatz von 2 Milliarden US-Dollar[44] versucht sich das Biolabel, auch auf Wachstumsmärkten wie Babynahrung, Milchersatz und Proteinnahrung zu etablieren. Längst ist Hain Celestial eine hübsche Biobraut, die den Großkonzernen bei der Imagekorrektur zur Hilfe kommen könnte. Gerüchte, wonach sich Nestlé das US-amerikanische Biounternehmen gerne einverleiben möchte, tauchen immer wieder auf, Vorgespräche sollen laut Bloomberg im vergangenen Jahr bereits stattgefunden haben. Überhaupt sind Akquisen in einer Branche, die sich in einer tiefen Existenzkrise befindet, seit einiger Zeit schon sehr beliebt. Selbst ein unscheinbares und auf die Herstellung von Biomüsli spezialisiertes Unternehmen wie Nature's Path darf sich nach eigenen

Angaben jährlich mit rund 50 Übernahmeangeboten aus der Big-Food-Gemeinde auseinandersetzen.

Hain Celestial verdankt seinen Erfolg vor allem einer ehrlichen Kommunikationspolitik, denn nach wie vor steht bei vielen Biomarken der Vorwurf des Greenwashings im Raum. Hain Celestials CEO Irwin Simon bevorzugt klare Konzepte: »Wenn Ihre Produkte frei von Genmanipulation und frei von künstlichen Aromastoffen sind, verlieren Sie immer zehn Prozent bis 15 Prozent an Marge. You can't go both ways. You have to put your stake in the ground.«[45]

Cinderella-Geschichten sind in kaum einer Branche so schwierig zu schreiben wie im Lebensmittelbereich. Hierzulande haben Newcomer im Nahrungsmittelgeschäft mittlerweile halbwegs realistische Chancen, zumindest den Weg in die Regale des Handels zu finden, der nach Differenzierung und besserer Qualität giert. Foodloose, ein Hamburger Spezialist für Snackalternativen, hat unter anderem die »Peanut Butter Bites« auf den Markt gebracht. Der salzig-süße Snack besteht aus einer cremigen Erdnussmusfüllung, umhüllt von einer Dattelhülle. Foodloose-Produkte sind vegan, laktose- und glutenfrei, hochwertige Bio-Snacks, die ohne Zusatzstoffe, Aromen und Industriezucker auskommen. Und sie zahlen noch auf gute Zwecke ein: Pro verkaufter Packung gehen 5 Cent an den Verein Nestwärme e.V., der sich um Familien mit schwerkranken und behinderten Kindern kümmert. Die Zielsetzung von Foodloose war von Anfang an, industriell gefertigte Artikel im Snack- und Riegelmarkt durch bessere und gesündere Varianten zu ersetzen. Das kleine Unternehmen sieht sich noch immer als Start-up, schreibt aber bereits seit 2015 schwarze Zahlen. Die nationale Distribution läuft über DM-Drogerien und den Bio-Fachhandel. Weitere Kunden versorgt Foodloose in Österreich, der Schweiz, Frankreich und Spanien. Die Riegel von Foodloose werden ausschließlich mit Agavendicksaft gesüßt, auf raffinierten Zucker wird komplett verzichtet. Für die ersten Riegel heuerten die Gründerinnen Eltern und Freunde an und stellten die Riegel per Hand her, 4000 Stück in zwei Wochen.[46]

Gegenüber den Usancen von Kalorien-Trusts wie Nestlé oder Kraft Heinz klingt das wie Kunsthandwerk. Dabei wären Food-Innovationen entlang einer ganz simplen und naiven Überlegung umsetzbar. Einfach die Ressourcenvielfalt nutzen, die die Erde bietet. Es gibt rund 14.000 essbare Früchte auf der Erde, davon werden rund 150 bis 200 von Menschen kultiviert. Doch nur drei von ihnen (Reis, Mais und Weizen) decken aktuell 60 Prozent des menschlichen Kalorienbedarfs ab. Quinoa, Hirse, Liebesgras, Breiapfel (Zapote), Baumspinat (Chaya) oder Chenapodes sind ebenfalls hochgradig wertvolle Früchte, werden aber nicht kultiviert. Dagegen sieht die Lancet

Commission in dieser Produktvielfalt enorme Potenziale für die gesundheitsorientierte Entwicklung hochwertiger Nahrungsmittel.[47] Die Nahrungsmittelindustrie interessiert das allerdings nur wenig, weil sich aus Breiapfel und Liebesgras nicht zeitnah ein Business Case machen lässt. Vielfalt lässt sich im herrschenden System der Globalisierung und Oligopolisierung nicht kommerzialisieren.

Aktuell ringt die Politik mit der Industrie in Europa und Nordamerika um gesündere Rezepturen, was durchaus wichtig ist. Britische Unternehmen müssen ab April eine Abgabe zahlen, wenn ihre Produkte mehr als 5 Gramm Zucker je 100 Milliliter enthalten, bei mehr als 8 Gramm Zucker je 100 Milliliter wird eine höhere Zahlung fällig. Die führenden Getränkeunternehmen Coca-Cola, Britvic, Lucozade Ribena Suntory, die Handelskonzerne Tesco und Lidl, der Nahrungsmittelkonzern Nestlé sowie mehrere kleinere Getränkehersteller haben die Zeit genutzt und den Zuckergehalt vieler Produkte deutlich gesenkt.[48] Zum Vergleich: Coca-Cola hat den Zuckergehalt im Softdrink Fanta von 6,9 auf 4,6 Gramm Zucker gesenkt – in Deutschland sind 9,1 Gramm enthalten.[49]

Nur noch 3,3 Gramm Zucker enthält heute das britische Sprite, zuvor war doppelt so viel Zucker enthalten. Ein gestuftes Mehrwertsteuersystem für Lebensmittel hält auch die Deutsche Diabetes Gesellschaft (DDG) für längst überfällig: Ungesunde Produkte mit hohem Anteil an Zucker, Fett und Salz sowie süße Softdrinks sollten mit dem vollen Mehrwertsteuersatz belegt werden. Gesunde Lebensmittel wie Obst und Gemüse sollten dagegen von der Mehrwertsteuer befreit werden. Die DDG erachtet darüber hinaus eine zusätzliche Besteuerung von Softdrinks mit 28 Prozent Mehrwertsteuer für sinnvoll. Eine Zuckersteuer wird in mehr als 16 Ländern erhoben, unter anderem auch in US-Städten wie San Francisco, Boulder, Seattle und Philadelphia. Die Wirksamkeit ist durch aktuelle Studien und Metastudien belegt.[50]

In insgesamt fünf Metastudien wurden über 300 internationale Studien und Datensätze aus 13 Ländern ausgewertet: Chile, Guatemala, Panama, Nicaragua, Albanien, Polen, Türkei, Tadschikistan, Tansania, Niger, Nigeria, Indien und Timor-Leste. Ein Ergebnis dabei war, dass höhere Preise für ungesunde Konsumgüter die Nachfrage vor allem bei einkommensschwachen Bevölkerungsgruppen senken.[51] Es ist darüber hinaus sinnvoll, die zusätzlich generierten Steuereinnahmen in die Armutsbekämpfung zu investieren. Befürchtungen, dass höhere Steuern auf Tabak, Alkohol und Softdrinks der ärmeren Bevölkerung schaden könnten, haben sich dagegen als übertrieben herausgestellt. Auch die Deutsche Diabetes Gesellschaft (DDG) stellt den überproportional hohen Konsum zuckerhaltiger Getränke bei sozial schwachen Kindern und Jugendlichen fest. Daraus resultierende Krankheiten werden laut Studien verstärkt bei ärmeren Menschen beobachtet.

Und auch dem Salz geht es immer mehr an den Kragen. Bei Nestlé soll der Salzgehalt bis 2025 über das gesamte Tiefkühlpizzasortiment auf einen durchschnittlichen Wert von 1,25 Gramm Salz pro 100 Gramm reduziert werden. Nestlé Wagner hat dieses Ziel mit der 2018 lancierten Marke »Ernst Wagner's Original« bereits erreicht. Dr. Oetker legt für sich die Messlatte höher und strebt 1,25 Prozent Salz bei fleischhaltigen Pizzen bereits für 2022 an. Bei vegetarischen Pizzen will das Unternehmen in diesem Zeitraum den Salzgehalt auf 1 Prozent verringern.[52] Eine zu starke Reduzierung führe allerdings dazu, dass Verbraucher öfter nachsalzen, behauptet ein Sprecher des Konzerns. Frosta wächst nach eigenen Angaben seit fünf Jahren in Folge zweistellig und deutlich schneller als der Markt. Der Verzicht auf Zusatzstoffe und Aromen, der den Mehrwert der Frosta-Fertiggerichte ausmacht, kommt bei den Verbrauchern an.

Die Food-Giganten beginnen einzulenken. Das globale System wird damit nicht aus den Angeln gehoben. Doch aus vielen politischen Initiativen der letzten Zeit geht hervor, dass die Unzufriedenheit der Konsumenten ansatzweise registriert wird und die Gesetzgeber anstreben, den Blindflug der Nahrungsmittelgiganten zu beenden. Breiapfel, Liebesgras und andere Früchte würden eine gesündere Ernährung ermöglichen. Doch da für Big Food Gesundheit und Nachhaltigkeit nach wie vor kein Geschäftsmodell ergeben, müssen gesunde Trends mühselig konstruiert werden.

Gerade wird wieder einmal nach der Zauberformel gesucht. Selbst eine Kultmarke wie Campbell Soup, heftig gebeutelt durch die Skepsis der Verbraucher gegenüber industrieller Massenproduktion und Erfindungen aus den Chemielaboren, macht das Spiel der Trendschöpfung aus dem Labor immer noch mit. Der vorläufig letzte Schrei: die sogenannte körperindividuelle Ernährung. Zum Teil auf wissenschaftlicher Basis optimiertes Essen soll mehr sein als nur Nahrung. Bis vor Kurzem kamen die Vorreiter der personalisierten Ernährung vorwiegend aus Übersee: 2016 investierte Campbell Soup in den USA 32 Millionen US-Dollar in das Start-up Habit[53], das individuelle Ernährungsempfehlungen auf Basis von rund 50 verschiedenen Biomarkern (messbaren Körperfunktionen) vorschlägt. Inzwischen hat Campbell das Unternehmen an die Healthcare-Company Viome verkauft. Nestlé glaubt ebenfalls an Gesundheit als Verkaufsargument (nicht nur als Imagefaktor). 2018 launchte der Schweizer Konzern in Japan DNA- und Bluttests. Wer seine Daten zur Verfügung stellt, bekommt auf ihn zugeschnittene Nahrungsergänzungsprodukte. Konzernchef Mark Schneider war bis 2016 Chef des Gesundheitskonzerns Fresenius und verkörpert Gesundheit mit Glaubwürdigkeit. Er verkaufte die US-Süßwarensparte des Konzerns, denn ihre Produkte quollen über vor Karamell und Schokolade und trafen damit auch nicht mehr den Geschmack der Aktionäre.

Mittlerweile nimmt die personalisierte Ernährung auch hierzulande Fahrt auf. Mymuesli sieht sich als Vorreiter innerhalb der deutschen Foodbranche und bringt gleich zwei personalisierte Produktkonzepte: eines auf Basis einer DNA-, das andere auf Basis einer Mikrobiom-Analyse.[54] DNA- oder Blutzucker-Mikrobiom-Tests sollen Erkenntnisse darüber liefern, wie sich die optimale Ernährung für jeden Einzelnen zusammenstellen lässt. Beim DNA-Müsli arbeitet der Hersteller mit Lykon zusammen, einem Berliner Unternehmen, das sich auf Bluttests spezialisiert hat. Für stolze 189 Euro erhalten Neugierige ein Test-Kit für einen Wangenabstrich. Die Speichelprobe wird anschließend an ein Labor geschickt, ein paar Tage später kommt die Auswertung per Mail. Darin wird erläutert, welche Nahrungsmittel (nicht nur Müsli) sich aufgrund der genetischen Disposition am besten für die Testperson eignen. Vorübergehend, so war im Mymuesli-Onlineshop zu lesen, war das Test-Kit sogar ausverkauft. Interessenten müssen sich vier bis fünf Wochen gedulden. Wer sich dahingegen für den Mikrobiom-Test entscheidet, muss einen Oberarmsensor tragen, der zwei Wochen lang den Blutzuckerspiegel misst und registriert, wie sein Träger auf bestimmte Mahlzeiten reagiert. Zudem wird eine Stuhlprobe analysiert. Kosten für das Testpaket: 299 Euro. Die Müslimacher passen ihre Rezepturen mit wissenschaftlicher Unterstützung den jeweiligen Ernährungstypen (»Nutritypen«) an. Dazu sind meist nur geringe Veränderungen etwa bei der Makronährstoffkonzentration erforderlich.

Die unternehmensnahe Wissenschaft sekundiert mit Gutachten, Millionen werden in die Technologisierung von Gesundheitseffekten investiert. Dabei geht es eigentlich nur um gute Lebensmittel. Wer bereitet eigentlich in den kommenden Jahren das Essen für uns zu?

Auch nach der Pandemie ist davon auszugehen, dass es keinen substanziell neuen Trend des Selbermachens in unseren Küchen geben wird (Corona wird da eine Ausnahme bleiben). Schon lange vor dem Ausbruch der Corona-Pandemie beobachteten Lebensmittelanalysten insbesondere in Nordamerika und Asien eine bemerkenswerte Verschiebung des »Share of Stomach«: weg vom Selbstgekochten, hin zum Essen in Restaurants von Essensbringdiensten. In Nordamerika hielten sich, vor Corona, die Umsätze im Lebensmitteleinzelhandel und dem Außer-Haus-Markt (Gastronomie, Bringdienste, Catering, Gemeinschaftsverpflegung) bereits in etwa die Waage. Laut Statista lagen sie 2019 USA-weit bei jeweils rund 605 Milliarden US-Dollar.[55]

Der Anteil der Gastronomie und der Essenslieferer am Lebensmittelmarkt wird laut Expertenmeinung selbst dann steigen, wenn das Wirtschaftswachstum nachlässt. Einflussreiche Bringdienst-Trends entstehen gerade in Asien, vor allem in China, Japan und Südkorea. In China bietet selbst der konservative Aldi kostenlose Heimlieferungen an. Alibaba, die größte IT-Firmengruppe Chinas mit einem Jahresumsatz von 72 Milliarden US-Dollar, hat sich bereits 2015 am chinesischen Essensbringdienst Ele.me beteiligt und ihn 2018 für 9,5 Milliarden US-Dollar komplett übernommen.[56] In der Branche gilt es als sehr wahrscheinlich, dass auch Amazon seine Beteiligung an Deliveroo weiter aufstocken wird.

Bringdienste spielen schon jetzt in den erwachenden asiatischen Ländern eine größere Rolle als in Europa. Speziell in den ASEAN-Ländern (unter anderem Thailand, Indonesien, Malaysia, Philippinen, Singapur und Vietnam) wird es wichtig sein, für die nächste halbe Milliarde wohlstandshungriger Mittelschichtsmenschen nachhaltige Versorgungsstrukturen zu entwickeln. Mit fast 640 Millionen Einwohnern stellen die ASEAN-Länder – noch vor der EU – einen der bevölkerungsreichsten Märkte der Welt. Größer sind nur noch China und Indien. Gerechnet nach ihrer Wirtschaftskraft liegt die Region weltweit immerhin schon an fünfter Stelle. Nach einer Untersuchung von Euromonitor International soll das verfügbare Einkommen im Wirtschaftsraum Asien-Pazifik zwischen 2017 und 2030 um 78 Prozent wachsen. Motor dieses Wachstums ist die stark wachsende Mittelschicht sowie die steigende Nachfrage nach modernen Produkten und Dienstleistungen.

Frisch gekochtes Essen (»Ready-to-eat«), das in sogenannten »Dark Kitchens« oder »Edition Kitchens« zubereitet wird, ist indes eine Innovation, auf die sich auch Event-Agenturen und Küchenhersteller hierzulande in den kommenden Jahren einstellen müssen. Die Zeiten von Gulasch aus der Konservendose sind vorbei. Dafür werden in den Edition Kitchens (angemietete Küchenräume, in denen Kochcrews frisches Essen zubereiten) verzehrbereite Produkte in mitunter exzellenter Qualität hergestellt. Der niederländische Lebensmitteleinzelhändler Albert Heijn hat unter dem Namen Allerhande Kookt eine Cateringküche in Amsterdam-West eröffnet. Dort stellen der Küchenchef und sein Team täglich frische Mahlzeiten her. Albert Heijn lässt sie von den Lieferdiensten Thuisbezorgd und Deliveroo zu den Kunden bringen – innerhalb von 30 Minuten. Die Preise liegen bei 7,50 bis 12,50 Euro. Bei voller Auslastung können bis zu 500 Mahlzeiten in der Dark Kitchen produziert werden. Abnehmer sind Liefer- und Bringdienste, die mit ihren digitalen Geschäftsmodellen (auf der Website ordern, eine halbe Stunde später steht der Fahrradkurier vor der Tür) die Wünsche von Millennials und der Generation Z erfüllen: hochwertiges Essen zu jeder Zeit, gesund, frisch und hochwertig.

Laut den Marktforschern der NPD Group wuchs – bereits vor Corona! – in den USA »Dine-at-home«, also gebrachtes Essen, zehnmal so schnell wie der Restaurantmarkt.[57] In Deutschland ist es insbesondere der Lebensmitteleinzelhandel, der diesen Trend seit Neuestem mit großem Aufwand anschiebt. Supermärkte, gerade in Innenstadtlagen großer Städte, werden zurzeit in Windeseile und für viel Geld umgebaut. Wer in nächster Zeit einen Supermarkt betritt, findet am Eingang immer häufiger nicht mehr die Gemüse-, Obst und Frischeabteilung. Er findet frische, leckere, gesunde Sachen zum Sofortverzehr oder zum Mitnehmen.

Derweil ist der Glamour exotischer Superfoods erstaunlich schnell verflogen. Der Hype um Gojibeeren und Gerstengraspulver flaute fast so schnell ab, wie er entstanden war. Dagegen drängen heimische Alternativen in den Vordergrund: Brombeeren ersetzen als Trendfrucht die Gojibeere, Leinsamen die Chia-Samen, Kamille die Matcha-Blätter und Brokkoli das Weizengras. Auch Eiweißträger wie heimische Linsen, Lupinen, Erbsen und Bohnen punkten gezielt mit ihren Proteinsuperkräften. Auch das Superfood ist mehr Hype als Trend. Die Marktforscher von IRI Information Resources bestätigen, dass die dreistelligen Wachstumsraten aus den vergangenen Jahren nicht mehr da sind. Laut Katharina Feuerstein, Analystin bei IRI Information Resources, sank der Umsatz mit Gojibeeren im Jahr 2018 im Vergleich zum Vorjahr um 27 Prozent auf 3,7 Millionen Euro. In der Vertriebsschiene Discount gingen die Handelsumsätze sogar um fast 36 Prozent zurück. Auch Chia-Samen, zuletzt mit einem Umsatz im Lebensmittelhandel von 23,2 Millionen Euro, sowie Amaranth oder Quinoa verbuchten ein Umsatzminus von jeweils rund 20 Prozent.[58]

Aktuell klopft der Hype um die CO_2-Zertifizierung in der Branche an. Die Supermarktregale beginnen, sich mit klimaneutralen Produkten zu füllen. Der CO_2-Fußabdruck wird über den kompletten Lebenszyklus eines Produkts gemessen: vom Anbau der Rohstoffe über die Herstellung, Verpackung und Logistik bis zur Entsorgung durch den Verbraucher. Ein neues Werkzeug zur Imagekorrektur lockt. Seit Kurzem hat unter Nahrungsmittelmanagern die Formulierung »Produkte CO_2-neutral zu stellen« einen magischen Klang. Fleischverarbeiter, Drogerieketten, Discounter bis Danone und Nestlé wittern die Chance der Imagekorrektur. Das Vorpreschen mit klimaneutralen Produkten erweckt Misstrauen. Können wirklich CO_2-neutrale Produkte nicht eigentlich nur in CO_2-neutralen Unternehmen an CO_2-neutralen Standorten entstehen? Und lassen sich mit dem Verweis auf klimaneutrale Produkte nicht Unternehmen, die ansonsten wenig von Tierwohl und Umweltschutz halten, auf elegante Art und Weise grünwaschen?[59] Ist das nicht nur die nächste Marketing-Aktion, die, zumindest vorübergehend, in Vergessenheit geraten lässt, dass das Gesamtsystem krank ist?

Wir entkommen den Paradoxien des herrschenden Ernährungssystems nicht, wenn wir uns auf Pseudotrends einlassen, die uns Lebensmittelinnovationen versprechen, die »jetzt auch gesund machen sollen«. Aus einer der größten Perspektivstudien zu gesunder Ernährung geht dagegen eindeutig hervor, dass vegane, vegetarische, teilvegetarische und fischbasierte Ernährung das Todesrisiko gegenüber fleischlicher Ernährung um 12 Prozent senkt.[60]

Von Nahrungsmittel-Effizienz zu Ernährungsresilienz

Nahrungsmittelunternehmen und Fleischverarbeiter stehen in den kommenden Jahren einer einzigartigen technologischen und ökonomischen Herausforderung gegenüber. Die Kundschaft verweigert mittlerweile auf breiter Front die Gefolgschaft und fordert ethische Standards und bessere Produkte ein. Und seit die USA und China in einen umfangreichen Handelskonflikt eingetreten sind, sind die Aktien in der Lebensmittel- und Fleischbranche bis zu 50 Prozent gefallen. Wie auch gegenüber der Erdölindustrie nutzt es wenig, die Schufte aus den Schurkenbranchen zu beschimpfen. Genauso wie in den alten Energietechnologien müssen Transformations- und Exitstrategien aus alten klimaschädlichen Technologien und wettbewerbswidrigen Marktmechanismen definiert werden. Und auch hier gilt: Unternehmen müssen mit der öffentlichen Hand zusammenarbeiten, um klar definierte gesellschaftliche Ziele zu erreichen. Das soll, wie es die Ökonomin Mariana Mazzucato formuliert[61], nicht über Charity-Aktionen oder Corporate-Responsibility-Reports erreicht werden, sondern durch den Umbau und die Neudefinition der globalen Wertschöpfungsketten, wobei Umsätze erzielt werden, die in Übereinstimmung mit den Zielen der Gesellschaft (»public purpose«) stehen.

Geht es um einen wirklich umsetzbaren Zukunftsplan für eine bessere Ernährung, zeigt sich, dass zielführende Maßnahmen immer an die konkreten Bedingungen vor Ort in den jeweiligen Weltregionen angepasst werden müssen. In Weltgegenden, die über wenig bis keine Düngemittel verfügen, kann beispielsweise ein besserer Zugang zu Düngemitteln und ihre aufgeklärte Nutzung die Ernteergebnisse deutlich verbessern. Wir sollten also immer genau hinschauen, wenn beispielsweise in den Nachrichten wieder einmal brennende Wälder gezeigt werden. Tatsächlich kann auch das Abbrennen von Waldgebieten zu den nachhaltigeren Strategien gehören, um landwirtschaftliche Flächen neu zu nutzen, wie die Experten der EAT-Lancet-Kommission erläutern.[62] Das ändert natürlich nichts an dem Menschheitsverbrechen, das unter dem Applaus des brasilianischen Staatspräsidenten Jair Bolsonaro gerade im Amazonas Regenwald stattfindet. Hier haben wir es mit einer perversen Endstufe neoliberaler Naturzerstörung zu tun.

Key Learnings

- **»Genug für alle« ist die große Herausforderung.** Und das aus dem Grunde, weil es die Nahrungsmittelindustrie dazu zwingt, von ihrem alten Paradigma abzurücken: möglichst viel zu möglichst günstigen Preisen. Statt Überfluss zu produzieren, geht es darum, gesunde Lebensmittel unter anständigen Arbeitsbedingungen herzustellen. Angesichts von Klimawandel und Bevölkerungswachstum hilft es wenig, Überschüsse (an Lebensmitteln und Gewinnen) zu erzeugen. Stattdessen heißt das neue Ziel: genügend gesunde Lebensmittel für alle produzieren.

- **Der Systemwechsel kommt nur durch ein neues Gespräch zwischen Industrie und Politik voran:** Es ist offensichtlich, dass die Nahrungsmittelindustrie kein Interesse an einem Systemwechsel im Umgang mit Mensch, Tier und Natur hat. Das macht die Schlussfolgerung unausweichlich, dass ein Systemwechsel im Sinne des Green New Deals ohne den lenkenden Eingriff des Staates nicht möglich ist. Was alle Regierungen von Washington bis Moskau in den vergangenen 40 Jahren gelernt haben, ist, dass der Staat sich bei Marktfragen äußerste Zurückhaltung auferlegen sollte. Auch und vor allem in der Nahrungsmittelindustrie müssen wir uns von diesem vergifteten Erbe lösen. Wir brauchen gerade beim Thema Ernährung und gesundes Essen einen neuen Deal zwischen Industrie und Staat. Der Einfluss der Marktlogik auf das weltweite Ernährungssystem muss deutlich begrenzt werden. Der Ernährungsexperten Tim Lang[63] hat für Großbritannien die Einrichtung eines »Food Resilience and Sustainability Act« gefordert. Ein ähnliches Instrument sollte Teil eines transatlantischen Green New Deals zwischen Brüssel und Washington werden.

- **Ernährungskompetenz braucht verantwortungsvolle Märkte:** Angeblich setzen Regierung und Industrie in Deutschland auf die »Ernährungskompetenz« ihrer Bürger. Deswegen gibt es nach wie vor keine Salz-, Zucker- oder Fettsteuer. Auf die Alleinverantwortung der Bürger setzen, heißt in der Praxis vor allem: die Bürger mit einem auf Kalorien und Kommerz gepolten Ernährungssystem und aufgrund der gelernten Konfliktscheue gegenüber Agrar, Nahrungsmittelindustrie und Handel im Regen stehen zu lassen. Es sollte klar geworden sein, dass wir an der Änderung unseres Lebensstils nicht vorbeikommen. Das kann aber nur dann gelingen, wenn Gesellschaft und Politik die Leitplanken für ein neues System setzen, das klare Anreize für die Herstellung, das Marketing und den Konsum von gesünderen Produkten setzt.

- **Ernährung 2.0: nachhaltig, regenerativ, resilient:** Für die Zusammenarbeit mit den marktführenden Unternehmen im Sinne einer nachhaltigen Klimapolitik und gesündere Ernährungsgrundlagen heißt das konkret: Damit die Danones und Nestlés die Art und Weise, wie sie Produkte herstellen, tatsächlich nachhaltig verändern (und nicht nur wortreich ankündigen), brauchen wir eine handlungsfähige Klimapolitik, die Verbraucherinteressen und damit den Umgang mit Lebensstilveränderungen in den Mittelpunkt stellt. Vor allem aus Politik und Gesellschaft müssen die Entscheidungen und Richtlinien kommen, die neue Ernährungsparadigmen populär machen können. Und nur wenn diese »neue Normalität« in Gesetze und Systemvoraussetzungen (nachhaltig, regenerativ, resilient) gegossen wird, können profitorientierte Unternehmen mutig und zielgerichtet in neue Produktionsformen und Technologien investieren. Ihr Auftritt, Frau Klöckner! Als abschreckende Beispiele sei an dieser Stelle auf die so heldenhaft anmutenden Vorstöße von Nike oder Walmart hingewiesen, Dinge wie die weltweite Waldvernichtung zu verhindern. Das Lancieren engagierter Projekte zahlte hierbei auf die Marke ein, ohne dass tatsächlich etwas getan werden konnte.[64] Dafür braucht es staatliches Handeln, also kluge Investitionsentscheidungen und Regulierungen von einer selbstbewussten Exekutive, die sich nicht als PR-Agentur der Industrie instrumentalisieren lässt.

- **Regionaler:** Regionale Produktionsabläufe garantieren mehr Versorgungssicherheit und mehr Systemrobustheit innerhalb der gesamten Nahrungsmittelkette. In einer extrem zentralisierten und unter den Herstellern oligopolisierten Landwirtschaft wie den USA hat unter anderem der Boom der Wochenmärkte dafür gesorgt, dass eine hochwertige Lebensmittelversorgung in vielen Teilen des Landes weiter gewährleistet werden konnte.[65]

- **Mittelständischer:** Im Anschluss an die positiven Effekte regionaler und lokaler Wertschöpfung in der Pandemie ist die Politik gefordert, Mittelstand und Kleinunternehmen entlang der gesamten Wertschöpfungskette zu fördern. Keywords für eine Kampagne lassen sich schnell finden: Es geht um (Lebens-)Qualität statt betriebswirtschaftlicher Effizienz. Mittelständische Strukturen machen die Versorgungssysteme nicht nur robuster. Sie schaffen auch Möglichkeiten, weniger rendite-fixiert zu produzieren und landwirtschaftliche Vielfalt (Liebesgras und Breiapfel) zu kultivieren. Natürlich setzt das voraus, dass mittelständische Strukturen erst einmal geschaffen und, wo sie bereits existieren, durch Investitionen von öffentlicher und privater Hand abgesichert werden müssen. Bei aller Kritik an den global operierenden Akteuren sollte nicht vergessen werden, dass nach wie vor die Hälfte der Nahrungsmittel auf der Welt von kleinen und mittleren Betrieben zur Verfügung gestellt werden. Dieser Mittelstand befindet sich seit Jahrzehnten in einem bedingungslosen Existenzkampf gegen Big Food, steht aber häufig nach wie vor für gute Qualität und halbwegs nachhaltige Produktionsbedingungen.

- **Ehrlicher:** Im Supermarkt ausgewiesene »wahre Preise« (»true costs«) zeigen den Konsumenten, was gutes Essen wirklich kostet, und welchen Einfluss schlechte Ernährung und Pestizideinsatz auf das Gesundheitssystem und die individuelle Lebenserwartung haben. Der Discounter Penny hat dazu in Zusammenarbeit mit der Universität Augsburg ein Pilotprojekt gestartet.[66]

- **Glaubwürdiger:** Über das Instrument der »true costs« wird auch eine zielführende Diskussion über zukünftige Lebens- und Ernährungsstile möglich. Aus einer Studie von Ernest & Young in Verbindung mit Soil & More, einer Beratungsagentur für nachhaltige Landwirtschaft, geht hervor, dass sich – legt man die true costs zugrunde – beispielsweise Bioäpfel günstiger produzieren lassen als konventionelle.[67] Es wird EU-weit auch über 2050 hinaus keine Knappheiten in der Nahrungsmittelversorgung geben, wenn die Umstellung auf eine stärker pflanzlich basierte Ernährung gelingt. Hersteller und Handel, die diesen Wandel mit anschieben helfen, erhalten dadurch die Möglichkeit, das eigene Image zu polieren, indem sie den Kunden aufzeigen, wie gesunde Ernährung in Zukunft aussieht und welchen Preis sie hat.

- **Nachhaltiger:** Für die tatsächliche Einpreisung der wahren Kosten im Laden um die Ecke ist schließlich die Landwirtschaftsministerin verantwortlich. Grundlage dafür ist eine nachhaltige Ernährungspolitik, die mehr Lenkungsmacht entfaltet als bislang. Die Richtung ist klar: deutlich mehr Förderung für Bioflächen, Bioprodukte und tiergerechte Produktion. Die Ergebnisse wären dann eine (leicht) geringere Produktion, gesündere Lebensstile und eine erhöhte Lebenserwartung.

- **Transparenz:** Technologie allein kann Gesellschaften nicht verändern. Es kommt darauf an, mit welcher Vision und mit welchen Werten eine Gesellschaft Technologie in den Dienst nimmt. Die Blockchain-Technologie hat in den vergangenen Jahren viele Hoffnungen geweckt, obwohl bislang nur wenige Umsetzungsszenarien wirklich überzeugen können (ganz zu schweigen von ihrem ökologischen Fußabdruck). Zur Kontrolle von internationalen Lieferketten, wobei die Nachverfolgung von Qualitätsstandards und ethischen Richtlinien eine wichtige Rolle spielt, könnte die Blockchain einen wirklich innovativen Beitrag leisten. Der holländische Händler Albert Heijn (Ahold Delhaize) versucht schon jetzt, mithilfe von Blockchains die gesamte Lieferkette vom Bauern bis ins Supermarktregal nachvollziehbar zu machen. Digitale Transparenz wird in den kommenden Jahren eine wichtige Voraussetzung sein, um das Vertrauen der immer kritischer werdenden Kunden zu gewinnen. Die Blockchain-Technik könnte dabei zum avancierten Mittel für ethische Zwecke (Arbeitsbedingungen, Tierwohl et cetera) werden. Doch erst wenn zwischen allen Beteiligten in einer Lieferkette Vertrauen aufgebaut ist, können Technologien eingesetzt und Daten geteilt werden. Entscheidend für die Blockchain als Datentransparenz-Technologie ist, über valide und einfach zugängliche Daten zu verfügen. Ahold drückt bei dem Thema aufs Tempo und will bis 2025 alle Lieferketten für Frischeprodukte wie Fleisch, Geflügel, Fisch, Obst und Gemüse 100-prozentig einsehbar machen.

Regenerative Ökologie und kühne Technologien machen die Landwirtschaft nachhaltig

Die Landwirtschaft ist eines der entscheidenden Gebiete auf dem Weg in eine klimaneutrale Gesellschaft. Deshalb sind Greenwashing und Realitätsverleugnung bis in die EU-Spitzenämter hinein an der Tagesordnung. Der Agrarsektor ist aber auch das Feld für die kühne Verknüpfung von neuer Technologie und regenerativer Ökologie – Nahrungsmittelproduktion der Zukunft braucht beides: die Bewahrung natürlicher Ressourcen und transformatives Denken, das in neue Technologien einfließt. Und wir brauchen eine Politik, die endlich ihre zentrale Rolle bei einer Agrarwende annehmen muss, in der es um nichts weniger als um die (Ernährungs-)Grundlagen der menschlichen Gemeinschaft geht.

In Studien ist jetzt immer häufiger von einer »Landwende« die Rede. Der etwas ungelenke Begriff verschweigt, dass wir in den kommenden Jahren netto einfach kein weiteres Land mehr zur landwirtschaftlichen Produktion nutzen dürfen. Für die Landwirtschaft bedeutet das, die jahrhundertealten Gewohnheiten komplett auf den Prüfstand zu stellen und neues Denken und neue Technologien zuzulassen.

Eine Ethik des »Weniger ist mehr« ist nach landwirtschaftlichen Gesichtspunkten eine Illusion, da in den kommenden Jahren in Indien und China die nächste Milliarde an Menschen in die globale Mittelschicht aufrücken wird. Außerdem müssen wir uns darauf einstellen, dass wir durch den steigenden Einfluss des Klimawandels auf die globale Landwirtschaft bis 2030 und darüber hinaus etwas weniger

Nahrungsmittel produzieren werden. Unterschiedliche Studien, die den Einfluss des Klimawandels auf die Agrarproduktion untersucht haben, gehen davon aus, dass in Afrika und Südasien mit einem achtprozentigen Rückgang der Produktion bis ins Jahr 2050 zu rechnen ist.[1]

Überdies schreitet die Urbanisierung immer weiter voran. Schon heute leben mehr als die Hälfte der Menschen in den Großstädten. Im Jahr 2050 werden es rund zwei Drittel sein. Verschiedene Untersuchungen belegen, dass mit der Urbanisierung auch der Konsum von Kalorien, Eiweißen und insbesondere Fleisch ansteigt. Der World Wide Fund For Nature (WWF) hat berechnet, dass die Versorgung eines Bewohners der Großstadt Peking beinahe dreimal aufwendiger ist als die eines »Durchschnittschinesen«. Wir werden diese Konsumentwicklungen kurzfristig nicht rückgängig machen können, ohne soziale Unruhen zu riskieren. Aber wir können intelligenter produzieren.[2]

70 Prozent des kostbaren Trinkwassers der Erde wird von der Landwirtschaft aufgebraucht.[3] Landwirtschaft in Zeiten des Klimawandels kann jedoch deutlich effizienter werden. Dafür sollten wir zum einen vielversprechende Technologien an den Start bringen, aber auch Wertschöpfungsketten neu knüpfen. Und vor allem: Wir müssen die Ökologisierung der Landwirtschaft entschiedener vorantreiben als bislang. Derzeit werden in Deutschland rund 9 Prozent[4] der landwirtschaftlichen Fläche ökologisch beackert, Tendenz steigend. Auch wenn der Markt für Bio-Produkte mit rund 5 Prozent immer noch in der Nische steckt (die jährlichen Steigerungsraten liegen zwischen 5 und 10 Prozent), übersprangen 2017 die Umsätze erstmals die Zehn-Milliarden-Euro-Grenze.[5]

Um den Weg für eine moderne Landwirtschaft im Sinne des Green New Deal frei zu machen, erscheinen uns fünf Beobachtungen besonders wichtig:

1. Die Annahme, dass in der Landwirtschaft Technologie nur eine untergeordnete Rolle spielt (und dort auch nichts zu suchen hat), war schon immer falsch und reaktionär. In den nächsten Jahren könnte die technologische Revolution auf dem Acker dafür sorgen, dass wir unsere Ernährungsgewohnheiten (und die globale Nahrungsmittellogistik) neu strukturieren können. Die Zukunftsformel hierfür lautet: Landverbrauch muss durch Hightech ersetzt werden. In der Landwirtschaft treten seit Jahrzehnten schon Wirtschaftlichkeit, Tierwohl und Umweltschutz in Konkurrenz zueinander. Der älteste Markt der Welt, auf dessen Produkte wir alle nicht verzichten können, braucht deshalb auch die Digitalisierung, um die nachhaltige Kurve zu kriegen.

2. Die Lösung für unsere landwirtschaftlichen Probleme, Engpässe und Paradoxien erscheint auf den ersten Blick gar nicht so kompliziert. Wir sollten beispielsweise einfach weniger pflanzliche Produkte an Tiere verfüttern. Mehr als ein Drittel der weltweit produzierten Pflanzen dient als Rinderfutter. Weniger Fleischkonsum würde entsprechend in hohem Maße mehr Nahrung für alle Menschen auf dem Planeten freisetzen. Die Wohlstandsländer müssten den Anfang machen. Und würde die deutsche Landwirtschaft von ihrem Exportstreben als globaler Fleischanbieter Abstand nehmen, ließen sich hierzulande sofort 40 Prozent der Umweltkosten einsparen.[6]

3. Bei genauerem Hinsehen stellen wir jedoch fest, dass sich Radikalforderungen selten übergangslos in zielführendes Handeln umsetzen lassen. Auch gewagte Rechenbeispiele (»Wie viel Vegetarier braucht es, um...«) helfen kaum, wenn es darum geht, Verhalten zu verändern und Märkte neu zu designen. Wir werden den Fleischverzehr nicht abschaffen. Das müssen wir auch nicht. Und gerade in ärmeren Regionen unserer Welt spielt die Fleischproduktion eine wichtige Rolle auf solch unterschiedlichen Gebieten wie der individuellen Existenzsicherung (Überwindung von Armut), der Aufrechterhaltung von Ökosystemen (Graswirtschaft) und der gesunden Kinderernährung.[7]

4. Es gibt zweifellos viele naturbasierte Verfahren, CO_2 in den Ackerboden einzubringen: Abfälle unterpflügen, geringe oder gar keine Bodenbearbeitung, Änderung der Fruchtfolge, Agroforstwirtschaft und noch einiges mehr. CO_2-Sequestrierung ist in der Tat ein wichtiges Werkzeug im Kampf gegen den Treibhauseffekt.[8] Aber, wie wir in diesem Kapitel zeigen werden, sollten wir zweimal hinhören, wenn ausgerechnet die weltgrößten Nahrungsmittelkonzerne behaupten, durch regenerative Landwirtschaft könnten wir das CO_2-Problem komplett lösen. Vorsicht vor Erlösungstechnologien (auch wenn sie naturbasiert sind)!

5. Für einen Green Deal in der Landwirtschaft müssen wir Ambivalenzen aushalten und Widersprüche geduldig bearbeiten. Mehr noch als das müssen wir nach Konzepten Ausschau halten, die es erlauben, den Raubbau der Landwirtschaft an der Natur zu beenden. Wie lassen sich bis 2050 ausreichend und in guter Qualität Nahrungsmittel für 10 Milliarden Menschen herstellen? Dafür müssen wir über Strategien der CO_2-Reduktion reden.

Und wir müssen über Technologien reden. Auch in den vergangenen Jahrhunderten haben technologische Innovationen maßgeblich die Entwicklung der Landwirtschaft geprägt und progressiv verändert. Im dritten Jahrzehnt des 21. Jahrhunderts wird es darauf ankommen, dass in der Landwirtschaft ein nachhaltig-digitaler Aufbruch stattfindet. Noch einmal: Technologien allein können unsere Welt nicht verändern. Doch wir müssen Technologien als wichtigen Bestandteil für die Vision einer CO_2-neutralen Zukunft in Dienst nehmen.

Lebensmittel dort produzieren, wo sie verzehrt werden

Die kommende Agrarrevolution wird in den Städten stattfinden: auf Dächern und auf umgewidmeten Industriebrachen. Vertical Farming hat sich in den vergangenen fünf Jahren von einer futuristischen Illusion zur neuen Produktionsrealität der 2020er-Jahre entwickelt. In dieser digitalen Landwirtschaft geht es um Dezentralisierung, Urbanisierung und das Streben nach autarken und krisensicheren Ernährungssystemen.

Basierend auf der Kreislaufwirtschaft (Minimierung des Ressourceneinsatzes durch die Schließung von Energie- und Stoffkreisläufen) und Hydrokulturen (die Pflanzen wurzeln nicht in der Erde, sondern in einer Nährstofflösung) unter Gewächshausbedingungen werden in Gebäudekomplexen auf mehreren übereinander gelagerten Ebenen ganzjährig Früchte, Gemüse, essbare Speisepilze und Algen erzeugt. Vertikale Landwirtschaft gestattet die Umwandlung von verschmutztem »Schwarz- und Grauwasser« in Trinkwasser.

Im Vertical Farming sind bis zu 20 Ernten pro Jahr (!) möglich. Konzentriertes LED-Licht und ein geschlossener Wasserkreislauf, der Nährstoffe transportiert, sind die einfachen Voraussetzungen für das Indoor Farming. Die Vorteile liegen auf der Hand: Im Vertical Farming kommen null Pestizide zum Einsatz und es wird bis zu 95 Prozent weniger Wasser eingesetzt als in der herkömmlichen Feldwirtschaft.[9] In vielen vertikalen Farmen wird noch eine Fischzucht angeschlossen, die wiederum Nährstoffe für die Pflanzen aus den Fäkalien der Fische gewinnt.

In Berlin und Umgebung versorgt das Start-up Infarm mittlerweile 15 Edeka-Märkte, zwei Restaurants und zwei Metro-Filialen mit Gemüse aus der Vertical-Farming-Produktion. Die jungen Gründer sehen sich in erster Linie als ein Technologieunternehmen, das helfen möchte, »Städte beim Autonomwerden der Versorgung zu unterstützen«. Fast 200 Millionen Euro an Venture Capital könnte »Infarm« bislang einsammeln. Infarm ist das damit erste deutsche Agrotech-Unicorn.

Deshalb wird in der Berliner Zentrale des Unternehmens mittlerweile groß gedacht. Von einer »Zentrale« konnte zu Beginn schon einmal gar nicht die Rede sein. Am Anfang waren das nur die drei Gründer Osnat Michaeli und die Gebrüder Erez und Guy Galonska. Hier, nahe dem Tempelhofer Feld, begann das israelische Start-up 2013 mit der digitalen Disruption der Landwirtschaft. Allein in den vergangenen zwölf Monaten ist Infarm neue Partnerschaften mit den weltweit größten Einzelhändlern eingegangen, darunter Albert Heijn (Niederlande), Aldi Süd (Deutschland), COOP/Irma (Dänemark), Empire Company Ltd (Sobeys, Safeway, Thrifty Foods – Kanada), Kinokuniya (Japan), Kroger (USA), Marks & Spencer (Großbritannien) und Selfridges (Großbritannien) und hat damit die Marktexpansion über Deutschland, Frankreich, Luxemburg und die Schweiz hinaus in Großbritannien, den USA, Kanada, Dänemark, den Niederlanden und Japan vorangetrieben. In den Filialen der Unternehmen stellt Infarm gläserne Hochregale auf, deren Betrieb Infarm selbst finanziert. Darin wachsen die Pflänzchen bis zur Erntereife unter den Augen der Kunden heran. Die Kräuter und Gemüsepflanzen, die auch aus anderen Klimazonen stammen können, werden von Infarm-Mitarbeitern zweimal wöchentlich geerntet und samt Wurzeln an der Frischtheke verkauft. Im Juli 2018 beschäftigte Infarm 150 Mitarbeiter. Die Zahl stieg bis Ende des Jahres auf 250.

Vertical Farming ist technologische Pionierarbeit. Allein drei Jahre hat es gedauert, um die Zuchtkästen für die Supermärkte zu bauen, die mit Algorithmen gesteuert werden. Die Sensoren, die das Wachstum der Pflanzen überwachen, wurden zum Teil ebenfalls selbst entwickelt. Die Infarm-Sensoren messen im kurzen Lebenszyklus einer Pflanze 50.000-mal die Feuchtigkeit und den CO_2-Gehalt der Luft. »Wir wissen gewissermaßen, wann die Pflanze isst, schläft oder wächst«, erklärt Mitgründer Erez Galonska. Somit verfügt Infarm über eine bislang wohl einmalige Datensammlung über das Wachstum von Pflanzen.[10]

Vertical Farming ist die Vision für eine hyperlokale Landwirtschaft. Der Begriff klingt akademisch, meint aber nichts anderes, als dass Landbau und Konsum, die Lebenswelt der Verbraucher und die Produktion der Lebensmittel dafür möglichst nah beieinander sein sollten. Vor 10.000 Jahren entstand die Landwirtschaft, Stadt und Land, urbane Zonen und Felder, auf denen Pflanzen und Vieh gezüchtet wurden, entwickelten sich dabei zu getrennten Lebensbereichen. Davor wurde Landwirtschaft in unmittelbarer Nähe zur Stadt betrieben. Das könnte – angetrieben durch Innovationen wie Vertical Farming und dezentrale Energieversorgung – in 10 bis 15 Jahren wieder der Fall sein. Jede Stadt mit einer Vertical Farm – visionäre Städtebauprojekte wie Asian Cairns in Hongkong oder die Konzepte von Plantagon aus Schweden zeigen, dass das keine realitätsferne Utopie mehr ist.

Eigentlich müssen wir schon von der Renaissance des Vertical Farmings sprechen. Erste Pilotprojekte der Indoor-Landwirtschaft waren bereits in den 1980er-Jahren in Japan wahrnehmbar. Den ersten technologischen Schub erhielt die Technologie durch die Raumfahrtprogramme der USA und der Sowjet Union in den 80ern, als Weltraumforscher sich mit der Nahrungsmittelerzeugung (*space farms*) für Astronauten in abgeschlossen kontrollierbaren Umweltsystemen befassten.

Die Dezentralisierung der Landwirtschaft verspricht Nachhaltigkeit durch Digitalisierung. Automatisierung, Internet der Dinge, künstliche Intelligenz und immer besseres und günstigeres LED-Licht sind die wichtigsten Grundlagen. Zu den bekanntesten internationalen Start-ups gehören Unternehmen wie Infarm, Bowery Farming, Growing Underground, iFarm, Lunch Vegaz, Magic Spoon. Ihre Mission: nachhaltiger, technikaffin, gesünder. Landwirtschaft der Zukunft wird stärker dort stattfinden, wo die Menschen leben. Das Unternehmen Plenty aus Kalifornien verfolgt einen ähnlichen Ansatz wie Infarm in der Bay Area, arbeitet außerdem aber darauf hin, Roboter bei der Ernte einzusetzen. Mittlerweile stehen auch hier die Investoren Schlange. Plenty wird unter anderem von Jeff Bezos und Eric Schmidt (Google) unterstützt. Sananbio, das zurzeit wohl größte Vertical-Farming-Unternehmen der Welt, geht davon aus, dass das Obst und Gemüse aus den digitalen »hängenden Gärten« bereits 2025 zu den gleichen Preisen verkauft wird wie Produkte aus der konventionellen Landwirtschaft.[11]

Lange Zeit galten die enormen Strommengen, die für das Vertical Farming gebraucht werden, als limitierender Faktor. Seit Mitte der 2010er-Jahre wurden von den Hightech-Bauern Geschäftsmodelle entwickelt, die nachhaltige Gewinne versprechen. Seitdem lässt sich in der Branche fast von einem globalen Hype sprechen. US-amerikanische Start-ups wie Plenty, Bowery Farming, AeroFarms und 80 Acres Farms, die auf Vertical Farming setzen, sammelten mitunter dreistellige Millionensummen an Venture Capital ein.[12]

Bahnbrechend für die Entwicklung der Indoor-Farmen waren die Fortschritte in der LED-Technik. Denn die energieeffizienten Leuchtdioden minimieren Wärmeverluste und ersetzen das für das Pflanzenwachstum unverzichtbare Sonnenlicht. Der Technologiegigant Philips hat schon vor Jahren einen eigenen Geschäftsbereich für die neuartige Beleuchtung der Vertical Farms eingerichtet.[13] Weil Pflanzen nur bestimmte Anteile des natürlichen Lichtspektrums nutzen, reichen rot, blau und infrarot leuchtende LEDs aus. Mit der Effizienz der roten und blauen LEDs steht und fällt die Wirtschaftlichkeit des Vertical Farmings. So steuert das rote Licht den Tag-Nacht-Rhythmus der Pflanzen und sorgt für schnelles und höheres Wachstum. Blaues Licht liefert die notwendige Energie, um mittels des Pflanzenfarbstoffs Chlorophyll aus Wasser und Kohlendioxid Traubenzucker zu produzieren. Doch ein hoher Blauanteil lässt die Salate auch etwas kleiner wachsen, dafür erhöht es den Anteil von Vitaminen und wertvollen Inhaltsstoffen (etwa gesundheitsfördernde Polyphenole). Bei Tomaten kann mit bestimmten Wellenlängen beispielsweise auch der Gehalt von Lycopin gesteigert werden, das für die charakteristische rote Farbe verantwortlich ist und vor Krebs schützen soll. Jasper den Besten von der Uni 's-Hertogenbosch erforscht das optimale Verhältnis von rotem zu blauem Licht.[14] Es beeinflusst nicht nur das Wachstum, sondern auch Inhaltsstoffe und Geschmack der Pflanzen. Vor zwei Jahren hat Philips die ersten LEDs eigens für das Vertical Farming entwickelt, die 15 Prozent energiesparender arbeiten als herkömmliche LEDs.

Vertical Farming und hydroponische Kreislaufsysteme werden die Landnutzung für den Landbau aber niemals 100-prozentig (und auch nicht zu 50 Prozent) ersetzen können.

Gesunde Ernährung im Jahr 2050
Empfehlungen für eine gesunde und umweltgerechte Ernährung 2050.
Zu sehen sind durchschnittliche Mengen aller Lebensmittelgruppen.
Es könnten alle 9,7 Milliarden Menschen unter Berücksichtigung regionaler
Ernährungsgewohnheiten versorgt werden.

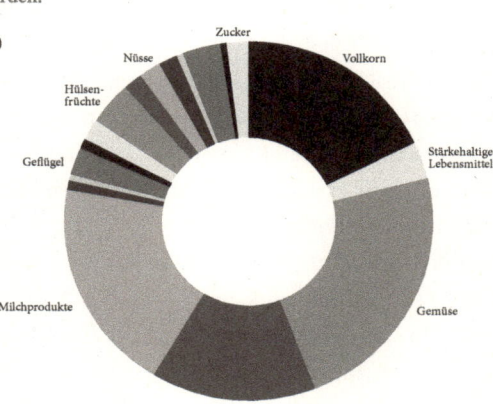

Vollkorn (232 g bzw. bis 60 % unserer Energie)
Stärkehaltige Lebensmittel (0-100 g)
Gemüse (200-600 g)
Früchte (100-300 g)
Milchprodukte (0-500 g)
Rind- und Lammfleisch (0-14 g)
Schweinefleisch (0-14 g)
Huhn und anderes Geflügel (0-58 g)
Eier (0-25 g)
Fisch (0-100 g)
Bohnen, Linsen, Erbsen (0-100 g)
Sojanahrung (0-50 g)
Erdnüsse (0-75 g)
Nüsse von Bäumen (25 g)
Palmöl (0-6,8 g)
Ungesättigtes Fett (20-80 g)
Fett aus Milchprodukten (0 g)
Schweinefett oder Talg (0-5 g)
Alle Zucker (0-31g)

Quelle: ESKP

Gesunde Ernährung im Jahr 2050

Die Pflanzenzucht im geschlossenen Kreislauf funktioniert nur so lange, wie sich tatsächlich keine fremden Keime einschleichen. Und natürlich können wir uns kein Leben auf der Erde ohne Mikrobiom, die Gemeinschaft der Mikroorganismen, vorstellen. Das Mikrobiom sorgt für die Nährstoffbereitstellung auf der Erde und organisiert die Schädlings- und Krankheitsabwehr in den Ökosystemen. Die geschlossenen Kreisläufe des Vertical Farmings sind nicht Teil dieses Mikrobioms.

Vertical Farming ist unabhängig von klimatischen Bedingungen – ein Konzept, das grundsätzlich also an jedem Ort dieser Welt eingesetzt werden könnte und auch deshalb hochgradig nachhaltig ist, weil es null Lebensmittelverschwendung produziert. Hinzu kommt neuerdings, dass sich im Vertical Farming, dank künstlicher Intelligenz, auch das Nährstoffprofil der gezüchteten Produkte individuell aussteuern lässt. Neben dem Vertical Farming in hochhausartigen Türmen machen neuerdings auch Versuche mit Dauer-LED-Licht Hoffnung. In mehreren Versuchsreihen der »Queensland Alliance for Agriculture and Food Innovation« in Australien kamen Wissenschaftler zum Ergebnis, dass durch die permanente Lichtdusche sechsmal im Jahr Gemüse geerntet werden kann statt nur einmal.[15]

Die EU bewegt sich, aber viel zu langsam

Es reicht nicht, auf die »Wende« oder eine »große Transformation« zu hoffen und technologisch alles beim Alten zu belassen. Wir brauchen kühne Ideen und vorausschauendes Denken, das auf vielen Ebenen ansetzt. Nur so kommen wir zu einer progressiven Weiterdefinition des Begriffs der Nachhaltigkeit: Hightech muss, wie gezeigt, die Regeneration und Ökologisierung der Landwirtschaft unterstützen. Zugegeben, viele der Ideen um Vertical Farming, Hydroponik und hochtechnologische Kreislaufwirtschaft polarisieren und provozieren. Einige wurden noch vor wenigen Jahren als komplette Spinnerei abgetan. Doch wir können es uns nicht erlauben, Möglichkeiten auszuschließen. Die Zukunft von Landwirtschaft und Ernährung verlangt technologische Kühnheit ebenso wie ein balanciertes Gefühl für Nachhaltigkeit und Diversität.

Ohne ein Umdenken in der Agrarpolitik bleiben technologische Innovationen nur ein Tropfen auf dem heißen Stein. Die Systemprobleme der Landwirtschaft können nicht betriebsintern gelöst werden. Stichworte: Fleischkonsum, Exporte, Lebensmittelverschwendung sind höchst klimarelevant und müssen politisch verhandelt werden. Bislang findet die globale Ernährungsmittelproduktion jedoch fast

komplett ohne nachhaltiges Ressourcenmanagement statt. Dabei liegt der Verän-
derungspfad auf der Hand: eine Beendigung der ökologisch desaströsen Flächen-
maximierung, stattdessen regeneratives Wachstum, Landwirtschaft als Bewahrer
von ökologischer Balance und Artenvielfalt. Die Europäische Union (EU) hat den
Handlungsdruck zumindest erkannt. Die EU, die für den Agrarsektor so viel Geld
wie für keinen anderen Sektor ausgibt (374 Milliarden Euro in den nächsten sieben
Jahren[16]), beginnt – leider viel zu zaghaft – ihre Subventionspolitik zu überdenken.
Viele Landwirte sind von den Direktzahlungen aus Brüssel abhängig, fürchten aber
zugleich zu hohe Umweltauflagen. Das klare Ziel der EU-Subventionspolitik für die
kommenden Jahre muss sein: Direkte Zuschüsse für die landwirtschaftlichen Flächen, egal was auf dem Acker passiert, werden abgeschafft. Stattdessen müssen diese-
nigen Bauern Geld bekommen, die gesellschaftlich wertvolle Leistungen erbringen.
Eine solche »Gemeinwohlprämie«, so die Forderung vieler Experten, sollte schritt-
weise und mit klaren Etappenzielen eingeführt werden.

Der einzige Weg, der aus dem alten Mechanismus des Gießkannenprinzips (wer
viel Land hat, bekommt viel Geld) herausführt, ist der Komplettumbau des Systems. Bislang nutzte das, was als europäische Agrarstrategie galt, vor allem den europäischen Großbauern, zu denen unter anderem Aldi und die Munich Re gehören.
Der aktuell diskutierte Neuansatz der EU legt die Vergabe von Subventionen stärker
in die Hand einzelner Staaten. Von dort aus sollen im Lauf des Jahres nachhaltige
Strategiepläne nach Brüssel durchgeschickt werden. Agrarbetriebe sollen aus den
Fördertöpfen zusätzliche Gelder bekommen, wenn sie beispielsweise Blütenstreifen
anlegen, Moore und Feuchtgebiete nicht mehr als Acker-, sondern als Weideland
nutzen und ihre Flächen grundsätzlich kleinteiliger bewirtschaften. Dem deutschen
Umweltministerium ist außerdem daran gelegen, dass 5 Prozent der vorhandenen
Agrarflächen künftig gar nicht mehr genutzt werden. 10 Prozent der Zahlungen aus
dem riesigen EU-Subventionstopf sollen darüber hinaus an die Bauern ausgezahlt
werden, um damit Innovationen für eine ökologische Landwirtschaft anzukurbeln.

Am Ende soll alles das darauf hinauslaufen, dass sich die Landwirtschaft (auch)
als Umweltschützer positioniert (in Großbritannien könnte das demnächst sogar
Gesetz werden). Naturschutzorganisationen sind mit dem Tempo der Veränderung
der Subventionspolitik in höchstem Maße unzufrieden. Außerdem, so ihre Forderung, sollten die EU-Milliarden, die in den kommenden Jahren für die Landwirtschaft zur Verfügung gestellt werden, mindestens zu 30 Prozent dafür eingesetzt
werden, Maßnahmen gegen den Klimawandel bei der Ernährungsproduktion einzuleiten (Stichworte: Bodenerosion, Nitrate, Boden, Artensterben).

Ein daran anschließender Grundkonflikt, der uns in den kommenden Jahren auf dem Weg zu einer solchen »Landwende« in der EU erwartet, spielt sich hierzulande schon heute zwischen Umwelt- und Landwirtschaftsministerium ab. Während sich die SPD-Umweltministerin Svenja Schulze klare Nachhaltigkeitsziele und wirksame Maßnahmen zur Bewahrung der Artenvielfalt auf die Fahnen geschrieben hat[17], bremst das Landwirtschaftsministerium und verweist darauf, wie »komplex« Agrarpolitik doch sei. Offenbar aus alter Treue zur Agrar- und Nahrungsmittellobby werden die Euphemismus-Maschinen gestartet: Nachhaltigkeit definiere sich nicht allein über die Ökologie, ist zu hören. Oder: Die sozialen Belange und Fragen der Wettbewerbsfähigkeit müssten ebenfalls Berücksichtigung finden.

Haarspalterei ist indes fehl am Platz. Es geht darum, die Bedingungen für CO_2-Reduktionen in der Landwirtschaft möglichst schnell zu schaffen. Nachhaltiges Denken und innovative Technologien liefern dafür gute Lösungsansätze. Pflanzliche Diversität gilt beispielsweise als verlässliche Lösung für die weltweit zurückgehenden Ernten und die tendenziell sinkende Erntequalität durch den Einfluss des Klimawandels. Eine Studie der Food and Agriculture Organization (FAO) setzt Pflanzendiversität mittlerweile auf Platz eins des Maßnahmenkatalogs gegen die Auswirkungen des Klimawandels in der Landwirtschaft. Innovationen, die für mehr pflanzliche Vielfalt und robustere Pflanzen in bestimmten Klimazonen sorgen, sind deshalb herzlich willkommen.[18]

Vielfalt lässt sich auch über den Weg des Genome-Editings herstellen. Klimaresistente Pflanzen lassen sich beispielsweise mithilfe der sogenannten Genschere züchten. Es ist keine Haarspalterei, wenn Befürworter dieser Technik hervorheben, dass die Genschere keine Genmanipulation im engeren Sinne darstellt, sondern Pflanzen optimiert, wie es Züchter mit konventionellen Mitteln ohnehin seit Langem tun. Außerdem wird bei Crispr kein Erbgut von anderen Arten eingepflanzt. Ohnehin haben Pestizide und Düngerexzesse in den vergangenen Jahrzehnten für weit mehr schädliche Genmutationen gesorgt, lautet ihre Begründung. Darüber hinaus haben sich Großkonzerne längst der Gentechnik bemächtigt und Landwirte an patentiertes Saatgut gebunden.[19]

Mit Crispr lassen sich Lebensmittel länger haltbar machen, wodurch weniger weggeschmissen würde. Die Genschere würde dabei helfen, Pflanzen robuster zu machen und Organismen auf dem Acker zu stärker, sodass weniger Gifte eingesetzt werden müssten. In den USA werden bereits klimaresistente Pilze und Ölsaaten mithilfe der Genschere gezüchtet. Crispr, so begründete es die amerikanische

Zulassungsbehörde FDA, beschleunigt und vereinfacht Zuchtprozesse für nützliche und dem Klimawandel angepasste Pflanzen, die ohne Nutzung der Genschere über mehrere Jahrzehnte mühsam entwickelt werden müssten. Crispr ist eine günstig zu handhabende Technologie, deren Verfahren nicht unberechenbar sind, und die Neuzüchtungen innerhalb von Monaten ermöglichen würde.

Die »Optimierung« von Pflanzen durch Crispr/CAS befindet sich also in einer Grauzone zwischen Pflanzenzucht und Gentechnik. Im Jahr 2018 hat indes der Europäische Gerichtshof (EuGH) entschieden, dass Crispr als Gentechnik ausgewiesen werden muss. Das bedeutet, dass ein mit Crispr produzierter Apfel im Supermarkt als Gentechnik-Produkt etikettiert werden muss. Für den Verkauf, das bestätigen Handelsexperten, ist das ein absolutes Killerkriterium. Darüber hinaus ist die Kennzeichnung schlicht falsch, denn konträr zur herkömmlichen Gentechnik wird bei der Genschere eben kein fremdes Erbgut eingesetzt. Die missverständliche Gentechnik-Kennzeichnung, davon ist auszugehen, wird dazu führen, dass Produktinnovationen mit Crispr in der EU auf absehbare Zeit blockiert werden.

Einige Wochen vor dem EuGH-Urteil setzte sich die baden-württembergische Ministerin für Wissenschaft, Forschung und Kunst, Theresia Bauer, in einem Beitrag auf *Spiegel Online* nachdrücklich für die Nutzung der Genschere ein.[20] In einer Ausschreibung des baden-württembergischen Wissenschaftsministeriums hieß es, neue gentechnische Verfahren könnten einen wichtigen Beitrag leisten, »um die Landwirtschaft produktiver, weniger pestizidintensiv und durch Merkmale wie Trocken- und Hitzetoleranz auch klimaangepasster zu machen«.[21]

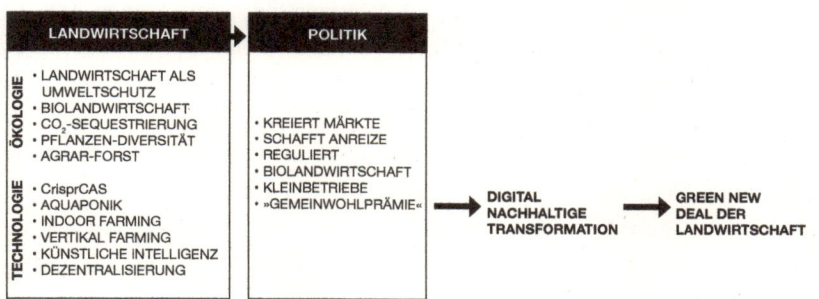

Ökologie und Technologie prägen die Landwirtschaft der Zukunft   *Quelle: ITZ 2021*

Das »Forschungsprogramm Genome Editing« (»mit Biotechnologie zu einer nachhaltigen Landwirtschaft«) wurde nach Intervention des Ministerpräsidenten jedoch kurzerhand auf Eis gelegt, nachdem es zu Protesten bei Umwelt- und Biolandbau-Verbänden und in der eigenen grünen Landtagsfraktion gekommen war. Der Vorstoß von Theresia Bauer wird aber sicherlich nicht der letzte bleiben. Nicht nur bei den Grünen gibt es Unterstützung für die Idee, mittels der Genschere Sprunginnovationen in der Landwirtschaft angesichts der Klimawandels zu forcieren.

Bonduelle oder wie traditionelle Unternehmen den Sprung in die Agrarzukunft wagen

Die vertikalen Pflanzenfabriken, die das japanische Unternehmen Spread betreibt, reduzieren die Lebensmittelverschwendung von 30 bis 40 Prozent auf gerade einmal 3 Prozent. Perfekte Kreislaufsysteme führen tatsächlich dazu, dass bei der industriell-digitalen Produktion fast kein Ausschuss mehr produziert wird. Und während die herkömmliche Landwirtschaft auf 5000 Quadratmetern rund 26.000 Salatköpfe zwei- bis viermal pro Saison ernten kann, kommt die vertikale Farm von Spread auf einen Output von 10.000 Salatköpfen pro Tag, wenn nötig an 365 Tagen im Jahr – und mit einem signifikant geringeren CO_2-Fußabdruck.[22]

In Japans technikfreundlicher Ökonomie funktioniert die Zukunftstechnologie Vertical Farming bislang mithilfe von (kleineren) Subventionen. In der Region Fukushima ist der Betrieb des Unternehmens A-Plus beispielsweise Teil eines regionalen Aufbauprogramms nach dem Tsunami 2011. Vertical Farming wird vor allem dann zum Geschäft, wenn möglichst viele Schritte entlang der Wertschöpfungskette automatisiert werden können. In der neuesten digitalen Farm von Spread können durch Automatisierung 50 Prozent der Arbeitskosten eingespart werden. Die Recyclingrate des eingesetzten Wassers liegt bei erstaunlichen 98 Prozent. Und das von Spread selbst entwickelte LED-Licht wird die Energiekosten noch einmal um 30 Prozent senken helfen.

Vertical Farming ist auch insofern innovativ, als es bei der Vermarktung jedes einzelnen Salatkopfs anders vorgeht. Normalerweise wächst der Salat im Boden, wird geerntet und danach verkauft. Beim Vertical Farming ist es möglich, dass am Anfang die individuellen Wünsche des Kunden stehen: Der Salat ist geputzt und geschnitten, die Menge ist genau berechenbar, Ernteausfälle kennt eine vertikale Farm nicht und das Wetter spielt keine Rolle. Produkte aus digital-vertikalem Anbau müssen nicht einmal gewaschen werden und können in tadellosem Zustand direkt an die Verbraucher oder Großküchen ausgeliefert werden.

Vertical Farming birgt nicht nur die Chance für eine dezentralere Landwirtschaft. Durch ihre besonderen Produktionsbedingungen entstehen auch neue Geschäftsmodelle. Obst und Gemüse, das nicht über Tausende Kilometer um die Erde geschickt wird, kommt frischer im Laden an. Der Direktverkauf beispielsweise an Großkunden aus der Fastfood-Branche wird den Kalkulationen von Spread folgend spätestens dann interessant, wenn die Produkte automatisch geputzt und vorbereitet (»salad-ready«) geliefert werden können. Die Mehrzahl der japanischen Unternehmen, die jetzt schon mit Vertical Farming und Aquaponik ordentliches Geld verdienen, bemühen sich – trotz des hyperlokalen Anspruchs – auch um Kooperationen im Ausland. Man hofft dabei, zumindest in der Frühphase auch durch Technologietransfer verdienen zu können. Im Fokus stehen dabei Länder, die mit ihren Wasserreserven sehr sorgsam umgehen müssen. Spread hat eine erste Kooperation mit einer Gesellschaft in den Vereinten Arabischen Emiraten begonnen.

»Bonduelle ist das famose Zartgemüse aus der Dose«, der Werbespot des französischen Nahrungsmittelkonzerns klingt noch allen im Ohr, die in den 1980er-Jahren aufgewachsen sind. Damals hat das Unternehmen versucht, mit ziemlich penetranter TV-Werbung auf gesundes Essen hinzuweisen. Heute gehört Bonduelle (Jahresumsatz 2020: 2,85 Milliarden Euro[23]) zu den europaweit ersten Unternehmen, die ernst machen mit der Digitalisierung der Landwirtschaft. Durch die Corona-Sonderkonjunktur stieg Bonduelles Umsatz mit »Zartgemüse« aus der Dose um mehr als 9 Prozent und mit Tiefkühlprodukten um 4 Prozent im Geschäftsjahr 2020 bis Ende Juni. Insgesamt konnte Bonduelle seinen Umsatz um 2,8 Prozent auf 2,85 Milliarden Euro steigern.

Auch die europäische Gemüsebranche leidet schon seit Längerem unter dem Klimawandel: Unwetter verursachen Ernteschäden und es wird mehr Bewässerung benötigt. Von den Wetterkapriolen will sich Bonduelle beim Salat unabhängiger machen. Als einer der ersten in Deutschland hat der Konzern ein Pilotprojekt für digital gesteuerten Salatanbau in einer Hydroponik-Anlage gestartet. In Straelen am Niederrhein wird der Kopfsalat unter LED-Licht über Schlauchsysteme ernährt, das spart 70 Prozent Wasser. Das hat zur Folge, dass der Salat weniger gestresst ist und weniger Ausschuss als auf dem Feld anfällt. Und natürlich wird dabei auch der weite Transportweg aus Spanien oder Italien eingespart, was den CO_2-Fußabdruck der Produktion verringert. Die Investitionen sind jedoch erheblich: Der erste Hektar der Hydroponik-Anlage kostete Bonduelle rund 2 Millionen Euro.

Verkauft wird der Salat aus Hydrokultur für 1,99 Euro als »Hofsalat« bei Edeka und Rewe. Momentan kommt Bonduelle mit den Lieferungen des nachhaltig angebauten Salats kaum nach. Weitere Salatsorten sollen folgen. Ohnehin setzt Bonduelle immer mehr auf Smart-Farming bei seinen Vertragsbauern. Drohnen, Satellitenbilder und intelligente Sensoren liefern exakte Daten in Echtzeit. So lässt sich zum Beispiel genau erkennen, was die Pflanzen für ihre Entwicklung benötigen. Landwirte können schnell gegensteuern, wenn etwas nicht optimal läuft, und so Ernteausfälle reduzieren. Bonduelles Partner nutzen mechanische Unkrautbekämpfungsmittel statt Herbizide. Überwacht durch eine Kamera kratzen autonome Maschinen die Bodenoberfläche auf und entfernen das Unkraut zentimetergenau, ohne die Pflanzenreihen zu beschädigen. Digitale Technik ist umweltfreundlicher und fördert die Biodiversität. »Digitalisierung hilft uns entscheidend dabei, nachhaltiger zu werden«, ist das Unternehmen überzeugt.[24]

Namhafte Unternehmen aus verwandten Branchen erkennen den Trend. Osram, der bekannte Münchner Beleuchtungshersteller, arbeitet am besonderen Licht für den Acker der Zukunft. Osram wird deshalb in Zukunft nicht mehr nur Glühbirnen, sondern spezielles Licht als wichtigen Rohstoff für die »vertikalen Gärten« liefern. Osram ist einer der führenden Lichthersteller weltweit, die gute, alte Glühbirne hat dem Unternehmen im Nachkriegsdeutschland maximale Bekanntheit verschafft.

Osram entwickelt auch heute noch Beleuchtungsprodukte und -lösungen entlang der gesamten Lichtwertschöpfungskette (von der Glühbirne zum kompletten Licht-Management-System für Unternehmen). Fragt man bei den Lichtmachern aus München genauer nach, könnte die Landwirtschaft von morgen so aussehen: »Zukünftig werden selbstlernende Software-Algorithmen digitale Pflanzenmodelle erstellen und optimieren, um so maßgeschneiderte Salate und Kräuter für Plattformpartner wie Supermärkte, Online-Lebensmittelgeschäfte oder Pharmaunternehmen anzubauen.«[25]

Auf dem Weg zum führenden Anbieter von smarten Pflanzenwachstumslösungen geht Osram bereits den nächsten Schritt. 2019 kaufte der Konzern die Fluence Bioengineering mit Sitz in Austin, Texas, auf. Das 2013 gegründete Unternehmen mit rund 95 Mitarbeitern erzielte 2017 einen Umsatz im mittleren zweistelligen Millionenbereich und ist spezialisiert auf LED-basierte Pflanzenwachstumssysteme. Im Jahr 2017 hat sich Osram darüber hinaus am Münchener Start-up Agrilution beteiligt, das Gewächsschränke mit LED-Beleuchtung für Privathaushalte anbietet (der kühlschrankgroße Plantcube lässt sich online für 2.999 Euro bestellen).

Regenerative Landwirtschaft: Humus als CO_2-Erlöser?

Auf einer Konferenz der Vereinten Nationen zur Zukunft der Ernährung 2019 ergreift Emmanuel Faber, CEO von Danone, das Wort und fordert in deutlichen Worten die Abkehr von der Landwirtschaft, wie sie bislang betrieben wurde. Er geißelt den Versuch der Nahrungsmittelkonzerne, mithilfe der Wissenschaft profitträchtige Monokulturen geschaffen zu haben. Zwei Drittel der weltweit produzierten Lebensmittel würden aus nicht mehr als neun Pflanzenarten hergestellt. »We have broken the cycle of life«[26], darin gipfelt Fabers Kurzanalyse. Im Anschluss daran kündigte er mit »One Planet Business for Biodiversity« (OP2B) eine Initiative nahezu aller global relevanten Nahrungsmittelproduzenten an, die sich um die Erhaltung der Diversität auf dem Planeten kümmern wird. Als ersten Pfeiler für eine radikale Wende in der Landwirtschaft kündigt Faber den Einstieg in die Nutzung der regenerativen Landwirtschaft an (es folgen Diversität der Lebensmittelproduktion und Projekte gegen die Abholzung von Wäldern). Hinsichtlich der Analyse können wir dem Danone-CEO nur zustimmen.[27]

Danone, der weltweit größte Hersteller von Frischmilchprodukten, generiert auf Basis dieser Zerstörung des Lebenskreislaufs jedoch auch jährliche Umsätze in Höhe von rund 23 –25 Milliarden Euro.[28] Mit der Verkündung von OP2B spricht Faber von einem »shift«, tatsächlich einer Umkehr im Denken über Landwirtschaft, das über die Gründung der Initiative von den 20 größten Nahrungsmittelkonzernen in Angriff genommen werde. Bei genauerem Hinsehen entpuppt sich die Initiative allerdings als Greenwashing.

Die regenerative Landwirtschaft ist ein Signal, das schon länger von Big Food als »Erwachen von Big Food« ausgesendet wird. Neben Danone beteiligen sich auch Nestlé, General Mills, Cargills und andere seit Jahren an Pilotprojekten. Regenerative Landwirtschaft wird von den Giganten der Nahrungsmittelindustrie als die ökologischere Form der Landbewirtschaftung angepriesen, die darüber hinaus dabei hilft, den Klimafeind Nummer eins, Kohlendioxid, aus der Atmosphäre zu entziehen – was könnte es Besseres geben? Vereinfacht gesagt, zielt die regenerative Landwirtschaft auf ein Neubalancieren des Kohlenstoffhaushalts, indem Kohlendioxid in Form von Humus im Erdboden gebunden wird. Regenerative Landwirtschaft ermöglicht aber auch Regeneration von Nährstoffgehalten, die sich in der Gesundheitsqualität der Produkte niederschlägt. Mit einem Wort: Wir müssen es schaffen, gesunden Humus auf unseren Feldern wiederaufzubauen.

Aber was hat das mit Greenwashing und der Krise von Big Food zu tun? Große Ansagen zur Rettung der Welt und die Einsicht in die Notwendigkeit einer radikalen Neuorientierung in der Nahrungsmittelerzeugung finden mittlerweile in jedem Headquarter der Food-Konzerne Beachtung. 2019 bekannte beispielsweise der Danone-Chef Emmanuel Faber: »Das Nahrungsmittelsystem, das wir im letzten Jahrhundert aufgebaut haben, ist eine Sackgasse für die Zukunft. Kurz gesagt, wir haben den Kreislauf des Lebens durchbrochen.«[29]

General Mills, weltweit sechstgrößter Lebensmittelproduzent, begann bereits 2016 mit einem Projekt der regenerativen Landwirtschaft auf der Harri's Ranch in Georgia. Dort werde die Mehrheit des produzierten Kohlendioxids durch den regenerativen Boden gebunden, erklärte zumindest General Mills.[30] Nachprüfbare Zahlen und wissenschaftliche Dokumentationen sind bislang jedoch noch nicht veröffentlicht worden. Was bei aller Euphorie offenbar in Vergessenheit geriet: Jeder Boden ist anders (Topografie, mineralische Zusammensetzung) und die Aufnahmekapazitäten des Bodens für Kohlendioxid sind endlich.[31] Darüber hinaus gehen seriöse Schätzungen mittlerweile davon aus, dass die Kohlendioxidminderung niemals die von der Hype-Fraktion[32] aufgerufene Zahl von einer Billion Tonnen Kohlendioxid erreichen wird.

Man muss kein Zyniker sein, um zu erkennen, dass damit jedoch enorme geldwerte Vorteile für die etablierte Ernährungsindustrie einhergehen würden: Die etablierten Akteure starten einfach den Prozess einer globalen regenerativen Landwirtschaft und braucht ansonsten am System nichts zu verändern. Big Food könnte fast genauso weiter produzieren wie bislang, im gleichen Umfang weiter Fleisch auf den Weltmarkt werfen, und wir Verbraucher müssten unseren Lebensstil nicht verändern, da ja das neue Paradigma der Landwirtschaft Kohlendioxid schluckt. Wirklich? Auch Prognosen von 322 Milliarden Tonnen Kohlendioxid sind kaum nachvollziehbar und setzten voraus, dass die komplette weltweite Ackerfläche künftig mit regenerativer Landwirtschaft betrieben würde.[33]

Die Agrarexpertin Andrea Beste kommentiert den Greenwashing-Versuch der Großindustrie lapidar so: »Humus aufzubauen ist sehr wichtig. Aber diese Initiative vermittelt den Eindruck, Bauern könnten einen Großteil der globalen CO_2-Emissionen aus der Atmosphäre filtern, indem sie Kohlenstoff im Boden binden – das ist Unsinn.«[34] Mit Sicherheit werden wir durch die erwähnten Projekte regenerativer Landwirtschaft jedoch nicht die sich anschließende Kohlendioxidproduktion beim Transport, der Verpackung, der Verfeinerung und dem Recycling von Lebensmitteln verhindern. Auch hier zeigt sich nochmals, dass es nicht ohne integrative

Ansätze im Kampf gegen den Klimawandel geht: Politik und Wirtschaft müssen dabei mit klarer Rollenaufteilung agieren – die Politik setzt die Leitplanken für wirtschaftliches Innovationshandeln.

Nichtsdestotrotz brauchen wir naturbasierte Lösungen. Und es gibt solche. Im Januar sprach sich eine Mehrheit des Bundestags für die Förderung von Agroforstsystemen aus. Agroforstsysteme beziehen Gehölze, schnell wachsende Baumarten oder Sträucher, aber auch die extensive Tierhaltung in die Landbewirtschaftung ein. Sie sollen helfen, die landwirtschaftliche Produktion gegen Dürren und den Klimawandel zu wappnen. Agroforsten schützen vor Erosion, bilden Humus und binden Kohlenstoff. Ihr günstiges Mikroklima kann die Ertragsstabilität der Betriebe steigern, ebenso die Vielfalt an Strukturen und Habitaten, was lokal die Artenvielfalt erhöht. Weniger Dünger und Pflanzenschutz verbessern außerdem die Energiebilanz bewaldeter Agrarflächen.

Auch das ist im Grunde nichts Neues. Jahrhundertelang waren Forst- und Landwirtschaft eng verzahnt. Erst mit der Entwicklung von Traktoren und Mähdreschern vor wenigen Jahrzehnten hat sich das geändert. Je größer die Ackerflächen wurden, desto mehr Bäume verschwanden von den Feldern. Wer aber Agroforstsysteme kultiviert, der erzielt viele Nachhaltigkeitseffekte. Das anfallende Holz lässt sich unter anderem in Blockheizkraftwerken in Strom umwandeln, womit Haus und Hof mit Energie versorgt werden können. Die vom Kleinkraftwerk abgegebene Wärme lässt sich zur Heutrocknung nutzen.

Dagegen wird die regenerative Landwirtschaft in ihrer CO_2-absorbierenden Wirkung überschätzt und dient vor allem Greenwashing-Versuchen von Großkonzernen. Andrea Beste stellt eindeutig klar: »(Landwirtschaft) ist (...) nicht der Klimafilter für Verschmutzer wie Kohlekraftwerke oder den Verkehr. Viel wichtiger als so ein Ablasshandel ist es, unsere Produktionsweisen dem längst eingetretenen Klimawandel anzupassen.«[35]

Precision Farming und das Ende des Traktors

Kalifornien, irgendwo in den gigantischen Weiten der Bay Area an einem Sommermorgen. Wie überall auf der Welt bewegt sich ein Traktor über ein Feld, wässert und versprüht Chemikalien. Doch was der Traktor hinter sich herzieht, ist kein normales Spritzgerät. Die Gründer des Hightech-Start-ups Blue Water sind auf dem Acker zugange und schicken sich an, den gesamten Bearbeitungsprozess vom Pflanzen bis zum Ernten neu zu gestalten. In der Spritzmaschine befinden sich nämlich Sensoren, Microchips, Miniaturkameras und künstliche Intelligenz vom Feinsten. Sie machen es möglich, dass der »Bauer« auf dem Traktor jederzeit über den Zustand jeder einzelnen Pflanze unterrichtet wird. Das roboterisierte Spritzgerät unterscheidet fehlerfrei zwischen Unkraut und Nutzpflanze und hilft dabei, dass Chemie in viel geringeren Dosen auf den Acker kommt. Und die jungen Gründer von Blue Water haben bereits die gleiche Maschine für die Bearbeitung von Baumwollfeldern am Start.

Solche und ähnliche Hightech-Projekte wecken momentan große Begehrlichkeiten bei der traditionellen Agrarindustrie. Blue Water wurde im vergangenen Jahr von dem Landmaschinenkrösus John Deere für 305 Millionen US-Dollar aufgekauft.[36] Deere hatte in den vergangenen drei Jahren unerwartete Einbußen beim Verkauf seiner Landmaschinen zu erleiden. Irgendwann schwante den Strategen, dass die Kunden von Deere endlich auch Produkte erwarten, die mit neuesten Automatisierungstechniken und Robotik ausgestattet sind. Mit dem Kauf von Blue Water soll das Automatisierungsgeschäft jetzt mit Siebenmeilenstiefeln in Gang gebracht werden. Für Blue Water geht damit ein Traum in Erfüllung. Denn dem Start-up war schon lange klar, dass es auf einer ganzen Reihe von interessanten Agro-Tech-Innovationen sitzt, allerdings nicht in der Lage sein würde, solche intelligenten »LettuceBots«, Agrarroboter, auch zu bauen. Die Hightech-Innovation reagiert tatsächlich auf einen Engpass. Denn auch im deutschen Obst- und Gemüseanbau muss nach Expertenmeinung weiter mechanisiert werden, um zum einen den Pestizideinsatz deutlich zu reduzieren und zum anderen einigermaßen erträgliche Löhne zahlen zu können. Künstliche Intelligenz wird in den kommenden Jahren in der Landwirtschaft zu einem digitalen Kumpel heranwachsen, der eher Personalknappheit kompensiert und vorhandene Arbeitsplätze sichert.

Der »Global Startup Ecosystem Report« untersucht jährlich, wie sich Start-up-Plattformen weltweit entwickeln. Dabei wächst der Sektor der Präzisionslandwirtschaft zurzeit mit am stärksten. Was besondere Freude macht: Aktuell ist das Silicon Valley auch hier die Nummer eins, doch die Entwicklung unter den Investoren und bei der Gründung von Start-ups verläuft deutlich dezentraler. Auch das Amsterdam-Delta, London, Irland und der Mittlere Osten entwickeln sich allmählich zu wichtigen Zentren für den Aufbruch in die digitale Landwirtschaft.

Die Investitionen in den Zukunftsmarkt der Präzisionslandwirtschaft wuchsen im globalen Maßstab jüngst um mehr als 200 Prozent. Präzisionslandwirtschaft steht als Oberbegriff für alle technischen Innovationen, die die datengetriebene, vernetzte und digitale Landwirtschaft betreffen. Dazu zählen unter anderem Online-Handels-plattformen für Agrarprodukte, Datenbanken oder neuartige Aquaponik-Systeme, der Einsatz von autonomen Maschinen, Drohnen und das Vertical Farming. Das Investitionsvolumen in Unternehmen aus der Präzisionslandwirtschaft stieg von 2013/2014 bis 2017/2018 um 209,1 Prozent, während sich die Anzahl der landwirt-schaftlich-digitalen Start-ups zwischen 2010/2011 und 2017/2018 verdoppelte.[37]

Wir müssen darauf achten, dass gerade auch die digitalen Innovationen keine First-World-Technologien bleiben. Der Markt der Agrartechnik hat Südamerika, Südostasien oder Afrika längst im Blick. Trotzdem müssen auch von Staaten in der nächsten Zeit finanzielle Anreize geschaffen werden, sodass sich Precision Farming global bei kleinen und mittelgroßen Betrieben durchsetzen kann.

Präzisionslandwirtschaft verspricht mehr Qualität, Effizienz und Planungssi-cherheit:

- *Mehr Qualität:* Die Auswahl und Entwicklung von Saatgut ist in datenba-sierten Systemen präziser möglich, was die Erntequalität signifikant steigert.
- *Mehr Effizienz:* Insbesondere der Umgang mit der Schlüsselressource Was-ser wird durch selbstlernende Software deutlich effizienter und nachhaltiger.

Aber vor allem:

- *Mehr Planungssicherheit:* Künstliche Intelligenz auf dem Acker sorgt künf-tig dafür, dass der Landbau mit Prognosemodellen arbeiten kann, die hel-fen, Ernteeinbrüchen vorzubeugen, und die der Ressourcenverschwendung Einhalt gebieten.

Um dem Klimawandel begegnen zu können, brauchen wir landwirtschaftliche Früh-warnsysteme. Mindestens ein Viertel der Missernten ließen sich durch verbesserte Wetterprognosen verhindern. Nur zwei Zahlen dazu: Weltweit werden nach wie vor 70 Prozent des kostbaren Trinkwassers in der Landwirtschaft verbraucht (den Lö-wenanteil daran machen die rückständigen Farmen in Afrika und Asien aus). Und laut US-Landwirtschaftsministerium sind sage und schreibe 90 Prozent der Miss-ernten auf Wetterphänomene wie Stürme und Trockenheit zurückzuführen. Min-destens ein Viertel davon ließe sich durch bessere Wetterprognosen verhindern.[38]

Mittels autonomer Bewässerungssysteme lassen sich in der Landwirtschaft drei Viertel des Wassers sparen. Künstliche Intelligenz entscheidet ab jetzt auch in der

Landwirtschaft mit: Wie groß die mögliche Einsparung durch den Einsatz von Digitalsystemen sein kann, zeigt das israelische Start-up Tevatronic. Es hat ein autonom funktionierendes Bewässerungssystem entwickelt. Dabei nimmt künstliche Intelligenz dem Menschen die Entscheidung darüber ab, wann, wo und wie stark ein Feld bewässert werden soll. Die Daten dafür liefern Sensoren im Acker. Durch den punktgenauen Einsatz, das verspricht Tevatronic, könnten drei Viertel der sonst benötigten Menge an Wasser und Dünger eingespart werden.

Die drei Farmbots »Tom«, »Dick« und »Harry« könnten demnächst unsere dinosaurierhaften Traktoren ersetzen, weil sie einfach intelligenter und präziser sind. Ist das das Ende des Traktors, wie wir ihn kennen? Mit all der digitalen Technik vor Augen, fragt man tatsächlich, ob man nochmal den Traktor erfinden würde. Die Small Robot Company hat sich jedenfalls zum Ziel gesetzt, den Traktor abzuschaffen. Das Unternehmen möchte erreichen, dass anstelle eines großen Traktors in Zukunft eine Armada kleiner Roboter den Acker bewirtschaftet. Beim Traktor geht es um Geschwindigkeit, nicht um Präzision. Das prägte mehr als 50 Jahre unsere Landschaft und die landwirtschaftlichen Betriebe. Mittlerweile wird der Einsatz großer Maschinen infrage gestellt. Das alte Modell und das alte Denken funktioniere einfach nicht mehr. »Wer das ganze Feld gleich behandelt, ackert nicht effizient«, so die Gründer der Small Robot Company. Die Farmbots Tom, Dick und Harry säen, ernten und jäten Ackerkulturen effizienter als Traktoren. Tom ist ein Pflanzen- und Bodenüberwachungsroboter. Dick kann präzise und effizient Pflanzenschutz ausbringen sowie durch Laser- oder Stromeinsatz Unkraut beseitigen und Harry bohrt Löcher und bringt Samen aus. Die Dame »Wilma« ist das Betriebssystem des Ganzen und das KI-gesteuerte, neuronale Netzwerk.[39]

Die Präzisionslandwirtschaft löst auch Probleme auf dem von Saisonkräften geprägten Arbeitsmarkt. In den USA, wo der Fachkräftemangel in der Landwirtschaft mittlerweile chronisch ist, könnte bis Ende des Jahrzehnts ein Viertel der dringend benötigten Mitarbeiter fehlen. Nahezu überall auf der Welt funktioniert die Landwirtschaft als ein stark saisonal geprägter Arbeitsmarkt, auf dem niedrige Löhne für harte Arbeit gezahlt werden. Automatisierungslösungen wie der FarmBot[40] (entstanden in einem britischen Open-Source-Landwirtschaftsprojekt) helfen dabei, den Personalmangel zu lindern. Die Ernteroboter sind schon jetzt im Einsatz und arbeiten – wer hätte es gedacht – schneller und gründlicher, spüren jedes Unkraut auf, sind die günstigeren Hilfskräfte und stehen rund um die Uhr zur Verfügung.

Ernteroboter sind effizienter, kennen keinen Schmerz und finden jedes Unkraut. Der US-amerikanische Zitronenpflücker von Energid (hervorgegangen aus der

NASA-Forschung) packt sich alle zwei bis drei Sekunden – ohne Rückenschmerzen – eine Frucht und arbeitet zuverlässiger als die Menschenhand. Der Agrobot aus Andalusien wiederum erntet Erdbeeren, verfügt über 24 getrennt steuerbare Arme und erkennt mithilfe eines klugen Algorithmus den Reifegrad der Früchte. Der LettuceBot2, ein automatischer Salatpflücker des kalifornischen Start-ups Blue River, lässt sich einfach an den Traktor anhängen, tut brav seine Arbeit mittels hochauflösender Bilderkennung und Internet der Dinge und identifiziert sogar Unkraut, das sich nicht mit Herbiziden bekämpfen lässt. Blue River garantiert, dass durch den Einsatz des Salat-Roboters 90 Prozent des Herbizideinsatzes überflüssig wird.[41]

Verschiedene Anwendungen der künstlichen Intelligenz, insbesondere die Bilderkennung, bergen großes Potenzial. Bilderkennungsverfahren, beispielsweise durch visuelle Tierbiometrie, gestatten es, mittels Drohnen oder selbstauslösender Kamerafallen eigenständig Bild-, Video- oder Tonmaterial von Tieren zu erstellen, große Mengen an Materialien auszuwerten, Tiere automatisch zu erkennen, Spezies zu klassifizieren oder gar einzelne Tiere zu orten. Die so gewonnenen Daten werden unser Wissen über Lebensräume und Sozialverhalten von Tieren revolutionieren, aber auch dabei helfen, zielgerichtetere Schutzmaßnahmen für gefährdete Tierarten zu ergreifen und Wilderei zu bekämpfen. Schon heute sind Algorithmen in der Lage, gut 600 unterschiedliche Tierarten zu identifizieren. Erhöhte Informationstransparenz bei der Nahrungsmittelerzeugung, vor allem in der Tierhaltung, könnte die Absatzchancen für Landwirte verbessern. Künstliche Intelligenz macht die Landwirtschaft auf diese Weise ökologischer und effizienter und liefert gleichzeitig Anregungen für neue digitale Geschäftsideen.

Wie wir sehen, sind die technologischen Möglichkeiten für eine transformative Landwirtschaft in Hülle und Fülle vorhanden. Es kommt jetzt darauf an, Technologien in globalem Maßstab auszurollen. Nach wie vor wird die Hälfte der wichtigsten Nahrungsmittel von kleinen und mittleren Betrieben produziert.[42] Das sollte idealerweise so bleiben. Dafür müssen diese Betriebe jedoch in ihrem Streben nach nachhaltiger Produktion unterstützt werden. Zugang zu Technologien aus dem Precision Farming halten den agrarischen Mittelstand konkurrenzfähig. Regierungen und Technologieanbieter müssen hier eng zusammenarbeiten, um eine digital-nachhaltige Landwende umzusetzen, von der alle profitieren.

Schließlich darf nicht verschwiegen werden, dass die Verwendung von künstlicher Intelligenz in der Landwirtschaft auch Gefahren birgt. Wer sich als Landwirt den Einsatz von KI nicht leisten kann, könnte schnell ins Hintertreffen geraten.

Eine neue Welle der Marktkonzentration bedingt durch einen agrarischen *digital gap* könnte die Folge sein. Landwirtschaftliche Betriebe könnten darüber hinaus stärker von großen Agrar-Technologie-Playern abhängig werden, was einen zusätzlichen Kontrollverlust mit sich bringen würde. Deshalb sind vertrauenswürdige Datensysteme, ein Fokus auf Datenhoheit bei Landwirten und anderen Nutzern sowie Open-Data- und Open-Source-Projekte wichtige Maßnahmen, die rasch ergriffen werden müssen, um den Erhalt und die Prosperität von mittelständischen Betrieben zu garantieren.

Singapur, China, Großbritannien, Niederlande: Hightech und die Bedeutung der »Kleinen«

Nicht nur weil Singapur ein global relevanter Finanzmarkt ist, wird hier viel Zukunft gemacht. In dem asiatischen Stadtstaat lässt sich heute schon studieren, wie wir in knapp zehn Jahren leben werden. Ein Grundproblem der kommenden Jahre: die Knappheit von Flächen – für Wohnungen und für den Anbau von Lebensmitteln. In Singapur kann nur 1 Prozent der Fläche landwirtschaftlich genutzt werden. Deswegen muss der erfolgreiche Stadtstaat 90 Prozent seiner Lebensmittel importieren.[43] Auch für das viertreichste Land der Welt ist das keine nachhaltig erfreuliche Perspektive.

Als unmittelbar vor dem Ausbruch der Weltwirtschaftskrise 2008 die internationalen Lebensmittelpreise dramatisch anstiegen (Grund dafür waren Dürren und andere Wetterkatastrophen, die ersten Auswirkungen des Klimawandels), war für Singapur die Stunde gekommen, um sich grundsätzliche Gedanken über die eigene Zukunft zu machen: Die Lebensmittelversorgung, so der erste Beschluss, ist nicht mehr selbstverständlich (und das gilt nicht exklusiv für Singapur); zweitens, es muss staatlicherseits Geld in die Hand genommen werden, um nachhaltige Innovationen anzustoßen, denen es gelingt, die extensive Landnutzung durch Technologie zu ersetzen; drittens, nur durch solche radikalen Innovationen ist es denkbar, dass Singapur wenigstens 30 Prozent seiner Lebensmittel selbst erzeugt, was ein erster wichtiger Schritt für Singapur in eine nachhaltige Entwicklung wäre.

&ever, ein deutscher Spezialist für Vertical Farming, wird ab dem kommenden Jahr pro Tag rund 1,5 Tonnen Grünfutter produzieren.[44] Die äußerst begrenzte und teure Landmenge Singapurs macht die Implementierung von »Farmscrapers« zu einem interessanten Markt, zu dem auch große Mengen des Frischgemüses importiert werden müssen, sodass Salate aus dem Vertical Farming eine Delikatesse sind (und auch 5 bis 6 Prozent mehr kosten als die importierte Ware).

In vielen Gegenden der Welt erhalten Kleinbauern die Biodiversität und garantieren eine Saatenvielfalt, die angesichts des Klimawandels und sich erschwerender Aufzuchtbedingungen noch sehr wichtig werden könnte. Bäuerliche Kleinbetriebe gewährleisten häufig auch weniger geschundene Böden, die viel CO_2 aufnehmen können. Von China mögen weniger eingeweihte Beobachter vielleicht Hunderte Kilometer an landwirtschaftlichen Monokulturen erwarten, das riesige Volk der Mitte (1,44 Milliarden Einwohner) will schließlich ernährt werden. Das ist bei genauerem Hinsehen jedoch keine gute Idee, da eine weitere Industrialisierung im großen Stil die Sozialstruktur des ländlichen Raums komplett zerstören würde. Zudem sind Regionen wie China aufgrund ihrer bergigen Topografie für weiteren Agrar-Gigantismus nicht gemacht. Landwirtschaftliche Kleinbetriebe sichern auch im chinesischen Staatsmonopolkapitalismus Arbeitsplätze und lokale Wertschöpfung. So wird China auch in Zukunft in erster Linie von kleinen und mittelständischen Betrieben ernährt werden. Und von Vertical Farming: Das US-Unternehmen Plenty plant mit Unterstützung von Amazon-Chef Jeff Bezos aktuell 300 Vertical Farms in China.[45]

Auch Großbritannien bewegt sich auf eine agrarische Trendwende zu. Michael Gove, Großbritanniens Umwelt- und Ernährungsminister, hat einen Unterstützungsfonds und ein landwirtschaftliches Reformprogramm angekündigt.[46] Dazu – durchaus begrüßenswert – wird unter anderem gehören, dass Landwirte im Vereinigten Königreich Zahlungen für die Pflege von Landwirtschaft und Natur erhalten (drei Viertel des britischen Bodens wird laut *Economist* für landwirtschaftliche Zwecke genutzt).[47] Gove bezeichnet sich selbst als Romantiker.[48] Das ist schön. Doch inwieweit der Reformplan nicht nur der Blauen Blume Rechnung trägt, wird sich zeigen. Unübersehbar ist, dass Großbritanniens Landwirtschaft in bedenklichem Maße strukturschwach ist. Aktuell machen EU-Gelder noch 61 Prozent der Einkünfte der englischen Farmer aus. In Wales und Nordirland erhöht sich diese Zahl in einigen Gegenden bis auf 80 Prozent.[49] Fünf Jahre, so schätzt man in Regierungskreisen, haben die britischen Landwirte Zeit, sich auf die Post-Brexit-Ära vorzubereiten und eine nachhaltige Wende einzuleiten. In Großbritannien rächt sich, dass die vorhandene Forschungskompetenz auf dem Gebiet der Landwirtschaft nie mit den Problemen der Farmer vor Ort gekoppelt wurde. Im Gegensatz beispielsweise zu den Niederlanden, wo die Universität Wageningen (»Food Valley«) hervorragende Arbeit in Kooperation mit den Akteuren der Agrarindustrie leistet, wurden im Vereinigten Königreich (technologische) Trends und Tendenzen nicht sorgfältig aufgearbeitet.

Wer sich einen Eindruck darüber verschaffen möchte, wie moderne Technologie (und progressives Denken) die Landwirtschaft in den kommenden Jahren verändern wird, sollte vor allem in die Niederlande schauen. Hier tüftelten Experten jahrelang unverdrossen an der perfekten Tomate und erreichten damit eine Imagekorrektur für Produkte aus niederländischen Gewächshäusern.[50] Die Niederlande haben sich an der Millenniumswende dazu entschlossen, eine nachhaltige Transformation ihrer Landwirtschaft herbeizuführen, und sie wollten gleichzeitig das Weltniveau in vielen Produktgruppen zumindest aufrechterhalten. Hydroponik, Kreislaufwirtschaft und Indoor-Landwirtschaft spielte dabei eine entscheidende Rolle. Was dem kleinen Land innerhalb von gut zehn Jahren (zwischen 2003 und 2014) und durch die entschlossene Nutzung neuer Technologien gelungen ist, kann getrost als Meisterstück der Entkopplung von Wachstum und Ressourcenverbrauch bezeichnet werden. In diesem Zeitraum konnten die niederländischen Landwirte die Produktion von Obst und Gemüse um 28 Prozent steigern. Dafür verbrauchten sie 6 Prozent weniger Energie, 9 Prozent weniger Pestizide und 29 Prozent weniger Dünger.[51]

Mit entscheidend dafür ist die im Wortsinne fruchtbare Zusammenarbeit zwischen Landwirtschaft und Agrarwissenschaft. In Wageningen, 80 Kilometer südöstlich von Amsterdam gelegen, befindet sich das »Silicon Valley of Food«. Die Agraruniversität war so selbstbewusst und hat sich diesen Titel selbst verliehen. Und das nicht nur, weil an der Hochschule mit beachtlicher visionärer Kraft an der Digitalisierung der Landwirtschaft gearbeitet wird, sondern weil mindestens die Hälfte der Studenten aus dem Ausland kommt. Der Alltag der Landwirte und die Visionen und Erkenntnisse der Wissenschaft haben dazu geführt, dass die Niederlande (hinter den USA) nicht nur der Nummer-zwei-Exporteur von Gemüse sind, sondern auch der vielleicht wichtigste Exporteur von Zukunftswissen über landwirtschaftliche Innovationen.

Key Learnings

- **Die Aufgaben für Politik und Gesellschaft:** Mittlerweile besteht Konsens darüber, dass kluge staatliche Regulierung und Besteuerungsmodelle bei der Einleitung einer Land- und Ernährungswende effektiver sind als direkte Interventionen in Konsum- und Werbemärkte sowie das Konsumverhalten der Verbraucher. Trotzdem sollten weiterhin erzieherische und medienpolitische Maßnahmen vorangetrieben werden, die klar die Bedeutung von gesunder beziehungsweise weniger gesunder Ernährung in der gesellschaftlichen Kommunikation herausstellen. Begrüßenswert wäre es, wenn Nahrungsmittelhersteller ausschließlich gesunde Ernährung bewerben würden. Schaut man auf aktuelle Studien, ist genau das Gegenteil der Fall.[52]

- **Der Shift von Volumenproduktion zu Gesundheit und Nachhaltigkeit:** Landwende, Große Agrar-Transformation oder Green New Deal für die Landwirtschaft, wie immer wir es nennen wollen, grundlegend wichtig ist, dass die Landwirtschaft der Zukunft anders denkt und handelt. Es geht nicht mehr um die Produktion von immer größeren Volumina. Nur wenn wir begreifen, dass wir in erster Linie gesünder und nachhaltiger produzieren müssen, gelingt die Transformation. Landwirtschaft ist die Basis für eine gesündere Ernährung. Und dieses Ziel lässt sich auf nachhaltigem Wege erreichen. Die Umsetzung technologisch-digitaler Trends ist dafür eine zentral wichtige Voraussetzung. Globale und nationale Landwirtschaftspolitiken müssen dafür die Voraussetzungen schaffen

- **Technologie für alle:** 5 Billionen US-Dollar werden jährlich in der globalen Landwirtschaft umgesetzt.[53] Durch Digitalisierung und allen voran die künstliche Intelligenz (KI) wird dieser Markt, auf den wir alle angewiesen sind, in den kommenden zehn Jahren auf den Kopf gestellt. So schätzt etwa das Beratungsunternehmen Markets and Markets, dass sich das Umsatzvolumen für die Präzisionslandwirtschaft bis 2025 auf 12,8 Milliarden US-Dollar erhöhen wird. Die jährlichen Zuwachsraten sollen bei 12,7 Prozent liegen.[54] Wir werden unserer Verantwortung gegenüber der

Umwelt und den folgenden Generationen allerdings nur dann gerecht, wenn wir den technologischen Aufbruch in möglichst kurzer Zeit auch bis in die landwirtschaftlichen Kleinbetriebe der Sahelzone tragen. Das setzt voraus, dass Technologietransfers über kluge Private-Public-Partnerships zustande kommen. Es bedeutet aber auch, dass wir unsere Bedenken gegenüber dem Technologieeinsatz in der Landwirtschaft abbauen.

- **Gefahr technokratischer Verkürzungen:** Die überwiegende Mehrzahl der von uns analysierten Unternehmen, Start-ups und Projekte versteht sich gar nicht mehr als Teil der Agrarindustrie (»viel zu uncool«), glaubt aber, mit der entwickelten Technologie, auch und vor allem in der Landwirtschaft erfolgreich sein zu können. Die Geschäftsmodelle, die diesen Erfolg sichern, werden sich in den kommenden fünf Jahren weiter ausmendeln. »Das landwirtschaftliche Leitprinzip der nächsten Dekade lautet: mit weniger Betriebsmitteleinsatz mehr produzieren, das Mittel dafür ist in der Landwirtschaft im Prinzip dasselbe wie in der Industrie 4.0: die datengestützte Prozessanalyse und Prozessführung«, so formuliert es Peter Pickel, stellvertretender Leiter des europäischen John-Deere-Technologiezentrums.[55] Um technokratischen Verkürzungen vorzubeugen, sollte dem jedoch stets hinzugefügt werden: Alles das geschieht mit Blick auf das Erreichen der SDG und unter Berücksichtigung der planetaren Grenzen.

- **Landwirtschaft 4.0 führt auch zu veränderten Lebensstilen:** In der »Enquete-Kommission Künstliche Intelligenz« kommt auch der Bundestag zu dem Schluss, dass Automatisierung und künstliche Intelligenz einen wichtigen Beitrag bei der Bewältigung einer großen landwirtschaftlichen Transformation leisten könnte. »Perspektivisch könnten in vollautomatischen 3-D-Farmen mit weniger Flächenbedarf ohne Insektenvernichtungsmittel und idealerweise als Teil der städtischen Bebauung gute Erträge erzielt werden«, so die Einschätzung der Expertenkommission. Solche Formen des digital gesteuerten Urban Farmings hätten dann zweifellos auch deutliche Auswirkungen auf das Konsumverhalten der Bürger in den städtischen Räumen. Es gäbe mehr Nahrung für mehr Menschen auf kleinerem Raum – dezentrale und nachhaltige Versorgung: die Nahrungsmittel werden dort konsumiert, wo sie auch produziert werden.[56]

- **Ungleichzeitigkeiten der Entwicklung müssen erkannt und korrigiert werden:** Klar ist, dass der digital-nachhaltige Aufbruch der Landwirtschaft in globaler Perspektive mit unterschiedlichen Geschwindigkeiten vonstattengehen wird. Das heißt unter anderem, dass in Regionen wie Afrika, Lateinamerika und Osteuropa die Flächenproduktivität auf den Äckern gesteigert werde sollte, ohne die ökologischen Fehler und das Marktversagen der Nahrungsmittel-Oligopole aus Gegenwart und Vergangenheit zu wiederholen. Nicht überall sind es die gleichen Ursachen, die für schwerwiegende Systemfehler verantwortlich gemacht werden müssen. Lebensmittelverschwendung ist in der entwickelten Welt vor allem die Folge von Überproduktion und unachtsamen Lebensstilen. In Entwicklungsländern liegen die Gründe ganz woanders: bei schlechter Ernteplanung, unsachkundiger Handhabung, mangelhafter Lagerung und Transportschäden. Auch hier braucht es einen technologischen Aufbruch. Und gerade für Frauen in Entwicklungsländern sollte der Zugang zu Techniken und Fertigkeiten erleichtert werden, was eine bessere Teilhabe am Erwerbsleben ermöglichen würde.[57] Auch im 21. Jahrhundert bilden Kleinbauern »noch fast ein Drittel der Weltbevölkerung und die Hälfte der Armen der Welt; sie produzieren dennoch 70 Prozent ihrer Nahrung auf einem Viertel des Ackerlandes (...)«.[58] Es wird Zeit, sie an der sozial-technologischen Modernisierung zu beteiligen.

KAPITEL 10

Places matter: Wie wir vor Ort die Welt verändern können

Die unzähligen Diskussionen um die Globalisierung unseres Lebens in den vergangenen 20 oder 30 Jahren haben den Faktor der räumlichen Identität zu einer vernachlässigenswerten Größe gemacht. Gerade deshalb sehnen wir uns mehr denn je nach räumlicher Identität, nach Herkunft und Ursprünglichkeit. Für das Gelingen des Green New Deals sollte Sentimentalität keine tragende Rolle spielen. Doch ein Green New Deal, wie wir ihn verstehen, entdeckt das Leben und Wirtschaften vor Ort als wichtige Keimzelle für den großen Wandel. Vor Ort entstehen in der Horizontalen (zwischen den vielfältigen Akteuren aus Gesellschaft, Wirtschaft und Politik) besonders wertvolle Netzwerke, die Innovationsprojekte und Geschäftsmodelle im Sinne der großen Transformation vorantreiben. Places matter, Aktionen vor Ort sind zukunftswichtig, denn vor Ort sind die Menschen ins Gelingen verliebt. Hier herrscht pragmatischer Idealismus, hier entstehen lebensnahe Lösungen, die den Keim für eine bessere Zukunft enthalten.

Viele Menschen sehnen sich nach Erdung und Verwurzelung. Ein populärer Begriff wie Entschleunigung wird mit diesem Gefühl in Verbindung gebracht. Wurzeln schlagen zu können, gerät zu einem drängenden Bedürfnis, während der Alltag (nicht nur in der Pandemie) immer häufiger durch die Diktatur zeitlicher und virtualisierter Abläufe geprägt ist. Es gibt viele Anzeichen dafür, dass wir in den vergangenen Jahrzehnten unsere räumlichen Gewissheiten verloren haben, ein Zeittheoretiker wie Hermann Lübbe bezeichnet das als »änderungstempobedingten Vertrautheitsschwund«.[1] Zeit ist ungreifbar, diffus und eher abstrakt. Mit wiedererkennbaren Räumen verbinden wir dagegen Wünsche nach Erdung und Verwurzelung. Wir können hier nicht diskutieren, ob dieser Vertrautheitsschwund tatsächlich als verhaltenswirksames Phänomen vorhanden ist oder nur eine sentimentale Gefühlslage darstellt. Unbezweifelbar ist, dass Menschen sich vermehrt nach räumlicher Identität sehnen.

Denn unser Leben findet – noch immer – vor Ort statt. Vor Ort muss auch die sozial-ökologische Transformation des Green New Deal beginnen. Es macht wenig Sinn, die Globalisierung zu verdammen, weil wir sie nicht rückgängig machen können und für wichtige Projekte der Vernetzung (betrachten wir nur die Koordination der Virologen in der Pandemie) so dringend brauchen wie die Luft zum Atmen. Es ist nicht zu bezweifeln, dass Digitalisierung und Globalisierung in den vergangenen drei Jahrzehnten lokale Räume und Identitätsentwürfe vor Ort in den Hintergrund gedrängt und zum Teil auch zerstört haben. Erfreulicherweise ergeben sich durch die Digitalisierung aber auch viele Chancen, lokales Wissen und lebensweltliche Kompetenz für nachhaltige Prozesse zu nutzen. Lokal und digital schließen sich nicht aus, was längst auch der Ortsvorsteher und der Kassenwart des heimischen Sportvereins verstanden haben.

Auf lokaler Ebene Strukturen zu entwickeln, verspricht immer auch: Formen von Selbstorganisation zu stärken, die der Entwicklung vor Ort (und nicht den Profitansprüchen von Weltkonzernen) dienen. Davor haben konservative Ökonomen übrigens eine Heidenangst: dass Menschen sich selbst organisieren, sich eigenständig um ihre Belange vor Ort kümmern und damit auch ökonomischen Erfolg erzielen.[2] Die Gründe dafür liegen auf der Hand: In lokalen und regionalen Netzwerken bleibt die Wertschöpfung vor Ort und dient den Menschen und der Gesellschaft vor Ort. Doch das bedeutet auch, dass damit eine Machtverschiebung in der Gesellschaft einhergeht, weg von den transnationalen Konzernen, weg von kurzfristigen Renditeerwartungen, weg von einer Ökonomie der Ausbeutung der Ressourcen.

Damit die sozial-ökologische Transformation gelingen kann, müssen wir die Macht in unserer Gesellschaft neu verteilen. Für die Umsetzung des Green New Deal benötigen wir Akteure vor Ort, die zu fundamentalen Veränderungen bereit sind und neue Chancen der Teilhabe ergreifen können. Deshalb kommt Regionalisierungs- und Lokalisierungsinitiativen in den kommenden Jahren eine entscheidende Bedeutung zu.[3] Die Grundlagen für substanzielle Veränderungen ökologischer (Landwirtschaft, Trinkwassersicherheit, Aufforstung, dezentrale Energien) und sozialer Art (Green Jobs, gesellschaftliche Teilhabe, Kooperatives Denken) müssen vor Ort, in den Regionen, in unserer unmittelbaren Lebensrealität, gelegt werden. Das historische Vorbild dafür gibt immer wieder der New Deal in den USA der 1930er-Jahre ab. Im Zuge dieses gigantischen Aufbruchs nach der großen Depression wurden unter anderem 3 Millionen Arbeitsplätze von den »Civilian Conservation Corps«[4] dadurch geschaffen, dass 3 Milliarden Bäume für den Aufbau der Forstwirtschaft gepflanzt wurden. Von dieser historischen Wiederbewaldung profitiert das Land noch heute, 1,5 Prozent des US-Bruttoinlandsprodukts wird von der Waldwirtschaft erarbeitet.[5] Wiederbewaldung wird im Rahmen des Green New Deals auch hierzulande eine wichtige Rolle spielen; die Arbeitsplätze werden in den Regionen vor Ort entstehen.

Die Europäische Union wird in den kommenden Jahren allein für den sozial-ökologischen Umbau in den von der Transformation besonders betroffenen Regionen 100 Milliarden Euro investieren (»Just Transition Fund«[6]). Wir scheinen zu lernen, dass wir ohne unsere Bindung an konkrete Orte in der Welt den Klimawandel nicht bekämpfen können. Places matter! Lokales Handeln vor Ort macht es erst möglich, dicke Bretter zu bohren und das Projekt einer dekarbonisierten Ökonomie auf den Weg zu bringen. Wer jetzt vor Ort die Netzwerke der Zukunft baut, wird in den kommenden Jahren Teil eines gigantischen Konjunkturaufschwungs werden.

Regionale Netzwerke: Places Matter!   *Quelle: ITZ 2021*

Horizontale Netzwerke ermöglichen
eine nachhaltige Transformation

Wurzeln sind nicht nur dazu da, um sich zu erden und einen festen Standpunkt ein-
zunehmen. Sie dienen auch dazu, lokale Netzwerke zu bauen, wie die Philosophin
Eva von Redeker herausgefunden hat.[7] Es braucht keine Meinungsumfragen, um
uns davon zu überzeugen, wie wichtig die Zugehörigkeit zu einer Gemeinschaft für
unser Selbstwertgefühl ist. Dafür reicht es, auf die Bedeutung von kultisch verehr-
ten Sportvereinen und ihren Protagonisten in unserer Populärkultur zu verweisen.
Und offenbar gibt es vonseiten vieler Menschen seit einiger Zeit schon ein starkes
Bedürfnis, die dreidimensionale Welt um uns herum neu zu entdecken. Vertrautheit, Selbstbewusstsein und die Entwicklung von Identität brauchen konkrete Orte,
Räume zur Entfaltung und Räume der Begegnung.

Um die Potenziale des Lebens und Wirtschaftens vor Ort zu heben, müssen
wir ein neues Mindset entwickeln. Konkurrenzdenken sollte durch intelligentes Kooperieren ersetzt werden. Statt vertikalem Durchregieren (»command and control«)
sollten wir uns vor Ort auf den Bau von horizontalen Netzwerken konzentrieren.
Vertikales Denken ist ein Denken in oben und unten, in zementierten Hierarchien,
es herrscht die Kultur der Anweisungsgebundenheit. Ein kollaboratives Miteinander, ein Agieren auf Augenhöhe und auf Basis von Kooperationsbereitschaft kommt
im vertikalen Denken (Großunternehmen, Großbürokratien) nicht vor. Horizontale Verbindungen, wie sie lokale und regionale Projekte kennzeichnen, von denen
hier die Rede sein wird, definieren die Rollen der Akteure grundlegend anders. Auf
der lokalen und regionalen Ebene haben sich in den vergangenen Jahren partner-
schaftliche Projekte und kollaborative Ökonomien bewährt, die für eine Null-Emis-
sions-Gesellschaft in den kommenden Jahren noch sehr wichtig werden könnten.
Auch auf den ersten Blick unscheinbare Initiativen wie Repair-Cafés, Nachbar-
schaftsinitiativen, Tauschringe und Peer-to-peer-Netzwerke gehören hierzu, weil sie
mit geringem Aufwand große Wirkung entfalten können. Sie stiften Gemeinschaft,
fördern das Selbstvertrauen und vermitteln das Gefühl, Dinge eigeninitiativ verändern zu können.[8] Lokal, regional, die nachhaltige Zukunft beginnt vor Ort, in ihrer
lebendigen Vielfalt, mit einer Multidimensionalität an Akteuren, *Local Heroes* und
Zukunftsagenten.

Solche Zukunftsmacher vor Ort werden dann erfolgreich, wenn sie sich mit
all ihren Talenten an die Spitze von Innovationsprojekten setzen, den Erfolg aber
nicht alleine erringen und ausschließlich auf das eigene Konto verbuchen wollen. In

funktionierenden lokalen und regionalen Netzwerken dienen alle Talente dem gemeinschaftlichen Zweck und verfolgen keine egoistischen Ziele. Konträr zu der vertikalen Führungskultur in klassischen Unternehmen geht es in diesen horizontalen Netzwerken deshalb auch darum, das Vertrauen möglichst vieler zu gewinnen und gemeinsam erfolgreich zu sein. »The essence of a successful local leader, therefore, is the ability to bring groups of people together to solve problems and do grand things that they cannot do as individuals.«[9] *Local heroes* haben erkannt, dass eine Kommune, eine Stadt oder Region nicht nur hierarchisch regiert werden kann, sondern dass sie zu einem horizontalen Netzwerk an Chancen und Möglichkeiten für viele Stakeholder und mit einer langfristigen gemeinsinnorientierten Zielsetzung ausgeweitet werden kann. Das macht allerdings die viel zitierten Soft Skills erforderlich. Städte und Kommunen werden zu einem Erfolgsmodell mit Zukunft, wenn ihre Akteure begreifen, dass vor Ort Netzwerke zwischen Institutionen, Unternehmen und der Zivilgesellschaft die Veränderungstreiber Nummer eins sind. Und wenn aus lokalen Wurzeln gut informierte Netzwerke werden, lassen sich vor Ort Megatrends wie Klimawandel, Energiewende und Ungleichheit besonders gut anpacken.

Wenn wir von »Places matter« sprechen, dann geht es also nicht in erster Linie um Folklore, Bewahrenswertes oder Heimatseligkeit. Wie wir unten zeigen werden, entstehen grüne und nachhaltige Jobs (dezentrale Energiewende, Kreislaufwirtschaft, Biodiversität, nachhaltige Mobilität et cetera) in den kommenden Jahren vor allem vor Ort, in zukunftsorientierten Gemeinwesen und werden vielen Menschen neue Perspektiven geben. An so unterschiedlichen horizontalen Innovationsprojekten wie den »Evergreen Cooperatives« in Cleveland, der Solidarischen Landwirtschaft, der Neuerfindung von Kopenhagen seit Beginn des Jahrtausends und der regionalen Nahrungsmittelwirtschaft lässt sich ablesen, wie vor Ort Zukunft gemacht werden kann.

»Places matter« soll auch nicht den simplen Hinweis geben, dass auf der lokalen und regionalen Ebene unserer Gesellschaft »auch regiert« wird. Es geht um die grundlegende Neuverteilung von Macht und Entscheidungskompetenz auf der Mikroebene unseres Lebens. Die Forderung, lokale und regionale Netzwerke zu stärken, ist keine wohlfeile Kulturkritik oder Politikverdrossenheit. Es bleibt auch bis ins Jahr 2040 und darüber hinaus dabei, dass nationale Regierungen und supranationale Institutionen das tun müssen, was nur sie tun können: für die nationale Sicherheit zu sorgen, für die Einhaltung der Menschen- und Bürgerrechte einzutreten und so weiter. »Places matter«, der Bau von nachhaltigen und innovativen Netzwerken vor Ort, ist ein wichtiger Strategiebaustein auf dem Weg in die CO_2-freie

Gesellschaft. Um den Green New Deal umsetzen zu können, das haben wir an mehreren Stellen in diesem Buch betont, hilft es nicht, sich an einfache Lösungen (»So haben wir es doch immer gemacht«) zu klammern. Substanzielle Lösungen für globale Probleme, darüber sind sich viele Bürger, Politiker und Unternehmen seit Längerem einig, lassen sich besonders gut im Lokalen und Regionalen auf den Weg bringen. Vor Ort lassen sich, wenn auch häufig unterschätzt und unerkannt, die hybriden Netzwerke aus öffentlicher Hand, Privatunternehmen und Zivilgesellschaft knüpfen, die eine wirklich nachhaltige Wirtschaft erst ermöglichen. Dort, wo elementare Daseinsvorsorge betrieben wird, wo Schulen gebaut, Bildung entwickelt und Arbeitsplätze geschaffen werden, wo über Budgets und Infrastrukturen des alltäglichen Lebens entschieden wird – dort muss auch die große Transformation des Green New Deal beginnen.

Vor Ort werden Krisen schneller spürbar, kommen Planungsfehler und Engpässe sofort ans Tageslicht und erzeugen Unzufriedenheit. So entsteht Handlungsdruck, der auf umgehende Problemlösung pocht. Nationale Politik reagiert darauf immer häufiger wie der berühmte Mann mit dem Hammer, für den alles wie ein Nagel aussieht. Doch das wird der Komplexität unserer Weltlage nicht mehr gerecht (und ist überdies ein entscheidender Grund dafür, dass wir seit Jahrzehnten über Politikverdrossenheit sprechen). Das Gießkannenprinzip der nationalen Verwaltungen (»one-size-fits-all«) überzeugt die Menschen nicht mehr, weil es die Probleme vor Ort nicht löst. »As politics has become nationalized, problem solving has become localized«[10], so beschreiben Bruce Katz und Jeremy Nowak den Wandel hin zu lokalen und regionalen Problemlösungsstrategien, wie sie sich diesseits und jenseits des Atlantiks seit einigen Jahren immer deutlicher abzeichnen. Dieser Trend muss im Rahmen des Green New Deal konsequent weiterverfolgt werden.

So gesehen hat die neue Wertschätzung der lokalen und regionalen Ebene – aber auch nur an dieser Stelle! – etwas gemeinsam mit dem (Rechts-)Populismus: Beide reagieren auf Entscheidungsroutinen aus der Hubschrauberperspektive, dem Regieren von »weit oben«, aus der Hauptstadt, über den Dingen schwebend und fernab von jeder lebensweltlichen Realität. Die Beobachtung, dass viele Menschen in der Ära des Neoliberalismus seit den späten 1980er-Jahren an Vertrautheitsverlusten leiden, die in erster Linie soziokulturelle Wurzeln haben, sich im Anschluss aber auch in gesellschaftlicher Wut und sozioökonomischer Ungleichheit manifestiert haben, hat der Rechtspopulismus zu nutzen versucht, um die Demokratie zu destabilisieren und autoritäre Systeme wieder zu einer Option zu machen. In scharfem Kontrast dazu fordern die *local heros* vor Ort dazu auf, gemeinschaftliche

Problemlösungsstrategien auf der Mikroebene zu entwickeln. Und während der (Rechts-)Populismus keine Antworten liefert (und schlicht Unzufriedenheit medial unter dem irrwitzigen Verweis auf »bessere Zeiten in der Vergangenheit« organisiert), sind die Manager und Macher vor Ort, deren Projekte wir hier vorstellen, ins Gelingen verliebt.

Schauen wir dafür zuerst einmal, wie der lokale Aufbruch in Cleveland, Ohio, bei den »Evergreen Cooperatives« funktioniert.

Vor Ort den ökonomischen Neuanfang wagen: die Evergreen Cooperatives in Cleveland

Cleveland hat eine lange Geschichte des ungebremsten Strukturwandels und der radikalen Deindustrialisierung hinter sich. Cleveland ist die Stadt der Stahlkocher und Heimat vieler großer Automobilproduzenten. Bereits seit Ende der 1940er-Jahre wanderten viele Arbeitsplätze in Billiglohnländer ab. Die Bevölkerung ist seitdem von knapp 1 Million auf 385.000 Einwohner geschrumpft.

Die Evergreen Cooperatives in Ohio (»Transforming Lives and Neighborhoods«) sind eine Initiative der öffentlichen Hand, der es darum geht, die Regionalentwicklung in der krisengeplagten Stahlregion anzukurbeln. Cleveland soll nie wieder unter einer solchen Depression und der Abwanderung von Arbeit und Kapital leiden. »We're creating pathways into the economy for people who've been shut out«, so der Anspruch der Genossenschaft.[11] Lokal verankerte Arbeitsplätze sollen langfristige Beschäftigung garantieren. Dafür hat die Kooperative seit 2008 mehrere öffentliche Institutionen für ein Wertschöpfungsmodell begeistern können, das sich am Vorbild der baskischen Mondragón-Genossenschaft orientiert.

Mondragón ist wohl die zurzeit größte Genossenschaft der Welt und wurde 1956 von dem jungen Priester José María Arizmendiarrieta im spanischen Baskenland gegründet, um das Elend der Bevölkerung zu lindern und die Menschen vor Ort mit genossenschaftlichen Strukturen zur Selbsthilfe aufzufordern. Grundprinzip von Mondragón ist eine hohe Selbstbeteiligung der Mitarbeiter am Firmenbesitz. Bei Mondragón sind 81 Prozent der Beschäftigten gleichzeitig auch Genossenschafter, also Mitbesitzer des Unternehmens.[12] Eine Genossenschaft, so lautet ein Bekenntnis von Mondragón, soll die Arbeit und nicht das Kapital in den Vordergrund stellen. Nahezu alle Gewinne werden reinvestiert, weswegen sich Mondragón in den vergangenen Jahren unter anderem auch als Bildungsdienstleister profilieren konnte.[13]

Die Evergreen Cooperatives fühlen sich den Werten und Ideen von Mondragón eng verbunden. In Cleveland steht indes noch stärker das Prinzip der Wertschöpfung vor Ort im Vordergrund. Das Projekt wurde mit einer größtenteils öffentlichen Finanzierung in Höhe von 5,8 Millionen US-Dollar angeschoben. Zurzeit sind rund 250 Menschen bei den Evergreen Cooperatives beschäftigt. Die Hälfte der Mitarbeiter gehört mittlerweile zu den Besitzern der Genossenschaft. Dafür müssen 3000 US-Dollar eingezahlt werden. Das Unternehmen spart den Betrag für die Mitarbeiter an, indem 0,50 US-Dollar vom Stundenlohn eingespart werden.[14] Die »Genossen« werden so an ihren Arbeitsplatz im Unternehmen gebunden.

Das Unternehmen verdient sein Geld über eine Wäschegenossenschaft, die Evergreen-Solargemeinschaft und die Green-City-Anbaugenossenschaft. Alle drei Betriebe sind in der Metropolregion mit Partnern und Kunden eng vernetzt. Dazu gehören Krankenhäuser, Pflegeheime, Restaurants, Unternehmen und Universitäten. Clevelands Stadtregierung steht als Partner zur Seite und bezieht darüber hinaus Produkte und Dienstleistungen aus der Kooperative. Die Green-City-Anbaugenossenschaft hat im Jahr 2013 eine der USA-weit größten Anlagen für hydroponische Gewächshäuser errichtet und sich damit an die Spitze der Bewegung des Urban Farmings gesetzt.

Die EvergreenCooperatives geben ein gutes Beispiel für eine Wertschöpfung, die sich eng an den Bedürfnissen der Gemeinschaft und der Lebenswelt der Mitarbeiter ausrichtet. Die lokalen Erlösströme schaffen enge Verknüpfungen zwischen Ursachen und Wirkungen: »Ich brauche, hier an diesem Ort, an dem ich lebe, diese und jene Dinge. Dafür muss ich Folgendes tun...« Das lokal geerdete Genossenschaftsprinzip fördert damit ein hohes Maß an Eigenverantwortung für den unmittelbaren Lebensraum. Die Bindung der Mitarbeiter an den Ort Cleveland – »Places matter« – wird zusätzlich noch dadurch verstärkt, dass die Genossenschaft für ihre Mitarbeiter ein Finanzierungsprogramm für den Erwerb von Wohnbesitz in der Stadt aufgelegt hat. Wohnbesitz ist in vielen Stadtteilen in Cleveland günstiger als Mieten. Über das Finanzierungsprogramm werden die Mitarbeiter mehr oder weniger indirekt angeregt, Cleveland wieder zu einer bewohnbaren und lebenswerten Stadt zu machen.[15]

Wenn es gut geht, ist Evergreen also nicht nur eine lokale Jobmaschine sowie ein Ökologie-, Energie- und Resilienz-Projekt. Evergreen leistet auch so etwas wie nachhaltige Heimatpflege, die sich indes nicht sentimental auf das Gewesene bezieht, sondern sich aktiv daran beteiligt, das Gemeinwesen in Cleveland instand zu setzen und zukunftsfähig zu machen. Alltägliche Arbeit wird zum Lehrstück über Nachhaltigkeit: Durch die Einbettung unternehmerischen Handelns in den begrenzten eigenen Mikrokosmos werden schlussendlich auch die Auswirkungen und Gefahren des eigenen Wirtschaftens bewusster wahrgenommen (und nicht als »Externalitäten« verdrängt). Das Sankt-Florians-Prinzip einmal positiv gewendet: Wer möchte schon seinen eigenen Lebensraum durch falsches Wirtschaften gefährden?

Wie beim Vorbild Mondragón sind sich auch die Evergreen Cooperatives bewusst darüber, dass nachhaltiger Erfolg nur durch die Weiterentwicklung der eigenen Idee garantiert werden kann. Folglich fließen 10 Prozent des Gewinns vor Steuern in Projekte, die sich mit der Gründung neuer Evergreen-Genossenschaften beschäftigen. In der nächsten Zeit sollen zehn neue Genossenschaften zu den Evergreen Cooperatives und 600 Miteigentümer hinzukommen. Die neuen Betriebe sollen nicht aus dem Boden gestampft werden, sondern es sollen inhabergeführte Unternehmen aus der Stadt sein, deren Besitzer keine Nachfolger finden konnten oder in Zahlungsschwierigkeiten geraten sind. So bleibt die Genossenschaft ihren nachhaltigen Prinzipien treu: sinnvolle Wertschöpfung für die Stadt und in der Stadt.

Kopenhagen: Wie aus der mediokren Arbeiterstadt ein Prototyp für nachhaltige Lebensqualität wurde

Horizontale Netzwerke taugen nicht nur, um Orte wieder auf die Landkarte zurückzubringen und inklusive Wertschöpfungsmodelle auszuprobieren, sie können auch zu Erfolgsgeschichten werden, indem sie Städte zu nachhaltigen Zukunftshubs machen. In Dänemark und Südschweden führte die Fertigstellung der Öresund-Brücke im Jahr 2000 dazu, dass die Häfen in Kopenhagen und Malmö in wirtschaftliche Schwierigkeiten gerieten. Für Kopenhagen war diese Krise der Anlass für eine radikale Neubewertung der finanziellen und ideellen Werte der Stadt. Für die beschauliche Hauptstadt des Königreichs Dänemark bedeutete das, sich ein komplett neues Bild vom eigenen Ort zu machen. Die wichtigsten Erkenntnisse bestanden, kurz zusammengefasst, darin:

Am Beginn des Aufbruchs Kopenhagens von einer stagnierenden Arbeiterstadt zu einer der reichsten und nachhaltigsten Städte der Welt steht die komplett unglamouröse Entwicklung einer Fläche von gut 3 Quadratkilometern zwischen dem alten Kopenhagen und dem Kopenhagener Flughafen. Die Erlöse dieser Maßnahme sollten anschließend in ein neues Verkehrsnetz einfließen. Die Fläche, die bis dahin dem Staat Dänemark gehörte, war ursprünglich einmal für militärische Zwecke vorgesehen. Heute wissen wir, dass die Alternativnutzung dieses Geländes Kopenhagen innerhalb von rund 20 Jahren zu einem weltweiten Aushängeschild für zukunftsorientierten Stadtbau machte. Um das Land zu erschließen, gründete die Stadt zusammen mit dem Staate Dänemark eine Gesellschaft. Diese erschloss das Land für Wohnen und Handel, was seinen Wert steigerte und den Zugriff auf günstige Staatskredite für die Erneuerung des öffentlichen Verkehrssystems gestattete.

Es stimmt, dass in Kopenhagen mittlerweile mehr Menschen morgens mit dem Fahrrad zur Arbeit fahren als mit dem Auto. Wichtiger für die Stadt selbst war indes der Erfolg des neukonzipierten ÖPNV. Was niemand erwarten konnte: Die Entwicklung der städtischen Mobilität vorbei am Fetisch Auto erwies sich im Laufe der 2000er-Jahre – abgesehen von der ökologischen Dividende und der gestiegenen Zufriedenheit der Bürger – auch als kommerzieller Erfolg. Der Umbau des ÖPNV wurde federführend von der CPH City & Port Development initiiert (einer Gesellschaft, die zu 55 Prozent der Stadt Kopenhagen und zu 45 Prozent dem Staat Dänemark gehört[16]), es wurden aber auch eine Menge privater Unternehmen daran beteiligt. Der ÖPNV in Kopenhagen ist anders organisiert als in Deutschland. Die Bahn- und Buslinien werden von privaten Unternehmen veranstaltet, die sich jedoch teilweise in staatlichem Besitz befinden. In Kopenhagen gibt es drei Mobilitätsdienstleister: Die Metro wird von der Metro Service A/S betrieben, die S-Bahn durch die Dänische Staatsbahn, Movia ist für den Busverkehr verantwortlich und vergibt die verschiedenen Linien wiederum an private Subunternehmer. Täglich nutzen mehr als 500.000 Menschen die öffentlichen Bahnen, pro Jahr sind das mittlerweile rund 60 Millionen Fahrgäste. Bis 2025 will Kopenhagen die erste CO_2-neutrale Hauptstadt der Welt werden. Das Ziel, die CO_2-Emissionen bis 2015 um ein Fünftel gegenüber 2005 zu reduzieren, hat Kopenhagen bereits überpünktlich erreicht: 2011.[17]

Fragt man sich, was den Erfolg eines Zukunftsortes wie Kopenhagen ausmacht, ist es zuallererst die gelungene Zusammenarbeit zwischen Privatunternehmen und öffentlicher Hand. Kopenhagen ist vor allem anderen aber ein außergewöhnliches Beispiel dafür, wie eine Stadt und eine Kommune dadurch zukunftsfähig wird, dass sie sich bewusst ist über ihre finanziellen und ideellen Werte definiert und es versteht, diese Werte selbstbewusst einzusetzen. Ein entscheidender Schritt dabei ist die

Einsicht, dass Städte und Kommunen nach wie vor große Souveränität in der Nutzung eigener Assets und große Einkaufsmacht bei der Vergabe von Aufträgen (denken wir nur an IT-Innovationen) haben. Der Boom, der mithilfe dieser (ideellen und finanziellen) Werte ausgelöst werden kann, ist enorm. Bei der Erfolgsgeschichte von Kopenhagen kam noch hinzu, dass politische Rahmenbedingungen, die spezifisch dänisch sind, an vielen Stellen die Innovationsprojekte unterstützten. Dazu gehörte nicht zuletzt der Umstand, dass 60 Prozent der dänischen Staatsinvestitionen lokal, vor Ort, vergeben und weitestgehend autark genutzt werden können. Kein anderer OECD-Staat kann eine ähnlich hohe Quote für dezentral nutzbare öffentliche Gelder nachweisen.[18]

Kopenhagen hat es meisterhaft verstanden, gerade über das finanzstrategische Vehikel seiner CPH City & Port Development den Wert der eigenen Besitztümer geduldig zu veredeln und mithilfe geschickter Investitionen in bürgernahe Dienstleistungen (ÖPNV, 278 Millionen Euro für Radwege, Freizeit und Natur) einen innerstädtischen Wachstumsboom auszulösen. Vorläufiger Höhepunkt der Stadtentwicklung ist die Neugestaltung des Nordhafens. Hier sollen einmal 40.000 Menschen leben und 40.000 Arbeitsplätze angesiedelt werden.[19]

Die öffentliche Hand musste dabei einen Rollenwechsel vollziehen. Sie durfte sich nicht mehr als generöser Gatekeeper und leicht zu öffnendes Finanzierungsventil der Privatwirtschaft andienen. Der Anspruch war es, stets als Anwalt der Bedürfnisse der Bürger aufzutreten und im Sinne der langfristigen Ziele und Zwecke der Stadt zu handeln. Bei Kopenhagens Aufschwung, der übrigens in Zeiten finanzieller Engpässe zustande kam, waren schließlich zwei Dinge ausschlaggebend: der selbstbewusste Umgang mit den eigenen Werten und die Nutzung der Managementqualitäten der örtlichen Unternehmen in hocheffizienten Private-Public-Partnerships (den horizontalen Netzwerken, von denen wir eingangs sprachen). Voraussetzung hierfür war nicht zuletzt das »geduldige Kapital«, das die Stadt zu beschaffen imstande war. Auf dieser Basis ließen sich ideale Gestaltungsbedingungen für einen Ort der Zukunft schaffen: das Einschwören von Politik, Unternehmen und Zivilgesellschaft auf eine langfristige Innovationsperspektive, denn nur durch langfristiges Denken und Investieren lassen sich wirklich nachhaltige Veränderungen erfolgreich umsetzen.

Regionale Produktionskreisläufe können nicht nur die Machtverteilung in unserer Gesellschaft positiv gestalten und die Lebensqualität der Menschen vor Ort verbessern, sie können auf dem Konsumsektor auch den Status von Markenartikeln erreichen.

Regionaler Genuss: *LandLust,* »Swissness« und warum regional das neue Bio ist

Spinat verliert in den ersten 24 Stunden nach der Ernte 90 Prozent seines Vitamin-C-Gehaltes, bei Erbsen sind es 55 Prozent (beim Vitamin-C-Gehalt reden wir von ähnlichen Qualitätsverlusten). Gut, dass es regionale Produkte gibt. Essen von nebenan ist gesünder, billiger und nachhaltiger. Und es steigert die Lebensmittelsicherheit und -qualität, weil Lagerung und Transport wegfallen. Wir alle wissen, dass es eigentlich nur Vorteile hat, wenn wir unsere Ernährung vor Ort, dort, wo wir leben, sicherstellen und gesunde Produkte bei den Menschen kaufen, die wir kennen und mögen. Lokaler oder regionaler Konsum hilft auch, die Verschwendung von Lebensmitteln (weltweit laut Potsdam Institut 1,3 Billionen Tonnen pro Jahr)[20] zu vermeiden. Die Regel dafür ist ganz einfach: Je mehr wir die Distanz zwischen Produktion und Konsumption verkürzen, umso weniger Verschwendung findet statt.

Die Anziehungskraft eines Ortes, einer Region lässt sich vor allem aber besonders gut auf emotionaler Ebene steigern. Der mit Abstand beste Kanal dafür ist die Kulinarik: gutes Essen und Trinken. In Europa nimmt die Beliebtheit regionaler Lebensmittel seit Jahren zu. In Deutschland steigt die Zahl derjenigen, die beim Einkauf regionale Produkte aus der Heimat bevorzugen, seit Jahren kontinuierlich an. Waren es laut Statista im Jahr 2016 insgesamt 35,1 Millionen Menschen aus der deutschsprachigen Bevölkerung ab 14 Jahren, die die regionalen Vertrautheitsprodukte bevorzugten, stimmten dem im Jahr 2020 sogar 37,61 Millionen Deutsche zu.[21] Für 84 Prozent der deutschen Konsumenten ist Regionalität mittlerweile ein wichtiges Kriterium beim Kauf von Lebensmitteln, für 28 Prozent ist sie sogar sehr wichtig. Das ergab eine aktuelle, bundesweite Online-Befragung der Hamburger Forschungsgruppe GDP.[22]

Bereits 2013 meldete die Unternehmensberatung Kearney, dass regionale Produkte Bioprodukte in der Beliebtheit bei den Menschen in Deutschland, Österreich und der Schweiz überholt hätten.[23] Längst sind auch die als Billigheimer verschrienen Discounter auf den edlen Regionaltrend aufgesprungen. Bei Aldi Nord sind über das Jahr verteilt etwa 130 Artikel erhältlich, die mit dem sogenannten Regionalfenster gekennzeichnet werden. Dazu gehören Obst, Gemüse, Kräuter, Eier, Milch- und Frischfleischprodukte. Sie werden in dem jeweiligen Bundesland oder in einer angrenzenden Region produziert, verarbeitet und verpackt. Darüber hinaus bietet der Discounter auch eine Vielzahl an regional bekannten Marken und traditionellen Produkten an. In Mitteldeutschland sind das unter anderem Vita Cola, Werder Tomatenketchup, Riesa Nudeln, Thüringer Rostbratwürste, Spreewaldhof Gewürzgurken und so weiter.

Was macht regionale Produkte so unwiderstehlich? Ein regionales Produkt verbinden wir gerne mit dem Bild der Landschaft, in der es produziert wird, und den Menschen in dieser Landschaft. Dadurch entsteht eine wohlige Vertrautheit zwischen Ort, Erzeuger und Verbraucher. Weitere Kaufmotive für Regionalität ergeben sich darüber hinaus aus einem ganzen Bündel an Sehnsüchten und Beweggründen:

1. So suchen verunsicherte und um Qualität bemühte Verbraucher gerne die vertrauensvolle Nähe zum Hersteller.
2. Der Wunsch nach Frische und Umweltfreundlichkeit durch kurze Transportwege spielt dabei ebenfalls eine wichtige Rolle.
3. Gesunde und sichere Ernährung, so die Hoffnung der Regionalkonsumenten, lässt sich vor allem regional (und durch weniger Transportaufwand) garantieren.
4. Auch ein besserer Geschmack wird den »Produkten von nebenan« in vielen Umfragen gerne unterstellt.
5. Regionaler Konsum, um die heimischen Landwirte zu unterstützen, ist da schon ein handfesteres Argument, denn, so die Erwartung vieler Regionalliebhaber, »Lebensmittel von nebenan« stärken die heimische Wirtschaft und erhalten Arbeitsplätze vor Ort.
6. Es geht last, but not least jedoch für viele Regionalkonsumenten insbesondere um ein »Gefühl der Geborgenheit«, das als Qualitätsmerkmal regionaler Produkte angeführt wird: Aus der Region ruft Kindheitserinnerungen und Wunschvorstellungen einer guten alten Zeit hervor.

Regionalität ist eine Sehnsuchtsmetapher, gegen die offenbar auch die strengste Biozertifizierung nicht ankommt. Deswegen war es nur konsequent, dass der »Trend von nebenan« seinen Eroberungsfeldzug auch in anderen Branchen fortsetzte, sogar im krisengeplagten Printjournalismus. Der sensationelle Erfolg der Zeitschrift *LandLust* ist vielleicht der beeindruckendste Beleg für den Regional-Hype. Die mitunter schwer auszuhaltende Sentimentalität des Magazins in der Feier von Provinz und heiler Vorgartenwelt avancierte mitten in der fundamentalen Printmedien-Krise der 2000er-Jahre zum atemberaubenden Erfolgsmodell wider alle

Marktgesetzlichkeiten. Im Jahr 2005 vom Münsteraner Landwirtschaftsverlag gegründet, übersprang *LandLust* in der ersten Hälfte der 2010er-Jahre mit rasantem Tempo die 1-Million-Auflagengrenze und überflügelte dabei eingeführte Magazinschwergewichte wie *Stern*, *Spiegel* und *Focus*.[24] Mittlerweile ist der Hype um die Entschleunigungspostille (ein ganzseitiges Inserat im redaktionellen Teil kostet jedoch nach wie vor stolze 48.400 Euro) etwas abgeklungen.[25] Trotzdem kommt das Zentralorgan für provinzielle Beschaulichkeit nach wie vor auf mehr als 820.000 verkaufte Exemplare und gehört damit noch immer zu den zehn am häufigsten gelesenen Printprodukten in Deutschland.[26]

Me-too-Produkte, die am Regionaltrend mitverdienen wollten, ließen nicht lange auf sich warten. Das Schweizer Magazin *LandLiebe* startete im Jahr 2011, erscheint sechsmal pro Jahr mit einem Umfang von rund 240 Seiten und widmet sich, neben dem Schweizer Brauchtum und Handwerk, der Bergwelt und den Naturschauspielen und es bietet Tipps rund um Haus, Garten und Handarbeiten. Mittlerweile ist die *LandLiebe* zur drittgrößten Abozeitschrift der Schweiz aufgestiegen. Laut *Tagesspiegel* scheint es gerade »in Deutschland kein Substantiv mehr zu geben, das nicht eine innige Beziehung mit ›Land‹ eingehen könnte: ›LandKind‹, ›LandEdition‹, ›LandGenuss‹(…). Weiter unten im Regal bemühen sich ›Land & Leute‹, ›Land & Berge‹ sowie ›Land & Forst‹ um meine Aufmerksamkeit.«[27] Die Sehnsucht nach den Vertrautheitsprodukten von nebenan kann nicht allein mit kurzfristigen ökonomischen Krisenlagen erklärt werden. Regionalität weckt Sehnsüchte nach sorgloser Kindheit und nach einem besseren Leben in uns. Unschlagbare Argumente für Supermarktprodukte im Kühlregal und die Blutwurst des Metzgers von nebenan. Da ist es fast egal, dass wir gar nicht wissen, was »regional« wirklich ist.

Regionale Produkte sind auch nicht zwangsläufig klimafreundlicher als die Standardware. Damit Äpfel aus der Region das ganze Jahr über frisch verfügbar sind, müssen sie nämlich in Kühlhäusern und in sauerstoffarmer Atmosphäre gelagert werden. Die Dauerlagerung verbraucht schlussendlich genauso viel Energie wie der Schiffstransport frischer Äpfel aus Übersee. Nur weil »regional« draufsteht, muss noch lange keine exzeptionelle Qualität drin sein. Da der Begriff »regional« gesetzlich nicht geschützt ist, kann jeder Erzeuger einen Heimatbezug behaupten und sein Produkt entsprechend kennzeichnen. Das Bio-Zeichen und der Begriff »Bio« sind dagegen staatlich geschützt. Standards wie Bioland oder Demeter gehen bei der Zertifizierung noch weit über die Bio-Anforderungen hinaus.

Die Schweiz ist eines der reichsten Länder der Welt, in dem (nicht zertifizierte) regionale Produkte ebenfalls einen hohen Stellenwert genießen. In der Schweiz gibt es den Begriff der »Swissness«, was den Stolz der Eidgenossen gegenüber den eigenen Markenprodukten zum Ausdruck bringt. Swissness ist gewissermaßen das Lordsiegel für Weltklasseprodukte aus dem eigenen Land, ein Konkurrenz-Brand zum »Made in Germany«. Swissness (»Schweizerizität« wäre ja albern) verbindet sich aber gerne auch mit regionalen Qualitäten. Mehr als 5 Prozent der Menschen in der Alpenrepublik konsumieren am liebsten ausgewiesen regionale Produkte (der Marktanteil von Bioprodukten liegt bei knapp über 10 Prozent). Hier hat die Erfolgsgeschichte des beliebten Hirz-Joghurt die kleinen Widersprüchlichkeiten des kulinarischen Regionaltrends hervortreten lassen. Beispielsweise bietet Hirz Walliser Aprikosen-, Thurgauer Erdbeer- und Zuger Kirschjoghurt als regionale Spezialität an. Laut einer Studie des Instituts für Customer Insight der Universität St. Gallen, der HTP Managementberatung und Jung von Matt/Limmat heben 77 Prozent der Pfirsich-Joghurt-Esser und 72 Prozent der Kirsch-Joghurt-Esser den regionalen Qualitätsaspekt des Produkts besonders hervor.[28]

Die solchermaßen »regionalisierten« Produkte werden im Hirz-Sortiment mit einem Preisaufschlag bis zu 9,7 Prozent verkauft. Der pure Joghurt, in den die regionale Fruchtmasse erst noch eingerührt wird, wird von Hirz jedoch auf klassisch industrielle Weise zentral von der Großmolkerei Emmi in Ostermundingen (Kanton Bern) hergestellt.

Regionalität ist das oberste Genusskriterium in Europa
»Auf welche der folgenden Aspekte achten Sie beim Einkauf von Lebensmitteln besonders?« Auswahl Top-2-Box

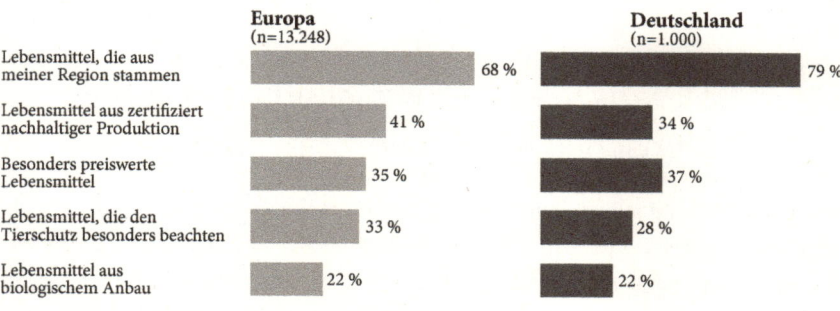

	Europa (n=13.248)	Deutschland (n=1.000)
Lebensmittel, die aus meiner Region stammen	68 %	79 %
Lebensmittel aus zertifiziert nachhaltiger Produktion	41 %	34 %
Besonders preiswerte Lebensmittel	35 %	37 %
Lebensmittel, die den Tierschutz besonders beachten	33 %	28 %
Lebensmittel aus biologischem Anbau	22 %	22 %

Quelle: WIN/Gallup International's annual global End of Year survey 2015

Regionalität ist das oberste Genusskriterium in Europa

Die Bereitstellung der regionalen Fruchtmasse (das trifft auch auf viele andere Regionalprodukte zu) ist aufwendig und teuer, nutzt möglicherweise den regionalen Erzeugern und wird von den Verbrauchern geschätzt, muss von Hirz laut Studie aber über den Premiumpreis quersubventioniert werden. Für einen auf Marge und Effizienz eingestellten Nahrungsmittelkonzern natürlich ein Minusgeschäft. Für die Mehrzahl der regionalen Joghurts, bei denen umgekehrt regionale Milch und »auswärtige« Fruchtmasse verarbeitet wird, funktioniert die Kalkulation natürlich anders. Trotzdem ist auch da das Label Regionalität ein Geschäft, bei dem die Hersteller bislang eher draufzahlen.

Regionaler Genuss ist ein schwieriges Geschäft. Wer Regionalität mit gutem Gewissen liefern und verkaufen möchte, so ist von Insidern zu hören, muss damit leben, dass es auch immer wieder zu Versorgungslücken durch Missernten kommen kann. Das Marketing mit dem Regional-Label ist auch nicht mit dem Greenwashing zu vergleichen, weil es evidenzbasierte Zertifizierungsmethoden wohl nicht geben wird. Die Kunden lieben es, vertrauenerweckende Produkte »von hier« zu konsumieren. Doch innerhalb der Status-quo-Bedingungen der globalisierten Nahrungsmittelindustrie bleibt Regionalität häufig ein nicht eingelöstes Versprechen. Um lokale oder regionale Wertschöpfung, wie bei den Evergreen Cooperatives ablesbar, tatsächlich im Dienst der Menschen vor Ort und der Region oder des Ortes zu betreiben, müsste der leckere Hirz-Joghurt vor Ort in der Schweiz für die Menschen vor Ort hergestellt werden. Das würde aber nicht nur seine Geschmacksqualität verändern, sondern erfordert eine komplett andere Ökonomie mit komplett anderen Rollen.

Verbraucher wären nicht mehr Verbraucher und Produzenten würden anders Geld verdienen. Doch diese Modelle gibt es. Schauen wir beispielsweise auf das Konzept der Solidarischen Landwirtschaft.

Solidarische Landwirtschaft, weil der Mensch kein »Endverbraucher« ist

Eine Form der Regionalisierung der Landwirtschaft findet seit einiger Zeit in technologisch avancierten Projekten wie dem Indoor Farming, dem Vertical Farming und der Aquaponik statt. Wir haben uns im Kapitel 9 damit ausführlicher auseinandergesetzt. Es gibt aber auch Initiativen, denen es an einem radikalen Rollenwandel, dem Hinterfragen der Identitäten des industriell-agrarischen Produzenten und dem passiv konsumierenden »Endverbraucher« gelegen ist.

In der Solidarischen Landwirtschaft (SoLaWi) tragen Erzeuger und Kunden als Mitglieder der Gemeinschaft das wirtschaftliche Risiko gemeinsam. Die Kunden, die in diesem Modell keine puren Konsumenten oder »Endverbraucher« mehr sind, tragen die entstehenden Kosten der Produktion, wobei in der Regel eine feste Finanzierung mit einem Jahr Vorlauf garantiert wird. Die Stärkung dieses lokalen Wirtschaftskreislaufes minimiert die Transaktionskosten. Darüber hinaus wird über die »Koproduktion« der Mitglieder in der Produktion (Anpacken vor Ort) die konventionelle Wertschöpfungskette im Agrar- und Lebensmittelsektor mit ihren oft schädigenden Umwelteinflüssen entlastet und Konsumenten werden zu so etwas wie Prosumenten.

Solche und ähnliche Spielarten der Solidarischen Landwirtschaft streben die bewusste Abkopplung von den globalen Marktmechanismen an. Die Produktion der Lebensmittel vor Ort findet ohne den Einfluss des internationalen Handels statt, was kein ideologisches Statement darstellt, sondern in erster Linie die Beziehung zwischen Land, Produkt, Hersteller und Käufer positiv verändern soll. Die Summe aller finanziellen Beiträge der SoLaWi-Gemeinschaft deckt die Vollkosten der Nahrungsmittelproduktion. Im Gegenzug produziert der Betrieb Nahrungsmittel, die den Vorstellungen der Mitglieder im Hinblick auf soziale und ökologische Nachhaltigkeit entsprechen. Das Ertragsrisiko trägt folglich nicht der Landwirt, sondern wird von der Gemeinschaft getragen.[29] Überwiegend gilt der Ansatz des biologischen Anbaus als verpflichtend, wobei auf teure Zertifizierungen beispielsweise nach den einschlägigen Biostandards verzichtet wird.

Die solidarische Landwirtschaft wurde erstmals Anfang der 1960er-Jahre unabhängig voneinander von landwirtschaftlichen Pionierbetrieben in Deutschland und der Schweiz realisiert. In den USA fand die »Community Supported Agriculture« (CSA) in den 1980er-Jahren rasche Verbreitung; 2012 wurden dort bereits rund 12.600 CSA-Betriebe gezählt. Laut den Zahlen des »Netzwerks Solidarische Landwirtschaft« wirtschaften deutschlandweit derzeit 244 Betriebe nach den SoLaWi-Prinzipien. Europaweit beteiligen sich (Stand 2015) mittlerweile mehr als 1 Million Menschen in 6300 Projekten. Auffallend ist, dass viele deutsche Betriebe in der Nähe von Ballungsgebieten oder direkt im städtischen Raum angesiedelt sind, sodass die landwirtschaftliche Gemeinschaft auch von Städtern problemlos angesteuert werden kann.[30]

In der Solidarischen Landwirtschaft, das ist besonders wichtig, wird die Entkopplung des landwirtschaftlichen Einkommens von der Ertragsmenge und der -qualität möglich. SoLaWi ist damit zugleich ein gesellschaftlicher Entwurf, der auf Kooperation, Vertrauen und Verständnis aufbaut und bewusst die Grenzen zwischen dem urbanen und dem ländlichen Lebensgefühl aufheben möchte. Die sozialen Rollen als Produzent und passiver Konsument sollen bewusst unterlaufen werden, während das Engagement aller Mitglieder für die Gemeinschaft einen neuen sozialen Raum schafft.[31]

Studien[32] aus den USA belegen, dass die Beiträge zu einer SoLaWi häufig geringer sind als die Ausgaben für den Kauf eines vergleichbaren Angebots im Lebensmitteleinzelhandel. Aber wer beteiligt sich tatsächlich an der SoLaWi? In Deutschland sind es vor allem gut ausgebildete Akademiker, die sich seit längerem schon bewusst ernähren und denen namentlich auch die sozialen Aspekte der Nachhaltigkeit wichtig sind. Sie sind letztlich auch hauptverantwortlich dafür, dass viele SoLaWi-Betriebe in urbanen Zonen zu finden sind.

Mit dem Akademikerüberhang scheint die SoLaWi, zumindest in Deutschland, auch an eine strukturelle Grenze zu stoßen. Solidarische Landwirtschaft liefert bevorzugt für die »Bessergestellten«. Forschungen weisen aber auch darauf hin, dass sozial Benachteiligte die SoLaWi gerne nutzen. Deswegen werden immer wieder Vorschläge diskutiert, die Mitgliedsbeiträge der Gehaltshöhe anzupassen, um so Ungleichheitseffekte innerhalb der Gemeinschaften zu verhindern. Was die Beteiligung von sozial benachteiligten oder unterprivilegierten Mitgliedern angeht, wird außerdem darauf hingewiesen, dass sich diese Personengruppen sogar stärker an die SoLaWi-Projekte gebunden fühlen und sich entsprechend auch stärker einbringen.[33]

Wo, wie in der Solidarischen Landwirtschaft, die fixierten Rollen und Hierarchien der kapitalistischen Produktion über den Haufen geworfen werden, da können neue Lebensqualitäten entstehen – Lebensqualitäten, die unmittelbar auch davon abhängig sind, dass eine Koproduktion konkret vor Ort zwischen Menschen stattfindet, die durchaus unterschiedliche Motive in die Gemeinschaft einbringen. Der Jungakademiker, den die Sorge um gesunde Lebensmittel umtreibt, die junge Familie, die aus der Liebe zum Land und dem Interesse an handwerklicher Tätigkeit auf SoLaWi-Projekte aufmerksam wird. Für Landwirte kann die SoLaWi auch Teil einer nachhaltigen Überlebensstrategie sein, bei der die solidarische und ökologische Produktion den, gerade ökologisch, so wichtigen Fortbestand von kleinen und mittleren Betrieben sichert. Das sind Nischenprojekte, keine Frage. Doch so marginalisiert sie auch sein mögen, sie unterstreichen, dass es alternative Wege auch bei so etwas Existenziellem wie der Ernährung gibt. Und dass Menschen aus der kranken Welt von »Big Food« ausbrechen wollen, ist längst keine Minderheitenposition mehr.

Rekommunalisierung in digitalen Zeiten:
Der Mensch muss ja irgendwo wohnen

Es sind pragmatische Idealisten, die in Cleveland mit einer Genossenschaft Arbeitsplätze schaffen und Stolz und Lebensenergie in die Stadt zurückbringen. Der Aufbau zeitgemäßer Managementfähigkeiten, gepaart mit dem Wunsch, Kopenhagen neu zu starten, offenbart ein ganz ähnliches Gemisch aus Lust am Machen und der Sehnsucht nach einer zustimmungsfähigen Zukunft für die Stadt. Und auch in der Solidarischen Landwirtschaft und – mit Abstrichen – in der regionalen Nahrungsmittelproduktion geht es darum, mit Macherstolz und horizontalen Netzwerken vor Ort neue Wege der Wertschöpfung und des Gemeinwohls zu finden.

Bei fast allen Projekten, die wir untersucht haben, steht das Überwinden von Hindernissen und das Lösen von Problemen mit innovativen Ansätzen im Vordergrund. Auf diese Weise lassen sich Orte und Regionen transformieren und besser für die Zukunft aufstellen. Darum geht es auch im Green New Deal. Horizontale Netzwerke vor Ort gehören zu den wichtigsten Hebeln der sozial-ökologischen Transformation der kommenden Jahre. Um bahnbrechende Veränderungen in diesem Sinne herbeizuführen, sind alle eingeladen. Jede helfende Hand, jeder bewegliche Geist ist wichtig. Oder wer es gerne in Marketing-Vokabel hören möchte: »Places that matter« sind vor allem auch dienstleistungs- und kundenorientiert, sie dienen zuvörderst den Menschen vor Ort. Dieser pragmatische Idealismus kommt ohne eine gesellschaftliche Vision nicht aus: Immer geht es um gesellschaftliche Ziele, nicht um schnelle Profite, es geht, wenn man so will, um eine lokale, respektive regionale Dividende.

Die müssen in den kommenden Jahren auch zukunftsentscheidende Technologien erbringen. Vernetzungstechnologien (Big Data, Industrie 4.0, Internet der Dinge) und künstliche Intelligenz, um nur die prominentesten Trends zu nennen, können vor allem auch für die Menschen vor Ort, in ihrer unmittelbaren Lebensrealität veränderungswirksam werden.[34] Dezentrale Versorgungs- und Technologiesysteme sind ein wichtiger Anker, um Macht und Entscheidungskompetenz stärker vor Ort anzusiedeln und verhandelbar zu machen. Sie sind ohne künstliche Intelligenz und die Blockchain-Technologie nicht umsetzbar.[35] Dezentralität bietet eine Vielzahl von Ideen- und Geschäftspotenzialen. Dabei werden auch kleine Stadtwerke überall im Land eine wichtige Rolle spielen – ähnlich, wie sie das schon vor 100 Jahren getan haben, als überall im Land kleine Wasserkraftwerke gebaut wurden.

Dass die (digitale) Energiewende vor Ort nicht aufzuhalten ist, zeigt sich auch an diesem hübschen regionalen Paradox: Neun von zehn US-Staaten mit der meisten installierten Windkraft sind Staaten, in denen mehrheitlich klimaskeptische Republikaner gewählt werden. Wie kam es dazu? Städte und Kommunen handeln – selbst in den von politischer Spaltung zerrütteten USA – vernunftgeleitet und pragmatisch. Lokale Zukunftspolitik muss vor den Wählern vor Ort bestehen und tut das, was rational und notwendig ist.[36]

In Deutschland gibt es mittlerweile rund 1750 Energiegenossenschaften. Etwa zwei Drittel davon wurden mehrheitlich von Bürgern gegründet. Ein Sechstel stützt sich auf Kooperationen zwischen Kommunen, Stadtwerken und regionalen Unternehmen, bei denen wiederum auch die Bürger eingebunden sind. In diesen Spielarten, als dezentralisierte Bürgerprojekte, werden sie in den kommenden Jahren einen wichtigen Beitrag zum Green New Deal leisten.[37] Wenn das Erneuerbare-Energien-Gesetz (EEG) keinen Strich durch die Rechnung macht, könnte vor allem der dezentrale Solarboom in den nächsten Jahren mit rasender Geschwindigkeit und auf der Basis spannender Innovationen vonstattengehen: unter anderem mit klimaschonender Sonnenenergie direkt von der Hauswand. Tatsächlich hat eine Studie[38] ermittelt, dass die nutzbaren Flächen dafür riesig sind. Es handelt sich bundesweit um bis zu 12.000 Quadratkilometer, was der Gesamtfläche Mecklenburg-Vorpommerns entspricht und doppelt soviel Raum bietet, wie auf den bundesdeutschen Dächern zur Verfügung steht. Zwar ist die Leistung der Solarmodule auf den vertikalen Flächen im Schnitt etwas niedriger, als wenn sie auf Dächern oder in Freiflächenanlagen im idealen Winkel zur Sonne installiert würden. Trotzdem ist die Energieausbeute ordentlich, vor allem bei großen Fassaden wie an Hochhäusern, Produktionshallen oder Schulen. Die Wertschöpfung vor Ort wäre der große Profiteur, denn der Strom wird dort produziert, wo er gebraucht wird. Darüber hinaus schont »Solar von der Hauswand« Boden und kostbare Natur, weil auf flächenfressende Solarparks verzichtet werden könnte.

Überhaupt macht die Daseinsvorsorge in Europa und Nordamerika – teilweise als bittere Lehre aus den Versorgungsengpässen während der Pandemie – seit Längerem schon wieder eine Rolle rückwärts. Laut einer Studie des Transnational Instituts (TNI) holten zwischen 2000 und 2009 weltweit 2400 Städte und Kommunen private Dienstleistungen der Daseinsfürsorge wieder in die öffentliche Hand zurück.[39] In Europa waren das insgesamt 900 Rekommunalisierungen in insgesamt 20 Ländern.[40] »Rekommunalisierung« hat sich als mehr als nur ein vorübergehender Kurzzeittrend erwiesen. Gerade auf kommunaler Ebene bricht sich nach Jahrzehnten »staatlicher Selbstentmachtung« immer häufiger die Renaissance der lokalen Lösungen Bahn.[41] Es gibt zurzeit rund 150 Kommunen in der Bundesrepublik, die Versorgungsleistungen wieder unter ihr Dach zurückgeholt haben. Die Kommunen nutzen die momentane Niedrigzinsphase, um Wohnungen, Krankenhäuser und Energiebetriebe zurückzukaufen. Die Privatisierung öffentlicher Daseinsvorsorge fand seit den 1990er-Jahren vor allem dort statt, wo Kommunen dringend Geld brauchten. Die Zielkonflikte waren vorhersehbar: Während staatliche Gebietskörperschaften dem Gemeinwohl verpflichtet sind, fühlen sich private Unternehmen in erster Linie ihren Gewinnen verpflichtet. Sie müssen nicht nur ihre Kosten decken, sondern Profite zugunsten der Anteilseigner erwirtschaften. Dadurch werden wesentliche Dienstleistungen der Daseinsvorsorge automatisch teurer, als wenn Kommunen gemeinwohlorientiert wirtschaften. Der Trend zur Rekommunalisierung scheint sich international zu verstetigen. Vor allem die Corona-Pandemie hat noch einmal ein Nachdenken über den Wert von öffentlichen Dienstleistungen erzeugt. Um den Trend zur Rekommunalisierung aufrechtzuerhalten, braucht es jedoch bestimmte Voraussetzungen. Tim Engartner, Experte für regionale Wertschöpfung und Rekommunalisierung, fordert die Aufrechterhaltung von finanziellen Spielräumen: »Werden die Möglichkeiten der kommunalen Quersubventionierung weiter eingeschränkt, können die Stadtwerke nicht länger mit Überschüssen aus dem Verkauf von Energie und Wasser den ÖPNV, die Schwimmbäder oder Kulturelles finanzieren.«[42]

Natürlich hat die Privatisierung der vergangenen Jahrzehnte auch den Wohnungsmarkt nicht unberührt gelassen. Irgendwo müssen Menschen ja schließlich wohnen. Doch nirgendwo spitzen sich die Fehlentwicklungen unserer Marktgesellschaft stärker zu als auf dem Wohnungsmarkt. Hier argumentieren Oberbürgermeister, Architekten und Stadtplaner mittlerweile mit Begrifflichkeiten, die man vor zehn Jahren eindeutig der linksradikalen Szene zugeordnet hätte. Das Recht auf Wohnen stehe auf dem Spiel. »Der globale Immobilienmarkt ist heute selbst aus der Innensicht ›out of control‹«, erklärt der Architekt und Stadtplaner Ernst Huebli. »Immobilien existieren vielfach nur noch als abstrakte Börsenwerte. Binnen einer Stunde können ganze Stadtteile 35-mal verkauft, gekauft oder verschuldet werden.«[43]

Die Deregulierung des Immobilienmarktes hat Wohnen vielerorts unbezahlbar gemacht, vertieft soziale Ungleichheit und ist obendrein innovationsfeindlich. Denn dadurch, dass der freie Wohnungsmarkt quasi keinen Konkurrenten durch den gemeinnützigen Wohnungsmarkt hat, wird seit Jahrzehnten 4-ZKB-Standard gebaut, was dem kleinbürgerlichen Familienbild der 1950er-Jahre entspricht. Spätestens an diesem Punkt schlägt die Freiheit und Fortschritt versprechende Liberalisierung des Wohnungsmarktes in ihr krasses Gegenteil um. Wo nur noch nach Schema F gebaut wird, baut man an den Lebensstiländerungen und Bedürfnissen der Menschen vorbei. Die Liberalisierung des Wohnungsmarkts hat, mit einem Wort, in erster Linie zu Trendignoranz und architektonischer Ödnis geführt. Deregulierung dient ausschließlich den Wohnungsbaugesellschaften. Die lebendigen Stadtgesellschaften, der Kern einer bürgerlich-demokratischen Öffentlichkeit, gehen vor die Hunde.

Grund und Boden sind grundsätzlich »unvermehrbar«, aber deswegen leider auch ein besonderes Objekt der kommerziellen Begierde. Deswegen macht sich selbst der christlich-soziale Innenminister Horst Seehofer für eine Bodenreform stark. Das schöne Dresden hatte sich 2006 von seinem gesamten kommunalen Immobilienbestand getrennt, musste dann aber erkennen, dass es sich einen eigenen Bestand aufbauen sollte, um den Wohnungsmarkt sozial gestalten zu können. In Berlin sollen große Wohnungsbaukonzerne enteignet werden. Drei Gutachten haben einstweilen bestätigt, dass das verfassungskonform ist.

Bleiben wir skeptisch, wenn man uns verspricht, Deregulierung und Privatisierung einer Dienstleistung würden unsere Lebensqualität steigern. Es steckt oft der Versuch dahinter, Sozialabbau zu betreiben und Bedürftige von wichtigen Leistungen abzuschneiden. Engagieren wir uns für das Empowerment von horizontalen Netzwerken vor Ort. So können wir – vor Ort – Zukunftsmärkte entwickeln, die diese Bezeichnung verdienen, und den Verbraucher nicht in der Illusion der Konsumfreiheit wiegen, sondern menschennahe Lösungen für existenzielle Probleme liefern.

Key Learnings

- **»Places matter«, weil sie die Reallabore des Wandels sind:** Kommunen, Städte und Regionen sind keine Regierungseinrichtungen zweiter Ordnung, sie bestehen nicht nur aus formalen Verwaltungsvorgängen, die zentral aus der Hauptstadt gesteuert werden. Sie sind nicht die Unterabteilungen des Staates. Wir müssen uns klar machen, dass das Leben vor Ort, die lokalen und regionalen Zellen unserer Gesellschaft, die Zentren von Wachstum, Modernisierung und Innovation in der Ära des Green New Deals sein werden. Wir sollten sie in den kommenden Jahren als entscheidende Zukunftsassets für Wandel und Veränderung ansehen. Sie müssen zu prägenden Reallaboren für die sozial-ökologische Transformation heranreifen.

- **Nicht den Pelz nach innen tragen:** Katz und Nowak schätzen (speziell mit dem Blick auf die Kommunen in den USA) dass gerade einmal 50 bis 60 Prozent des Zukunftspotenzials der horizontalen Netzwerke vor Ort wirklich ausgeschöpft werden.[44] Dabei gilt es nach wie vor als selbstverständlich, dass Städte und Kommunen systemrelevante Infrastrukturen wie Straßen, Wasser und Elektrizität vorhalten. Der Green New Deal, wie er sich als transatlantisches Zukunftsprojekt abzeichnet, eröffnet gerade den Akteuren vor Ort eine einmalige Chance, die Regeln des Spiels neu zu bestimmen und zu zeigen, dass eine intakte Gesellschaft vor Ort der Keim für einen neuen nachhaltigen Gesellschaftsentwurf sein kann. Der »Selbstentmachtung« der Kommunen[45] in den 90er-Jahren sollte mit einem gesunden Selbstbewusstsein der *Local Heroes* begegnet werden: Regionale Wertschöpfung schafft Beschäftigung, steigert Lebenszufriedenheit, schafft Identität und ist ökologisch alternativlos.

- **Lokal einzigartiges Wissen als Schlüsselressource für die Transformation vor Ort:** Vor Ort, in den Städten und Kommunen, das haben unsere Beispiele gezeigt, lagert auch ein besonderes, ja ein einzigartiges Wissen darüber, wie Menschen ihren Alltag gestalten und mit welchen Engpässen sie zurechtkommen müssen.[46] Dieses Wissen ist für die Umsetzung des Green New Deals von unschätzbarem Wert und muss von den Akteuren vor Ort endlich auch so verstanden werden. Eine zentrale Aufgabe bei der Pflege und Weiterentwicklung der horizontalen Netzwerke wird es deshalb sein, den eigenen Datenschatz im Sinne der Menschen und der Ökonomie vor Ort zu heben. Nur mithilfe der »lebensnahen Daten« vor Ort lassen sich substanzielle Veränderungen der Lebensstile im Sinne des Green New Deals realisieren.

- **»Long Termism« und »geduldiges Kapital«:** Horizontale Netzwerke und kooperative Ökosysteme vor Ort zu aktivieren, heißt allerdings nicht, dass der sofortige Erfolg garantiert ist. An der Erfolgsgeschichte von Kopenhagen lässt sich sehr gut ablesen, dass es der *Long Termism* ist, der den Erfolg bringt. Kopenhagens Wandel wurde bereits Ende der 1990er-Jahre eingeleitet und am Ende der 2000er-Jahre stellten sich erste Erfolge ein. Dafür brauchte es sicherlich auch den einen oder anderen CRO (Chief Resilience Officer). Und es brauchte »geduldiges Kapital«, das Zeit lässt, um sich zu amortisieren. Kopenhagen ist das durch den Rückhalt des Staates und einer kooperationswilligen und verantwortungsbewussten Unternehmerschaft gelungen. Eine solche transformative Politik kann man nicht mit einem Tweet machen. Und dafür braucht es Private-Public-Partnerships, in denen eine kulturell-soziale Dividende im Vordergrund steht und keine kurzfristigen ökonomischen Profite.

- **Steter Tropfen höhlt den Stein:** Um den Wandel vor Ort in Gang zu bringen, auch das zeigen unsere Fallbeispiele, braucht man nicht das große Leuchtturmprojekt und die große Geldspritze . Häufig sind es einzelne Projekte (ein neuer Park, die Umnutzung von Flächen, ein Gründerzent- rum), die den Keim für kollaborative Ökosysteme vor Ort legen. Und nicht selten sind es Nischenprojekte, die vor Ort für Resonanz von Seiten vieler Stakeholder sorgen. Eine Megacity wie New York hat beispielsweise durch einfache alltagsnahe Maßnahmen innerhalb kürzester Zeit das Mobilitäts- und Konsumverhalten der Bevölkerung in kleinen Stadt- zonen umorganisieren können. In New York City wurden in den vergangenen Jahren eine Menge sichere Radwege gebaut. Das Resultat ließ sich schnell ablesen, der stationäre Handel wurde dadurch in kürzester Zeit angekurbelt: Geschäfte auf der 9th Avenue zwischen 21. und 23. Straße verzeichneten ein Umsatzwachstum von 49 Prozent (Zuwachs im gesamten Bezirk: drei Prozent).[47]

- **Strategische Depolitisierung:** Gerade in den USA lässt sich studieren, wie die parteipolitische Polarisierung zunächst lokale und situative Kooperationen und Problemlösungsansätze blockierte und mithin ein gesamtes Gesellschaftsmodell ins Wanken bringen konnte. Wertschöpfung und Modernisierung auf lokaler und regionaler Ebene funktioniert dann besonders gut, wenn die Innovationsvorhaben soweit wie möglich (wenn auch nur vorübergehend) depolitisiert werden können. Bei der Umsetzung sollte die Entwicklung des Standortes im Vordergrund stehen und nicht die Weltanschauungen der beteiligten Akteure. An vielen Projekten, die wir hier untersucht haben, lässt sich ablesen, dass Fortschritte dann in Gang kamen, wenn die Zwecksetzung im Vordergrund stand. Dadurch können sich Projekt »verinseln«, sodass sie gegenüber egoistischen und ideologischen Interventionen immun werden.

Anhang

Einleitung Unser Aufbruch in das neue grüne Zeitalter

1   »Neues Klimaschutzgesetz passiert Bundeskabinett« (dpa), Süddeutsche Zeitung, 12. Mai 2021. https://www.sueddeutsche.de/politik/kabinett-neues-klimaschutzgesetz-passiert-bundeskabinett-dpa.urn-newsml-dpa-com-20090101-210512-99-564362

2   »The Economics of Biodiversity: The Dasgupta Review«, 02. Februar 2021, S. 1. https://www.gov.uk/government/publications/final-report-the-economics-of-biodiversity-the-dasgupta-review

3   Thomas L. Friedman: »A Warning From The Garden«, New York Times, 19. Januar 2007. https://www.nytimes.com/2007/01/19/opinion/19friedman.html
    Ich danke Frau Bianca Plankenhorn, Studentin unseres MBAs »Zukunftstrends und Nachhaltiges Management«, für den Hinweis auf diesen Text.

4   Manish Bapna, Dirk Messner: »Klimaschutz der EU: Kipppunkt für den Klimaschutz«, Die Zeit, 31. März 2021. https://www.zeit.de/wirtschaft/2021-03/klimaschutz-europaeische-union-transatlantische-klimakooperation-modernisierung-weltwirtschaft-nachhaltigkeit-wirtschaftskrise

5   Eike Wenzel, Oliver Dziemba: »Megatrends. Was die Zukunft bringt«, Enorm Magazin, 22. Dezember 2015. https://enorm-magazin.de/gesellschaft/wissenschaft/zukunftsforschung/megatrends-was-die-zukunft-bringt

6   Siehe beispielsweise: Niko Paech, Befreiung vom Überfluss. Auf dem Weg in die Postwachstumsökonomie, München 2012; Harald Welzer (Hg.) & Klaus Wiegandt (Hg.), Wege aus der Wachstumsgesellschaft, Frankfurt 2013.

7   Wie bei den Subsistenz-Autoren Kulturkritik und Technikskepsis zeige ich in einer Handelsblatt-Kolumne, dass sowohl bei Paech wie auch bei Welzer immer wieder Politikfeindlichkeit durchklingt und ein Misstrauen gegenüber Institutionen, was ihre Lösungsvorschläge stumpf erscheinen lässt, als Zivilisationskritik jedoch von vielen Lesern goutiert wird. Eike Wenzel: »Die Technophobie der Wachstumskritiker können wir uns nicht leisten«, Handelsblatt, 07. März 2019. https://www. handelsblatt.com/meinung/kolumnen/expertenrat/wenzel/expertenrat-eike-wenzel-die-tech-   nophobie-der-wachstumskritiker-koennen-wir-uns-nicht-leisten/24076316.html

8   »Der Neoliberalismus hat ausgedient.« (Interview mit Klaus Schwab), Die Zeit, 21. September 2020. https://www.zeit.de/wirtschaft/2020-09/corona-kapitalismus-rezession-wef-neoliberalismus-klaus-schwab

9   https://www.congress.gov/bill/116th-congress/house-resolution/109/text

10 »The European Green Deal Investment Plan and Just Transition Mechanism explained«, 14. Januar 2020. https://ec.europa.eu/commission/presscorner/detail/en/qanda_20_24

11 Durch Inkrafttreten des Stimulus-Pakets ist in den USA die Kinderarmut – per Dekret – um 30 Prozent reduziert worden. Die Biden-Administration reagiert mit dem Stimulus auf eine gigantische Umverteilung, wie sie in den Vereinigten Staaten zwischen 1975 und 2018 stattgefunden hat. Wäre die Ungleichheit in den USA in den vergangenen Jahren auf dem Niveau der Jahre zwischen 1945 und 1974 geblieben, läge das Durchschnittseinkommen nicht bei 56.000 US-Dollar, sondern bei 110.000 US-Dollar, wie eine aktuelle Studie der Rand Corporation belegt (https://www.rand.org/pubs/research_briefs/RBA516-1.html). Die wachsende Ungleichheit in den USA in der Ära des Neoliberalismus der vergangenen 30 Jahre hat zu einer Umverteilung von 50 Billionen US-Dollar (!) von den ärmeren in die reicheren Bevölkerungsschichten geführt. Ärmeren Bevölkerungsschichten in den USA wurden nach Berechnungen der Rand-Studie damit pro Person und pro Monat ein Einkommen von genau 1144 US-Dollar entzogen. Auskunft von Michal Werz, Center for American Progress: Podcast »OK, America?« https://www.zeit.de/politik/ausland/2021-04/us-praesident-joe-biden-politik-franklin-d-roosevelt-ok-america

12 (»mutiges, beharrliches Experimentieren. Es ist gesunder Menschenverstand, eine Methode zu nehmen und sie auszuprobieren: Wenn sie scheitert, geben Sie es offen zu und versuchen Sie eine andere. Aber vor allem: Probieren Sie etwas aus«) »Franklin D. Roosevelt Speeches: Oglethorpe University Address: The New Deal«, 22. Mai 1932. https://publicpolicy.pepperdine.edu/academics/research/faculty-research/new-deal/roosevelt-speeches/fr052232.htm

13 Der Biden-Biograph Jonathan Alter hat bereits vor der Wahl Joe Bidens zum Präsidenten der Vereinigten Staaten von Amerika auf dessen Bezugnahme auf FDR und den historischen New Deal hingewiesen. Siehe Jonathan Alter: »The Biden-FDR Connection Runs Deeper Than You Think«, *Foreign Policy*, 14. September 2020. https://foreignpolicy.com/2020/09/14/the-biden-fdr-connection-runs-deeper-than-you-think/

14 Quinn Slobodian: *Globalisten. Das Ende der Imperien und die Geburt des Neoliberalismus*, Frankfurt 2019.

15 Quinn Slobodian geht so weit, das Werk Friedrich A. Hayeks als »die Suche nach einer rechtlichen und institutionellen Lösung für die Störung der Marktprozesse durch die Demokratie« zu paraphrasieren. Vgl. Quinn Slobodian, ebd, S. 22. Hayek, der auch als Berater des chilenischen Diktators Pinochet auftrat, hat es immer offengelassen, ob er sich im Zweifelsfall für den (Markt-)Liberalismus oder für die Demokratie entscheiden würde. Das sorgte in den vergangenen Jahren dafür, dass Hayeks autoritärer Liberalismus ein Comeback als Säulenheiliger der Rechtspopulisten feierte. In seinen Äußerungen zur Demokratie argumentiert Hayek immer vertrackt und umständlich. Eine Kostprobe von 1978: »Die Tatsache, dass eine beschränkte Demokratie die vielleicht beste bekannte Regierungsform ist, bedeutet nicht, dass wir sie überall haben können, nicht einmal, dass sie ein höchster Wert sei statt das beste Mittel, um den Frieden zu sichern, (...) unsere doktrinären Demokraten sollten sich ernsthaft mit der Frage beschäftigen, wann Demokratie möglich ist.« Friedrich Hayek: »Freedom of Choice«, *Times*, 03. August 1978. Zitiert nach Grégoire Chamayou: *Die un-regierbare Gesellschaft. Eine Genealogie des autoritären Liberalismus*, Frankfurt 2019.

16 Slobodian, ebd., S. 377.

17 Slobodian, ebd., S. 403.

18 »Wir sind so nah dran« (Interview mit Michael E. Mann), *Die Zeit*, 14. April 2021. https://www.zeit.de/2021/16/michael-e-mann-klimakrise-treibhausgas-emmissionen-erdoel-lobby-fleischkonsum

19 Michael E. Mann, *The New Climate War, The Fight to Take Back Our Planet*, London 2021.

20 Interview mit Michael E. Mann, ebd.

21 Interview mit Michael E. Mann, ebd.

22 Joseph Vogl ist bei der Personalisierung von Konflikten, wie bei der Occupy-Bewegung gegen das »eine Prozent« in den Jahren nach 2008 zu beobachten, ebenfalls skeptisch. Das, was sich in den Klimaprotesten artikuliere, so Vogl, ist »eine Dauerreibung, die die eigene Lebenszeit gewissermaßen politisiert, dauerhaft politisiert«. Der Klimawandel wird sich nicht wie ein Finanzcrash irgendwann wieder auflösen. Gelingt es, daraus eine dauerhafte Politisierung der Bevölkerung zu machen, so Vogl weiter, ist womöglich eine neue »Bedingung der Möglichkeit der Erschaffung von Solidarmilieus« gegeben. Und eine solche Solidarisierung und Politisierung anlässlich des Klimawandels ist wirksamer als über die Individualisierung von Schuld, manifestiert im persönlichen CO_2-Fußabdruck. Jakob Augstein: »Der Mensch zerstört die Umwelt nicht« (Interview mit Joseph Vogl), *Der Freitag*, 22.12.2020. https://www.freitag. de/autoren/jaugstein/der-mensch-zerstoert-die-umwelt-nicht

23 Alexis Benveniste: »Biden's climate push promises ›jobs, jobs, jobs‹. Here's what that might look like«, *CNN*, 02. Mai 2021. https://edition.cnn.com/2021/05/02/economy/biden-green-jobs/index.html

24 Jonathan Franzen: »What If We Stopped Pretending? The climate apocalypse is coming. To prepare for it, we need to admit that we can't prevent it«, *The New Yorker*, 08. September 2019. https://www.newyorker.com/culture/cultural-comment/what-if-we-stopped-pretending

25 Manish Bapna, Dirk Messner: »Klimaschutz der EU: Kipppunkt für den Klimaschutz«, *Die Zeit*, 31. März 2021. https://www.zeit.de/wirtschaft/2021-03/klimaschutz-europaeische-union-transatlantische-klimakooperation-modernisierung-weltwirtschaft-nachhaltigkeit-wirtschaftskrise

26 ADAC (2020) »Corona-Jahr 2020: Weniger Verkehrstote« https://www.adac.de/news/bilanz-verkehrstote/

27 » (…) we need a massive mobilization larger than any in history. We need a Marshall Plan for the Earth. (…) It must get technology onto the ground in every country to ensure we reduce emissions while raising people's quality of life.« https://systemopedia.org/blog-1/2018/12/13/a-marshall-plan-for-the-earth

28 Markus Gabriel: *Moralischer Fortschritt in dunklen Zeiten. Universale Werte für das 21. Jahrhundert*, Berlin 2020, S. 52.

29 Yeonhee Park: »The crucial role of local governments in South Korea's bold actions towards carbon neutrality by 2050«, 02. Dezember 2020. https://city2city.network/crucial-role-local-governments-south-korea%E2%80%99s-bold-actions-towards-carbon-neutrality-2050

30 Pressemitteilung: »Städte können das Spiel im Kampf gegen Emissionen und Luftverschmutzung verändern«, Ren 21, https://www.ren21.net/wp-content/uploads/2019/05/REN21_Cities2021_Press-Release_Deutsch.pdf, S. 2.

31 »Städte können das Spiel im Kampf gegen Emissionen und Luftverschmutzung verändern«, RENA21, 18. März 2021. https://www.ren21.net/wp-content/uploads/2019/05/REN21_Cities2021_Press-Release_Deutsch.pdf, S. 3.

32 Marc Bittman: *Animal, Vegetable, Junk. A History of Food, from Sustainable to Suicidal*, Boston/ New York 2021, S. 244

33 Sandra Ratzow: »Singapur: Auf dem Weg zur Agrar-Nation https«, ARD, 12. Juli 2020. // www.daserste.de/information/politik-weltgeschehen/weltspiegel/sendung/singapur-auf-dem-weg-zur-agrar-nation-100.html

34 https://www.arcgis.com/apps/Cascade/index.html?appid=3cd3bb86c2944b7faa172c
    0e25504879

35 Alex Rudee: »Want to Help the US Economy? Rethink the Trillion Trees Act«, *World Resources Institute*, 06. April 2020. https://www.wri.org/insights/want-help-us-economy-rethink-trillion-trees-act

36 https://e2.org/reports/energy-efficiency-jobs-in-america-2019/

37 »24 Millionen neue Arbeitsplätze in der Green Economy«, Internationale Arbeitsorganisation (ILO) 14. Mai 2018. https://www.ilo.org/berlin/presseinformationen/WCMS_629232/lang--de/index.htm

38 »Wir sind so nah dran« (Interview mit Michael E. Mann).

39 Carbon Tracker Initiative: »The Sky's the Limit: Solar and wind energy potential is 100 times as much as global energy demand«, 23. April 2021. https://carbontracker.org/reports/the-skys-the-limit-solar-wind/

40 »Fossil Fuel to Clean Energy Subsidy Swaps: How to pay for an energy revolution«, GSI Report 2019. https://www.iisd.org/system/files/publications/fossil-fuel-clean-energy-subsidy-swap.pdf, S. 8.

41 Silvia Liebrich (2021), Wind und Sonne im Überfluss, https://www.sueddeutsche.de/wirtschaft/energiewende-carbon-tracker-eneuerbare-energien-1.5276694

42 »Wasserstoff – Schlüssel im künftigen Energiesystem«, Umweltbundesamt, 11. März 2021. https://www.umweltbundesamt.de/themen/klima-energie/klimaschutz-energiepolitik-in-deutschland/wasserstoff-schluessel-im-kuenftigen-energiesystem#Rolle

43 Frank-Thomas Wenzel: »Wirtschaftsexpertin Claudia Kemfert warnt: ›Wasserstoff ist nicht das neue Öl‹«, *Redaktionsnetzwerk Deutschland (RND)*, 11. Juni 2020. https://www.rnd.de/wirtschaft/wasserstoff-als-energietrager-wirtschaftsexpertin-claudia-kemfert-warnt-wasserstoff-ist-nicht-das-neue-ol-ZXMSXVSIGVDMTAJAJHFADF4EMU.html

44 »H2-Industrie Potenzialstudie Brandenburg«, Deutscher Wasserstoff- und Brennstoffzellen-Verband, Juli 2019. https://mwae.brandenburg.de/media/bb1.a.3814.de/Wasserstoff_Industrie_Potenzialstudie_Brandenburg.pdf, S. 12.

45 Vgl. hierzu Branko Milanović: *Kapitalismus global. Über die Zukunft des Systems, das die Welt beherrscht*, Frankfurt 2020, S. 302-307. Milanović ist der ehemalige leitende Ökonom der Forschungsabteilung der Weltbank. Am Ende seiner Studie geht er der Frage nach, wie das Gesellschaftssystem für die kommenden Jahre aussehen könnte, und kommt zu dem Schluss, dass wohl nur ein »sozialdemokratischer Kapitalismus« einen gleichberechtigten Zugang zu Bildung ermöglicht und »intergenerationelle Einkommensmobilität« bringt. (S. 303) Milanović Aussage sollte nicht parteipolitisch interpretiert werden, sie kann sehr wohl aber als ein Plädoyer für einen New Deal welcher Art auch immer verstanden werden.

46 Employment Projections – 2018–2028 https://www.bls.gov/news.release/archives/ecopro_09042019.pdf, S. 1.

47 https://futureworkplace.com/ebooks/21-hr-jobs-of-the-future/

48 Naomi Klein (2019) »Warum nur ein Green New Deal unseren Planeten retten kann« Hamburg: Hoffmann und Campe, S. 319.

49 Robert Pollin, Jeannette Wicks-Lim, Shouvik Chakraborty, Tyler Hansen (2019): »A Green Growth Program for Colorado«, https://www.peri.umass.edu/publication/item/1168-a-green-growth-program-for-colorado

50 https://inhabitat.com/the-wind-turbine-manufacturer-putting-unemployed-coal-miners-to-work/

51 »100% Clean and Renewable Wind, Water, and Sunlight All-Sector Energy Roadmaps for 139 Countries of the World.« https://www.sciencedaily.com/releases/2019/12/191220150545.htm

52 Eric Larson, Chris Greig: »Net-Zero America, 20th CMI Annual Report«, 17. Juni 2020. https://cmi.princeton.edu/annual-meetings/annual-reports/year-2020/

53 Thomas Piketty: *Capital in the Twenty-First Century*, London, Cambridge, Massachusetts 2014, S. 493–514. http://piketty.pse.ens.fr/files/capital21c/en/Piketty2014IntroChap1.pdf

54 Erik Olin Wright: *Reale Utopien. Wege aus dem Kapitalismus*, Frankfurt 2017, S. 496.

55 Andreas Reckwitz: *Das Ende der Illusionen. Politik, Ökonomie und Kultur in der Spätmoderne*, Frankfurt 2019.

56 Andreas Reckwitz, ebd., S. 239–304.

57 Manish Bapna, Dirk Messner: »Klimaschutz der EU: Kipppunkt für den Klimaschutz«, *Die Zeit* 31. März 2021. https://www.zeit.de/wirtschaft/2021-03/klimaschutz-europaeische-union-transatlantische-klimakooperation-modernisierung-weltwirtschaft-nachhaltigkeit-wirtschaftskrise

Kapitel 1: Individuelle Freiheit, Konsumgesellschaft und die Wut der globalen Mittelschicht

1 (»Wir das Volk haben genug ... wir sind mit einem privaten Flugzeug gekommen. Gott wollte, dass wir heute hier sind. Trump ist mein Präsident.«) Elizabeth Rosner: »Texas woman flew on private jet to Washington, DC, to ›storm the Capitol‹ «, *New York Post*, 08. Januar 2021 https://nypost.com/2021/01/08/texas-woman-flew-on-private-jet-to-washington-d-c-to-storm-the-capitol/?utm_source=NYPTwitter&utm_medium=SocialFlow&utm_campaign=SocialFlow

2 (»All diese arbeitenden Menschen haben sich die Woche frei genommen…Wir sind für die Freiheit hierher geflogen. Sie wollen uns die Wahlen stehlen, sie wollen uns alles stehlen.«) Elizabeth Rosner, ebd.

3 https://www.konrad-adenauer.de/politikfelder/politische-parteien/wahlkampf

4 Josef Schmid: »Intendant Klaus von Bismarck und die Kampagne gegen den ›Rotfunk‹ WDR.« In: *Archiv für Sozialgeschichte, 41/2001*, S. 349–381.

5 Grundsatzprogramm der CDU 2007: Sicherheit und Freiheit: https://www.cdu.de/system/tdf/media/dokumente/071203-beschluss-grundsatzprogramm-6-navigierbar.pdf?file=1

6 Gerhard Schulz: *Die Erlebnisgesellschaft. Kultursoziologie der Gegenwart*, Frankfurt 1992.

7 Alexander Rüstow: »Freie Wirtschaft – starker Staat. Die staatspolitischen Voraussetzungen des wirtschaftspolitischen Liberalismus«. In: Franz Boes (Hg.): *Deutschland und die Weltkrise*, Dresden 1932, S. 62–69.

8 Vgl. Madsen Pirie: *Micropolitics: Creation of a Successful Policy*, Adlershot 1988.

9 Francis Fukuyama: *Identität. Wie der Verlust der Würde unsere Demokratie gefährdet*, Hamburg 2020.

10 Thomas Hobbes: *Leviathan oder Stoff, Form und Gewalt eines kirchlichen und bürgerlichen Staates*. Suhrkamp, Berlin 2011.

11 Francis Fukuyama: *Identität. Wie der Verlust der Würde unsere Demokratie gefährdet*, Hamburg 2020, S. 72.

12 Sigmund Freud: *Das Unbehagen in der Kultur* (1930). In: ders.: *Gesammelte Werke*, S. 454

13 Ebd., S. 455.

14 Sigmund Freud: *Formulierungen über die zwei Prinzipien des psychischen Geschehens*. In: ders.: *Gesammelte Werke*, Band VIII., Frankfurt 1999, S. 231–232

15 Sigmund Freud: *Das Unbehagen in der Kultur* (1930). In: ders.: *Gesammelte Werke*, ebd., S. 451

16 Ebd., S. 450.

17 Ebd., S. 450/451.

18 Ebd., S. 451.

19 Anne Hähnig, Martin Machowecz, Henrik Merker: »Demonstration in Leipzig. Wieso hielt sie niemand auf?«, *Die Zeit*, 11. November 2020. https://www.zeit.de/2020/47/leipzig-demonstration-querdenken-corona-leugner-polizei

20 Stefan Behr: »Corona-Demos in Frankfurt: Für wen oder gegen was, bitte schön?«, *Frankfurter Rundschau*, 25. Mai 2020. https://www.fr.de/frankfurt/corona-demos-frankfurt-oder-gegen-was-bitte-schoen-zr-13774452.html

21 Claudia von Salzen: »Was die derzeit gängigen Verschwörungsmythen bedeuten«. Der Tagesspiegel, 26. Mai 2020. https://www.tagesspiegel.de/politik/von-der-alu-bommel-bis-zur-zwangsimpfung-was-die-derzeit-gaengigen-verschwoerungsmythen-bedeuten/25854566.html

22 Siehe hierzu das Kapitel 4.

23 Francis Fukuyama: *Das Ende der Geschichte. Wo stehen wir?*, München 1992.

24 Francis Fukuyama: *Identität. Wie der Verlust der Würde unsere Demokratie gefährdet*, Hamburg 2020, S. 56.

25 Ebd., S. 26.

26 Adam Tooze: »Die Finanzkrise hat Populisten den Boden bereitet«, *Handelsblatt*, 04. Oktober 2018. https://www.handelsblatt.com/meinung/gastbeitraege/gastkommentar-die-finanzkrise-hat-populisten-den-boden-bereitet/23148836.html?ticket=ST-7231834-ysFkQ6gj1NGwYjaSF1zi-ap1. Siehe noch ungleich detaillierter: Adam Tooze: *Crashed. Wie zehn Jahre Finanzkrise die Welt verändert haben*, München 2018.

27 Die 22-jährige Teilnehmerin einer Hygienedemonstration am 21. November 2020 in Hannover verglich sich mit der Widerstandskämpferin Sophie Scholl, weil sie sich seit Monaten an die pandemiebedingten Abstandsregeln halten muss. Als die »Querdenker«-Aktivistin von einem Ordner aufgrund ihres idiotischen Vergleichs zur Rede gestellt wurde, verließ sie weinend die Bühne. Wo die »Priorisierung des inneren Selbst« regiert, ist auch Empathie nicht mehr möglich und wird historisches Bewusstsein ausgeschaltet.

28 Livia Gerster: »Plötzlich abgedriftet«, *Frankfurter Allgemeine Zeitung*, 24. Mai 2020. https://www.faz.net/aktuell/politik/inland/wie-ein-erfolgreicher-unternehmer-verschwoerungstheorien-naeher-kommt-16782874.html

29 »Der Weg nach vorne für Europas Sozialdemokraten. Ein Vorschlag von Gerhard Schröder und Tony Blair (London, 08. Juni 1999)« Das Schröder-Blair-Papier kann als Kottau der Sozialdemokratie vor der Entstaatlichungs- und Niedrigsteuerpolitik des Neoliberalismus' Margret Thatchers und Ronald Reagans gesehen werden. Der endgültige Triumph des Neoliberalismus, indem die Sozialdemokraten die Wirtschaftsdoktrin ihrer politischen Gegner feiern.

Schröder und Blair treten in dem Papier dafür ein, dass Unternehmen »nicht durch Regulierungen und Paragraphen erstickt werden« dürften. »Innerhalb des öffentlichen Sektors muß es
darum gehen, Bürokratie auf allen Ebenen abzubauen, Leistungsziele zu formulieren, die Qualität öffentlicher Dienste rigoros zu überwachen und schlechte Leistungen auszumerzen.« http://www.glasnost.de/pol/schroederblair.html

30 Madsen Pirie: *Micropolitics*, S. 121.

31 https://www.irena.org/publications/2020/Jun/Renewable-Power-Costs-in-2019

32 Andreas Reckwitz: *Das Ende der Illusionen. Politik, Ökonomie und Kultur in der Spätmoderne*,
Frankfurt 2019, S. 203–238.

33 Matthias Pöhlmann im Gespräch mit Ute Welty: »Sensorium für gesellschaftliche Krisenher-
de«, *Deutschlandfunk*, 10. November 2018. https://www.deutschlandfunkkultur.de/esoterik-
und-rechtsextremismus-sensorium-fuer.1008.de.html?dram:article_id=432885

34 »Gesetz über digitale Dienste: mehr Sicherheit und Verantwortung im Online-Umfeld«
https://ec.europa.eu/info/strategy/priorities-2019-2024/europe-fit-digital-age/digital-services-
act-ensuring-safe-and-accountable-online-environment_de

35 Markus Gabriel: *Moralischer Fortschritt in dunklen Zeiten. Universale Werte für das 21. Jahrhundert*, Berlin 2020, S. 11.

Kapitel 2: Wie wir ein neues Verhältnis zur Natur aufbauen können – ein Zukunftsprojekt der Versöhnung

1 Max Horkheimer, *Zur Kritik der instrumentellen Vernunft*, 1947, S. 135.

2 Siehe Hans Blumenberg: »Das Verhältnis von Natur und Technik als philosophisches Problem.« (1951) In: ders.: *Schriften zur Technik*, Frankfurt 2015.

3 Eva von Redeker: *Revolution für das Leben. Philosophie der neuen Protestformen*, Frankfurt
2020.

4 Johan Rockström, Will Steffen et. al.: »Planetary Boundaries: Exploring the Safe Operating
Space for Humanity.« In: *Ecology and Society 14*, Januar 2009.

5 Hartmut Rosa: »Ohnmacht. Was muss sich ändern?«, *Die Zeit*, 10. Juli 2019. https://www.
zeit.de/2019/29/weltbeziehung-moderne-rastlosigkeit-hartmut-rosa/komplettansicht

6 Siehe https://www.ipbes.net

7 https://www.greenpeace.de/sites/www.greenpeace.de/files/Landwirtschaftsreport_08jan08_0.
pdf

8 ZOONOSEN: https://www.bmz.de/de/aktuelles/mueller-kuendigt-aufbau-eines-one-health-
schwerpunkts-an-48142

9 Gudrun Heise: Zoonosen: Wenn Viren vom Tier auf den Menschen überspringen, Deutsche
Welle 16. Juli 2020. https://www.dw.com/de/zoonosen-wenn-viren-vom-tier-auf-den-men-
schen-überspringen/a-54186687

10 https://www.nationalgeographic.de/geschichte-und-kultur/2020/03/venedig-delfinlos-virale-
fakes-machen-falsche-hoffnung

11 »Svenja Schulze über Klimaschutz in der Corona-Krise«; BMU, 24. April 2020. https://www.
bmu.de/interview/svenja-schulze-ueber-klimaschutz-in-der-corona-krise/

12 Siehe Arne Hillienhof: »One-Health-Ansatz: WHO stellt Leitfaden zur Bekämpfung von Zoo-nosen vor«, *Deutsches Ärzteblatt*, 13. März 2019.

13 https://de.wikipedia.org/wiki/Natur

14 Hans Blumenberg: »Das Verhältnis von Natur und Technik als philosophisches Problem.« (1951) In: ders.: *Schriften zur Technik*, Frankfurt 2015., S. 18. »Zweiter Schöpfer« klingt he-roischer, als es ist. Blumenberg sieht den Menschen als ein Sonderwesen, das sich nicht orga-nisch an seine Umgebung anzupassen vermag. Diese existenzielle Not macht ihn zum »zwei-ten Schöpfer«, indem er Technologien entwickelt. Aus den mannigfachen technologischen Innovationen der 1930er- und 1940er-Jahre heraus (Penicillin, Atombombe, Massenmedi-en) deutet Blumenberg den Menschen als ein Wesen, »dem seine Existenz nicht durch orga-nische Anpassung an die natürliche Umwelt gewährleistet ist, das daher in den Daseinsmodus der Selbstbehauptung und Selbstproduktion seiner Lebensbedingungen hineingezwungen ist.« Deshalb bringt der Mensch »die Technik als Antwort auf seine spezifische Seinsproblematik hervor. Der Mensch *ist* ein technisches Wesen: Die technische Realität ist das Äquivalent eines Mangels seiner natürlichen Ausstattung.«

15 Vgl. hierzu Karl Polanyi: *The Great Transformation. Politische und ökonomische Ursprünge von Gesellschaften und Wirtschaftssystemen* (1944), Frankfurt 1973.

16 Wir kommen hierauf später noch zurück. Tatsächlich gibt es Argumente dafür, dass die besin-nungslose Instrumentalisierung von Natur, die blinde Fixierung auf ungebremstes Wachstum und Bilanzrekorde den Gedanken der eigenen Sterblichkeit verdrängen helfen soll.

17 »Grundgesetz für die Bundesrepublik Deutschland Art 20a«. https://www.gesetze-im-internet.de/gg/art_20a.html

18 Jens Kersten: »Natur als Rechtssubjekt. Für eine ökologische Revolution des Rechts«, in: Aus Politik und Zeitgeschichte 11/2020, S. 27 ff.

19 Ebd.

20 (»Die Natur ist Gegenstand derjenigen Rechte, die die Verfassung für sie anerkennt«), https://pdba.georgetown.edu/Constitutions/Ecuador/english08.html

21 (»Die Natur (...) hat das Recht auf ganzheitliche Achtung ihrer Existenz und auf die Erhaltung und Regeneration ihrer Lebenszyklen, ihrer Struktur, ihrer Funktionen und ihrer evolutionä-ren Prozesse.(...) Der Staat gibt natürlichen und juristischen Personen sowie Gemeinschaften Anreize, die Natur zu schützen und die Achtung aller Elemente, aus denen ein Ökosystem be-steht, zu fördern.«), https://pdba.georgetown.edu/Constitutions/Ecuador/english08.html

22 Siehe David Boyd: *Die Natur und ihr Recht. Sie ist klug, sensibel, erfinderisch und genügt sich selbst*, München, 2018. Zitiert nach https://www.riffreporter.de/de/umwelt/rezension-natur-recht-schwaegerl

23 Max Horkheimer: »Zur Kritik der instrumentellen Vernunft. (1967)« In: ders.: *Gesammelte Schriften*, Band 6, Frankfurt 1991, S. 118.

24 Ebd., S. 119.

25 Siehe Edward Westermark: *Christianity and Morals*, New York 1939.

26 Statista: https://de.statista.com/statistik/daten/studie/37187/umfrage/der-weltweite-co2-auss-toss-seit-1751/

27 *Kohleatlas*, S. 13, https://www.boell.de/de/2015/05/20/steinkohle-vom-anbeginn-der-indust-rie

28 Eva von Redeker, *Revolution für das Leben. Philosophie der neuen Protestformen*, Frankfurt 2020. S. 53

29 Siehe hierzu auch Andreas Malm: *Fossil capital. The rise of steam-power and the roots of global warming*. Verso, London/New York 2016.

30 Siehe hierzu auch den südamerikanischen Neo-Extraktivismus. Auf massiven Rohstoffexport und natürlichen Raubbau orientierte Wirtschaften wie Bolivien, Brasilien oder Venezuela verzichten weitgehend auf die Weiterverarbeitung der Ressourcen und spekulieren auf schnelle Gewinne. Das geschieht häufig zum Nachteil lokaler Gemeinschaften und der Biodiversität.

31 Deborah Rogers: *Shale and Wall Street: Was the Decline in Natural Gas Prices Orchestrated?* Post Carbon Institute, February 2013, www.postcarbon.org.

32 Statista: https://de.statista.com/statistik/daten/studie/37187/umfrage/der-weltweite-co2-ausstoss-seit-1751/

33 Oxfam: https://www.oxfam.de/presse/pressemitteilungen/2015-12-02-oxfam-reichsten-10-prozent-verursachen-haelfte-weltweiten

34 https://de.wikipedia.org/wiki/Liste_der_größten_Kohlenstoffdioxidemittenten

35 Climate Accountability Institute, 09. Oktober 2019. https://climateaccountability.org/pdf/CAI%20PressRelease%20Top20%20Oct19.pdf, S. 1.

36 Jillian Ambrose: »Rise of renewables may see off oil firms decades earlier than they think.«, *The Guardian*, 14.10.2019. https://www.theguardian.com/environment/2019/oct/14/rise-renewables-oil-firms-decades-earlier-think?

37 https://www.reuters.com/article/us-pg-e-ratings-moodys/moodys-lowers-pges-credit-rating-to-junk-joins-sp-idUSKCN1P42U3

38 Franz Josef Fell: »Die fossile Energiewirtschaft in der Krise. Kommt bald der große Crash?« https://hans-josef-fell.de/die-fossile-energiewirtschaft-in-der-krise-kommt-bald-der-grosse-crash

39 Simone Miller: »Hin zum Einklang mit der Natur« (Interview mit Andreas Weber), Deutschlandfunk Kultur, 29. September 2019. https://www.deutschlandfunkkultur.de/philosoph-andreas-weber-ueber-indigenialitaet-hin-zum.2162.de.html?dram:article_id=459879

40 Andreas Weber: *Indigenialität*, Berlin 2018.

41 Simone Miller, »Hin zum Einklang mit der Natur« (Interview mit Andreas Weber), Deutschlandfunk Kultur, 29. September 2019. https://www.deutschlandfunkkultur.de/philosoph-andreas-weber-ueber-indigenialitaet-hin-zum.2162.de.html?dram:article_id=459879

42 Simone Miller, ebd.

43 Stephan Karkowsky: »Wir können uns nicht retten, wir sind alle sterblich« (Interview mit Andreas Weber), Deutschlandfunk Kultur, 26. Juli 2018. https://www.deutschlandfunkkultur.de/mensch-und-natur-im-anthropozaen-wir-koennen-uns-nicht.1008.de.html?dram:article_id=423865

44 Albert Schweizer: https://albert-schweitzer-heute.de/wp-content/uploads/2017/12/DASZ-AS-wissenswert-2017.pdf

45 https://www.iass-potsdam.de/de/node/5337

46 »Dänemark ist Europas naturärmstes Land«, Der Nordschleswiger, 31. Oktober 2017, https://www.nordschleswiger.dk/de/daenemark/daenemark-ist-europas-naturaermstes-land

47 https://www.iass-potsdam.de/de/node/5337

48 Torge Löding: »Costa Rica erklärt der Natur den Frieden«, *Der Spiegel*, 08. Juli 2007, https://www.spiegel.de/wissenschaft/natur/klima-plan-costa-rica-erklaert-der-natur-den-frieden-a-492537.html

49 Siehe https://www.spiegel.de/wissenschaft/natur/klima-plan-costa-rica-erklaert-der-natur-den-frieden-a-492537.html

50 https://www.energiezukunft.eu/politik/costa-rica-macht-tempo-beim-klimaschutz/

51 Siehe Hartmut Rosa: *Resonanz. Eine Soziologie der Weltbeziehung*, Frankfurt 2019.

52 Siehe hierzu das Kapitel 10.

53 »The Economics of Biodiversity: The Dasgupta Review«, 02. Februar 2021 https://www.gov.uk/government/publications/final-report-the-economics-of-biodiversity-the-dasgupta-review

Kapitel 3: Wie wir Technologien zu einem nachhaltigen Innovationsmotor machen und den Weg in das postfossile Zeitalter ebnen

1 Felicia Wong: »The emerging worldview: How New Progressivism Is Moving Beyond Neoliberalism. A Landscape Analysis« https://rooseveltinstitute.org/wp-content/uploads/2020/07/RI_EmergingWorldview_report-202001-1.pdf

2 »CO_2-Emissionen weltweit in den Jahren 1960 bis 2019«, https://de.statista.com/statistik/daten/studie/37187/umfrage/der-weltweite-co2-ausstoss-seit-1751/

3 OurWorldinData.org 2020, https://ourworldindata.org/emissions-by-sector

4 Barbara Gillmann: CO_2-Umwandlung: Karliczek erhöht Förderung für die Industrie, *Handelsblatt* 26. Oktober 2020

5 Barbara Gillmann: CO_2-Umwandlung: Karliczek erhöht Förderung für die Industrie, *Handelsblatt* 26. Oktober 2020.

6 Siehe Ursula von der Leyen: »Wir brauchen ein neues Europäisches Bauhaus«, *Frankfurter Allgemeine Zeitung*, 17. Oktober 2020, https://www.faz.net/aktuell/politik/ausland/ursula-von-der-leyen-ein-neues-europaeisches-europa-17006741.html: »In den kommenden zwei Jahren sollen zunächst fünf Europäische Bauhaus-Projekte in verschiedenen Ländern der Union entstehen. Alle sind dem Thema Nachhaltigkeit verpflichtet, setzen aber unterschiedliche Schwerpunkte. (…) Sie sollen ein kreatives Experimentallabor und Andockstelle für europäische Industrien sein und Ausgangspunkt für ein europa- und weltweites Netzwerk, das die wirtschaftliche, ökologische und soziale Bedeutung über das individuelle Bauhaus hinaus erweitert.«

7 Lucy Hooker, Daniele Palumbo: »Covid vaccines: Will drug companies make bumper profits?«. BBC News, 18. Dezember 2020. https://www.bbc.com/news/business-55170756

8 Lucy Hooker, Daniele Palumbo: »Covid vaccines: Will drug companies make bumper profits?«. BBC News, 18. Dezember 2020. https://www.bbc.com/news/business-55170756

9 Mariana Mazzucato: *The Entrepreneurial State. Debunking Public vs Private Sector Myths*, London 2013, S. 107.

10 John Wu: *Why US Business R&D Is Not as Strong as It Appears*. ITIF, 4. Juni 2018. https://itif.org/publications/2018/06/04/why-us-business-rd-not-strong-it-appears

11 John Van Reenen: »Can Innovation Policy Restore Inclusive Prosperity in America?«, https://economicstrategygroup.org/wp-content/uploads/2019/12/Maintaining-the-Strength-of-American-Capitalism-Can-Innovation-Policy-Restore-Inclusive-Prosperity-in-America.pdf

12 Siehe Mariana Mazzucato: *The Entrepreneurial State* und Mariana Mazzucato: *Mission Economy. A Moonshot Guide to Changing Capitalism*, London 2021.

13 Ebd.

14 Stian Westlake: »Interrogating the entrepreneurial state«, *The Guardian*, 11. November 2014. https://www.theguardian.com/science/political-science/2014/nov/11/interrogating-the-entrepreneurial-state-innovation-policy

15 John Van Reenen: »Can Innovation Policy Restore Inclusive Prosperity in America?«, https://economicstrategygroup.org/wp-content/uploads/2019/12/Maintaining-the-Strength-of-American-Capitalism-Can-Innovation-Policy-Restore-Inclusive-Prosperity-in-America.pdf

16 Niklas Luhmann: *Die Wissenschaft der Gesellschaft*, Frankfurt 1992, S. 97.

17 Ebd.

18 John Maynard Keynes: *Das Ende des Laissez-Faire. Ideen zur Verbindung von Privat- und Gemeinwirtschaft*, Berlin 2011, S. 47.

19 Adam Vaughan: »World has no capacity to absorb new fossil fuel plants, warns IEA.« In: *The Guardian*, 13. November 2018. https://www.theguardian.com/business/2018/nov/13/world-has-no-capacity-to-absorb-new-fossil-fuel-plants-warns-iea

20 Rewiring America https://www.rewiringamerica.org

21 Ebd. Rewiring America.

22 »CO_2-neutral bis 2035: Eckpunkte eines deutschen Beitrags zur Einhaltung der 1,5-°C-Grenze. Diskussionsbeitrag für Fridays for Future Deutschland mit finanzieller Unterstützung durch die GLS Bank«, Wuppertal Institut, Oktober 2020. https://fridaysforfuture.de/studie/

23 »Klimaneutrales Deutschland. In drei Schritten zu null Treibhausgasen bis 2050 über ein Zwischenziel von -65 Prozent im Jahr 2030 als Teil des EU-Green-Deals«, Agora Energiewende 10. Februar 2020. https://www.agora-energiewende.de/veroeffentlichungen/klimaneutrales-deutschland-zusammenfassung/

24 Petra Pinzler: »Klimaneutralität: Runter in die Zukunft«, *Die Zeit*, 31. Oktober 2020. https://www.zeit.de/2020/45/klimaneutralitaet-studien-investitionsprogramm-energiewende

25 Bloomberg Wind: https://about.bnef.com/blog/colossal-six-months-for-offshore-wind-support-renewable-energy-investment-in-first-half-of-2020/

26 Bert Fröndhoff, Kevin Knitterscheidt, Kathrin Witsch: »Der Boom grüner Technologien ist ungebrochen« *Handelsblatt* 08. Oktober 2020. https://www.handelsblatt.com/unternehmen/industrie/klimaschutz-der-boom-gruener-technologien-ist-ungebrochen/26251870.html

27 Roland Berger: »Unternehmensbefragung zum GreenTech Atlas 2021« https://www.bmu.de/fileadmin/Daten_BMU/Download_PDF/Wirtschaft_und_Umwelt/gta_unternehmensbefragung_bf.pdf

28 Bert Fröndhoff, Kevin Knitterscheidt, Kathrin Witsch: »Der Boom grüner Technologien ist ungebrochen«, *Handelsblatt* 08. Oktober 2020. https://www.handelsblatt.com/unternehmen/industrie/klimaschutz-der-boom-gruener-technologien-ist-ungebrochen/26251870.html

29 Diese Industrieparks sind wegweisend in Sachen Kreislaufwirtschaft, The Explorer, 24. September 2020. https://www.theexplorer.no/de/stories/erneuerbare-energien/diese-industrieparks-sind-wegweisend-in-sachen-kreislaufwirtschaft

30 Henriette Naims et. al.: »CO$_2$-Recycling – Option für Politik und Gesellschaft? Zwölf Thesen zur gesellschaftlichen und politischen Bedeutung von Carbon Capture and Utilisation (CCU)-Technologien«, Dezember 2015 https://publications.iass-potsdam.de/rest/items/item_1412034_4/component/file_1412035/content, S. 4.

31 https://www.eater.com/2015/4/13/8403905/52-percent-fast-food-workers-public-assistance-food-stamps-study

32 International Renewable Energy Agency: Renewable Energy and Jobs – Annual Review 2020 (IRENA) https://www.irena.org/publications/2020/Sep/Renewable-Energy-and-Jobs-Annual-Review-2020

33 Adam Vaughan: »US green economy has ten times more jobs than the fossil fuel industry«, *New Scientist*, 15. Oktober 2019. https://www.newscientist.com/article/2219927-us-green-economy-has-10-times-more-jobs-than-the-fossil-fuel-industry/

34 Im Westen der USA und den (ehemaligen) Hotspots der Erdölindustrie wie Houston und Dallas verdienen Angestellte in den Erneuerbaren bereits mehr als in den abdankenden Öl- und Gas-Jobs: Ein durchschnittlicher Mitarbeiter in der Windenergie verdient laut »U.S. Energy & Employment Report« 29,79 US-Dollar in der Stunde, ein Öl-Arbeiter 26,67 US-Dollar in der Stunde. https://www.worldoil.com/news/2020/5/29/renewable-energy-firms-scooping-up-cast-off-oil-and-gas-workers

35 Nick Butler: »How oil majors bought into green energy«, *Financial Times*, 15. Juli 2020. https://www.ft.com/content/a7901eae-411e-43d0-8103-1f3c8d3a990c

36 Jillian Ambrose: »Rise of renewables may see off oil firms decades earlier than they think«, *The Guardian*, 14. Oktober 2014. https://www.theguardian.com/environment/2019/oct/14/rise-renewables-oil-firms-decades-earlier-think

37 https://de.motor1.com/news/346742/lithium-ionen-akkus-preis-kilowattstunde/

38 https://www.energy-storage.news/news/corporate-funding-in-battery-storage-companies-in-2020-was-more-than-double

39 »Nachhaltige Zukunft braucht Speicherkraft«, https://www.cashkurs-trends.de/wp-content/uploads/2020/12/CashkursTrends_129_probeausgabe.pdf, S. 5.

40 https://www.economist.com/leaders/2019/11/30/power-storage-is-the-missing-link-in-green-energy-plans

41 »Anwendung Künstlicher Intelligenz im Energiesektor. Ein Policy Paper der wissenschaftlichen Begleitforschung des Technologieprogramms Smart Service Welt II gefördert vom Bundesministerium für Wirtschaft und Energie«, Berlin 2019. https://vdivde-it.de/de/publikation/anwendung-kuenstlicher-intelligenz-im-energiesektor

42 »Anwendung Kunstlicher Intelligenz im Energiesektor. Ein Policy Paper der wissenschaftlichen Begleitforschung des Technologieprogramms Smart Service Welt II gefordert vom Bundesministerium fur Wirtschaft und Energie«, Berlin 2019. https://vdivde-it.de/de/publikation/anwendung-kuenstlicher-intelligenz-im-energiesektor

43 Siehe *Bericht der Enquete-Kommission Künstliche Intelligenz – Gesellschaftliche Verantwortung und wirtschaftliche, soziale und ökologische Potenziale*. https://dserver.bundestag.de/btd/19/237/1923700.pdf, S. 98 f.

44 Agora Energiewende: »Energiewende und Dezentralität. Zu den Grundlagen einer politisier-
ten Debatte. Analyse«, Agora Energiewende, Februar 2017. https://www.agora-energiewende.
de/fileadmin2/Projekte/2016/Dezentralitaet/Agora_Dezentralitaet_WEB.pdf, S. 22.

45 »Anwendung Künstlicher Intelligenz im Energiesektor. Ein Policy Paper der wissenschaftlichen Begleitforschung des Technologieprogramms Smart Service Welt II gefördert vom Bundesministerium für Wirtschaft und Energie«, Berlin 2019. https://vdivde-it.de/de/publikati-
on/anwendung-kuenstlicher-intelligenz-im-energiesektor

46 »Anwendung Künstlicher Intelligenz im Energiesektor. Ein Policy Paper der wissenschaftlichen Begleitforschung des Technologieprogramms Smart Service Welt II gefördert vom Bundesministerium für Wirtschaft und Energie«, Berlin 2019. https://vdivde-it.de/de/publikati-
on/anwendung-kuenstlicher-intelligenz-im-energiesektor

47 Siehe hierzu besonders: Rihana Gunn-Wright: »Policies And Principles of A Green New Deal.«
In: Varshini Prakash, Guido Girgenti (Hg.): *Winning The Green New Deal. Why We Must, How
We Can*, New York 2020.

48 »(...) das Ziel ist es, möglichst viele verschiedene Ideen und Lösungswege anzuregen.« Mariana
Mazzucato: *Mission Economy. A Moonshot Guide to Changing Capitalism*, London 2021, S. 124.

49 Elizabeth Kolbert: *Under A White Sky. The Nature of the Future*, New York 2021, S. 200.

Kapitel 4: Wie werden wir uns in Zukunft informieren: Es reicht nicht, Fake News mit Fakten widerlegen zu wollen

1 Bill McKibben: »How We Got to the Green New Deal.« In: Varshini Prakash, Guido Girgenti
(Hg.): *Winning The Green New Deal. Why We Must, How We Can*, New York 2020.

2 »Exxon's Climate Denial History: A Timeline«. https://www.greenpeace.org/usa/global-war-
ming/exxon-and-the-oil-industry-knew-about-climate-change/exxons-climate-denial-history-
a-timeline/; Benjamin Franta: »Shell and Exxon's secret 1980s climate change warnings«, *The
Guardian*, 19. September 2018. https://www.theguardian.com/environment/climate-consen-
sus-97-per-cent/2018/sep/19/shell-and-exxons-secret-1980s-climate-change-warnings

3 Hannah Arendt: *Elemente und Ursprünge totaler Herrschaft. Antisemitismus, Imperialismus, Totalitarismus* (1951), München 1991.

4 https://int.nyt.com/data/documenttools/evanega-et-al-coronavirus-misinformation-submit-
ted-07-23-20-1/080839ac0c22bca8/full.pdf

5 https://www.brown.edu/initiatives/data-science/news/2020/03/climate-science-and-twitter-
bots

6 Joachim Allgaier: »Science and Environmental Communication on YouTube: Strategically
Distorted Communications in Online Videos on Climate Change and Climate Engineering«
https://www.frontiersin.org/articles/10.3389/fcomm.2019.00036/full

7 Facebook und Google teilen den Online-Werbemarkt monopolartig unter sich auf, was sie zu
Konkurrenten der klassischen Medien macht.

8 Niklas Luhmann: *Die Realität der Massenmedien*, Opladen 1995, S. 9.

9 Jean Baudrillard: *Kool Killer oder Der Aufstand der Zeichen*, Berlin 1978. Baudrillard, eigentlich ein überzeugter Linker, kokettierte auch mit Verschwörungstheorien, als er beispielsweise
anlässlich des zweiten Golfkriegs 1991 behauptete, der »Golfkrieg hat nicht stattgefunden«.

10 »›Truth isn't truth‹, says Rudy Giuliani. But nonsense is still nonsense«, *The Guardian*, 20. August 2018, https://www.theguardian.com/us-news/shortcuts/2018/aug/20/truth-rudy-giuliani-legal-adviser-trump

11 Paulina Villegas: »South Dakota nurse says many patients deny the coronavirus exists — right up until death«, *The Washington Post*, 16. November 2020. https://www.washingtonpost.com/health/2020/11/16/south-dakota-nurse-coronavirus-deniers/

12 Bruno Latour: *Das terrestrische Manifest*, Frankfurt 2018, S. 32.

13 Ebd, S. 15.

14 (»Die momentane Sichtweise ist so, dass sich die Demokraten auf einen Satz an Statistiken verlassen, der theoretisch die Wahrheit enthält, aber das ist nicht der Ort, wo sich die Menschen aufhalten ... ich gehe mit den Gefühlen der Menschen, gehen Sie mit den Theoretikern.«) CNN Live, July 22, 2016.

15 Wie weit beispielsweise Facebook über Datenprofile von jedem Einzelnen von uns verfügt, ist vielen immer noch nicht klar. Der britische Schriftsteller John Lanchester weist in einem Deutschlandfunk-Feature darauf hin: »Facebook kennt (...) deine Phone-ID und kann sie mit deiner Facebook-ID verknüpfen. Dem wird dann der Rest deiner Online-Aktivitäten hinzugefügt: Nicht nur jede Seite, die du je besucht hast, sondern jeder Klick, den du je gemacht hast (...) Facebook sieht dich, überall.« John Lanchester: »Du bist das Produkt«, Deutschlandfunk, 29.10.2017. https://www.deutschlandfunk.de/ueber-facebook-du-bist-das-produkt.1184.de.html?dram:article_id=397257

16 In den USA sind in den vergangenen 15 Jahren ein Viertel aller Tageszeitungen eingestellt worden. https://www.poynter.org/locally/2020/unc-news-deserts-report-2020/

17 Das negative Menschenbild, das Facebook zugrunde liegt (der Mensch möchte sich nicht informieren, er möchte akzeptiert werden), arbeitet der britische Schriftsteller John Lanchester in einem Hörfunkfeature heraus. Lanchester zeigt, wie Mark Zuckerberg und Peter Thiel, PayPal-Gründer, Trump-Unterstützer und erster Investor bei Facebook, entdecken, dass sich in den Social Media Gruppenverhalten organisieren lässt und dabei verwertbare Verhaltensdaten abfallen. Lanchester: »Mark Zuckerberg tut deshalb Dinge, weil sie technisch möglich sind und weil Zuckerberg ein beachtliches Talent dafür hat, Dinge, die Menschen gefallen, in der digitalen Realität umzusetzen.« John Lanchester: »Du bist das Produkt«, Deutschlandfunk, 29.10.2017. https://www.deutschlandfunk.de/ueber-facebook-du-bist-das-produkt.1184.de.html?dram:article_id=397257

18 Ezra Klein: *Why we're polarized*, New York 2020.

19 Facebook und Google bilden im Online-Werbemarkt ein Duopol und verfügen über einen Marktanteil von 60 Prozent. Beide Unternehmen sind, was ihre Umsätze angeht, nichts anderes als Werbeunternehmen, da sie mehr als 90 Prozent ihres Umsatzes mit digitaler Werbung erzielen. https://upload-magazin.de/37969-google-facebook-amazon-anzeigen-vergleich/

20 Ezra Klein: *Why we're polarized*, New York 2020.

21 (»Medien sind zu Stammeshäuptlingen geworden(...). Sie zeigen ihren Untergebenen, mit was sie sich identifizieren sollen und wie sie sich verhalten sollen, und wir folgen ihnen dabei.«) Ezra Klein: *Why we're polarized*, S. 157.

22 Jia Tolentino: *Trick Mirror. Reflections on Self-Delusion*, New York 2019.

23 Nellie Bowles: »Silicon Valley Nannies Are Phone Police for Kids«, *The New York Times*, 26. Oktober 2018, https://www.nytimes.com/2018/10/26/style/silicon-valley-nannies.html

24 »An euren Händen klebt Blut. (…) Vier Jahre lang habt ihr diesen Terror rationalisiert. Anstiftung zum gewaltsamen Verrat ist keine freie Meinungsäußerung.« Twitter, 6. Januar 2021 https://twitter.com/sacca/status/1346921144859783169

25 Jannis Brühl: » ›Schauen Sie sich um: Alle spielen verrückt‹ «, *Süddeutsche Zeitung*, 14. September 2020. https://www.sueddeutsche.de/digital/facebook-social-media-harris-mcnamee-1.5031068

26 Siehe hierzu: Jill Lepore: *Diese Wahrheiten. Geschichte der Vereinigten Staaten von Amerika*, München 2020.

27 Bruno Latour: *Das terrestrische Manifest*, Frankfurt 2018, S. 31.

28 Shoshana Zuboff: Das Zeitalter des Überwachungskapitalismus, Frankfurt 2018.

29 Andrei P. Kirilenko, Svetlana Stepchenkova: »Public Microblogging on Climate Change: One Year of Twitter Worldwide«. https://www.researchgate.net/publication/260835931_Public_Microblogging_on_Climate_Change_One_Year_of_Twitter_Worldwide

30 Ashley A. Anderson: »Effects of Social Media Use on Climate Change Opinion, Knowledge, and Behavior«. https://oxfordre.com/climatescience/view/10.1093/acrefore/9780190228620.001.0001/acrefore-9780190228620-e-369

31 Siehe hierzu auch Stefan Rahmstorf: »Fünf Desinformations-Tricks, die jeder kennen sollte«, *Spiegel*, 05. Juni 2020. https://www.spiegel.de/wissenschaft/mensch/corona-krise-und-klimawandel-fuenf-desinformations-tricks-die-jeder-kennen-sollte-a-6892ff9b-fb28-43ae-8438-55b49d607e57

32 Medienqualität Schweiz. https://medienqualitaet-schweiz.ch

33 Paul Mozur: »A Genocide Incited on Facebook, With Posts From Myanmar's Military«, *The New York Times*, 15. Oktober 2018. https://www.nytimes.com/2018/10/15/technology/myanmar-facebook-genocide.html

34 The Digital Service Act Package. https://ec.europa.eu/digital-single-market/en/digital-services-act-package

35 Ezra Klein: *Why we're polarized*, S. 85.

36 Dan M. Kahan: »Misconceptions, Misinformation, and the Logic of Identity-Protective Cognition«. https://papers.ssrn.com/sol3/papers.cfm?abstract_id=2973067

37 Elizabeth Arnold: »Doom and Gloom: The Role of the Media in Public Disengagement on Climate Change«, Harvard Kennedy School, 29. Mai 2018. https://shorensteincenter.org/media-disengagement-climate-change/

38 David L. Altheide: *The News Media, the Problem Frame, and the Production of Fear* https://www.jstor.org/stable/4121084?seq=1

39 Sven Engesser: *Between consensus and denial: Climate journalists as interpretive community.* In: academia.edu 2014.

40 Boris Schumatzky: »Wie politisch darf Wissenschaft sein?«, Deutschlandfunk, 29. November 2018. https://www.deutschlandfunkkultur.de/das-dilemma-der-klimaforscher-wie-politisch-darf.976.de.html?dram:article_id=434522

41 Alexander M. Petersen, Emmanuel M. Vincent, Anthony L. Westerling: »Discrepancy in scientific authority and media visibility of climate change scientists and contrarians«, *Nature*, 13. August 2019. https://www.nature.com/articles/s41467-019-09959-4

42 Michael Rose, Matthias Wanner, Annaliesa Hilger: »Das Reallabor als Forschungsprozess und -infrastruktur für nachhaltige Entwicklung – Konzepte, Herausforderungen und Empfehlungen.« NaWiKo Synthese Working Paper No 1 2018, https://nachhaltigeswirtschaften-soef.de/synthese-reallabore.

43 Emma Charlton: »How Finland is fighting fake news – in the classroom«, World Economic Forum, 21. Mai 2019, https://www.weforum.org/agenda/2019/05/how-finland-is-fighting-fake-news-in-the-classroom/

44 https://www.faktabaari.fi/assets/FactBar_EDU_Fact-checking_for_educators_and_future_voters_13112018.pdf

45 Frank Krause: »Der Sender der Live-Demokratie«, *Stuttgarter Nachrichten*, 30. November 2010, https://www.stuttgarter-nachrichten.de/inhalt.phoenix-der-sender-der-live-demokratie.f88715cb-51dd-42b7-a43b-5e719170358a.html

46 Samiha Shafy: »Wir sind so nah dran«, (Interview mit Michael E. Mann), *Die Zeit*, 14. April 2021. https://www.zeit.de/2021/16/michael-e-mann-klimakrise-treibhausgas-emmissionen-erdoel-lobby-fleischkonsum. Siehe zur Vertiefung auch Michael E. Mann: *The New Climate War. The Fight to Take Back Our Planet*, London 2021.

47 Samiha Shafty, ebd.

48 Siehe hierzu Whitney Phillips, Ryan M. Milner: *You Are Here. A Field Guide for Navigating Polarized Speech, Conspiracy Theories, and Our Polluted Media Landscape*, MIT Press 2021.

Kapitel 5: PeakCar oder die neue Freiheit der Fortbewegung

1 https://www.facebook.com/extra3/photos/a.10151867330833918/10158262846873918/?type=3

2 Michael Bauchmüller, Thomas Hummel: » ›Dann bin ich eben eine Nervensäge‹ « (Interview mit Svenja Schulze), Süddeutsche Zeitung, 25. März 2021. https://www.sueddeutsche.de/politik/bundesumweltministerin-schulze-landwirtschaft-verbrennungsmotor-1.5246182

3 Jamie Powell: »Volkswagen is the new Tesla«, *Financial Times*, 17. März 2021. https://www.ft.com/content/4a1f3980-502d-454b-8492-47f31590e706

4 Jamie Powell: »Volkswagen is the new Tesla«, *Financial Times,* 17. März 2021. https://www.ft.com/content/4a1f3980-502d-454b-8492-47f31590e706

5 Jamie Powell: »Volkswagen is the new Tesla«, *Financial Times*, 17. März 2021. https://www.ft.com/content/4a1f3980-502d-454b-8492-47f31590e706

6 Jamie Powell: »Volkswagen is the new Tesla«, *Financial Times*, 17. März 2021. https://www.ft.com/content/4a1f3980-502d-454b-8492-47f31590e706

7 Dieter Petereit: »Fraunhofer-Super-Akku bringt E-Autos 1.000 bis 2.000 Kilometer Reichweite«, t3n, 14. November 2020. https://t3n.de/news/fraunhofer-super-akku-e-autos-1337689/

8 Siehe https://www.en-former.com/batterie-boom-hier-entstehen-deutsche-gigafactories/

9 https://www.isi.fraunhofer.de/content/dam/isi/dokumente/cct/2020/Faktencheck-Batterien-fuer-E-Autos.pdf

10 Prognosstudie. https://www.prognos.com/sites/default/files/2021-01/20200207_prognos_lade-report_2020.pdf

11 dena-Studie: »Privates Ladeinfrastrukturpotenzial in Deutschland«, https://www.dena.de/fileadmin/dena/Publikationen/PDFs/2020/dena-STUDIE_Privates_Ladeinfrastrukturpotenzial_in_Deutschland.pdf, S. 25.

12 dena-Studie, ebd. S. 19.

13 »Palmer bremst E-Auto-Hoffnungen: ›Grabe nicht ganz Tübingen um‹ «(RND/dpa), *Hannoversche Allgemeine Zeitung*, 14. September 2019. https://www.haz.de/Nachrichten/Wirtschaft/Deutschland-Welt/Palmer-bremst-E-Auto-Hoffnungen-Grabe-nicht-ganz-Tuebingen-um

14 »Bike Sharing Brings Ideal ›Daily Transportation‹ to the Heart of the City«, *Panasonic Global Newsroom*, 20. Juni 2018 https://news.panasonic.com/global/stories/2018/58762.html

15 Martin Stuchtey: »Die Autoindustrie muss ihre Denkblockaden überwinden«, *Handelsblatt*, 28. November 2019. https://www.handelsblatt.com/meinung/gastbeitraege/gastkommentar-die-autoindustrie-muss-ihre-denkblockaden-ueberwinden/25280102.html?ticket=ST-7792355-jA4ToO9CeZ6jScsjbdjp-ap1

16 https://www.bundesregierung.de/breg-de/themen/energiewende/energie-erzeugen/erneuerbare-energien-317608

17 Jeremy Rifkin: *Der globale Green New Deal. Warum die fossil befeuerte Zivilisation um 2028 kollabiert – und ein kühner ökonomischer Plan das Leben auf der Erde retten kann,* Frankfurt 2019.

18 Markus Fasse, Franz Hubik: »Mobilitätsdienste: Auf große Hoffnung folgt Ernüchterung«, *Handelsblatt*, 27. Oktober 2019. https://www.handelsblatt.com/unternehmen/industrie/autobranche-mobilitaetsdienste-auf-grosse-hoffnung-folgt-ernuechterung/25160032.html

19 Barcelona Sentilo. https://www.sentilo.io/wordpress/

20 Equity Research, 04. Juni 2019. https://www.goldmansachs.com/insights/pages/gs-research/future-of-mobility/report.pdf.

21 Markus Fasse: »Warum Sixt ein Mobilitätskonzern werden will und sich mit BMW, Daimler und Uber anlegt«, *Handelsblatt*, 03. März 2019. https://www.handelsblatt.com/unternehmen/flottenmanagement/autovermieter-warum-sixt-ein-mobilitaetskonzern-werden-will-und-sich-mit-bmw-daimler-und-uber-anlegt/24055396.html?ticket=ST-650983-yaetNvgKF97q0H-bL7YW0-ap2

22 »Autonome Fahrzeuge und Mobilitäts-Hubs – Zukünftige Mobilität in ländlichen Räumen.« https://www.innovatorsclub.de/aktuelles/autonome-fahrzeuge-und-mobilitaets-hubs-zukuenftige-mobilitaet-in-laendlichen-raeumen/

23 Denis Dilba: » ›Die wollen keinen Neustart‹ « (Interview mit Andreas Knie), *brand eins*, Januar 2018. https://www.brandeins.de/magazine/brand-eins-wirtschaftsmagazin/2018/reset/elektromobilitaet-andreas-knie-interview-die-wollen-keinen-neustart

24 Ebd.

25 »Rascher einführen« (dpa), *Süddeutsche Zeitung*, 30. Oktober 2020. https://www.sueddeutsche.de/auto/autonomes-fahren-rascher-einfuehren-1.5095031

26 Dudenhöffer. https://twitter.com/DudenhofferAUTO/status/1322245548687167488

27 »ÖPNV-Nutzung erreicht Rekordmarke« (dpa), *Handelsblatt,* 04. April 2019. https://www.handelsblatt.com/unternehmen/handel-konsumgueter/linienverkehr-oepnv-nutzung-erreicht-rekordmarke-/24180440.html

28 Siehe hierzu auch Andreas Knie: »Mehr Mobilität für alle mit weniger Fahrzeugen«, *Klimareporter,* 17. Februar 2021. https://www.klimareporter.de/verkehr/mehr-mobilitaet-fuer-alle-mit-weniger-fahrzeugen

29 Stefan Menzel 2021: »Volkswagen arbeitet mit Microsoft an Software für selbstfahrende Autos«, *Handelsblatt*, https://www.handelsblatt.com/unternehmen/industrie/autonomes-fahren-volkswagen-arbeitet-mit-microsoft-an-software-fuer-selbstfahrende-autos/26904950.html?ticket=ST-14846228-mOWlEEdRnJV0Sm6pMaWG-ap2

30 EFC: »Shopping by bike: best friend of your city centre«, https://ecf.com/sites/ecf.com/files/CYCLE%20N%20LOCAL%20ECONOMIES_internet.pdf, S. 6.

31 »Measuring the Street: New Metrics for 21st Century Streets«, http://www.nyc.gov/html/dot/downloads/pdf/2012-10-measuring-the-street.pdf, S. 4.

32 Andreas Knie, Weert Canzler, Lisa Ruhrort: »Autonomes Fahren im öffentlichen Verkehr – Chancen, Risiken und politischer Handlungsbedarf.« https://www.gruene-hamburg.de/wp-content/uploads/2019/04/Autonomes_Fahren_Gutachten_030419.pdf

33 Marco Carini: »Ohne Fahrer auf leeren Straßen«, taz, 04. April 2019, https://taz.de/!5583383/

34 https://www.rethinkx.com. Siehe auch: Tony Seba: *Clean Disruption of Energy and Transportation: How Silicon Valley Will Make Oil, Nuclear, Natural Gas, Coal, Electric Utilities and Conventional Cars Obsolete by 2030*, Silicon Valley 2014.

35 https://www.plattform-zukunft-mobilitaet.de/berichte/

36 »National Household Travel Survey, Daily Travel Quick Facts«, 31. Mai 2017 https://www.bts.gov/statistical-products/surveys/national-household-travel-survey-daily-travel-quick-facts

37 Joachim Wille: » ›Wir brauchen 5G bis zur letzten Milchkanne – aber öko‹ « (Interview mit Dirk Messner), *Klimareporter*, 09. Juni 2020. https://www.klimareporter.de/technik/wir-brauchen-5g-bis-zur-letzten-milchkanne-aber-oeko

38 Stefan Eiselin: »Verbot von kurzen Inlandsstrecken gilt für alle«, Aero Telegraph, 24. Juni 2020. https://www.aerotelegraph.com/nicht-nur-air-france-verbot-von-kurzen-inlandsstrecken-gilt-fuer-alle

39 Felix Stoffels: »Paris hilft Air France – wenn Airline grüner wird«, *Aero Telegraph*, 04. Mai 2020. https://www.aerotelegraph.com/tgv-air-france-bekommt-staatshilfe-nur-wenn-sie-bahn-den-vortritt-ueberlaesst

40 Quelle: https://www.bdl.aero/de/publikation/analyse-der-klimaschutzinstrumente-im-luftverkehr-zur-co2-reduktion/#:~:text=In%20Deutschland%20hat%20der%20innerdeutsche,auf%2021%2C3%20Prozent%20kommt. beteiligt, das sind 0,3 Prozent der deutschen Gesamtemissionen.

41 »EU-Rechnungshof übt scharfe Kritik am Ausbau des ICE-Netzes« (dpa), *Handelsblatt*, 26. Juni 2018. https://www.handelsblatt.com/politik/international/hochgeschwindigkeitsstrecken-eu-rechnungshof-uebt-scharfe-kritik-am-ausbau-des-ice-netzes/22736826.html?ticket=ST-369634-eStQsxXW2IsfR0Sx4SQD-ap1

42 https://www.cleanenergy-project.de/gesellschaft/helden-der-nachhaltigkeit/flygskam-fuer-das-klima-flug-boykott-in-schweden/

43 Florian Tietze: »Flygskam für das Klima – Flug-Boykott in Schweden«, Clean Energy Projekt, 25. November 2018, https://www.cleanenergy-project.de/gesellschaft/helden-der-nachhaltigkeit/flygskam-fuer-das-klima-flug-boykott-in-schweden/

44 »Warum Japans Bahn auf die Sekunde fährt« (dpa), *Wirtschaftswoche*, 25. Dezember 2017. https://www.wiwo.de/technologie/forschung/puenktlichkeit-warum-japans-bahn-auf-die-sekunde-faehrt/20789748.html

45 Daniel F. Heuermann, Johannes F. Schmieder: *The Effect of Infrastructure on Worker Mobility: Evidence from High-Speed Rail Expansion in Germany.* In: National Bureau of Economic Research (NBER), April 2018. https://www.nber.org/papers/w24507

46 Ulrike Sauer: »Italien macht vor, wie ein schnelles Bahnnetz funktioniert«, Süddeutsche Zeitung, 13. Februar 2018, https://www.sueddeutsche.de/wirtschaft/hochgeschwindigkeitsnetz-italien-macht-vor-wie-ein-schnelles-bahnnetz-funktioniert-1.3864041

47 »Why Europe's train network needs more, not less, competition«, *The Economist*, 30. Juni 2018.   https://www.economist.com/leaders/2018/06/30/why-europes-train-network-needs-more-not-less-competition

48 *Competition in passenger rail services in Great Britain*, 17. Juli 2015. https://assets.publishing.service.gov.uk/media/55a8d1d6e5274a6fea000011/Passenger_rail_services_in_Great_Britain.pdf

49 https://www.dw.com/de/der-erste-ohne-emissionen-brennstoffzellen-zug-startet/a-45516725

50 »Frankreich plant autonome Züge ab 2023«, Die Welt, 12. September 2018. https://www.welt.de/newsticker/news1/article181504462/Verbraucher-Frankreich-plant-autonome-Zuege-ab-2023.html

51 https://www.htr.ch/edition-francaise/article/bahnbranche-setzt-auf-kuenstliche-intelligenz-22739.html

52 https://advertorial.sueddeutsche.de/mobilitaet-muenchen/Emissionen-der-Mobilitaet/

53 Weert Canzler, Andreas Knie: »Gefangen in der Pfadabhängigkeit«. In: Achim Brunnengräber, Tobias Haas (Hg.): *Baustelle Elektromobilität. Sozialwissenschaftliche Perspektiven auf die Transformation der (Auto-)Mobilität*, S. 156.

54 Joachim Wille: » ›Wir brauchen 5G bis zur letzten Milchkanne – aber öko‹ « (Interview mit Dirk Messner), *Klimareporter*, 09. Juni 2020. https://www.klimareporter.de/technik/wir-brauchen-5g-bis-zur-letzten-milchkanne-aber-oeko

Kapitel 6: Unsere Zukunft entscheidet sich in den Städten. Wie können die Menschen den urbanen Raum zurückerobern?

1   https://www.wearestillin.com/signatories

2   Nóra Shenouda: »Liberale Städte gegen populistische Regierungen im Osten: ›Der Pakt der Freien‹ «. *Euronews*, 17. Dezember 2019. https://de.euronews.com/2019/12/17/liberale-stadte-gegen-populistische-regierungen-im-osten-der-pakt-der-freien

3   https://www.worldbank.org/en/topic/urbandevelopment/overview

4   Pressemitteilung: »Städte können das Spiel im Kampf gegen Emissionen und Luftverschmutzung verändern«, Ren 21, https://www.ren21.net/wp-content/uploads/2019/05/REN21_Cities2021_Press-Release_Deutsch.pdf, S. 1.

5   »Renewables in Cities Global Status Report 2021«. https://www.ren21.net/reports/cities-global-status-report/

6   Sandra Louven: »Bauen für den Klimaschutz: Neue Ideen für die Stadt der Zukunft«, *Handelsblatt*, 05. Dezember 2020. https://www.handelsblatt.com/finanzen/immobilien/wohnen-nach-corona-bauen-fuer-den-klimaschutz-neue-ideen-fuer-die-stadt-der-zukunft/26682856.html

7   »Zuviel CO_2-Ausstoss bei Zementproduktion«, 16. November 2012 Deutsche Welle https://www.dw.com/de/zuviel-co2-ausstoss-bei-zementproduktion/av-16384453

8   »Höchstes Holzhaus der Welt in Norwegen eingeweiht«, mdr, 19. März 2019, https://www.mdr.de/wissen/zukunftsbaustoff-holz-100.html

9   Christine Mattauch: »Immer grüner«, *Süddeutsche Zeitung* 09. Juni 2020. https://www.sueddeutsche.de/geld/nachhaltigkeit-immobilien-hochhaeuser-1.4850732

10 »Stadtbevölkerung steigt bis 2030 weltweit um eine Milliarde«, Statistisches Bundesant, 10. Juli 2018, https://www.destatis.de/DE/Presse/Pressemitteilungen/2018/07/PD18_253_91.html

11 Siehe David Owen: *Green Metropolis. Why Living Smaller, Living Closer, and Driving Less Are the Keys to Sustainability*, New York 2011.

12 Siehe hierzu ausführlicher das Kapitel 8.

13 Marielisa Padilla, Sophie Mok, Himanshu Raj, Vlayslav Latypov, Marta Bescansa: »Urban farming in the city of tomorrow: Assessing the global landscape on urban food and resource production with the focus on indoor plant and microalgae cultivation«, Fraunhofer Institut Stuttgart. http://publica.fraunhofer.de/documents/N-506944.html

14 Marius Prauß: »Chinas gigantisches Handelsprojekt«, *Handelsblatt* 31. Mai 2018.

15 https://www.urban-transport-magazine.com/paris-investiert-massiv-in-staedtischen-schienen-verkehr-und-stellt-grand-paris-express-mock-up-vor/

16 Charlie Gardner: »We Are the 25%: Looking at Street Area Percentages and Surface Parking«, Old Urbanist, 12. Dezember 2011. http://oldurbanist.blogspot.com/2011/12/we-are-25-looking-at-street-area.html

17 City of San Francisco: Meeting the Smart City Challenge. https://www.sfmta.com/sites/default/files/projects/2016/SF%20Smart%20City%20Challenge_Final.pdf

18 Charlie Johnson, Jonathan Walker: »Peak Car Ownership Report«. https://rmi.org/insight/peak-car-ownership-report

19 »Smart City Challenge: San Francisco: Harnessing the Future of Shared Mobility«. https://www.sfmta.com/sites/default/files/projects/2016/Smart_City_Fact_Sheet.pdf, S. 2.

20 http://www.wsp-pb.com/Globaln/UK/WSPPB-Farrells-AV-whitepaper.pdf

21 Diana Kinnert: »Amsterdams erster Solarradweg übertrifft die Erwartungen der eigenen Ingenieure«, Newsgreen, 1. November 2017, https://newsgreen.net/2017/11/01/solarweg-in-amsterdam/

22 Richard Florida: »The Urban Shift in the U.S. Start-Up Economy, in One Chart. Walkable suburbs and center city companies are dominating the tech scene«, *Citylab*, 31. März 2014. https://www.citylab.com/life/2014/03/urban-shift-us-start-economy-one-chart/8749/

23 Matthew Yglesias: »Neighborhood walkability is good for the commercial real estate bottom line«, *Vox*, 5. April 2018, https://www.vox.com/2015/4/5/8340783/neighborhood-walkability-commercial-real-estate

24 Mariela Alfonzo: »Making the Economic Case for More Walkability«, *Urbanland*, 8. Mai 2015. https://urbanland.uli.org/sustainability/houston-economic-case-walkability/

25 https://www.stepupsmartcities.eu/Portals/51/Documents/Ghent%20Car%20free%20city%20centre.pdf

26 »Plan Melbourne 2017-2050«. https://www.planmelbourne.vic.gov.au/current-projects/20-minute-neighbourhoods

27 Vgl. Jeremy Rifkin: *Der globale Green New Deal: Warum die fossil befeuerte Zivilisation um 2028 kollabiert – und ein kühner ökonomischer Plan das Leben auf der Erde retten kann*, Frankfurt 2019.

28 Julia Macher: Mit Hightech und pädagogischem Druck, *Die Zeit* 17. April 2018. https://www.zeit.de/mobilitaet/2018-04/barcelona-verkehr-problem-autofahrer-smart-data

29 Niklas Maak: »Holt Euch Eure Daten zurück!« (Interview mit Francesca Bria), *Frankfurter Allgemeine Zeitung*, 19. Oktober 2020. https://www.faz.net/aktuell/feuilleton/francesca-bria-im-interview-holt-euch-eure-daten-zurueck-17007960.html

30 Ebd.

31 Siehe hierzu die Arbeit der Initiative »Block Sidewalk« aus Toronto. https://www.blocksidewalk.ca

32 Microtargeting ist ein Instrument, mit dem Werbung im Internet präzise bis auf kleinste Gruppen und Individuen ausgesteuert werden kann. Vor allem Google, Facebook und Twitter wird vorgeworfen, mittels des Microtargetings das Tor für den Rechtspopulismus im Internet geöffnet zu haben. Der Direktzugriff auf individuelle Daten, wie es sich in Googles Corporate-City-Projekt abzeichnete, hätte bedeutet, dass die Bürger praktisch unter permanente Beobachtung gebracht werden. Mehr zum Microtargeting: https://www.medienanstalt-nrw.de/fileadmin/user_upload/lfm-nrw/Foerderung/Forschung/Dateien_Forschung/Forschungsmonitoring_Microtargeting_Deutschland_Europa.pdf

33 https://www.sentilo.io/wordpress/

34 Decidim Barcelona. https://ajuntament.barcelona.cat/digital/en/digital-empowerment/democracy-and-digital-rights/decidim-barcelona

35 Alicia Prager: Interview mit Francesca Bria. In: Euractiv, 08. Mai 2019. https://www.euractiv.com/section/digital/interview/sam-francesca-bria-europe-cannot-rely-on-silicon-valley/

36 https://www.muv2020.eu

37 Niklas Maak: »Holt Euch Eure Daten zurück!« (Interview mit Francesca Bria), *Frankfurter Allgemeine Zeitung*, 19. Oktober 2020. https://www.faz.net/aktuell/feuilleton/francesca-bria-im-interview-holt-euch-eure-daten-zurueck-17007960.html

38 Molly Jane Zuckermann: »Spanien: Barcelona will Blockchain Center im Tech-Zentrum der Stadt eröffnen«, 24. Mai 2018. https://de.cointelegraph.com/news/spain-barcelona-to-create-blockchain-center-in-citys-tech-hub

39 Justin McCarthy: »Americans Still More Trusting of Local Than State Government«, Gallup, 8. Oktober 2018, https://news.gallup.com/poll/243563/americans-trusting-local-state-government.aspx

40 Niklas Maak: »Holt Euch Eure Daten zurück!« (Interview mit Francesca Bria), *Frankfurter Allgemeine Zeitung*, 19. Oktober 2020. https://www.faz.net/aktuell/feuilleton/francesca-bria-im-interview-holt-euch-eure-daten-zurueck-17007960.html

41 Kevin Dennehy: »Can Wood Construction Transform Cities From Carbon Source to Carbon Vault?«, https://environment.yale.edu/news/article/can-wood-buildings-convert-cities-from-carbon-source-to-carbon-vault/; Galina Churkina et al.: »Buildings as a global carbon sink«, in: *Nature Sustainability* 3, (2020), 269–276, https://www.nature.com/articles/s41893-019-0462-4

42 »Amsterdam – water as a means of transport and valuable resource«. https://www.hamburg.de/train-of-ideas-stations/3258946/amsterdam/

43 Statistisches Bundesamt 2020. https://www.iwd.de/dossiers/internationale-klimapolitik/?utm_source=nl&utm_medium=email&utm_campaign=kw07-2021&utm_content=klimapolitik

44 Louisa Schmidt: »Nachhaltige Immobilienkonzepte: Bauen für die Ewigkeit«, *Handelsblatt*, 02. Dezember 2019. https://www.handelsblatt.com/finanzen/immobilien/energieeffizienz-nachhaltige-immobilienkonzepte-bauen-fuer-die-ewigkeit/25288704.html

45 Karin Jäger: »Neues Denken: Leben in einer Welt ohne Müll«, Deutschlandfunk, 05. April 2018. https://www.dw.com/de/umwelt-cradle-to-cradle-c2c-rohstoffe-abfälle-müll-rycycling-upcycling-wertstoffe-ressourcen/a-43232348

46 Louisa Schmidt: »Nachhaltige Immobilienkonzepte: Bauen für die Ewigkeit«, *Handelsblatt*, 2. Dezember 2019. https://www.handelsblatt.com/finanzen/immobilien/energieeffizienz-nachhaltige-immobilienkonzepte-bauen-fuer-die-ewigkeit/25288704.html?ticket=ST-7869963-QedX-30gUSrx4b6jrdQQC-ap1

47 Buildings as material banks: Enabling a Circular Building Industry, https://www.bamb2020.eu

48 Chicago, IL Green Roof Grants Program. https://www.greenpolicy360.net/w/Chicago,_IL_Green_Roof_Grants_Program#:~:text=Owners%20of%20residential%20and%20small,installation%20of%20a%20green%20roof.&text=%E2%80%9CThis%20new%20grant%20program%20will,(20)%20will%20be%20awarded

49 »The Edge erhält das höchste BREEAM-Rating aller Zeiten«, Finanzratgeber24, 19. Dezember 2014. https://www.finanzratgeber24.de/aktuell/aktuelle-presseticker/the-edge-erhaelt-das-hoechste-breeam-rating-aller-zeiten/

50 Marion Mink: »In Helsinki ersetzt ein Mega-Sauger die Müllabfuhr«, *Welt*, 17. Juli 2015. https://www.welt.de/wissenschaft/article144138817/In-Helsinki-ersetzt-ein-Mega-Sauger-die-Muellabfuhr.html

51 https://www1.nyc.gov/site/nypd/about/about-nypd/equipment-tech/technology.page

52 Hannah Arendt: *Vita activa oder vom tätigen Leben* (1960), München 2007.

53 Siehe Charles Glaab, A. Theodore Brown: *History of Urban America (1967)*.

Kapitel 7: Konsens statt Disruption: Wie wir das Internet als Teil einer progressiven Öffentlichkeit zurückgewinnen

1 Niklas Luhmann: Vertrauen. *Ein Mechanismus der Reduktion sozialer Komplexität* (1968), Stuttgart 2000, S. 9.

2 Der ehemalige US-Präsident Barack Obama hat sich erst sehr spät in Distanz zu Facebook et cetera begeben. Obama suchte ganz im Gegenteil lange Zeit ausdrücklich die Nähe zu den Techgurus des Silicon Valley. Siehe Danielle Abril: *Obama:* »Social media is isolating and dividing Americans«, *Fortune*, 01. Oktober 2020. https://fortune.com/2020/10/01/barack-obama-social-media-facebook-twitter-youtube-dividing-americans/

3 Alexis Wichowski: »Net States Rule the World; We Need to Recognize Their Power«, *Wired*, 11. April 2017. https://www.wired.com/story/net-states-rule-the-world-we-need-to-recognize-their-power/

4 Niklas Maak: »Holt Euch Eure Daten zurück!« (Interview mit Francesca Bria), *Frankfurter Allgemeine Zeitung*, 19. Oktober 2020. https://www.faz.net/aktuell/feuilleton/francesca-bria-im-interview-holt-euch-eure-daten-zurueck-17007960.html

5   Siehe hierzu: »Der Datenmarkt wächst rasant, Informationsdienst des Instituts der deutschen
     Wirtschaft«, iwd, 01. September 2020. https://www.iwd.de/artikel/der-datenmarkt-waechst-
     rasant-482082/

6   Siehe hierzu auch Jaron Lanier, E. Glen Weyl: »What we've witnessed in the past two decades
     is new wealth attaching itself to those who are close to the largest computer resources; the free
     internet isn't really serving the middle class, much less the poor.« Jaron Lanier, E. Glen Weyl:
     »Blueprint for a Better Digital Society«, *Harvard Business Review*, September 2018, S. 18,
     http://eliassi.org/lanier_and_weyl_hbr2018.pdf

7   Curt Diehm: »Gadgets am Körper können Leben retten«, *Handelsblatt*, 06. Februar 2020. htt-
     ps://www.handelsblatt.com/meinung/kolumnen/expertenrat/diehm/expertenrat-prof-dr-curt-
     diehm-gadgets-am-koerper-koennen-leben-retten/25509648.html?ticket=ST-1555831-dhyY-
     USDMdpdcVwadli6H-ap1

8   Rob Copeland, Dana Mattioli, Melanie Evans: »Inside Google's Quest for Millions of Medical
     Records«, *The Wall Street Journal*, 11. Januar 2020. https://www.wsj.com/articles/paging-dr-
     google-how-the-tech-giant-is-laying-claim-to-health-data-11578719700

9   »Europäische Kommission macht computergestützte Übersetzung einfacher und leichter zu-
     gänglich«, Pressemitteilung Brüssel, 18. Januar 2008. https://ec.europa.eu/commission/press-
     corner/detail/de/IP_08_60

10   Vitalik Buterin, Jaron Lanier: Foreword. In: Eric A. Posner, E. Glen Weyel: *Radical Markets.
     Uprooting Capitalism and Democracy for a Just Society*, Princeton 2018, Seiten XXIII-XXXII.

11   Peter Thiel: *Zero to One. Notes on Startups, or How to Build The Future*, New York 2014.

12   Siehe Vitalik Buterin, Jaron Lanier: Foreword. In: Eric A. Posner, E. Glen Weyel: *Radical Mar-
     kets. Uprooting Capitalism and Democracy for a Just Society*, Princeton 2018.

13   https://transparencyreport.google.com/government-removals/overview

14   Elizabeth Culliford, Katie Paul: »Facebook offers up first-ever estimate of hate speech preva-
     lence on its platform«, *Reuters*, 19. November 2020. https://www.reuters.com/article/uk-fa-
     cebook-content/facebook-offers-up-first-ever-estimate-of-hate-speech-prevalence-on-its-plat-
     form-idINKBN27Z2QY

15   »YouTube Removes More Than 11.4 Million Videos In Second Quarter Of 2020«, *Business-
     world*, 26. August 2020. http://www.businessworld.in/article/YouTube-removes-more-than-
     11-4-million-videos-in-second-quarter-of-2020/26-08-2020-313320/

16   »Big tech and free speech. Social media's struggle with self-sensorship«, *The Economist*, 22. Ok-
     tober 2020. https://www.economist.com/briefing/2020/10/22/social-medias-struggle-with-
     self-censorship

17   Jaron Lanier, E. Glen Weyl: »A Blueprint for a Better Digital Society«, *Harvard Business Re-
     view*, 26. September 2018. https://hbr.org/2018/09/a-blueprint-for-a-better-digital-society

18   Als euphorisches und aus heutiger Sicht hoffnungslos weltfremdes Zeugnis des Cyber-Utopis-
     mus siehe John Perry Barlows »Declaration of the Independence of Cyberspace« (08. Februar
     1996): »Governments of the Industrial World (...), I come from Cyberspace, the new home
     of Mind. On behalf of the future, I ask you of the past to leave us alone. (...) You have no so-
     vereignty where we gather.« / »Regierungen der Industriellen Welt (...), ich komme aus dem
     Cyberspace, dem neuen Zuhause des Geistes. Als Vertreter der Zukunft bitte ich euch aus der
     Vergangenheit, uns in Ruhe zu lassen. (...) Ihr habt keine Souveränität, wo wir uns versam-
     meln.« https://www.eff.org/de/cyberspace-independence

19　Paige Leskin: »Trump supporters are flocking to alternative social networks to plan election-office protests after Facebook banned groups that attracted hundreds of thousands of members«, *Businessinsider*, 07. November 2020. https://www.businessinsider.com/facebook-stop-the-steal-vote-counting-protests-mewe-parler-trump-2020-11?r=DE&IR=T

20　Eike Wenzel 2019: »Datensouveränität ist das neue Grundeinkommen« *Handelsblatt* https://www.handelsblatt.com/meinung/gastbeitraege/expertenrat/wenzel/expertenrat-eike-wenzel-datensouveraenitaet-ist-das-neue-grundeinkommen/23147524.html

21　Siehe hierzu auch: »Who owns the webs data?«, *The Economist*, 24. Oktober 2020. https://www.economist.com/business/2020/10/22/who-owns-the-webs-data

22　Siehe Larissa Holzki, Till Hoppe: »So will die EU die Tech-Riesen bändigen«, *Handelsblatt* 03. Dezember 2020.

23　Sara Frier: »Facebook Weighs Ad-Free Subscription Option«, *Bloomberg*, 04. Mai 2018. https://www.bloomberg.com/news/articles/2018-05-04/facebook-is-said-to-research-ad-free-subscription-based-version

24　Francis Fukuyama, Barak Richman, Ashish Goel: »How to Save Democracy From Technology. Ending Big Tech's Information Monopoly«, *Foreign Affairs*, Januar/Februar 2021. https://www.foreignaffairs.com/articles/united-states/2020-11-24/fukuyama-how-save-democracy-technology#author-info

25　Chris Hughes: »I Co-Founded Facebook. It's Time to Break It Up«, *The New York Times*, 09. Mai 2019. https://www.nytimes.com/2019/05/09/opinion/sunday/chris-hughes-facebook-zuckerberg.html

26　Dipayan Ghosh, Ben Scott: »Digital Deceit. The Technologies Behind Precision Propaganda on the Internet«, *New America*, 23. Januar 2018. https://www.newamerica.org/pit/policy-papers/digitaldeceit/

27　Vgl. Hierzu Niklas Maak: »Holt Euch Eure Daten zurück!« (Interview mit Francesca Bria), *Frankfurter Allgemeine Zeitung*, 19. Oktober 2020. https://www.faz.net/aktuell/feuilleton/francesca-bria-im-interview-holt-euch-eure-daten-zurueck-17007960.html

28　Imanol Arrieta-Ibarra, Leonard Goff, Diego Jiménez-Hernández, Jaron Lanier, E. Glen Weyl: »Should We Treat Data as Labor? Moving beyond ›Free‹ «, *American Economic Association 108*, Mai 2018. https://www.aeaweb.org/articles?id=10.1257/pandp.20181003

29　Vgl. hierzu Jorgen Randers, Graeme Maxton: *Ein Prozent ist genug. Mit wenig Wachstum soziale Ungleichheit, Arbeitslosigkeit und Klimawandel bekämpfen*, München 2016, S. 77-94.

30　Jaron Lanier, E. Glen Weyl: »A Blueprint for a Better Digital Society«, *Harvard Business Review*, 26. September 2018. https://hbr.org/2018/09/a-blueprint-for-a-better-digital-society

31　Siehe Steffen Lange, Tilmann Santarius: *Smarte grüne Welt? Digitalisierung zwischen Überwachung, Konsum und Nachhaltigkeit*, München 2018, S. 171.

32　Diane Coyle: »Nationale Datenstrategien: Jetzt oder nie«, Project Syndicate, 26. Februar 2020. https://www.project-syndicate.org/commentary/data-strategies-government-regulation-by-diane-coyle-2020-02/german

33　Hannah Arendt: *Vita activa oder vom tätigen Leben* (1967), München 2002, S. 72.

34　Die Totalitarismus-Expertin Hannah Arendt hat als jüdische Emigrantin am eigenen Leibe erlebt und als Philosophin beschrieben, was passiert, wenn der Boden einer gemeinsamen Welt erodiert und die Menschen sich in ihren Wahrnehmungen nicht mehr vergesellschaften können und vereinzelt werden: Totalitarismus. Sie schreibt: »Eine gemeinsame Welt verschwindet, wenn sie nur noch unter einem Aspekt gesehen wird; sie existiert überhaupt nur in der Vielfalt ihrer Perspektiven.« Hannah Arendt, ebd., S. 73.

35 Die Pandemie holte Taiwan dann schließlich doch noch ein. Im Mai 2021 häuften sich die Corona-Fälle, auf die die digitale Demokratie nicht vorbereitet war. Der Anstieg der Zahlen wurde auf den Flugverkehr zurückgeführt. Die Todesrate stieg auf über 360 an. Entscheidender Grund dafür: Taiwan wiegte sich zu lange in Sicherheit und verpasste es, sich frühzeitig ausreichend Impfstoff zu sichern. https://www.rnd.de/politik/taiwan-erlebt-erste-corona-welle-was-ist-passiert-Z6OIL2T635DIVJTLMTQA4ADMMA.html

36 Clay Shirky: Situated Software, 30. März 2004. https://www.gwern.net/docs/technology/2004-03-30-shirky-situatedsoftware.html

37 Democracy Facing Global Challenges V-DEM ANNUAL DEMOCRACY REPORT 2019. https://www.v-dem.net/media/filer_public/99/de/99dedd73-f8bc-484c-8b91-44ba601b6e6b/v-dem_democracy_report_2019.pdf. S. 34f.

38 Sonja Álvarez: » ›Es gibt keine einfache Lösung gegen Fake News‹ « (Interview mit der Staatsministerin Dorothee Bär), *Wirtschaftswoche*, 21. September 2020. https://www.wiwo.de/politik/deutschland/dorothee-baer-es-gibt-keine-einfache-loesung-gegen-fake-news-/26205928.html

39 Niklas Luhmann: *Vertrauen. Ein Mechanismus der Reduktion sozialer Komplexität* (1968), Stuttgart 2000, S. 24.

Kapitel 8: The Great Food Transformation: Wie wir uns in Zukunft ernähren werden

1 Anne Kunze: »Die Schlachtordnung«, *Die Zeit*, 11. Dezember 2014. https://www.zeit.de/2014/51/schlachthof-niedersachsen-fleischwirtschaft-ausbeutung-arbeiter

2 Ebd.

3 Ebd.

4 Silvia Liebrich: »Fleisch frisst Land«, *Süddeutsche Zeitung*, 13. Oktober 2011: »Jeder Deutsche isst laut der Studie (der WWF, E.W.) pro Jahr gut 60 Kilogramm Fleisch, vor allem Schwein. Hinzu kommen pro Kopf noch einmal knapp 20 Kilogramm für Katzen- und Hundefutter.« Um diese Mengen Fleisch zu produzieren, ist eine Anbaufläche von 8,4 Millionen Hektar nötig, das entspricht der Größe Österreichs. Im Amazonas werden seit Jahren Ackerflächen geschaffen, um unter anderem Soja anzupflanzen, das bekanntlich als Tierfutter verwendet wird. Deutschland importierte zu Beginn der 2010er-Jahre rund 6,4 Millionen Tonnen Soja. Die deutschen Agrarflächen reichen dafür bei Weitem nicht aus. https://www.sueddeutsche.de/wirtschaft/raubbau-am-regenwald-fleisch-frisst-land-1.1161723

5 Siehe hierzu ausführlicher: Barry C. Lynn: *Cornered. The New Monopoly Capitalism and the Economics of Destruction*, Hoboken 2011, S. 135–138.

6 »Where does your food come from?«, Royal Society of Biology https://www.rsb.org.uk/images/pdf/Geography_lesson_presentation.pdf; S. 8ff.

7 https://asset.klett.de/assets/71ae9cd/21010_s21.pdf

8 Michael Pollan: »The Sickness in Our Food Supply«, *The New York Review*, 11. Juni 2020. https://www.nybooks.com/articles/2020/06/11/covid-19-sickness-food-supply/

9 Tim Lang: *Feeding Britain. Our Food Problems and How to Fix Them*, London 2020.

10 *Lebensmittelzeitung*, 14. Juni 2019 »Kampf ums Essen«

11 Andrew Hay: »Facing meat shortages, some Americans turn to hunting during pandemic«, *Reuters*, 03. Mai 2020. https://www.reuters.com/article/us-health-coronavirus-usa-hunting-idUSKBN22F0G4

12 »In America, the virus threatens a meat industry that is too concentrated«, *The Economist*, 30. April 2020. https://www.economist.com/united-states/2020/05/02/in-america-the-virus-threatens-a-meat-industry-that-is-too-concentrated

13 https://www.boerse.de/fundamental-analyse/Tyson-Foods-Aktie/US9024941034

14 »In America, the virus threatens a meat industry that is too concentrated«, *The Economist*, 30. April 2020. https://www.economist.com/united-states/2020/05/02/in-america-the-virus-threatens-a-meat-industry-that-is-too-concentrated

15 »Keine Massentierhaltung ohne Medikamente«, Umweltinstitut München e.V., http://www.umweltinstitut.org/themen/landwirtschaft/massentierhaltung/antibiotika-im-stall.html

16 Diabetes: https://care.diabetesjournals.org/content/24/11/1936

17 Walter Willett et al.: »Food in the Anthropocene: the EAT–Lancet Commission on healthy diets from sustainable food systems«, *The Lancet*, 16. Januar 2019. https://www.thelancet.com/journals/lancet/article/PIIS0140-6736(18)31788-4/fulltext

18 https://www.fleischwirtschaft.de/wirtschaft/nachrichten/Bilanz-Weiteres-Rekordjahr-fuer-JBS-41625?crefresh=1

19 »Tackling climate change through livestock«. http://www.fao.org/ag/againfo/resources/en/publications/tackling_climate_change/index.htm

20 https://www.food-service.de/weltweit/news/Staatliche-Medienkampagne-soll-Fleischkonsum-drosseln-35474

21 Homi Kharas: »The Unprecented Expansion of the Global Middleclass, An Update«, Brookings Institution, 28. Februar 2017. https://www.brookings.edu/wp-content/uploads/2017/02/global_20170228_global-middle-class.pdf

22 https://www.food-service.de/weltweit/news/Staatliche-Medienkampagne-soll-Fleischkonsum-drosseln-35474

23 https://www.wiwo.de/technologie/forschung/ploetzlich-vegan-wir-stehen-vor-dem-ende-der-fleischindustrie-wie-wir-sie-kennen/25987956.html

24 https://www.handelsblatt.com/unternehmen/handel-konsumgueter/oatly-ipo-vom-start-up-zum-boersengang-oatly-wagt-den-sprung-aufs-parkett/27205308.html

25 *Lebensmittelzeitung*, Food-Trends für 2020, 02. Januar 2020.

26 *Lebensmittelzeitung*, 10. Juli 2020. »Von Panik weit entfernt« (Interview).

27 https://www.splendid-research.com/de/studie-vegetarier-flexitarier.html

28 *Lebensmittelzeitung*, 26. Juni 2021: Dirk Lenders: »Rügenwalder Mühle transformiert«

29 https://uba.co2-rechner.de/de_DE/

30 »Nur noch ein Viertel der Deutschen isst täglich Fleisch«, 31. Mai 2020. https://www.proplanta.de/agrar-nachrichten/verbraucher/nur-noch-ein-viertel-der-deutschen-isst-taeglich-fleisch_article1590916514.html

31 https://www.rundschau.de/artikel/globus-meldet-umsatzplus-und-treibt-uebernahme-von-16-real-maerkten-voran

32 Eike Wenzel, Oliver Dziemba et. al.: *Wie wir morgen leben werden. 15 Lebensstiltrends, die unsere Zukunft prägen werden*, München 2012.

33 Frederic Spohr: »Wie der Gründer Radek Husek mit einer Grillenfarm den Welthunger stillen will«, *Handelsblatt*, 31. Oktober 2018. www.handelsblatt.com/unternehmen/handel-konsumgueter/start-up-cricket-lab-wie-der-gruender-radek-husek-mit-einer-grillenfarm-den-welthunger-stillen-will/23251392.html

34 Weil sich die Treibhausgase, die bei der Laborfleischproduktion entstehen, länger in der Atmosphäre halten, sind die Klimaeffekte des Kunstfleisches auf mittlere Sicht sogar noch größer als bei der herkömmlichen Rinderhaltung.

35 https://www.macrotrends.net/stocks/charts/CPB/campbell-soup/revenue

36 (»Wir haben verstanden, dass eine wachsende Zahl an Konsumenten authentische, ursprüngliche Esserlebnisse sucht. Und wir wissen, dass sie skeptisch gegenüber den etablierten Nahrungsmittelunternehmen sind, diese Erlebnisse zu bieten.«), Amy Westervelt: »Big food is going green, but will consumers buy in?«, *The Guardian*, 26. Juni 2015. https://www.theguardian.com/sustainable-business/2015/jun/26/packaged-food-organic-natural-general-mills-kraft-campbells

37 Beth Kowitt: »Special Report: The War on Big Food«, *Fortune* 15. Mai 2015. https://fortune.com/2015/05/21/the-war-on-big-food/

38 Statista 2021: https://de.statista.com/statistik/daten/studie/160308/umfrage/umsatz-des-nestle-konzerns-weltweit-seit-2005/

39 (»In der Lebensmittelbranche vollzieht sich der Wandel in einem Tempo, das wir wahrscheinlich noch nie gesehen haben«) Jonathan Greenway, Brian Major: »Healthy eating: It's an age thing«, 1. November 2016, https://www.alixpartners.com/insights-impact/insights/healthy-eating-it-s-an-age-thing/

40 Beth Kowitt: »Special Report: The War on Big Food«, *Fortune* 15. Mai 2015. https://fortune.com/2015/05/21/the-war-on-big-food/

41 Ryan Mc Crimmon: »Winter is coming to the corn belt«, *Politico*, 10. September 2019. https://www.politico.com/newsletters/morning-agriculture/2019/10/09/winter-is-coming-to-the-corn-belt-778668

42 https://de.globometer.com/getraenke-coca-cola.php

43 Imre Grimm: »Wie die Ökobrause Bionade ihre Unschuld verlor«, Hannoversche Allgemeine, 15. Dezember 2011, https://www.haz.de/Nachrichten/Wirtschaft/Deutschland-Welt/Wie-die-Oekobrause-Bionade-ihre-Unschuld-verlor

44 https://de.marketscreener.com/kurs/aktie/THE-HAIN-CELESTIAL-GROUP-9506/fundamentals/

45 Beth Kowitt: »Special Report: The War on Big Food«, *Fortune* 15. Mai 2015. https://fortune.com/2015/05/21/the-war-on-big-food/

46 https://www.foodloose.net/blog/foodloose-in-der-welt

47 Walter Willett et al.: »Food in the Anthropocene: the EAT–Lancet Commission on healthy diets from sustainable food systems«, *The Lancet*, 16. Januar 2019. https://www.thelancet.com/journals/lancet/article/PIIS0140-6736(18)31788-4/fulltext

48 »Soft Drinks Industry Levy: detailed information«, https://www.gov.uk/topic/business-tax/soft-drinks-industry-levy

49 »Marktcheck: Jedes zweite ›Erfrischungsgetränk‹ überzuckert«, Foodwatch, 21. September 2018. https://www.foodwatch.org/de/aktuelle-nachrichten/2018/marktcheck-jedes-zweite-erfrischungsgetraenk-ueberzuckert/

50 Yujin Lee, Dariush Mozaffarian et. al.: »Health Impact and Cost-Effectiveness of Volume, Tiered, and Absolute Sugar Content Sugar-Sweetened Beverage Tax Policies in the United States«, *Circulation*, 22. Juni 2020. https://www.ahajournals.org/doi/10.1161/CIRCULATIONAHA.119.042956?utm_source=STAT+Newsletters&utm_campaign=e9bfcab0e3-MR_COPY_01&utm_medium=email&utm_term=0_8cab1d7961-e9bfcab0e3-105454257&

51 Walter Willett et al.: »Food in the Anthropocene: the EAT–Lancet Commission on healthy diets from sustainable food systems«, *The Lancet*, 16. Januar 2019. https://www.thelancet.com/journals/lancet/article/PIIS0140-6736(18)31788-4/fulltext

52 »Dr. Oetker reduziert seit Jahren erfolgreich Salz in Tiefkühlpizzen«, Presseportal, 19. Februar 2015. https://www.presseportal.de/pm/41198/2953630

53 Jonah Comstock: »Campbell's Soup invests $32M in personalized nutrition startup Habit«, 26. Oktober 2016. https://www.mobihealthnews.com/content/campbells-soup-invests-32m-personalized-nutrition-startup-habit

54 *Lebensmittelzeitung*, 13. September 2019: Christiane Düthmann: »Extrawurst« Nr. 34.

55 *Lebensmittelzeitung*, Birgitt Loderhose: »Kampf ums Essen«, 14. Juni 2019.

56 *Lebensmittelzeitung*, Birgitt Loderhose: »Kampf ums Essen«, 14. Juni 2019.

57 Dine at home. https://www.npd.com/wps/portal/npd/us/news/infographics/

58 *Lebensmittelzeitung*, 10. Mai 2019: Birgit Will: »Auf Exotik folgt Heimat«

59 Vgl hierzu Christiane Düthmann: *Grüner Hype, Lebensmittelzeitung*, 26. Februar 2021.

60 Michael J. Orlich, Pramil N. Singh, Joan Sabaté et al.: »Vegetarian dietary patterns and mortality«, *Adventist Health Study 2. JAMA Intern Med 2013*, 173: 1230–38.

61 Mariana Mazzucato: *Mission Economy. A Moonshot Guide to Changing Capitalism*, London 2021, S. 129.

62 Walter Willett et al.: »Food in the Anthropocene: the EAT–Lancet Commission on healthy diets from sustainable food systems«, *The Lancet*, 16. Januar 2019. https://www.thelancet.com/journals/lancet/article/PIIS0140-6736(18)31788-4/fulltext

63 Tim Lang: *Feeding Britain. Our Food Problems and How to Fix Them*, London 2020.

64 Jesse Hyde: »Cows Are Killing the Amazon, Pledges from Walmart and Nike didn't help save it«, *Los Angeles Times*, 04. Oktober 2019. https://www.latimes.com/world-nation/story/2019-10-04/why-the-amazon-continues-to-vanish

65 Hanna Love, Nate Storring: »Farmers markets are vital during COVID-19, but they need more support«, 8. April 2020. https://www.brookings.edu/blog/the-avenue/2020/04/08/farmers-markets-are-vital-during-covid-19-but-they-need-more-support/

66 »Das sind die wahren Kosten für dein Essen«, *Handelsblatt*, 03. September 2020. https://www.handelsblatt.com/audio/orange/orange-by-handelsblatt-das-sind-die-wahren-kosten-fuer-dein-essen/26225718.html?ticket=ST-8654745-Hrp5opaxyUzECtZ7ZBIX-ap2

67 Greenpeace: »Der teure Preis des Billigfleischs. Wer Fleisch konsumiert, zahlt nur einen Bruch-
teil der wahren Kosten – zu Lasten von Umwelt und Klima«, November 2020. https://www.
greenpeace.de/sites/www.greenpeace.de/files/publications/s03201_landwirtschaft_studie_
wahre_kosten_fleisch_2020.pdf

Kapitel 9: Regenerative Ökologie und kühne Technologien machen die Landwirtschaft nachhaltig

1   Vgl. Walter Willett et al.: »Food in the Anthropocene: the EAT–Lancet Commission on
healthy diets from sustainable food systems«, *The Lancet*, 16. Januar 2019. A24-A27. https://
www.thelancet.com/journals/lancet/article/PIIS0140-6736(18)31788-4/fulltext

2   https://www.oneplanetnetwork.org/sites/default/files/en_report_on_consumer_awareness_
and_behavior_change_in_sustainable_consumption_in_china-final.pdf Siehe auch: TRACIE
MCMILLAN: »How China Plans to Feed 1.4 Billion Growing Appetites«, Nationalgeographic,
Februar 2018.

3   https://reset.org/knowledge/mangelware-wasser

4   »Klöckner: Unsere Förderinstrumente für Öko-Landbau wirken, Bundesministerium für Ernährung und Landwirtschaft«, 12. Juli 2020. https://www.bmel.de/SharedDocs/Pressemittei-
lungen/DE/2020/125-strukturdaten-oekolandbau.html

5   https://www.oekolandbau.de/service/nachrichten/detailansicht/bio-umsatz-knackt-zehn-mil-
liarden-euro/

6   »Die Zukunft der deutschen Landwirtschaft nachhaltig sichern«, Boston Consulting Group,
November 2019. https://image-src.bcg.com/Images/Die_Zukunft_der_deutschen_Landwirt-
schaft_sichern_tcm9-234154.pdf, S. 5.

7   Siehe Jimmy Smith, Keith Sones, Della Grace, Susan MacMillan, Shirley Tarawali, Mario Her-
rero: »Beyond milk, meat, and eggs: role of livestock in food and nutrition security«, *Anim
Front* 2013; 3: 6–13. https://www.academia.edu/19172436/Beyond_milk_meat_and_eggs_
Role_of_livestock_in_food_and_nutrition_securit

8   Bronson W. Griscom, Justin Adams, Peter W. Ellis et. al.: »Natural climate solutions«, Proc
Natl Acad Sci USA 2017; 114: 11645–50; Olaf Zinke: »Regenerative Landwirtschaft – das
bessere Bio oder Humbug?«, *Agrar Heute*, 27. November 2020. https://www.agrarheute.com/
management/betriebsfuehrung/regenerative-landwirtschaft-bessere-bio-humbug-575587

9   Valerie Eisler, Sarah Franke: »Ein Backautomat fürs Gemüse«, Frankfurter Rundschau, 05.
Januar 2021. https://www.fr.de/zukunft/storys/ernaehrung/ein-backautomat-fuers-gemuese-
wie-vertical-farming-unsere-landwirtschaft-umkrempeln-koennte-90159615.html

10 Christoph Kapalschinski, Sebastian Matthes: »100 Millionen Dollar für Gemüse: Berliner
Start-up überzeugt Investoren«, *Handelsblatt*, 11. Juni 2019. https://www.handelsblatt.com/
technik/vernetzt/gewaechshaeuser-im-supermarkt-100-millionen-dollar-fuer-gemuese-berli-
ner-start-up-ueberzeugt-investoren/24442702.html

11 Xiao Yan: »Chinese Startup Gets in on Ground Floor for High-Rise Farms«, *Nikkei Asia*, 17.
August 2020. https://asia.nikkei.com/Business/Startups/Chinese-startup-gets-in-on-ground-
floor-of-high-rise-farms

12 Jane Lanhee Lee: »U.S. vertical farms are racing against the sun«, *Reuters*, 05. Juli 2019. https://www.reuters.com/article/us-vertical-farms-growth/u-s-vertical-farms-are-racing-against-the-sun- idUSKCN1U010H

13 https://www.lighting.philips.com/main/products/horticulture/vertical-farming

14 Siehe Jasper den Besten: »The importance of the variety choice for vertical farming«. https://www.verticalfarmingconference.com/speaker/vertical-farming-choice-jasper-den-besten-has-university/

15 »Space age plant breeding lights the way for future crops«, http://hickeylab.com/space-age-plant-breeding-lights-way-future-crops/

16 Fritz Habekuß, Christiane Grefe: »Geht das nicht grüner?«, Die Zeit, 25. November 2020. https://www.zeit.de/2020/49/landwirtschaft-umweltschutz-eu-subventionen-agrarpolitik

17 »Svenja Schulze: ›Ich will eine ökologischere Landwirtschaft‹ «. Bundesministerium für Umwelt, Naturschutz und nukleare Sicherheit, 05. Februar 2021. https://www.bmu.de/interview/svenja-schulze-ich-will-eine-oekologischere-landwirtschaft/

18 FAO: Management of Crop Diversity. http://www.fao.org/3/i3767e/i3767e.pdf

19 F. Alina Schadwinkel: »Crispr: Dagegen aus falschen Gründen«, *Die Zeit*, 25. Juli 2018. https://www.zeit.de/wissen/umwelt/2018-07/crispr-gentechnik-europaeischer-gerichtshof-urteil-kommentar?utm_referrer=https%3A%2F%2Fwww.google.com%2

20 Theresia Bauer: »Die Grünen dürfen die Chancen der Gentechnik nicht länger ignorieren« *Spiegel Online*, 24. Juni 2018. https://www.spiegel.de/wissenschaft/natur/die-gruenen-und-die-chancen-der-gentechnik-gastbeitrag-theresia-bauer-a-1214385.html

21 »Forschungsprogramm Genome Editing – mit Biotechnologie zu einer nachhaltigen Landwirtschaft«, Juli 2020, https://cdn.website-editor.net/ed25e686182040aeb41d3b3d05cc2cd2/files/uploaded/F%25C3%25B6rderrichtlinien_Genome_Editing.pdf, S. 1.

22 https://inhabitat.com/the-worlds-largest-indoor-farm-produces-10000-heads-of-lettuce-a-day-in-japan/

23 https://de.statista.com/statistik/daten/studie/737539/umfrage/umsatz-von-bonduelle/

24 Katrin Terpitz: »Gemüsekonzern Bonduelle digitalisiert die Salatproduktion«, *Handelsblatt,* 06. Februar 2021. https://www.handelsblatt.com/unternehmen/handel-konsumgueter/lebensmittel-gemuesekonzern-bonduelle-digitalisiert-die-salatproduktion/26866538.html?ticket=ST-9627407-0ENbHMejtYQyb1VseuJT-ap3

25 »Osram durch Übernahme in den USA auf dem Weg zum führenden Anbieter von Smart-Farming-Lösungen«, 03. Mai 2018. https://www.osram-group.de/de-de/media/press-releases/pr-2018/03-05-2018b

26 (»wir haben den Kreislauf des Lebens zerstört«). https://www.youtube.com/watch?v=HPlzGVAqEZ0&feature=youtu.be, Min 00:58.

27 Mitte April wurde Emmanuel Faber als Danone-CEO »mit sofortiger Wirkung« entlassen. Die aktivistisch agierenden Investmentfonds Artisan und Bluebell Capital hatten Druck ausgeübt, um Danone wieder stärker an Gewinnzielen auszurichten. Sie setzten sich am Ende gegen Faber durch, der sich der seit den 1970er-Jahren vertretenen Konzernethik Danones verpflichtet fühlt. Wichtiger Bestandteil dieser Ethik ist die Tradition des »wirtschaftlichen und sozialen Doppelprojekts«: Wirtschaftliche Ziele sollten bei Danone niemals alleine im Vordergrund stehen.

28 https://de.statista.com/statistik/daten/studie/298913/umfrage/umsatz-von-danone-weltweit/

29 https://www.youtube.com/watch?v=HPlzGVAqEZ0

30 https://www.generalmills.cn/en/Home/Responsibility/Sustainability/Regenerative-agriculture

31 Gosia Wozniacka: »Big Food is Betting on Regenerative Agriculture to Thwart Climate Change«, *Civileats*, 29. Oktober 2019. https://civileats.com/2019/10/29/big-food-is-betting-on-regenerative-agriculture-to-thwart-climate-change/

32 https://www.indigoag.com/for-supporters/carbon

33 https://www.nbcnews.com/news/us-news/can-regenerative-agriculture-reverse-climate-change-big-food-banking-it-n1072941

34 Christiane Grefe: »Landwirtschaft: ›Präzision reicht nicht‹ « (Interview mit Andrea Beste), *Die Zeit*, 22. Oktober 2018. https://www.zeit.de/2018/43/landwirtschaft-klimaschutz-modernisierung-andrea-beste-agrarwissenschaftlerin

35 Christiane Grefe: »Landwirtschaft: ›Präzision reicht nicht‹ « (Interview mit Andrea Beste), *Die Zeit*, 22. Oktober 2018. https://www.zeit.de/2018/43/landwirtschaft-klimaschutz-modernisierung-andrea-beste-agrarwissenschaftlerin

36 Julia Eder: »John Deere investiert in Robotik und Künstliche Intelligenz«, agrarheute, 12. Oktober 2017. https://www.agrarheute.com/technik/ackerbautechnik/john-deere-investiert-robotik-kuenstliche-intelligenz-539249

37 The Global Startup Ecosystem Report 2020, https://startupgenome.com/report/gser2020

38 https://www.forbes.com/sites/jimfoerster/2019/02/15/todays-extreme-winter-weather-can-impact-tomorrows-crop-farming/?sh=4e1b4988fbce

39 Eva Piepenbrock: »Kleine Roboter statt großer Traktoren«, f3, 21. Mai 2019. https://f3.de/farm/kleine-roboter-statt-grosser-traktoren-368.html

40 https://farm.bot

41 https://www.wired.com/story/why-john-deere-just-spent-dollar305-million-on-a-lettuce-farming-robot/

42 Vgl. Herrero M., Thornton P. K., Power B., et al.: »Farming and the geography of nutrient production for human use: a transdisciplinary analysis«, *The Lancet Planet Health* 2017; 1: e33–42.

43 »Stadt der Zukunft: ›Green City‹ Singapur«. https://hamburg2040.de/stadt-der-zukunft-green-city-singapur/

44 https://www.cnbc.com/2020/12/21/ever-ceo-says-indoor-vertical-farm-will-produce-1point5-tons-of-produce.html

45 Leanna Garfield: »A Jeff Bezos-backed warehouse farm startup is building 300 indoor farms across China«, Businessinsider, 23. Januar 2018. https://www.businessinsider.com/vertical-farming-company-jeff-bezos-plenty-china-2018-1?r=DE&IR=T

46 Fiona Harvey: »Government promises profitable farming post-Brexit«, *The Guardian*, 06. Juni 2018. https://www.theguardian.com/environment/2018/jun/06/government-promises-profitable-farming-post-brexit

47 »How Brexit could change the face of rural Britain« , *The Economist*, 01. September 2018. https://www.economist.com/britain/2018/08/30/how-brexit-could-change-the-face-of-rural-britain

48 Alex Preston: »If our landscape truly belongs to us all, we must stop romanticising it«, *The Guardian*, 14. Januar 2018. https://www.theguardian.com/commentisfree/2018/jan/14/landscape-belongs-to-us-all-stop-romanticising-it-michael-gove

49 https://www.economist.com/britain/2018/08/30/how-brexit-could-change-the-face-of-rural-britain

50 Vgl. hierzu auch Christoph Dorner, Jan R. Heinicke: »Tüfteln an der perfekten Tomate«, *Süddeutsche Zeitung*, 06. März 2018. https://www.sueddeutsche.de/wissen/agrartechnik-tuefteln-an-der-perfekten-tomate-1.3888481

51 Frank Viviano: »This tiny country feeds the world«, *National Geographic*, September 2017. https://www.nationalgeographic.com/magazine/article/holland-agriculture-sustainable-farming

52 Laut einer aktuellen Studie der Universität Hamburg (»Kindermarketing für ungesunde Lebensmittel in Internet und TV«) sieht jedes Kind zwischen 3 und 13 Jahren pro Tag im Schnitt 15 Werbespots für ungesunde Lebensmittel, fünf davon im Internet und zehn im Fernsehen. 92 Prozent der gesamten Werbung, die Kinder wahrnehmen, betreffen Fast Food, Snacks oder Süßigkeiten. Der Hamburger Studie zufolge nahm die Häufigkeit der TV-Werbung zu: Während Kinder 2007 in einer durchschnittlichen Fernsehzeit von 152 Minuten 10,14 Spots sahen, sind es heute 10,34 Werbespots in nur 120 Minuten. Die Industrie hat damit ihre an Kinder gerichtete Werbeintensität um 29 Prozent erhöht, so Studienautor Tobias Effertz, der seit Jahren zum Thema Kindermarketing forscht. 70 Prozent der untersuchten Lebensmittelwerbespots im TV seien zudem durch ihre Aufmachung speziell an Kinder gerichtet, 89 Prozent werben für ungesunde Produkte. Von den Lebensmittelposts auf Facebook stammten nahezu alle von ungesunden Produkten, auf Instagram lag der Anteil zwischen 72 und 80 Prozent. Untersucht wurde in der Studie Werbung für Lebensmittel, die nach Maßstäben der Weltgesundheitsorganisation (WHO) als ungesund gelten. https://www.bwl.uni-hamburg.de/irdw/dokumente/kindermarketing2021effertzunihh.pdf. Siehe auch Jennifer A. Emond, Meghan R. Longacre, Keith M. Drake et al: »Influence of child-targeted fast food TV advertising exposure on fast food intake: A longitudinal study of preschool-age children«, *Appetite 140*, 01. September 2019, S. 134–141. https://www.sciencedirect.com/science/article/abs/pii/S0195666318318671?via%3Dihub

53 »Global agriculture's many opportunities«. https://www.mckinsey.com/~/media/McKinsey/Industries/Private%20Equity%20and%20Principal%20Investors/Our%20Insights/Global%20agricultures%20many%20opportunities/Global%20agricultures%20many%20opportunities.ashx, S. 62.

54 https://www.marketsandmarkets.com/Market-Reports/precision-farming-market-1243.html?gclid=Cj0KCQjwk4yGBhDQARIsACGfAesOJV274ywgr66WejWm25Iym4RhAO_A6bCt-KBgWOMQlsjv5N9BCNCwaArcxEALw_wcB

55 Bert Fröndhoff, Kevin Knitterscheidt: »Big Data auf dem Acker: Wie die Landwirtschaft mit KI den Welthunger bekämpft«, *Handelsblatt*, 5. November 2019. https://www.handelsblatt.com/technik/digitale-revolution/digitale-revolution-big-data-auf-dem-acker-wie-die-landwirtschaft-mit-ki-den-welthunger-bekaempft/25190588.html?ticket=ST-3478362-L45qiyBf-WXmIWRj5Hbe7-ap6

56 Enquete-Kommission Künstliche Intelligenz. https://www.bundestag.de/dokumente/textarchiv/2020/kw44-pa-enquete-ki-abschlussbericht-801192.

57 Kiranjot Sidhu: »Participation pattern of farm women in post harvesting«, *Stud. Home. Comm. Sci. 2007; 1*: 45–49. https://www.researchgate.net/publication/237420975_Participation_Pattern_of_Farm_Women_in_Post_Harvesting

58 Ernst Ulrich von Weizsäcker, Anders Wijkman et al.: *Wir sind dran. Was wir ändern müssen, wenn wir bleiben wollen*, Gütersloh 2017, S. 79.

Kapitel 10: Places matter: Wie wir vor Ort die Welt verändern können

1   Hermann Lübbe: »Zeit-Verhältnisse. Über die veränderte Gegenwart von Zukunft und Vergangenheit«, in: Wolfgang Zacharias (Hrsg.): *Zeitphänomen Musealisierung: das Verschwinden der Gegenwart und die Konstruktion der Erinnerung.* Essen 1990, S. 40–45.

2   Siehe Grégoire Chamayou: *Die unregierbare Gesellschaft: Eine Genealogie des autoritären Liberalismus*, Frankfurt 2019, S. 349: »Für die Ökonomen, die sich in den 1970er-Jahren bemühten, neue Unternehmenstheorien aufzustellen, wie für die Managementspezialisten, die im gleichen Zeitraum die Grenzen der Disziplinarmacht im Unternehmen analysierten, gab es einen genaueren Gegenstand, wenn nicht der Phobie, so doch zumindest der Besorgnis. Nicht der Staat, sondern die Selbstverwaltung.«

3   Vgl. hierzu die ersten Ergebnisse der Arbeitsgruppe »Der europäische Grüne Deal – Going local« im Rahmen des Europäischen Ausschusses der Regionen. https://cor.europa.eu/de/news/Pages/the-european-green-deal-is-going-local-.aspx

4   Siehe Gerald W. Williams: *The Civilian Conservation Corps and The National Forests.* https://www.fs.usda.gov/Internet/FSE_DOCUMENTS/fsbdev3_004791.pdf, S. 6.

5   »The economic importance of U.S. forests«. https://www.arcgis.com/apps/Cascade/index.html?appid=3cd3bb86c2944b7faa172c0e25504879

6   Der »Fonds für einen gerechten Übergang« soll Regionen, die besonders hart von der Dekarbonisierung der Wirtschaft betroffen sind, bei dem klimafreundlichen Übergang unterstützen. Der »Just Transition Fund« (JTF) enthält Förderprogramme, die bewusst auf eine Hebelwirkung zielen, die vor allem den Unternehmenssektor zu klimaneutralen Innovationen anregen sollen. https://ec.europa.eu/info/strategy/priorities-2019-2024/european-green-deal/actions-being-taken-eu/just-transition-mechanism/just-transition-platform_de

7   Eva von Redeker: *Revolution für das Leben. Philosophie der neuen Protestformen*, Frankfurt 2020, S. 246: »Die Verwurzelung besteht in der realen, aktiven und natürlichen Teilhabe eines Menschen an einer Gemeinschaft. (...) Die Vorteile, die sie (die Wurzeln, E.W.) mitbringen, sind die des Netzwerks und nicht die von Isolation und Unterscheidung.«

8   Es gibt ein Manifest für das Reparieren, worin die Nachhaltigkeitseffekte dieser Tätigkeit sehr gut herausgestellt werden: »Reparieren ist besser als Recycling/Reparieren bewahrt den Planeten/Reparieren spart Geld/Reparieren lehrt Technikverständnis/Wenn du es nicht reparieren kannst, gehört es dir auch nicht ...« Vgl: https://www.regensburg-repariert.de/wp-content/uploads/2018/12/ifixit_manifesto_DE_A3.pdf

9   (»Die Kernkompetenz eines erfolgreichen lokalen Leiters ist daher die Fähigkeit, Gruppen von Menschen zusammenzubringen, um Probleme zu lösen und große Dinge zu tun, die sie als Einzelpersonen nicht tun können.«) Bruce Katz, Jeremy Nowak: *The New Localism. How Cities Can Thrive in the Age of Populism*, Washington 2017, S. 230.

10 (»Während die Politik nationalisiert wurde, wurde die Problemlösung lokalisiert.«) Bruce Katz, Jeremy Nowak: *The New Localism. How Cities Can Thrive in the Age of Populism*, Washington 2017, S. 7.

11 (»Wir schaffen Wege in die Wirtschaft für Menschen, die bisher ausgeschlossen waren.«) Evergreen, https://www.huffpost.com/topic/neighborhood-revitalization

12 Pit Wuhrer: »Solidarisch, rebellisch, krisenfest«, Kontext: Wochenzeitung, 01. März 2017, https://www.kontextwochenzeitung.de/gesellschaft/309/solidarisch-rebellisch-krisenfest-4227.html

13 Der Beweis, dass das genossenschaftliche Prinzip im Kapitalismus einen besseren Kapitalismus zur Folge hat, kann nach wie vor nicht angetreten werden. Auch Mondragon bleibt ein kapitalistisches Unternehmen; auch Mondragon macht Fehler, die zu Ungerechtigkeiten führen; auch Mondragon hat mit Pleiten und Fast-Pleiten von Geschäftsfeldern zu kämpfen.

14 https://www.imzuwi.org/index.php/site-map/articles/108-aktuelles/themen/regionale-resilienz/200-die-evergreen-cooperatives-in-cleveland-ohio

15 Das »Cleveland-Model« hat in den USA (und nicht nur dort) Schule gemacht. Siehe hierzu unter anderem Projekt wie die »Agricultural Neighborhoods« in Detroit. https://www.miufi.org/america-s-first-urban-agrihood und die »Local Food Economy« in Boston https://cssh.northeastern.edu/pandemic-teaching-initiative/wp-content/uploads/sites/43/2020/09/Loh-and-Agyeman-2019-'Urban-Food-Sharing-and-the-Emerging-Boston-Food-Solidarity-Economy-Geoforum-.pdf

16 Beatrice Fankhauser: »Strom aus Wind auch bei Flaute«, Stuttgarter Nachrichten, 18. Januar 2010. https://www.stuttgarter-nachrichten.de/inhalt.energieinsel-vor-kopenhagen-strom-aus-wind-auch-bei-flaute.415f7842-ab45-4bed-b6c1-57b4538a524e.html

17 https://www.vdv-dasmagazin.de/story_03_kopenhagen.aspx

18 OECD Territorial Reviews: Copenhagen, März 2009. https://www.oecd.org/gov/oecdterritorialreviewscopenhagendenmark.htm

19 https://www.vdv-dasmagazin.de/story_03_kopenhagen.aspx

20 https://www.pik-potsdam.de/de/aktuelles/nachrichten/lebensmittelverschwendung-vermeiden-heisst-klimafolgen-mindern

21 Anzahl der Personen in Deutschland, die beim Einkauf regionale Produkte aus der Heimat bevorzugen, von 2016 bis 2020, Statista, 04. August 2020. https://de.statista.com/statistik/daten/studie/264557/umfrage/kaeufertypen-bevorzugung-von-produkten-aus-der-region/

22 GDP Group, 05. Februar 2021- https://www.gdp-group.com/fileadmin/newsletter/pdf/ergebnisse_regionalitaet_von_lebensmitteln.pdf?intern, S. 3.

23 » Lebensmittel: Regional ist gefragter als bio«, Presseportal, 12. September 2013, https://www.presseportal.de/pm/15196/2554788

24 https://www.pik-potsdam.de/de/aktuelles/nachrichten/lebensmittelverschwendung-vermeiden-heisst-klimafolgen-mindern

25 https://docplayer.org/amp/37025980-Mediadaten-5-mio-leser-verlagsangaben-titelportraet-anzeigenpreise-und-formate-anzeigenpreise-schaufenster-anzeigenteil.html

26 https://de.statista.com/statistik/daten/studie/373843/umfrage/verkaufte-auflage-der-landlust/

27 Tatjana Kerschbaumer: »Pure Idylle«, Der Tagesspiegel 21. Juni 2016. https://www.tagesspiegel.de/gesellschaft/medien/was-die-landlust-so-erfolgreich-macht-pure-idylle/13765978.html

28 »Regionalprodukte: Was ist Herkunft wert?«, Institut für Customer Insight an der Universität St. Gallen. http://www.ici.unisg.ch/de/regionalprodukte-was-ist-herkunft-wert-ici-veroeffentlicht-neue-studie-zusammen-mit-der-htp-managementberatung-und-jung-von-mattlimmat/?cookie-state-change=1617871765595

29 Marjolijn Bloemmen et al.: »Microeconomic degrowth. The case of Community Supported Agriculture«, Ecological Economics, April 2015. https://www.researchgate.net/publication/272891225_Microeconomic_degrowth_The_case_of_Community_Supported_Agriculture

30 https://www.solidarische-landwirtschaft.org/startseite

31 Philippe Robert-Demontrond et al.: »Diverse, conflicting and complementary worldviews: An anthropological investigation of consumption in CSA«, *Recherches et Applications en Marketing*, 23. August 2017. https://journals.sagepub.com/doi/10.1177/2051570717721076

32 Philippe Robert-Demontrond et al.: »Diverse, conflicting and complementary worldviews: An anthropological investigation of consumption in CSA«, *Recherches et Applications en Marketing*, 23. August 2017. https://journals.sagepub.com/doi/10.1177/2051570717721076 Siehe u.a. Ryan E. Galt et al.: »What difference does income make for Community Supported Agriculture (CSA) members in California? Comparing lower-income and higher-incomehouseholds«, *Agriculture and Human Values 34 (2)*: 435-425. https://ideas.repec.org/a/spr/agrhuv/v34y2017i2d10.1007_s10460-016-9724-1.html

33 Siehe u. a. Ryan E. Galt et al.: »What difference does income make for Community Supported Agriculture (CSA) members in California? Comparing lower-income and higher-income households«, *Agriculture and Human Values 34 (2)*: 435-425. https://ideas.repec.org/a/spr/agrhuv/v34y2017i2d10.1007_s10460-016-9724-1.html

34 Siehe hierzu das Kapitel 5.

35 Siehe unter anderem »Anwendung Künstlicher Intelligenz im Energiesektor. (Ein Policy Paper der wissenschaftlichen Begleitforschung des Technologieprogramms Smart Service Welt II gefördert vom Bundesministerium für Wirtschaft und Energie)«, Mai 2019. https://vdivde-it.de/de/publikation/anwendung-kuenstlicher-intelligenz-im-energiesektor

36 https://www.wearestillin.com

37 2019 gab der schwedische Energiekonzern Vattenfall das Stromnetz an die Stadt Berlin zurück. Vattenfall muss deshalb auf jährliche Gewinne von rund 100 Millionen Euro verzichten. In der Bundeshauptstadt sind die Wasserbetriebe bereits rekommunalisiert, Gas und Fernwärme sollen folgen. Die »BürgerEnergie Berlin« (BEB), eine Energiegenossenschaft, möchte sich am Stromnetz beteiligen. Ziel ist es, die Energiewende vor Ort möglichst dezentral zu unterstützen. Das hat in Deutschland Tradition. Rund 40 Prozent der Installation erneuerbarer Energien (Stand 2016) geht hierzulande auf Bürgerprojekte zurück. Siehe hierzu: Christoph Runke: »Berlin: Stromnetz in Bürgerhand!« (interview mit Sophie Schmalz), *Energiewende-Magazin*, 27. Mai 2019. https://www.ews-schoenau.de/energiewende-magazin/zum-glueck/berlin-stromnetz-in-buergerhand/

38 https://www.transforming-cities.de/grosses-flaechenpotenzial-fuer-photovoltaik-strom-von-der-hauswand/

39 Mariella Edinger: »Rekommunalisierung: Der Staat holt sich das Sozialsystem zurück – denn die Privaten scheitern«, *Kontrast.at*, 26. Mai 2020. https://kontrast.at/rekommunalisierung-daseinsvorsorge-staat-oder-privat/

40 Siehe hierzu: Satoko Kishimoto, Olivier Petitjean: »Reclaiming Public Services. How Cities and Citizens Are Turning Back Privatisation«, 23. Juni 2017, https://www.tni.org/en/publication/reclaiming-public-services

41 Silke Helwig: »»Es gibt eine Renaissance des Staates«« (Interview mit Tim Engartner), *Weserkurier*, 02. März 2019. https://www.weser-kurier.de/bremen/bremen-stadt_artikel,-es-gibt-eine-renaissance-des-staates-_arid,1811088.html

42 Tim Engartner: »Rekommunalisierung: Der Irrglaube an die Privatisierung«, *Die Zeit*, 20. Oktober 2016. https://www.zeit.de/2016/44/rekommunalisierung-kommunen-rueckkauf-wohnungen-muellabfuhr-privatisierung

43 Sebastian Riemer: »›Wegen der Wohnungsnot ist das letzte Loch begehrt‹« (Interview mit Ernst Huebli), *Rhein-Neckar-Zeitung*, 18. Juli 2020. https://www.rnz.de/nachrichten/heidelberg_artikel,-heidelberger-wohnungsmarkt-wegen-der-wohnungsnot-ist-das-letzte-loch-begehrt-_arid,524764.html

44 Bruce Katz, Jeremy Nowak: *The New Localism. How Cities, Can Thrive in the Age of Populism*, Washington 2017, S. 243.

45 Silke Helwig: »›Es gibt eine Renaissance des Staates‹« (Interview mit Tim Engartner), *Weserkurier,* 02. März 2019. https://www.weser-kurier.de/bremen/bremen-stadt_artikel,-es-gibt-eine-renaissance-des-staates-_arid,1811088.html

46 Vgl. Bruce Katz, Jeremy Nowak: *The New Localism. How Cities Can Thrive in the Age of Populism*, Washington 2017, S. 237.

47 Quelle: http://www.nyc.gov/html/dot/downloads/pdf/2012-10-measuring-the-street.pdf

Stichwortverzeichnis

Fert, Albert 86
Feuerstein, Katharina 220
Financial Times 130, 290, 294
Flexitarier 209
Fluence Bioengineering 240
Fluor Corporation 95
Focus 268
Fonds Global Infrastructure Partners 148
Foodloose 215
Fox News 22, 120
Fraunhofer Institut 131, 298
Fresenius 217
Freud, Sigmund 43, 284
Fridays for Future 93, 289
Friedman, Milton 41
Frosta 217
Fukuyama, Francis 41, 50, 189, 283 f., 302

G

Gabriel, Markus 20, 57, 281, 285
GAFA-Monopolisten 192
Galonska, Erez 231
Galonska, Guy 231
GATT-Verhandlungen 16
Gazprom 71
Geely 140
General Mills 241 f.
Genome-Editing 236
Geoengineering 31, 102
Ghosh, Dipayan 189, 302
Gingrich, Newt 110
Globus 70, 211
Goldman Sachs 138
Goldwind Americas 30
Google 85, 87, 106, 114, 117, 119, 140,
    164 f., 177 f., 180 ff., 188, 192, 232,
    291 f., 299, 301
Gove, Michael 249
Grab 137
Green New Deal 9 ff., 15 ff., 19 ff., 24, 26 ff.,
    33, 35, 37 f., 54, 56 ff., 74, 79, 81 f., 84,
    87, 90 f., 96, 101 f., 105, 129, 136, 150,
    153 f., 156 f., 175 f., 181, 184, 199, 204,
    228, 251, 255 f., 260, 273 f., 277, 291,
    295, 299

Grimwood, Paul 212
Grocery Manufacturers Association (GMA)
    213
Growing Underground 232
Grünberg, Peter 86
Guallard, Vicente 155
Guardian 118, 124, 287, 289 ff., 305, 309
Guiliani, Rudi 109

H

Habit 217, 306
Hain Celestial 214 f.
Handelsblatt 94, 170, 284, 289, 295 ff.,
    300 f., 305 ff., 310
HanseWerk 100
Harari, Yuval Noah 46
Harris, Tristan 117
Heijn, Albert 219, 226, 231
Hirz 269 f.
Hobbes, Thomas 42, 283
Horkheimer, Max 69, 286
HTP Managementberatung 269
Huebli, Ernst 275, 314
Hydroponik 234, 239, 250

I

IAA 133
ID.Buzz 141
Indoor Farming 230, 270
Infarm 230 ff., 307
Infodemie 22, 106
Ingels, Bjarke 156
Inrupt 186
Institut für Trend- und Zukunftsforschung
    (ITZ) 34
International Dairy Foods Association 213
Internationale Energie Agentur (IAE) 89
International Labour Organization 27, 97
International Renewable Energy Agency
    (IRENA) 96
Internet der Dinge 164
ION Engineering 95